国家社科基金
GUOJIA SHEKE JIJIN HOUQI ZIZHU XIANGMU
后期资助项目

# 大数据医疗及其伦理问题研究

## DASHUJU YILIAO
## JIQI LUNLI WENTI YANJIU

王晓敏　著

U0330156

中山大学出版社
SUN YAT-SEN UNIVERSITY PRESS
·广州·

**图书在版编目（CIP）数据**

大数据医疗及其伦理问题研究/王晓敏著 . —广州：中山大学出版社，2024.5

ISBN 978 – 7 – 306 – 08043 – 1

Ⅰ. ①大…　Ⅱ. ①王…　Ⅲ. ①医学—数据处理—研究　Ⅳ. ①R319

中国国家版本馆 CIP 数据核字（2024）第 047831 号

出 版 人：王天琪
策划编辑：曾育林
责任编辑：曾育林
封面设计：曾　斌
责任校对：高　莹
责任技编：靳晓虹
出版发行：中山大学出版社
电　　话：编辑部 020 - 84113349，84110776，84111997，84110779，84110283
　　　　　发行部 020 - 84111998，84111981，84111160
地　　址：广州市新港西路 135 号
邮　　编：510275　　传　　真：020 - 84036565
网　　址：http://www.zsup.com.cn　　E-mail：zdcbs@mail.sysu.edu.cn
印 刷 者：广东虎彩云印刷有限公司
规　　格：787mm×1092mm　1/16　20.875 印张　300 千字
版次印次：2024 年 5 月第 1 版　2024 年 5 月第 1 次印刷
定　　价：118.00 元

# 国家社科基金后期资助项目
## 出版说明

　　后期资助项目是国家社科基金设立的一类重要项目，旨在鼓励广大社科研究者潜心治学，支持基础研究多出优秀成果。它是经过严格评审，从接近完成的科研成果中遴选立项的。为扩大后期资助项目的影响，更好地推动学术发展，促成成果转化，全国哲学社会科学工作办公室按照"统一设计、统一标识、统一版式、形成系列"的总体要求，组织出版国家社科基金后期资助项目成果。

全国哲学社会科学工作办公室

# 序：大数据医疗催生医学伦理范式转换

李　伦

大数据医疗基于大数据和人工智能，在临床辅助决策、医疗质量监管、疾病预测模型、临床试验分析和个体化医疗等医疗服务领域发挥巨大作用。医疗大数据是一种新型的动态数据资源，医疗人工智能通过医疗大数据表征人类健康活动，如生命体征、疾病信息、生活环境和饮食习惯等，数据化人体生理和心理，复刻数字人体，从而开启数字化医疗时代。这既是一场医疗范式的转换，也是一场伦理范式的转换。

大数据医疗引发的哲学伦理问题已成为炙手可热的理论问题和亟待解决的现实问题，医学伦理范式迫切需要实现转换。大数据医疗切实关系到个体生命、公共健康、医学科研与医疗诊断等诸多方面，引发了医学领域颠覆性改变，也提出了诸多值得讨论的哲学伦理学问题。大数据医疗范式不仅给传统医学的诊断范式、治疗范式和预防范式带来了变革，也对传统哲学的本体论、认识论和价值论以及医学伦理学等方面提出了挑战。大数据医疗尚存在数据孤岛、数据滥用和算法偏见等困局，破解途径包括以伦理学视角关照和分析这些问题，倡导数据共享、算法透明、数据权利和医疗公正，寻求大数据医疗发展与伦理风险治理的平衡，实现大数据医疗造福人类的价值目标。

王晓敏博士撰写的《大数据医疗及其伦理问题研究》一书，立足于大数据医疗时代背景，从大数据的思维本质和伦理的实践本性出发，系统分析大数据医疗导致的医疗范式变革、伦理范式变革，考察大数据医疗范式变革产生伦理问题的原因，并分别从数据孤岛到共享伦理、数据滥用到数据权利，以及算法偏见到医疗公正，详细阐释其伦理问题和消解路径，最后提出大数据医疗伦理问题的治理路径。

第一，该书从伦理学理论的高度和医疗实践的层面，系统分析了大数据医疗范式的变革及其伦理问题。从大数据医疗发展历程和现状，分析大数据医疗时代的具体变革和对医学发展新方向的深刻影响，指出对大数据医疗的医疗范式和伦理范式进行反思、对其伦理问题治理的必要性和紧迫性，并结合大数据医疗相关理论，深入探讨大数据医疗的相关伦理问题。此外，该书批判性地评介了有关大数据医疗范式变革及其伦理问题研究的代表性理论，主张新领域的学术研究也应回到客观的生活世界本身。在数据被赋予世界本体的意义上，人体、疾病和健康都被彻底数据化，这对当代医学知识发现及对传统医学认识论提出了巨大的挑战。在比较传统医疗范式和大数据医疗范式的逻辑关系和范式差异的基础上，提出学术研究应该回归到医学经验实践本质和医学服务对象个体诉求，医学要体现数据与经验、相关性与因果性的关系。

第二，该书从本体论、认识论和大数据医疗的诊断范式、治疗范式和预防范式论证医学新模式的变革，从价值论阐释伦理新范式的革命性改变。该书论证大数据医疗伦理范式的变革，在探讨大数据医疗范式变革和伦理范式变革的基础上，讨论大数据医疗的价值及其对传统医疗价值观的转变和影响以及相关的伦理问题，分析大数据医疗伦理问题产生的原因。主张从数据共享、算法透明和数据权利平衡的视角分析大数据医疗中数据孤岛、数据滥用和算法偏见等伦理问题。分析了大数据医疗爆炸性增长和个体甄别、分析、利用数据能力之间的矛盾，阐释算法偏见与个体权利的冲突状态，论证数据共享监测的伦理合理性。提出在数字化和信息化时代，数据互信和分享是必须的，数据孤岛明显违背了大数据时代的共享精神。

第三，该书提出大数据医疗范式变革及其伦理问题的治理框架。大数据医疗的伦理问题依然是"个体权利"与"公共善"之间的冲突，其治理路径必须强调人的主体性和目的性，注重多维度、多学科的协同互动，彰显"技术善"和"伦理价值"有机融合，充分体现医疗实践中的道德价值。该书在对医疗领域变革和伦理问题论证的基础上，提出了大数据医疗伦理问题的治理路径，包括合理评估大数据医疗研究中的风险与收益、保持主体意识下医学理性的必要张力，以及建立制度和伦理的协同规约机制等。在分析治理路径有机融合的可能性、实现系统整合治理效力的制度性和道德规范性条件的基础上，提出治理路径应把握伦理问题的普遍性、特殊性和现实性，注重伦理原则、管理策略和法律途径等多维度的综合治理。

总的来看，该书从医疗范式变革和伦理范式变革的宏观视角，从共享伦理、数据权利和医疗公正的微观层面，系统分析了大数据医疗范式变革及其伦理问题，有助于深化对医学伦理学基本理论和原则的研究与理解。该书从多学科多维度视角提出大数据医疗范式变革及其伦理问题的治理框架，有助于促进并丰富交叉学科的研究与发展，促进对大数据医疗范式变革及其伦理问题的研究与治理，为相关政策的制定和实施提供伦理依据。该书对大数据医疗的概念、基本特征以及医疗范式转变进行了系统梳理和分析，有助于医务人员理解和把握大数据医疗研究和应用的前沿动态，为相关科研和医疗实践提供理论指导。该书从生活世界本身出发，全方位展现大数据医疗范式变革对个体健康的影响，有助于个体在新的医疗情境中准确"把握自我"，促进对个体自主性和相关权益的维护。


李伦

大连理工大学人文学院院长

中国伦理学会科技伦理专业委员会主任

2024 年 3 月

# 目　　录

# 引　言

党中央、国务院对健康医疗领域的大数据发展予以重要地位，2017年12月8日，习近平总书记在实施国家大数据战略进行第二次集体学习时指出，要运用大数据大力促进保障和改善民生，推进"互联网＋医疗"。大数据在保障和改善民生方面大有作为。要坚持以人民为中心的发展思想，推进"互联网＋教育""互联网＋医疗""互联网＋文化"等，让百姓少跑腿、数据多跑路，不断提升公共服务均等化、普惠化、便捷化水平。要坚持问题导向，抓住民生领域的突出矛盾和问题，强化民生服务，弥补民生短板，推进教育、就业、社保、医药卫生、住房、交通等领域大数据普及应用，深度开发各类便民应用。

大数据是以海量信息爆炸、高增长率和多样化的信息资产为特征的信息资源通常是指大规模的数据或"海量数据"，这种规模可以达到PB级字节（PB指Petabyte，它是较高级的存储单位，其上还有EB、ZB、YB等较高级的存储单位）。麦肯锡全球研究所对大数据给出了这样的定义：大数据是在采集、保存、管理和分析方面，大大超出了传统数据库软件工具功能的数据集成。[①] 大数据不仅数量巨大、结构复杂，而且内容丰富，具有非常大的潜在利用价值。在小数据时代，由于数据资源有限，人们一般把相关数据当作秘密而封存起来，例如实验室的科学实验数据、日常生活的个人消费数据等。但在大数据时代，人们徜徉在数据海洋里，各种数据都存储在网络中、存储在云端里，人们可以自由地挖掘和获取自己所需要的数据，随着数字化网络的发展和物联网的广泛使用，这些数据可以在很大程度上被激活，并转化为具有重要创新价值的产品。[②]

---

[①] McKinsey Global Institute. Big data：The next frontier for innovation, competition, and productivity. (2011 – 05 – 01) [2024 – 01 – 27]. https://www.mckinsey.com/capabilities/mckinsey-digital/our-insights/big-data-the-next-frontier-for-innovation.

[②] 黄欣荣：《大数据技术的伦理反思》，《新疆师范大学学报（哲学社会科学版）》2015年第3期。

在当今大数据时代，如何从非结构化的、不完善的复杂数据集中提取有意义的数据已经成为一个真正的挑战。在医疗健康领域，大数据变革正在迅速开展，从而引发了令人瞩目的颠覆式的医疗范式变革。数据存储如医院、诊所、制药公司等存储库中的大量数据，以及对数据的挖掘、提取和分析都引发了全新的伦理问题。大数据技术的发展和应用深刻地影响了目前的医疗现状，在这个高分辨率、高通量技术取得突破性科学发展的背景下，大量不同的个人健康数据可以被经济、高效地收集和分析，人体的各个方面都开始被量化分析和预测，疾病症状可以被尽早发现和监测[1]。此外，大数据以全新的方式促进了人们健康观念的转变和健康服务获取途径的改变，并与涉及人的生命科学和医学研究深度融合。与此同时，大数据也以惊人的发展速度给医疗领域带来了严峻的伦理挑战，其中最为突出地表现在以下三个方面。

## 1. 数据鸿沟

长期以来，由于地理空间的限制，所有医疗数据管理环节相对独立、条块分割、自成体系，数据在不同部门相互独立存储、独立维护，彼此间相互孤立，形成了物理上的数据孤岛，[2]导致了数据鸿沟（digital divide）的大量存在。数据鸿沟是一种"技术鸿沟"（technological divide），指的是先进技术的成果不能为人类公平分享，从而造成"富者越富，穷者越穷"的两极分化状态。[3] 数据鸿沟只能逐步缩小，但仍将长期存在。此外，数据的来源十分广泛，异构分散式数据流中的数据是结构化和非结构化混杂的，质量差或者缺乏价值。

数据在未来基于证据的医疗保健政策制定中将发挥更加重要的作用，然而，在使用数据库时仍然面临着挑战。如何打破行业技术鸿沟，挖掘隐藏在医疗大数据中的有效信息，并对其进行高效分析，从而实现价值转化，仍然有大量工作需要完成。此外，医疗健康数据对患者脆弱性的影响大大超过了过去，这种转变源于患者作为个体丧失对数据存储

---

① Jacques, S., Beckmann, D. L. 2016: "Reconciling Evidence-based Medicine and Precision Medicine in the Era of Big Data: Challenges and Opportunities". *Beckmann and Lew Genome Medicine*, Vol. 8, No. 1, pp. 1 – 11.

② 何嘉烨：《大数据时代政府数据资源共享研究》，湖南大学 2018 年硕士学位论文。

③ 邱仁宗，黄雯，翟晓梅：《大数据技术的伦理问题》，《科学与社会》2014 年第 1 期。

和利用的控制，这有可能威胁患者的自主性。在大多数情况下，患者不仅不能对他们的数据被使用给予有实质意义的知情同意，也难以获得数据被使用的风险和益处的充分建议。

### 2. 数据滥用

数据滥用也称数据不当使用，是指未经当事人允许或以当事人所不乐见的方式使用其信息。① 互联网科技和人工智能技术的发展，在某种程度上助长了"技术无意识"的盛行，大量数据在智能设备间实现自动化交流却不为我们所知，数据滥用最直接的伦理危机是个人隐私问题。

数据滥用与数据共享也有着密切的联系，在某些情况下，数据共享的过程中极易出现数据泄露以至于数据滥用。由于数据流动性的增强和涉及主体的多样化，其极易出现数据泄露的风险。此外，在促进信息的透明度和高效利用的过程中，数据需要在不同系统、平台或组织之间传输和存储，若安全措施不到位或管理不善，就可能被不法分子利用漏洞进行非法访问，造成敏感数据的泄露。泄露的数据可能被用于身份盗窃、欺诈活动、恶意营销等不法行为，严重侵犯个人隐私。

生物医学领域的数据共享，在制定共享标准和选择共享平台方面存在一些障碍，虽然政府、医院等各方正在呼吁采用新的数据共享方法，并正在制定数据共享平台的政策，但这一障碍并未得到实际解决。例如，每个医院都有自己的规则和行为准则，这些都是实现医院有效数据共享的障碍。如果没有关于共享的核心价值观的综合模式或协议，我们就无法实现流畅地共享。② 在保障个人隐私的前提下合规共享数据，治理数据滥用已成为当务之急。

### 3. 数据安全

数据安全与算法紧密相关，数据流通常是数据从最初的生成点通过一个或多个系统进行处理，最终生成用于预期目的的信息，并为其被二

---

① 杨洸：《数字媒体时代的数据滥用：成因、影响与对策》，《中国出版》2020 年第 12 期。

② 石晶金，于广军：《健康医疗大数据共享关键问题及对策》，《中国卫生资源》2021 年第 3 期。

次利用创造机会。但是这种数据流与真实的食物链类似，任何环节中的数据污染和偏差都将对其余的步骤产生影响。① 就当前的技术条件而言，在一般情况下，数据是最容易保存和传递信息的手段。尤其是当网络发展进入"大数据时代"，通过互联网得以生成、记录、传播和运用的数据呈现指数级增长，原本难以被运用的数据体现出新的功能，因此，信息和数据之间的联系变得更为紧密。而信息安全的问题就更多地被转化成为数据安全问题。②

与传统的信息安全问题相比，大数据安全面临的挑战主要体现在：大数据中的用户隐私保护和大数据的可信性。大量事实表明，大数据未被妥善处理将导致用户的隐私安全被侵犯。根据需要保护的内容不同，隐私保护又可以进一步细分为位置隐私保护、标识符匿名保护、连接关系匿名保护等。此外，大数据可信性的威胁之一是伪造或刻意制造的数据，而错误的数据往往会导致错误的结论。若数据应用场景明确，可能会有人刻意制造数据、营造某种"假象"，诱导分析者得出对其有利的结论。虚假信息往往隐藏于大量信息中，这种情况使得人们难以鉴别真伪，从而做出错误判断。③

基于中国的社会文化结构、法律伦理规范，如何识别并应对大数据医疗建设中的伦理问题？如何对其建设和发展进行规制，从而使其更好地服务于国家以及公众？特别重要的是，厘清其方法论和范式结构，让大数据所有的利益相关方（包括公众），在逻辑层面正确地认知并接受它。从认识论意义上而言，大数据在科学范式的转换上创造了根本改变，这个改变无论对于科学还是哲学都具有深远意义。因此，面对如此情况，我们应该以何种态度迎接大数据医疗时代的到来？如何用大数据思维看待并考察大数据医疗所带来的信息和伦理风暴？如何使其合理发展？以上都是我们亟须从学理上回应的问题。

---

① 段伟文：《大数据知识发现的本体论追问》，《哲学研究》2015 年第 11 期。

② 杨蓉：《从信息安全、数据安全到算法安全——总体国家安全观视角下的网络法律治理》，《法学评论》2021 年第 1 期。

③ 冯登国，张敏，李昊：《大数据安全与隐私保护》，《计算机学报》2014 年第 1 期。

# 第一章　大数据医疗时代的到来

随着对海量数据的日常收集、存储、处理和分析，数据已经成为我们日常生活中一个无处不在的概念。这一特点是跨领域的，在过去的几十年里，人们致力于探索这些被称为大数据（big data）的海量数据在改变个人医疗、临床医疗和公共卫生方面的潜在有用性。① 大数据技术就实质而言是一场新的信息技术革命，它以数据为视角来审视世界，使得这个世界数据化、程序化、可计算化、透明化，它的影响已经超越了以往的工业革命，大数据时代甚至被称为第四次工业革命。数据的巨大前景吸引了大量企业和医疗机构，体积庞大的数据库有许多用途，包括创建预测多种疾病的工具，进行患病风险预测，开展公共卫生流行病学研究，提供有关卫生保健利用趋势的实时信息等。解密健康是自远古时代以来人类的伟大努力之一，但只是在最近几十年才发生了颠覆性转变。这种转变的发生是因为指数级增长的大数据的推动，数据积累驱动医学向监测、预测疾病方向发展，促进现代医学从治疗为主模式向预防为主模式转变。

## 第一节　医疗大数据的概念和基本特征

自 20 世纪 80 年代中期以来，世界上的数据生产、存储和通信能力经历了前所未有的爆炸式增长和质变，主要表现为数字、数据、格式。同时，以个人电脑、智能手机和互联网的形式获取信息的计算技术以及其他手持设备的普及和发展也反映了这种增长趋势。对很多人来说，大

---

① Pastorino, R., De Vito, C., Migliara, G. et al, 2019: "Benefits and Challenges of Big Data in Healthcare: An Overview of the European Initiatives", *Eur J Public Health*, Vol. 29, No. 3, pp. 23 – 27.

数据已经悄然潜入人们的日常生活。大数据的影响将继续增长，这种影响在医疗保健领域尤为显著。

## （一）医疗大数据的概念

在人类发展史中，数据最开始作为一种记录的符号出现，日常生活产生的大量数据使我们获得了新的见解，大数据逐渐成为新一代技术发展的重要组成部分。[①] 从根本上讲，大数据的概念是相对于既定时间段的少量数据而言的。因此，随着科学技术和人类社会的发展，数据具有越来越重要的意义，特别是由于大数据技术的产生，现在已经基本呈现出凡事皆可以量化的趋势。乔治·奥威尔（George Orwell）所著的小说《1984》中，每个人都处于被未来世界监视的恒定状态。[②] 然而现在人们受到的监视远远超过了小说中描述的监视行为，远远超出了被交通安全摄像头拍下的每一个驾驶行为，我们正在主动披露我们当下所在的位置、我们在做的事情以及我们的喜好。每天通过技术生成的数据呈指数级增长，而数据开始被认为是一种重要的商品，我们每天留下高度可访问的数据足迹，这些"数字足迹"正在被大量使用，作为研究资料的丰富来源，所有这些数据元素都可能在没有获得我们同意的情况下被自由获取。

尽管"大数据"这个术语已经无处不在，但直到现在，这个术语的使用还没有一个通用的定义。麦肯锡提出的"大数据"一词指的是大小超出常规数据库工具获取、存储、管理和分析的能力的数据集。大数据既有海量性的特点，又有复杂性的特点，通常被描述为"6V"特征，即大量化（volume）、快速化（velocity）、多样化（variety）、价值化（value）、准确性（veracity）、可变性（variability）。[③④] 大量化是指数据量的规模大，数据生命周期的各个阶段都体现着大量化的特征，这

① Agrawal, R., Prabakaran, S. 2020: "Big Data in Digital Healthcare: Lessons Learnt and Recommendations for General Practice", *Heredity* (*Edinb*), Vol. 124, No. 4, pp. 525 – 534.

② 〔英〕乔治·奥威尔：《一九八四》，傅霞译，吉林，时代文艺出版社，2018年。

③ Andreu-Perez, J., Poon, C. C., Merrifield, R. D. et al, 2015: "Big Data for Health", *IEEE J Biomed Health Inform*, Vol. 19, No. 4, pp. 1193 – 1208.

④ Archenaa, J., Anita, E. M. 2015: "A Survey of Big Data Analytics in Healthcare and Government", *Procedia Comput Sci*, Vol. 50, pp. 408 – 413.

已经给传统的存储和分析技术带来了技术挑战；快速化是指数据产生和更新的速度快，数据处理和分析的速度快；多样化即数据的来源和产生方式多样化；价值化在于大数据能够以前所未有的速度将来源各异的大量信息整合成一个单一数据集，从而识别出原本无法检测到的数据相关性；准确性即强调有意义的数据必须真实准确；可变性在于数据随时间推进的一致性。充分利用大数据的关键问题在于如何从一个巨大的、快速生成的、多样化的数据集中找到价值。[①]

医学一直在试图测量患者的特性并快速了解他们的健康和疾病状况。计算机科学将结合这些测量、实验和结果形成观察模型。最近，利用信息技术（information technology，IT）工具进行医学机器学习经历了数量上的加速增长，但所有模型如果没有真实世界的数据，这种系统是不完整的，特别是基于寄存器（即 CPU 内部用来存放数据的一些小型存储区域，用来暂时存放参与运算的数据和运算结果）的数据，例如患者电子健康记录和临床图片等。[②] 但是，在许多国家大多数医学数据仍然是模拟的，例如图像和声音处理，此外，强大的计算机设施和无处不在的可穿戴设备，多个传感器信号的收集，使处理和存储个人或一组患者的数据成为可能。个人数据可用于评估特定的健康疾病风险，例如可以根据传感器数据计算受传染病影响的风险，从可能接触的患者组中收集的数据，可用于特定社区的传染病风险评估。用于大数据挖掘的机器学习算法使医生和研究人员同样使用新颖的方法分析患者数据，大数据的本质意味着我们需要计算机来帮助寻找意义或数据中的模式。临床工作总是充满凌乱或有缺失的数据，比如患者可能不记得他对药物的反应，可能会忘记他之前的处方药的名字，不确定他是否被诊断出患有双向情感障碍紊乱等等[③]。同样，大数据本身并不完美，而且经常充斥着混乱的数据，如也许手机上的地理定位传感器并不经常校准、因节省电池经常关闭，或在应用程序录制中出现错误数据。在输入机器之前，数

---

① Yang J，Li Y，Liu Q. et al，2020："Brief Introduction of Medical Database and Data Mining Technology in Big Data Era"，*J Evid Based Med*，Vol. 13，No. 1，pp. 57 – 69.

② Eiichiro，K. 2015："Use of Big Data in Medicine"，*Renal Replacement Therapy*，Vol. 1，No. 1，pp. 1 – 4.

③ Amke C.，Friedhelm L.，Gerd A. et al，2019："Does Big Data Require a Methodological Change in Medical Research?"，*BMC Medical Research Methodology*，Vol. 19，No. 1，pp. 1 – 5.

据需要清洗，如果是数据集，则应删除主题不完整或部分数据太乱或缺失的数据集，但从数据集中删除主题可能会导致分析偏差，特别是当删除的主题或数据来自同一组时偏差会更加严重。一个简单例子是抑郁症患者可能会因为不想联系他人而关闭自己的智能手机，这种简单的关闭行为意味着其数据将无法被收集，当这些数据点可以提供有价值的见解时，很多患者症状的数据会缺失。

大数据的主要挑战之一是管理、分析和研究来自大量有潜在价值的隐藏信息，以获取新的技能或知识，机器学习是人工智能的一个分支领域，是智能系统利用统计和数学方法建模，并根据现有的算法经验从错误中学习，最终开发出解决方案的能力。[1] 机器学习方法在医疗大数据环境中被频繁使用，是最有发展前景的大数据分析方式之一。机器学习也是自动创建学习算法和程序的科学模式，一旦设计完成，它们可以自动更快更好地学习而不需要人类操作，这个系统将不再是特定的"学"，而是有策略的，通过具体的算法系统，通过大量的数据训练的分析自动进化。随着时间累计和数据发展，将有越来越多的训练输入机器学习系统中。例如神经网络理论大约出现在 20 世纪 70 年代，但直到最近，借助海量数据的可用性和巨大的计算机能力，这些系统才开始真正发挥作用。[2]一个已经经过充分训练的模型可以用来捕捉特定现象的本质，它在使用时产生或反馈的数据和其他数据可以使其继续进行自我的进化和细化。简单地说，当数据量足够多时，这将是个不会停止的学习系统，不仅越来越好，而且也适应任何潜在的变化现象。

由于其迭代学习的本质，这样的系统既不证实也不假设一个特定的现象。然而，在大多数情况下，假设出现在学习过程中，是一种对人类推理和科学发现的归纳方法。但系统没有明确地"理解"现象下的本质，仅能在模型中捕获知识，这并不能帮助我们更加直接了解潜在的因果关系，但它能准确地描述现实。[3] 随着大数据技术的发展，机器学习

---

① Pablo, R. J., Roberto, D. P., Victor, S. U. et al, 2021："Big Data in the Healthcare System：A Synergy with Artificial Intelligence and Blockchain Technology"，*J Integr Bioinform*，Vol. 19，No. 1.

② Viktor M. S., Kenneth, C. Learning with Big Data, Boston：Houghton Mifflin Harcourt, 2014.

③ 〔美〕朱迪亚·珀尔：《为什么：关于因果关系的新科学》，北京，中信出版社，2019年。

需要依赖于先前收集的数据，虽然它们从实时数据中学习和做出准确预测的能力已经被证明，但是还需要不断挖掘其从现象中挖掘信息本质的能力。此外，虽然机器学习证明了其通过增加预测准确性等手段而具有改善医学领域的能力，但当新技术被引入医疗保健时，过度依赖机器学习监测患者的症状和提供治疗方法可能会影响医生对患者需求的感知。医疗数据显示的是量化的患者疾病数据，但是缺失了对患者的心理、社会和关系等问题的综合感知。显然，机器只是被教导识别数据，这导致其他重要感知的微妙特性在机器中被忽视。

海量医疗数据不仅数据来源广泛，而且结构复杂多样。每天大量数据的产生、收集和处理基于多种不确定的目的和用途，医疗数据中有结构化数据，但更多的医疗数据都是以半结构化数据或是非结构化的形式存在，并且半结构化和非结构化数据所占比例也越来越多。[①] 其中结构化数据一般储存在数据库当中，例如一些电子健康档案数据、用药诊疗数据、健康体检数据等；半结构化数据例如病历文本数据、护理档案数据、手术记录数据等，多采用文本数据的形式进行保存；而非结构化数据包含的内容也非常广泛，例如 CT 检查、超声、内镜等医疗影像资料数据，这类数据利用音频、视频、影像等作为数据载体。[②] 传统的健康数据包括实验室测试的结果、诊断的影像学图像、医疗记录、公共的健康注册数据，以及生物医学研究中所产生的数据。健康数据的概念在近20 年不断被拓展。[③]

随着大数据技术的发展，个人医疗记录前所未有地被收集和分析，从以前的没有被特别思考其用途的数据转变为有利用价值的数据。不论医疗实践还是医学研究，都被大数据的快速发展所影响。医疗数据库包含越来越复杂和丰富的临床诊疗、照护和保险信息，这些信息可以用来评估和确定跨越时间和护理环境的干预是否有效。大数据包括一个不断增长的临床数据库，其利用遗传、基因组、保险和索赔等信息，结合未

① 曹琳，许凤娟，史高松等：《医疗健康大数据视角下医院病案统计及管理研究》，《卫生软科学》2019 年第1 期。

② 熊功友，张传旗，徐伟等：《探索"互联网＋"医养结合模式的实践》，《当代医学》2019 年第4 期。

③ Mittelstadt, B. D. et al, Floridi. 2016："The Ethics of Big Data：Current and Foreseeable Issues in Biomedical Contexts", *The Ethics of Biomedical Big Data*, pp. 445 – 480.

来分析的可能性，通过评估治疗的有效性和实时情况进行预测。目前趋势是快速增长的医疗健康数据及其数字化转换与从个人和移动传感器收集的数据进行融合。患者的病情记录、治疗计划以及处方信息等医疗数据融合都需要快速准确地完成，并需要严格按照行业法规的要求进行。随着数据集的扩展，有效的数据处理和分析可以发现数据中的隐藏信息，从而改善患者护理，例如从医疗办公场所收集的信息可以帮助他们更准确地模拟患者行为。此外，其结果可以用于以更低的成本提供更好的实时医疗保健。[①]

在中国，由于医疗数据的大量性和丰富性，医学领域的变革和医疗模式大数据的范式转变是可预判的。但大数据需要进行有意义的大规模分析，最大的障碍是利益相关者的多元化，患者的具体信息大多分别受限于单个医疗服务提供者、实验室、医院或保险提供者的服务器。如果没有相互间的协作，数据就会被隔离，造成资源利用不足、冗余和低效，最终导致医疗保健成本不断上升。为了应对这些不断增长的成本，许多保险公司已经从按服务收费的模式转变为风险共担的模式，这种模式优先考虑患者的治疗结果。大数据不仅可以衡量治疗模式是否成功，还可以识别导致医疗费用增加的浪费行为，因此，大数据的巨大推动作用，不仅出现在传统的数据管理和存储平台应用程序的创新开发方面，也出现在新兴领域人工智能与预测分析等。[②]

## （二）医疗大数据的基本特征

新的医疗服务和医学研究方案是基于大数据平台数据驱动所创建的，是卫生保健的重点，并不断从对患者的治疗向预测和疾病预防转移。因此有大量数据被收集、聚合、连接、转化和利用，以预防人类生病，从而致力于将健康和促进健康作为首要和无条件的目标。医学研究、生物数据库和数据驱动的医药产品总是面向更好的健康状况，甚至是新的治疗方法的发展目标。数据是研究的知识来源，新知识需要解决

---

① 〔美〕埃里克·托普：《颠覆医疗：大数据时代的个人健康革命》，张南，魏薇，何雨师译，北京，电子工业出版社，2014 年。

② 〔美〕瓦赫特：《数学医疗》，郑杰译，北京，中国人民大学出版社，2018 年。

问题，比如，要解决健康问题需要获得数据访问权。数据驱动的医学要求来自个体和群体的信息数据，不仅需要明确的如诊断、患病记录等数据，还需要尽可能多的数据来源，如生物样本库。生物样本库需要样本捐献者，还需要采用不同形式获取他们的知情同意，以使用他们的生物样本和医疗数据。

将数字数据融合成有用信息的能力需要大数据技术，无论是基于文本的还是后续派生的，都是以不同的方式生成的，其中一些是非结构化的。非结构化数据结构不规则或不完整，无法组合成信息，因此会阻碍计算机的自动处理。此外，要融合的数据还可能是不准确、不完整、虚假的或矛盾的。信息交流是非常复杂的过程，在许多情况下，各种信息源之间缺少必要沟通，主要是因为没有机制来支持这种交换。高数据流无法处理而导致的时间延迟，以及信息缺失、不准确性等问题，使得医学大数据存在以下基本特征。

### 1. 稀疏性特征

很多时候，健康医学数据可能是由技术因素，比如数据平台不稳定，或者人为因素，比如不准确录制、损坏的数据、文本错误等，导致不能有效存储和传输。处理数据的科学方法包括变量去除，数据插补和数据重建。在大数据迅猛增长的情况下，不再追求精确性已成为新趋势。[①] 在很多个细微层面，我们是可以使用大数据论证新假设的，比如当记录下的是真实世界的人们的平常状态，那自然就不需要担心做研究或者调查问卷的时候存在数据偏倚了，毕竟样本即整体，而不是某些随机的群组。由于担心数据的有效性和数据丢失，数据库表单中积累的强大数据集将受到审查。由于现有的数据源非常稀疏且不完整，整合各种异构数据集合已经成为一个巨大的问题，这使得找到数据之间的逻辑连接任务变得繁重。数据被用于各种不同目的，这不仅对研究人员来说是一个问题，对任何使用非电子健康或医疗数据的人来说也是一个问题。临床医生也必须意识到，他们共享的患者信息可能不完整、不准确或不及时。而且健康保险公司也是如此，他们依赖于从电子病历中提取的医疗质量指标，却没有注意产生这些数据的不同背景信息，因此，我们需

---

① 黄欣荣:《大数据对科学认识论的发展》,《自然辩证法研究》2014 年第 9 期。

要进一步开发大数据技术决策支持机制，从而前瞻性地解决已知的"信息差距"，并更彻底地跟踪数据的来源。

### 2. 异构性特点

医疗保健数据通常是异构的、嘈杂的并存储在多个数据库中。大数据技术的进步有助于存储、管理和挖掘巨大的结构化或半结构化医疗保健数据。[1] 医疗大数据一般包括两种不同的形式：一是结构化或标准化的数据，可以在系统之间交换，并易于存储到数据库中，这主要包括患者的个人信息、诊断代码、实验室结果、传感器健康参数水平等。二是非结构化数据。与结构化数据不同，非结构化数据是指纸张、音频、电子邮件、计算机文件（pdf、word 等）上的自由文本或书面信息，如处方、医学观察报告、研究文章、手册、医疗指南、医生笔记等。其他形式的非结构化数据有：医学文献——提取最有利的结果。例如，在出现健康问题的情况下，将患者与具有类似问题的其他患者进行比较，并形成最有效的治疗指南。使用大数据方法可以更轻松地进行这种统计分析，而不是让医生浏览一小部分记录类似病例的研究论文。图像信息，如 CT 扫描、X 光、核磁共振、心电图、PET 扫描。个体基因组数据，需要与其他个体的表型和基因型进行比较，以找到疾病的相似性或特殊性，然后将它们转化为治疗方法。监测数据——从医院设备、家庭设备或可穿戴设备中捕获的每个患者的生命体征。[2]

异构来源基本上是基于各种模式或规则的混合数据，模式和规则的属性的不同取决于来源的不同。获取对医疗决策有用的大数据是一个很重要的问题，因为支付者和提供者拥有同一患者的不同种类机密数据，这些数据通常以不同的方式编码。在大数据中，这种情况经常发生在权衡微观层面和宏观层面的准确性的过程中。通过结合临床研究等多个领域的大数据集来解决问题数据、质量改进数据、电子健康记录和行政索

---

① Wang, L., Alexander, C. A. 2020: "Big Data Analytics in Medical Engineering and Healthcare: Methods, Advances and Challenges", *J Med Eng Technol*, Vol. 44, No. 6, pp. 267 – 283.

② Rghioui, A., Lloret, J., Oumnad, A. 2020: "Big Data Classification and Internet of Things in Healthcare", *International Journal of E-Health and Medical Communications*, Vol. 11, No. 2, pp. 20 – 37.

赔数据并使用多变量分析,以确定患者的亚组,可更好地了解不同的治疗在不同环境下的效果。数据语义是数据分析的主要元素之一,处理不同的数据结构和信息类型,并将数据分析为结构信息,是一项非常具有挑战性的任务。数据融合作为提高数据质量的手段,专注于计算结构化和可比较的语义数据以获得适当的决定,基于多传感器数据,产生新的信息。数据融合又称为信息融合,它是利用计算机技术和算法,对多源信息处理精炼的过程,主要功能是整合不同类型的信息语义数据。如果无法使用多种方法处理信息异构数据,相关的数据和信息就无法集成。[①] 而数据和信息可以提高多个传感器和同源信息数据库准确性并产生更准确的结果。

### 3. 相关性特征

两种现象之间具有所谓相关关系是指一种现象发生变化时,另一种现象也会随之产生相应的变化。相关关系有强弱之分,当一个数据值发生变化,另一个数据值几乎不变时,两个数据之间相关性就弱,反之则相关性强。[②] 相关关系背后的数学计算直接直观的特点,让相关关系逐渐成为最广泛应用的统计计量方法,使得我们不需要知道所有事物的因果关系。如果相关数据是相关的,相关结果措施用于健康研究就是至关重要的。[③] 相关性可能并不能准确地告诉我们为什么会发生某些事情,但提醒我们它正在发生。医学领域的相关问题是对疾病暴发的预测,即使能确定因果关系是流行病学的一个重要目标,间接但可靠的暴发标志可能已经具有很大的实用价值,特别是在大的流行病暴发时,虽然因果的重要性高于相关性,但是当数据积累到足够多的数量,即可提示因果关系。[④] 大数据分析的应用可以改善以患者为本的服务,更早地发现疾

① Lake, J. H. 2019:"Evaluating and Using Medical Evidence in Integrative Mental Health Care: Literature Review, Evidence Tables, Algorithms, and the Promise of Artificial Intelligence", *An Integrative Paradigm for Mental Health Care*, Vol. 5, pp. 99 - 125.

② 黄欣荣:《大数据对科学认识论的发展》,《自然辩证法研究》2014 年第 9 期。

③ Lee, C. H., Yoon, H. J. 2017:"Medical Big Data: Promise and Challenges", *Kidney Research and Clinical Practice*, Vol. 36, No. 1, pp. 3 - 11.

④ Brill, S. B., Moss, K. O., Prater, L. 2019:"Transformation of the Doctor-Patient Relationship: Big Data, Accountable Care, and Predictive Health Analytics", *HEC Forum*, Vol. 31, No. 4, pp. 261 - 282.

病的传播，尽早对疾病的发生机制产生新的见解，监测医疗卫生机构的质量，并为患者提供更好的治疗方法。[1][2] 利用数据挖掘技术对患者的电子健康记录、网络和社交媒体数据进行数据挖掘，可以识别最佳的医疗实践指南，识别电子健康记录中的关联规则，并揭示疾病监测结果和健康趋势[3]。此外，整合和分析不同性质的数据，如社会科学数据和自然科学数据，可以产生新的知识和智能，探索新的假设，发掘隐藏的治疗模式。大多数健康科学研究旨在回答因果关系而不是联想问题，如果某种治疗与某种副作用相关，这种关系是否是因果关系是至关重要的，否则改变治疗方式可能是徒劳。类似的推理也适用于流行病学，预测的有用性无可争议，在大部分医疗环境下识别风险因素相关性是因果性的重要基石，推测因果关系只是迈向疾病发展和治疗效果步骤的第一步，大数据无法单独观测数据但可以借助额外信息或知识辅助推断出因果关系。

### 4. 价值性特征

医疗大数据的高价值性主要来自数据的二次利用，整合和分析大规模的医疗数据，将对医疗本身的发展产生巨大的价值。伴随着大数据发展，其概念和价值的讨论也越来越多。数据作为一种记录符号，承载着越来越多的信息和价值。收集数据的目的，是整合、分析、提炼所需要的知识，并且将其应用到具体的领域中。在临床环境中，通过整合各种标准化和可互操作的数据集，并从这些数据资源中提取有价值的临床所使用的医学知识，以提供临床分析或决策支持工具，这对于弥合医学理论和实践之间的差距至关重要。随着大量不同的个人健康医疗信息的累积、存储、联合、集成、共享、挖掘、解释，这些广泛的异构数据被转换为可扩展的医学上可操作的资源，同时转化为临床成果。换句话说，这种知识可以引导我们重新审视疾病病因、改进、分层或重新分类疾

---

① Agarwal, M., Adhil, M., Talukder, A. K., 2015: "Multi-omics Multi-scale Big Data Analytics for Cancer Genomics", *Springer International Publishing*, Vol. 4, pp. 228 – 243.

② He, K. Y., Ge, D., He, M. M. 2017: "Big Data Analytics for Genomic Medicine", *Int J Mol Sci*, Vol. 18, No. 2, p. 412.

③ Mei, J., Desrosiers, C., Frasnelli, J., 2021: "Machine Learning for the Diagnosis of Parkinson's Disease: A Review of Literature", *Front Aging Neurosci*, Vol. 6, No. 13, pp. 633 – 752.

病，并确定新的疾病机制和治疗方式。通过数据挖掘所得出的数据，可以更好地促进临床诊断和治疗决策，改善医疗保健或治疗，最重要的是有助于疾病延迟甚至预防。从治疗到预防，从疾病到健康，大数据的范式转化在其中起到了至关重要的作用。[①]

5. 隐私性特征

隐私性是指医疗大数据中的患者个人信息属于高度隐私。广义上的医疗大数据包括临床医疗数据［主要包括电子病历（electric medical record，EMR）、生物医学影像和信号等数据］、公共卫生（监测）数据（包括疫苗接种、传染病及其他流行病监测系统、健康宣教、疾病预防与控制方面产生的数据）、环境数据（包括对个人健康产生影响的气象、地理等自然环境数据）、生物学数据（从生物医学实验室获得的基因组学、转录组学、实验胚胎学、代谢组学、蛋白质组学等研究数据）、管理运营数据（各类医疗机构、社保中心、商业医疗保险机构、药企、药店等管理运营过程中产生的数据）以及网络数据（基于网络、社交媒体等产生的与健康相关的数据）等。[②③]

大数据技术在医疗卫生行业的广泛应用，促进了医疗行业信息的共享，信息共享与互通将有利于避免信息孤岛，但同时也引发了关于隐私安全问题的讨论。[④] 患者的身份信息是患者个人信息的重要内容，在大数据医疗背景下，患者身份信息指的是以数据形式存储在电子媒体中，且具有经济价值和科研价值的个人敏感信息。近年来，随着数据共享被广泛应用于医疗卫生行业，患者身份信息泄露的隐私问题饱受诟病。

首先，在小数据医疗时代，患者的医疗信息以纸质病历为主要载体，暴露在公众面前的机会非常小，对隐私保护的侵害也不明显。但随着现代信息技术的进步和全球一体化进程的加速，医疗健康领域的信息

---

① Fisher, C. B., Layman, D. M. 2018："Genomics, Big Data, and Broad Consent: A New Ethics Frontier for Prevention science", *Prevention Science*, Vol. 19, No. 7, pp. 871 – 879.

② Mooney, S. J., Pejaver, V. 2018："Big Data in Public Health: Terminology, Machine Learning, and Privacy", *Annu Rev Public Health*, Vol. 39, No. 1, pp. 95 – 112.

③ 杨朝晖，王心，徐香兰：《医疗健康大数据分类及问题探讨》，《卫生经济研究》2019年第3期。

④ Abouelmehdi, K., Beni-Hessane, A., Khaloufi, H. 2018："Big Healthcare Data: Preserving Security and Privacy", *Journal of Big Data*, Vol. 5, No. 1, p. 18.

交流更加频繁，各种临床、科研等医学信息实现了前所未有的交流和共享，比如电子健康记录（electronic health records，EHRs）的数据挖掘是最有希望的方向之一，在生物医学大数据项目中，不同医疗机构、卫生保健平台、保险公司以及科研院所之间共享电子病历数据成为现实，一旦医疗记录电子化，并存储在计算机或云端，患者将无法知道谁访问了共享账户中的数据，这会增加数据泄露和滥用的风险，并且难以追踪。

其次，"数据共享"不仅发生在医疗机构之间，还包括患者的信息在大数据医疗平台留下的痕迹。随着信息技术的迅猛发展，现今人类思维模式的第一反应是通过网络来获取信息。比如，网络信息搜寻有着信息存储量大、来源广泛、搜索方便等优势，这使公众在线健康信息搜寻的需求越发强烈。在这个过程中，患者需要填写个人身份信息才能获取医疗服务，同时，在大数据医疗平台进行健康信息咨询或者在患者社区交流经验时，患者透露的一些看似毫无价值的信息，经与患者的其他信息关联后能识别出患者的身份，从而构成隐私侵犯。网络上的个人信息变成了通过交易就可以轻松获取的商品，甚至可以随意地被重组甚至倒卖，即使数据已经"脱敏"，比如将患者的姓名等可以鉴别其身份的信息从数据集中删除，通过对脱敏后的有限数据进行变量分析，患者的身份依旧能被识别。

最后，在大数据医疗的背景下，通过数据的二次开发可以发挥其潜在价值，这促使了患者医疗信息的商品化。而商品交换通常受到供求关系的影响，很难保证商品交换过程让买卖双方均受益。受市场影响，提供数据的卖方市场为了最大限度地获取利润，占有市场份额，通常会对数据进行深度挖掘，在对数据进行开发和挖掘的过程中，看似毫无关联的信息却能触及个人隐私：有些数据表面上看似没有价值，经过大数据的整合、分析后即可追溯到个人；有些数据看似不涉及敏感信息，却经大数据技术的组合，在属性信息或其他背景知识的帮助下识别出个体身份信息。①

同样，占据买方市场的医疗数据使用者，也会千方百计地试图获取

①　王强芬：《大数据时代医疗隐私层次化控制的理性思考》，《医学与哲学（A）》2016年第5期。

对自身有价值的医疗资源信息以获取更多的利益。从表象上看，数据共享和流通似乎是提高了医疗数据的使用效率，实则使包括患者身份信息在内的医疗数据信息被披露，并进行商品化流通，诱发隐私问题。侵犯患者的数据隐私将导致一系列的伦理问题：歧视患者就业或者剥夺保险，敏感健康数据暴露带来的情绪压力，心理健康问题如恐惧、偏执和心理痛苦，医患信任关系崩塌等。[1][2]

那么我们应该如何理解健康隐私（health privacy）呢？众所周知，隐私的概念很难定义。目前一个突出的观点将隐私与环境联系起来。有关于信息如何流动的上下文规则的制定，主要取决于所涉及的参与者、信息被访问的过程、访问的频率和访问的目的。当这些上下文规则被违反时，我们就说隐私被侵犯了。[3][4] 这种违反可能发生，因为错误的参与者获得了对信息的访问，或者违反了可能访问信息的过程，或者访问的目的不适当，等等。当我们考虑为什么这种违反是有问题的，规范性伦理方面的原因可以简化分为两类——结果主义和义务论。有两点需要注意：首先，一些侵犯隐私的行为在这两方面都引发了问题。其次，我们讨论的一些问题也存在于"小数据"收集中。然而，大数据环境会增加受影响人数、影响严重程度，以及受害者难以采取预防或自助措施的趋势。一方面是结果主义上的关注。结果主义者的担忧是基于隐私被侵犯的人将受到负面影响而产生的。这些负面后果可能是有形的，例如，由于隐私被侵犯，某患者的长期护理保险费上升，某些患者经历了就业歧视，某人的艾滋病病毒感染状况被他的社交圈的人知道，等等；或者是与知道私人医疗信息"在那里"并可能被他人利用相关的情感痛苦——考虑一下，如果一个人认为自己现在很容易经历身份盗窃，即使在任何身份滥用发生之前，也有可能产生焦虑。另一方面是义务论上

---

① Price, W. N., Cohen, I. G. 2019："Privacy in the Age of Medical Big Data", *Nat Med*, Vol. 25, No. 1, pp. 37 – 43.

② Abdullah, Y. I., Schuman, J. S., Shabsigh, R. et al, 2021："Ethics of Artificial Intelligence in Medicine and Ophthalmology", *Asia Pac J Ophthalmol（Phila）*, Vol. 10, No. 3, pp. 289 – 298.

③ Nissenbaum, H., Privacy in Context：Technology, Policy, and the Integrity of Social Life, Stanford：Stanford Univ Press, 2010.

④ Konnoth, C. 2016："An Expressive Theory of Privacy Intrusions", *Iowa L. Rev*, Vol. 102, pp. 1533 – 1581.

关注。义务论在这方面的关注重点并不取决于遭受到的负面后果。在这种情况下，即使没有人将信息用于他处，或者该人从未意识到发生过违规，也会引起隐私侵犯。或者这个人从来没有意识到已经发生了侵犯隐私的问题。一个人即使没有受到伤害，也可能因为隐私被侵犯而受到委屈。例如，假设一个组织不道德或无意地通过大范围的数据搜集行动获得了你存储在智能手机上的数据的访问权，在查看了包括你的个人疾病照片等数据后，该组织意识到你的数据对它们毫无价值并销毁了记录，你永远不会知道发生了什么，而且那些查看你数据的人生活在国外，是永远不会遇到你或任何认识你的人。从结果主义的角度来说，很难说你受到了伤害，但许多人认为，即使没有伤害，对自己的数据失去控制、被入侵本身也是有伦理问题的。①

## 第二节　大数据医疗的发展历程和现状

健康医疗数据通常包括实验室检测结果、诊断图像、医疗记录，以及在生物医学或临床研究中产生的数据。大数据医疗的发展，如在诊断、治疗和监测患者中使用传感器，不仅可能改变医疗实践，还可能改变人与身体和精神的关系，以及患者和医疗保健专业人员的作用和责任。

### （一）大数据医疗的发展历程

我们现在生活在一个以数据为导向的时代，人的一生中的每个阶段无疑有各种各样的信息，使用算盘或纸张等方法手工处理大量数据是不可能的，计算机技术和信息技术的进步使处理大量数据成为可能。例如，2011 年 1 月，在美国颇受欢迎的电视智力竞赛节目《危险边缘》中，由美国国际商业机器公司（International Business Machines Corpora-

---

① Cohen, I. G. 2019："Privacy in the Age of Medical Big Data", *Nat Med*, Vol. 25, No. 1, pp. 37 – 43.

tion，*IBM*）开发的电脑系统"沃森"（*Watson*）打败了人类对手。[①] 这是电脑系统首次在以知识为基础的比赛中战胜人类。实际上，沃森是全世界信息学专家合作的结果，沃森所做的是阅读大量分散在互联网上的自然语言的可用文档信息，并在一个孤立的环境中处理信息，认真分析这些信息以获得知识。在沃森参加的智力竞赛节目中，问题的内容往往以一种不容易被理解的方式陈述，其甚至对人类来说也可能相当困惑。随后该公司专注于沃森在医学领域的应用，并在匹兹堡大学等机构独立开展实证项目。又如，谷歌流感项目利用搜索引擎数据来预测流感的传播趋势。通过分析用户在搜索引擎上输入关键词的频率和内容，项目可以帮助公共卫生部门更准确地预测流感的传播情况。此外，它还在预测中加入了其他因素影响，从而提前采取相应的防控措施。谷歌流感项目的成功，展示了大数据分析在疾病监测和预测领域的巨大潜力，虽然大数据分析仍处于起步阶段，但新的项目正相继开展，并在公共卫生领域发挥越来越重要的作用。[②]

生物医学大数据指的是所有与健康相关的数据，这些数据可以相互操作，使得分布的系统平台通过相关信息的数字交换达到共同目的，从而利于对健康相关的预测数据的挖掘。生物医学大数据涉及卫生服务、公共卫生活动和生物医学研究产生的数据，记录人群暴露和环境污染等信息，或揭示生活方式、社会经济条件和行为模式的数据，如健康和健身应用程序、社交媒体和可穿戴设备的数据等。生物医学大数据包含了人们的详细信息表型、基因型、行为和环境水平。基于现代科技应用的数据挖掘和深度学习技术证明，数据对于为个人和人群做出与健康相关的预测非常有价值。数据生态系统的概念非常突出生物医学大数据的两个重要特征：一是在大数据事实上，它们模糊了传统的在不同的设置下产生的数据类型的界限，从而将几乎任何形式的数据转换成健康相关的数据。二是数据治理可能需要动用更广泛的资源，应该包括生物医学领域之外的参与者等涉众，也包括了数据对象。随着生物医学大数据的出现，在临床、学术和商业环境中产生的数据和在线环境中检索到的数

① Banavar, G. 2015: "Watson and the Era of Cognitive Computing", *ACM SIGARCH Computer Architecture News*, Vol. 43, No. 1, p. 413.

② Sasikiran, K., Jeffrey, S. 2019: "Reappraising the Utility of Google Flu Trends", *PLoS Computational Biology*, Vol. 15, No. 8.

据，进一步加强了对知识产权的保护。①

除了大型数据库，通过分析电子捕获的健康数据和互联网搜索数据，也可以更好地了解人们对健康问题的关注和需求，并帮助医疗机构和保健提供者更好地制定更有效的健康政策和策略。比如，发现胰腺癌症状常常出现在诊断之前，可疑患者最近被诊断患有胰腺癌，然后对有相同症状的个体进行比较是有益的，这种检测方法在难以治愈的癌症早期监测方面呈现出令人激动的新进展。智能手机和智能手表可以计算卡路里、监测血压和血糖，这些数据可以下载传输给医疗保健提供者，甚至实现公众共享。通过信息技术捕捉这些个人健康行为和健康记录数据，并使用预测模型进行模拟，可以预测哪些患者有最大的风险，以及治疗期间和治疗后的不良事件，这些早期干预有可能更好地改善个人健康。

通过使用大数据和深度学习技术，医学可以提供早在症状出现之前的预防，例如为预防慢性和退行性疾病提供有效服务。这提供了一个显著的优势——对整个数据集的即时访问，使通过算法来计划临床表现的演变以支持决策以成为可能，提高整个过程的效率。基于患者的个性化电子设备的诊断和护理模式将对需求的反应越来越有效、高效，并能提供高质量的诊断、预后和治疗服务。电子产品持续采集并不断更新医疗记录数据，将使远程监测非常有利于许多疾病的早期诊断，如风险识别、远程分娩治疗和护理。② 健康状况监测、疾病急性发作预防和日常生活健康管理支持所有新兴电子卫生服务领域的应用，特别是针对脆弱患者、老年人还有慢性病患者，可以帮助大幅削减急性病例数量急剧增加的医疗成本，预防许多慢性病的发展，并提供远程协助和远程医疗。

大数据分析使我们能够及时预测各疾病和流行病的暴发，以便采取有效的措施，并在紧急情况时采取紧急应变措施。通过对现有病例的治疗方法的分析，可以优化各种疾病的治疗方法，通过分析这些庞大的数据集，可以实现各种易感疾病出现前的风险预测。在医疗保健领域中，大量数据的记录保存，包括患者依从性和监管要求，都以纸质形式或硬

---

① Sabina, L., Tempini, N. 2018："Where Health and Environment Meet：The Use of Invariant Parameters in Big Data Analysis"，*Synthese*，Vol. 198，No. 10，pp. 1 – 20.

② Mittelstadt, B. D., Floridi, 2016："The Ethics of Big Data：Current and Foreseeable Issues in Biomedical Contexts"，*The Ethics of Biomedical Big Data*，pp. 445 – 480.

拷贝形式存在，数字化是在此数据上发现关联、模式。这种分析趋势开启了医疗领域的新纪元，大数据是医疗的重要组成部分。因此，将大数据分析应用于医疗保健领域是一项重要的工作，是向以更低的成本实现迈出了一大步。然而，并不能保证这些预测模型在医疗领域任何方面的预测是完全可靠的，预测模型的适用性并不是先验的，因为数据来源和背景可能会影响结果。①

　　数据时代同样也影响和革新着创新药物的研发目标，欧盟药品管理局启动了所谓的"适应性许可试点项目"，隐含的意图是鼓励申办者使用来自真实世界经验的数据支持批准更广泛的患者群体。然而，要优化这些数据的利用，关键是要了解潜在的限制和相关的挑战，并采取应对措施。在药物开发中有效使用数字化数据的一个关键成功因素是强大的基础设施，需要关注由不同的来源和媒介生成的数据的容量、多样性和生成信息的速度。当然，这新兴的研究方法应该和传统方法互补发展，无缝地结合传统的统计理论。随着计算机科学计算效率和相关领域的磨合，相关学科中实现了多种跨学科合作，其中包括统计学家、计算机科学家和软件工程师的相互合作。此外，相关人员应认识到由于不同所有者生成了不同数据的根本问题，因此需要作出协调一致的努力从而形成共识并建立一个有效和透明的框架，以加快使用促进医学研究的数据。此外，在数字化数据新时代，保护患者的隐私和保密性比以往任何时候都更加迫切，各个研究对象的信息被适当地用于促进医学科学的发展，开发难以治疗疾病的治疗方法。需要新的平衡的伦理标准来确保患者的隐私和信息的保密性。

　　电子健康记录的推行是大数据的又一拓展。信息是现代医学的命脉，健康信息技术必将成为其循环系统，如果没有这个系统，无论是医生个人还是医疗机构都无法发挥他们的最佳水平，也无法提供高质量的医疗服务。2009 年 2 月 17 日，美国总统奥巴马签署了《美国复苏和再投资法案》（*American Recovery and Reinvestment Act*，ARRA）。该"刺激计划"包含了《卫生信息技术促进经济和临床健康法案》（*Health Information Technology for Economic and Clinical Health*，HITECH）支持各机

①　Sabina，L.，Tempini，N. 2021："Where Health and Environment Meet：The Use of Invariant Parameters in Big Data Analysis"，*Synthese*，Vol. 198，No. 10，pp. 2485 – 2504.

构采用信息技术，创建通过国家资助的项目开展卫生信息交流，以发展跨司法管辖区信息交流所需的基础设施，资助由临床医生、医院和消费者组成的示范社区进行合作，共同实现在质量和效率方面取得可衡量的卫生服务。使用二次利用的研究项目电子健康档案的数据，建立公共卫生信息交流平台和其他的倡议活动，如示范社区，为医疗保险和医疗补助服务中心等支付者提供资金，不受限制地访问包含非常细粒度、可识别的患者数据的大型数据库等信息。

在社交媒体上，与药物使用相关的通信内容在促进和预防药物使用方面非常普遍。社交媒体大数据通过观察社交媒体平台上自然发生的通信现象，生成数据驱动的推论，可以用于计算性或可考虑的解决方案。[①] 与药物使用相关的用户交互的内容，例如，阿片类药物的滥用非常普遍，并且正迅速成为跨社交媒体平台的新兴交流形式，社交媒体大数据为实时观察和理解滥用药物使用的时间趋势和相关风险因素提供了一个途径，同时也提供了感兴趣的测量人群集体行为的能力。社交媒体大数据涉及大量数字化的数据资源，有些人不仅在社交媒体上交流和分享关于药物使用问题的个人经历、问题和想法，而且有成瘾问题的人通过社交媒体上的网络和交流寻求其他有类似成瘾问题的人的社会支持，在线社区和论坛非常适合人们对有共同话题的问题进行交流，因为人们假定自己是匿名的，相对不受地理限制，也不会受到歧视。[②]

### （二）大数据医疗的发展现状

生物医学科学的研究趋势将"精确"一词用于医学和公共卫生，诸如大数据、数据科学和深度学习等相关领域。技术进步允许收集和合并不同来源的数据，从基因组序列到社交媒体发帖或从电子健康记录到可穿戴设备。此外，高性能计算支持的复杂算法，允许将这些大型数据集转换为知识。

---

① O'Doherty, Kieran, C. et al, 2016: "If You Build It, They will Come: Unintended Future Uses of Organised Health Data Collections", *BMC Medical Ethics*, Vol. 17, No. 54, pp. 1 – 16.

② 刘星，王晓敏：《医疗大数据建设中的伦理问题》，《伦理学研究》2015 年第 6 期。

### 1. 医院信息系统

比较常见的医院信息系统（hospital information system，HIS）利用计算机通信设备，采集、存储、处理、访问和传输医院相关的医疗和管理信息。医院信息系统的采用为医疗服务提供了独特的优势，例如，韩国首尔大学医院整合了临床医疗信息系统、临床研究支持系统、行政管理信息系统、教育培训系统和转诊系统等，综合的医院信息系统的实施使医疗质量和医院管理效率显著提高。[1]

大数据技术作为一种新的技术形态赋予了新时代医疗服务建设的新发展，大数据平台已经成为智慧医院信息系统进行智慧化决策的重要核心基础。医院每天都在生成和处理大量数据，例如患者个人健康资料、病理诊断信息、医疗设备信息等纷繁复杂的信息内容，具有巨大的经济潜在价值和医学研究价值。[2] 利用大数据技术，医生可以从海量的数据库中检索到以往同类疾病的诊疗记录，并对其进行对比和分析，从而提出对患者的病情更优质、更有效的诊断方案。大数据技术的应用极大地减少了医生翻阅传统历史病案的时间，克服了医生依赖个人经验看病的局限性，在很大程度上提高了医生的职业素养和诊断准确率。[3] 另外，传统的医院管理模式具有较大的局限性，例如医院管理层难以从整体上准确把关各个管理环节。[4] 而大数据技术可以通过数据筛查系统、统计系统等对各管理环节生成的数据结果进行趋势分析、对比分析，以达到全程监测医院财务数据、日常运营数据等，通过及时给予数据反馈，对员工进行高效的人力资源管理，确保医院运营工作的合理开展。

### 2. 移动健康医疗

移动健康（mobile health，mHealth）被定义为应用基于移动设备的

---

① Choi, J., Kim, J. W., Seo, J. W. et al, 2010：" Implementation of Consolidated HIS：Improving Quality and Efficiency of Healthcare"，*Healthcare Informatics Research*，Vol. 16，No. 4，pp. 299 – 304.

② 王震，何炜，沈伟富等：《以数据为基础的医院智慧服务绩效管理实践与探讨》，《医院管理论坛》2020 年第 10 期。

③ 李沛铮：《应用大数据进行智慧医院的管理探讨》，《智慧健康》2021 年第 23 期。

④ 陈春琴，黄晞：《互联网时代公立医院的智慧财务建设与发展》，《中华卫生应急电子杂志》2020 年第 5 期。

实践，如移动电话、可穿戴患者监测设备、个人数字助理（personal digital assistant，PDA）等其他用于医疗和公共卫生的无线设备，是现代技术上的重大突破。[1] 最近，AI 和大数据分析在移动医疗领域得到了广泛的应用，促进了医疗系统的优化。[2] 在医疗保健领域，大数据分析为患者提供了各种高级护理和临床决策支持。医疗保健领域的大数据由医生的临床笔记和处方、CT 图像、MRI 图像、实验室数据、药店文档、保险文件以及其他与行政操作相关的数据等细节组成。从不同的数据来源和不同的格式分析大量数据，以传达实现实时决策过程的感知，这一过程被称为大数据分析。如今，临床医疗领域的数字化转换产生了巨大的数据和记录，已经形成了一个标准，并在实践中被广泛接受和实施。使用移动设备的医疗和公共卫生实践，在不同程度的卫生保健中普遍存在，特别是针对糖尿病和癌症等慢性病。[3]

移动设备向着智能化、数字化、自动化的方向不断发展，移动设备的功能愈加丰富，例如，新一代移动通信技术为交换共享移动设备和外围设备之间的数据提供了强大的技术支撑。此外，还有可以将智能手机与外部传感器集成在一起的融合性能增强，高精度方位定位、自身运动识别和动态行踪监测等。以前，全面的身体检查和患者安全监测主要在医院进行。如今智能手表可以监测出与我们的健康不规律相关的数据。随着电信服务的快速发展，可穿戴物联网传感器、云计算和移动计算提供对用户的实时监测和诊断，传感器可植入体内或可穿戴感觉血压等生理状态、心率、体温、压力率、电子心电图、脑电图。传感器连接到用户，经常监测用户并提供有关用户不断变化的健康状况的警报，实现对患者个人、家庭的紧急医疗服务。可穿戴设备和物联网传感器用于监测用户的活动，以及数据在网络边缘处理以减少成本和延迟时间。此外，在传染病流行病学领域，新的数字方法正在促成一种新的"数字流行

① Madanian, S., Parry, D. T., Airehrour, D. et al, 2019: "mHealth and Big-Data Integration: Promises for Healthcare System in India", *BMJ Health Care Inform*, Vol. 26, No. 1.

② Khan, Z. F., Alotaibi, S. R., 2020: "Applications of Artificial Intelligence and Big Data Analytics in m-Health: A Healthcare System Perspective", *Journal of Healthcare Engineering*, Vol. 10, No. 2020, pp. 1 – 15.

③ Nasi, G., Cucciniello, M., Guerrazzi, C. 2015: "The Role of Mobile Technologies in Health Care Processes: The Case of Cancer Supportive Care", *Journal of Medical Enternet Researrch*, Vol. 17, No. 2, p. e26.

病学",并被视为提高对传染病和公共卫生事件的反应速度和效率的可期待的方法。通过各种渠道获得的新型卫生数据和获取个人信息将继续对流行病学和公共卫生实践产生广泛影响。[1]

### 3. 个体化精准医疗

大数据应用的另一个例子是精准医疗,它指的是在正确的时间,每次都给正确的人提供正确的治疗。[2]美国国家科学研究委员会(National Research Council,NRC)认为,精准医学通过整合每个患者的分子研究和临床数据,发展出一种更加精确的分子疾病分类学的知识网络,并根据每个患者的个体差异为其量身定制更好的卫生保健,提升诊断和治疗水平,精准医学是一种建立在数据基础上的新型医学模式。[3] 数据科学的进步、更好的计算能力和电子医疗记录,更不用说基因组测序的成本大幅下降,2015 年,美国率先开始实施精准医学计划。[4]疾病和治疗往往取决于多个遗传变量、环境条件和其他物理因素,如性别、临床资料、运动方案等。研究人员可以使用先进的算法来分析大健康数据,并确定疾病的模式或趋势。[5] "一刀切"被个体化的精准手段"合适的药物"取代,专门针对合适的患者在合适的时间针对每个人的基因组指定个体对特定药物的反应,饮食和生活方式。[6]基因组测序可能带来更高的诊断敏感性和更精确的治疗,对具有相同基因异常的个人进行研究,也将促进更精确的药物开发和现有药物的更精确治疗。此外,大规模人口研究和大数据分析可用于更准确的基因型和表型数据,以支持因

---

① Edward, V. 2018: "Disease Detection, Epidemiology and Outbreak Response: The Digital Future of Public Health Practice", *Velasco Life Sciences*, *Society and Policy*, Vol. 14, No. 7, pp. 1 – 6.

② Rubin, R. 2016: "A Precision Medicine Approach to Clinical Trials", *JAMA*, Vol. 316, No. 19, pp. 1953 – 1955.

③ 王国豫:《共享、共责与共治——精准医学伦理的新挑战与应对》,《科学通报》2023 年第 13 期。

④ Rubin, R. 2015: "Precision Medicine: The Future or Simply Politics?", *JAMA*, Vol. 313, No. 11, pp. 1089 – 1091.

⑤ Wang, L., Alexander, C. A. 2020: "Big Data Analytics in Medical Engineering and Healthcare: Methods, Advances and Challenges", *J Med Eng Technol*, Vol. 44, No. 6, pp. 267 – 283.

⑥ Naithani, N., Sinha, S., Misra, P. et al, 2021: "Precision Medicine: Concept and Tools", *Med J Armed Forces India*, Vol. 77, No. 3, pp. 249 – 257.

果关系调查。[①]

随着医学治疗范式发生转变，"一刀切"的标准不再适用，现在根据个体生物标记或驱动基因改变来定制治疗方法，根据每个个体的基因图谱，临床医生可以预测药物的敏感性和耐药性，也可以预测潜在的药物副作用，[②] 从而创造个性化药物治疗和精准治疗，为治疗疾病做出贡献。大数据分析是精准医疗不可或缺的一部分。一些大数据库，如国际癌症基因组联盟、英国基因组学和全球基因组与健康联盟，为癌症生物学提供了有用的见解。这些大规模的癌症基因组数据库揭示了每种癌症类型、突变原和 DNA 修复机制缺陷背后的突变特征。

但是，精准医学方法也存在许多的不确定性，包括基因分析是否比其他方式更有效，例如生活方式的改变和暴露于环境压力源。[③] 对药物治疗的反应受饮食、运动、药物、酒精、烟草和消化道微生物组的影响，需要在全面的大数据框架内提供有关这些因素的信息。并且，精准医学的发展也显现出许多伦理问题，包括遗传信息所有权、隐私权、控制其传播以及潜在的消费者使用或滥用。例如，未经授权的基因组信息知识会影响消费者在人员选择过程或信用评级中的风险认知。个人的DNA 不是可以更改的密码，未来的研究需要对遗传信息隐私给予更多的关注，例如在公共隐私权和执法所需证据之间找到适当的平衡，以及监管控制的潜在改进。[④]

由于数据科学、机器学习和大数据分析方面的快速进展，精准医疗行业将迎来新的发展和生物医学研究的新时代，从而导致新的针对个人的预防和治疗策略考虑到的可变性。如果精准医疗的愿景承诺能够实现，这在理解疾病风险和个人需求倾向方面会有相当大的进步，对疾病的发生和个体对治疗的反应的影响因素分析，预计将大大提升制定个性化治疗和预防策略的能力，从而提高治疗结果和使卫生保健系统更加完

---

① Benke, K., Benke, G. 2018："Artificial Intelligence and Big Data in Public Health", *Int J Environ Res Public Health*, Vol. 15, No. 12, p. 2796.

② Collins, F. S, Varmus, H. 2015："A New Initiative on Precision Medicine", *N Engl J Med*, Vol. 372, No. 9, pp. 793 – 795.

③ Powledge, T. M. 2015："That 'Precision Medicine' Initiative? A Reality Check", *Genetic Literacy Project*, Vol. 3.

④ Andorno, R. The Right to Know and the Right Not to Know：Genetic Privacy and Responsibility, Cambridge：Cambridge University Press, 2014.

善，更高效、更可持续。从而提高治疗结果和使卫生保健系统更加完善更高效、更可持续。精准医疗的发展需结合三个维度：生命科学、计算技术和临床医学。生命科学包括新兴的细胞和分子生物学技术，包括基因组学、蛋白组学、代谢组学、表观遗传学、基因编辑、免疫治疗、干细胞治疗等；计算技术包括信息学技术、大数据分析、人工智能技术、云计算、高性能计算、物联网和区块链技术等。临床医学包括已经被证明有着巨大价值的循证医学、队列研究和正在临床上大力推广的多学科诊疗模式。所以，组学是精准医疗的核心。精准医疗从初始就强调要以基因组学为主的多组学研究作为重要基础，多组学数据在个体化医疗方面潜力巨大，与此同时，也对传统的疾病观、风险与受益评估、医疗资源的分配公正、知情同意与自主性、信息安全与隐私保护提出了挑战，个体化医疗中的伦理问题的研究将助力精准医学在我国科学合乎伦理的创新发展[①]。

## 4. 健康监测

在传统的医疗监测系统中，人们对医疗设备有着强烈的依赖。这些设备大多比较笨重、昂贵，操作要求也比较复杂，不适合日常场合使用。近年来，随着信息技术、大数据、云计算的发展，智能医疗的概念逐渐变得越来越重要。与传统的医疗服务相比，新型的医疗服务平台正变得越来越流行和方便。人们可以很容易地买到以计步器、运动手环、血糖仪、血压计等为代表的家庭医疗设备。这些设备体积小，使用方便，可以满足人们的基本需求。

个人健康信息作为所有关于健康状态的信息，相当于通过健康数据分析获得的可识别的个人。个人健康信息可以通过直接观察或测量个体的行为、身体特征和病理生理状态获得，也可以通过对其他类型数据的分析推断得到。传感器技术的最新发展使得可穿戴计算、物联网和无线通信无处不在，医疗保健和远程监测领域为研究人类的健康和活动提供支持。健康监测系统涉及处理和分析可用智能手机、智能手表、智能手环以及各种传感器和可穿戴设备获得的数据，这样的系统能够持续监测

---

① 刘星，王晓敏：《基因导向个体化医疗中的伦理问题研究》，《伦理学研究》2017 年第 2 期。

患者的心理和健康状况，通过感测和传输诸如心率、血压等测量值，并进行数据收集、融合和分析，对于诊断和慢性病患者的治疗管理非常重要。① 通过大数据技术分析患者的健康数据，以便能及时发现健康变化，并获取相关治疗建议以改善健康状况②，患者的健康管理意识和权利意识也会进一步提升。

埃里克·托普在《颠覆医疗：大数据时代的个人健康革命》一书中写道："伴随着纳米技术、传感技术、上下文感知技术的发展，对人的信息感知已经打破了空间（从医院到家庭）和时间（从离散监测到连续监测）的限制。现今医学诊断正在演化为全人全程的信息监控、预防预测和个性化治疗。"③ 同时，大数据能提供预测分析，预测分析是基于多变量预测器特征集合创建数据驱动模型。因此，大数据应用于医疗健康领域可以预测患者的病情变化，药物或手术治疗的成功率或目标疾病的发病率。④ 在社会、经济和健康领域，对突发性灾难性事件的预测亦可能会减少病毒的传播，从而降低病例数、死亡率和发病率。比如，COVID－19 疫情期间，各种基于人工智能预测 COVID－19 的软件被研发出来，其中广为人知的如名为 Blue Dot 的加拿大公司设计的一款软件来预测下一次的 COVID－19 暴发。⑤

## 5. 医疗人工智能

人工智能是计算机科学的一个重要领域，它能够复制人类的特征、学习能力和知识存储能力。它利用大数据应用程序，在我们日常生活各个方面的大多数领域执行人类大脑的任务。超级计算机利用先进的深度

---

① Tavpritesh, S. 2017: "Big Data to Big Knowledge for Next Generation Medicine: A Data Science Roadmap", *Guide to Big Data Applications*, Vol. 26, pp. 371 –399.

② 宫立恒，张晓，苟吉祥：《大数据技术在医疗领域的发展与应用》，《科教导刊（下旬）》2018 年第 18 期。

③ 埃里克·托普：《颠覆医疗：大数据时代的个人健康革命》，张南等译，北京，电子工业出版社，2014 年。

④ Abidi, S. S. R., Abidi, S. R. 2019: "Intelligent Health Data Analytics: A Convergence of Artificial Intelligence and Big Data", *Healthc Manag Forum*, Vol. 32, No. 4, pp. 178 –182.

⑤ McCall, B. 2020: "COVID－19 and Artificial Intelligence: Protecting Health-care Workers and Curbing the Spread", *Lancet*, Vol. 2, No. 4, pp. e166 –e167.

学习算法分析大数据，从而提高了该领域的输出。① 医疗健康产业是我国大力支持首先推广人工智能应用的产业之一，"人工智能＋医疗"是人工智能技术赋能医疗健康产业的现象，以机器学习和数据挖掘为两大核心技术的人工智能渗透到医疗行业的各种应用场景下。② 近年来，我国出台了多项政策文件推动医院病历电子化、数字化以及人工智能化的开展。

医疗人工智能在皮肤科、病理学和放射学的图像分析中应用比较深入，具有良好的准确性和快速的诊断速度。人工智能有助于减少医疗差错，为复杂疾病提供精准治疗建议，优化慢性疾病的治疗程序。③ 无监督学习、监督学习和强化学习是机器学习的常见学习方法。无监督学习识别无标签数据中的隐藏结构。监督学习使用标记数据进行训练，创建一个模型，并根据模型对新的观察结果进行分类。强化学习是计算机对没有学习过的问题做出正确解答的泛化能力。④ 机器学习方法的开发和部署使大数据在医疗领域的有效使用成为可能。机器学习和人工智能发展为揭示大数据复杂、非结构化、非标准化的数据模式提供可能。⑤ 自然语言处理将非结构化的人类语言数据转换为机器可以理解的结构化数据的任务，在医疗保健领域的应用非常广泛。从医疗领域文本中获取重要数据通常需要耗费大量的时间和人力成本，自然语言处理软件通过自动提取医疗知识，构建知识图谱，进行推理和推荐，可以辅助医生制订更准确、个性化的诊疗方案，并为患者提供更好的医疗服务。⑥ 医疗领域的人工智能系统包括机器学习和自然语言处理的实际临床应用。机器

---

① Yang, Y. C., Islam, S. U., Noor, A. et al, 2021："Influential Usage of Big Data and Artificial Intelligence in Healthcare", *Comput Math Methods Med*, Vol. 2021, p. 5812499.

② 〔美〕瓦赫特：《数学医疗》，郑杰译，北京，中国人民大学出版社，2018 年。

③ Miller, D. D., Brown, E. W. 2018："Artificial Intelligence in Medical Practice：The Question to the Answer?", *The American Journal of Medicine*, Vol. 131, No. 2, pp. 129 – 133.

④ Ulfarsson, M. O., Palsson, F., Sigurdsson, J. et al, 2016："Classification of Big Data with Application to Imaging Genetics", *Proc. IEEE*, Vol. 104, No. 11, pp. 2137 – 2154.

⑤ Camacho, D. M., Collins, K. M., Powers, R. K. et al, 2018："Next-Generation Machine Learning for Biological Networks", *Cell*, Vol. 173, No. 7, pp. 1581 – 1592.

⑥ Marshall, D. A., Burgos-Liz, L., IJzerman, M. J. et al, 2015："Applying Dynamic Simulation Modeling Methods in Health Care Delivery Research-the SIMULATE Checklist：Report of the ISPOR Simulation Modeling Emerging Good Practices Task Force." *Value in Health：The Journal of the International Society for Pharmacoeconomics and Outcomes Research*, Vol. 18, No. 1, pp. 5 – 16.

学习能够处理大量结构化数据的软件，还能够进行非结构化数据的自然语言处理，例如电子健康记录和医学影像数据中的描述性文本。协助卫生保健提供者进行临床决策的人工智能系统通过"训练"达到了特定医学领域的必要专业水平。决策分析通过提供量身定制的诊断和治疗选择，确定最合适的循证治疗，创建护理计划，提出可能的不良影响的警告，以及根据疾病风险、治疗反应和健康结果对患者进行分层。①

### 6. 电子健康记录

电子健康档案（electronic health record，EHR），也叫作电子健康记录，指的是以电子化形式存在的健康档案，是人们在进行健康相关活动中形成的具有保存、查询、二次利用等价值的电子化健康记录。它是存储于计算机系统之中、面向个人提供服务、具有良好的安全保密性能的个人终身健康档案。电子健康记录提供了动态网络，可以收集和处理来自患者的数据，并监控数据的管理方式。这些数据可以很容易地在医院内使用，也可以在各机构之间共享，以便提供一种综合方法和可靠的护理选择，保持数据机密性并适当使用这些信息。② 比如 Medshare，一个基于区块链的隐私保护医疗数据共享系统，该系统提供基于区块链的电子医疗信息在数据保管人和无信任方之间的交换。它集成了数据技术来源、审计、共享医疗数据的监控和活动跟踪。通过智能合约和访问管理方案，他们可以有效地监控用户活动并撤销对违规用户的访问和权限。③ 电子健康记录允许远程电子访问和数据操作，从而使患者和医师及研究人员更容易访问患者数据。特别是在大数据如何对患者医疗产生直接影响方面，对肿瘤治疗尤其具有指导意义。将电子健康记录和诊断检测（如磁共振成像、基因组测序和其他技术）整合使用为大数据快速发展创造了巨大的机遇，因为它使得医生更好地了解癌症背后的遗传

① Abidi, S. R., Abidi, S. R. 2019："Intelligent Health Data Analytics：A Convergence of Artificial Intelligence and Big Data"，*Healthc Manag Forum*，Vol.32，No.4，pp.178-182.

② Khezr, S., Moniruzzaman, M., Yassine, A. et al, 2019："Blockchain Technology in Healthcare：A Comprehensive Review and Directions for Future Research"，*Appl Sci*，Vol.9，No.9，pp.17369.

③ Wang, M., Guo, Y., Zhang, C. et al, 2023："MedShare：A Privacy - Preserving Medical Data Sharing System by Using Blockchain"，*IEEE Transactions on Services Computing*，Vol.16，No.1，pp.438-451.

原因，从而为患者设计更有效的治疗方案，同时改善预防和筛查措施。[①] 经济合作与发展组织（Organization for Economic Co-operation and Development，OECD）将电子健康记录定义为单个患者的纵向电子记录，其将多个电子医疗记录相连接，然后可以跨多个电子病历记录实现可互操作保健设置。与组学数据相似，电子健康记录数据也以异构格式存储。电子病历数据，可分为结构化、半结构化和非结构化；可以是离散的或连续的，包含个人患者数据、临床记录、诊断、管理数据、图表、表格、处方、程序、实验室测试、医学图像、磁共振成像（MRI）、超声波、计算机断层扫描（CT）数据。[②] 其中一些数据通过可穿戴传感器获取，或从医疗监控设备中采集，采集频率的不同，[③] 使得这些数据具有复杂性和高维度的特征，[④] 由于电子健康记录是针对个体或者患者的，这使得数据挖掘技术面临更大的挑战。

美国《健康保险携带与责任法》（*Health Insurance Portability and Accountability Act*，HIPAA）、澳大利亚《个人控制的电子健康记录法》（*My Health Record*，MHR）、加拿大等都对电子健康记录做了定义。而我国对其定义是以居民个人健康为核心，贯穿整个生命过程和涵盖各种健康相关因素，满足居民自我保健、自我健康管理和健康决策需要的系统化信息资源。[⑤] 医疗数据以各种形式存在，最常见的是电子健康记录。典型的电子健康记录包括结构化数据，比如患者统计、ICD-9诊断代码、实验室数据和生命体征。不幸的是，结构化数据仅占可用医疗信息的五分之一，大量数据被隔离在非结构化的医疗记录和影像学记录中。医疗领域的数据存在的一个大问题是，大约80%的医疗数据在创

① Norgeot, B., Glicksberg, B. S., Butte, A. J. 2019: "A Call for Deep-Learning Health-care", *Nat Med*, Vol. 25, No. 1, pp. 14 – 15.

② Ristevski, B., Chen, M, 2018: "Big Data Analytics in Medicine and Healthcare", *J Integr Bioinform*, Vol. 15, No. 3.

③ Wu, P. Y., Cheng, C. W., Kaddi, C. D. et al, 2017: " – Omic and Electronic Health Record Big Data Analytics for Precision Medicine", *IEEE Trans Biomed Eng*, Vol. 64, No. 2, pp. 263 – 273.

④ Luo, J., Wu, M., Gopukumar, D. et al, 2016: "Big Data Application in Biomedical Research and Health Care: A Literature Review", *Biomed Inform Insights*, Vol. 8, pp. 1 – 10.

⑤ Oppitz, M., Tomsu, P., Oppitz, M. et al, 2017: "New Paradigms and Big Disruptive Things", *Inventing the Cloud Century*, Vol. 8, pp. 547 – 596.

建后仍然是非结构化的和未被开发的。① 由于这类数据在电子病历或大多数医院信息系统中难以处理，在大多数医疗机构往往长期被忽视、未保存或被舍弃。虽然很多医院仍在创建大量的数据，但很难与医疗大数据研究和医疗卫生领域的人工智能产业对接。②③ 一些医院已经意识到这个问题，并采取措施将电子健康记录数据向结构化过渡，以整体提高结构化数据的百分比。然而，鉴于可访问医疗信息的庞大数量，这种单个部门或医疗机构的过渡不太可能对数据格式的调整产生重大影响。越来越多的人使用高级分析来解决这个问题，通过分析非结构化数据和揭示临床关键，否则将无法识别。电子健康记录系统可以对患者的关键特性、健康问题、接受的医疗保健治疗进行纵向的记录，这个记录可以与新的卫生保健提供者分享，如在医生办公室、医院之间共享，以便为患者提供最合适的护理。电子健康档案为患者护理开辟了一个前景广阔的前沿，可提高个别患者的护理质量和安全性，以及促进最佳护理途径和提高卫生系统资源使用效率。各国开始逐步建立电子病历系统，从系统中受益，建立数据库来监测和开展研究，以改善人们的健康和保健的质量、安全和效率。

美国前总统奥巴马将电子健康记录确定为其政府的优先事项，并签署了健康信息技术促进经济和临床健康法案，HITECH 法案规定了以下三个有意义使用的组成部分：①以有意义的方式使用经认证的电子健康记录（electronic health records，EHR）；②使用经认证的 EHR 技术进行电子交换健康信息，以提高医疗质量；③使用经认证的 EHR 技术提交临床质量相关指标。④ 该法案表明它坚信使用 EHR 在医疗服务和医疗质量改善等方面具有的巨大的益处。

---

① Consultant, H. I. T., Why Unstructured Data Holds the Key to Intelligent Healthcare Systems [Internet]. Atlanta (GA): HIT Consultant; 2015 [cited at 2022 Oct 9]. Available from: https://hitconsultant. net/2015/03/31/tapping-unstructured-data-healthcares-biggest-hurdle-realized/#. XFvZllwvOUk.

② Pak, H. S. Unstructured data in healthcare [Internet]. Fremont (CA): Healthcare Tech Outlook; c2018 [cited at 2022 Oct 5]. Available from: https://artificial-intelligence. healthcaretec houtlook. com/cxoinsights/unstruc-tured-data-in-healthcare-nid-506. html.

③ Kong, H. J. 2019: "Managing Unstructured Big Data in Healthcare System", *Healthc Inform Res*, Vol. 25, No. 1, pp. 1 - 2.

④ 吴敏，陈敬，史录文：《美国电子健康档案政策的简介与启示》，《中国中医基础医学杂志》，2012 年第 11 期。

该法案通过授权医疗保险和医疗补助服务中心（Center for Medicare and Medicaid Services，CMS）向使用经认证的 EHR 的医生和医院支付奖金，鼓励广泛采用 EHR。美国计划在 2015 年之前投资 190 亿美元来促进卫生信息交换（health information exchange，HIE）及有效使用电子健康档案（meaningful use of electronic health record，MUEHR）。[1]

电子病历的优势是，医疗保健专业人员可以更好地了解患者的整个病历。信息包括医疗诊断、处方、与已知过敏相关的数据、人口统计资料、临床叙述和各种实验室测试的结果。因此，由于以前测试结果的滞后时间缩短，对医疗状况的识别和治疗是有效的。电子病历能够更快地检索数据，并便于向各组织报告关键的卫生保健质量指标，还可以通过立即报告疾病暴发改善公共卫生监测。电子健康记录还提供员工健康保险计划中受益人护理质量的相关数据，这有助于控制健康保险不断增加的成本。最后，电子病历可以减少或完全消除账单和索赔管理的延误和混乱。电子病历和互联网共同获取与健康相关的医疗信息，这些信息对患者的生命至关重要。[2]

### 7. 远程医疗

随着全球医疗朝着远程监测、实时和快速检测疾病的方向发展，远程医疗逐渐兴起。远程医疗有许多类别，例如，远程会诊、移动医疗等，所有这些类别都意味着通过技术手段对医院以外的患者进行监测。远程医疗是指通过信息和通信技术远程提供保健服务，包括远程咨询、远程协作、远程监测和远程支持。[3] 电生理学独特定位于早期使用大数据分析，当前一代可植入电子设备是能够进行自我询问、心律评估和监测以及其他新的服务，如胸阻抗监测，当与远程监测相结合时，这些设备提供了接近无限量的储存能力，为临床医师提供多种方式利用数据。由于远程监测的被动性，很容易预见未来类似性质的研究。基于不同人

---

① 林丽，邹长青：《美国新医改推进医疗信息化对我国的启示：基于〈美国复兴与再投资法案〉的分析》，《中国卫生事业管理》2012 年第 1 期。

② Dash, S., Shakyawar, S. K., Sharma, M. et al, 2019：“Big Data in Healthcare：Management, Analysis and Future Prospects”, *Journal of Big Data*, Vol. 6, No. 1, p. 25.

③ Malasinghe, L. P., Ramzan, N., Dahal, K. 2019：“Remote Patient Monitoring：A Comprehensive Study”, *Journal of Ambient Intelligence and Humanized Computing*, Vol. 10, No. 1, pp. 57–76.

群对这些设备进行分析，可能会影响未来的设备设计方向和电池性能，同时提醒制造商设备故障和故障原因。这种利用远程监控和大数据分析可能为患者带来更好的结果。在更广泛地应用这种个性化的医疗保健系统之前需要分别监测人们的健康情况，这样远程监测系统可以以多种模式运行，提供个性化服务和全球传感，监测系统专为单个人设计，并专注于个人数据收集和分析，典型场景包括跟踪用户运动情况、测量活动水平或识别与心理健康相关的症状。

远程医疗逐渐处在关注患者的前沿，可以促进患者恢复并增加他们的自我照护能力，其基本概念是创建一个集成网络医院，在社区护理和家庭之间连接现有的医疗保健专业人员，包括全科医生、儿科医生、护士、医疗专家以及其他相关专业人士，他们负责安排医疗任务、准备药物配方、教育患者以及护理人员。在当前的社会和经济背景下，确保医疗保健服务的效率和连续性、提高患者的生活质量至关重要，这不仅使老年患者获益，还优化了现有的资源并降低成本。①

### 8. 社交媒体医疗大数据

随着信息和通信技术的进步，人们在社交媒体上寻求健康信息、披露个人健康问题和获取社会支持已成为一种普遍的交流形式，社交媒体大数据涉及自然发生的通过社交媒体平台可观察到的通信现象，可用于计算性的解决方案中，生成了数据驱动的推论。尽管利用社交媒体大数据进行监测和治疗药物使用查询的潜力巨大，但社交媒体上与药物使用相关的交流的特点、机制和结果却大多未知。借助社交媒体数据驱动的知识，而不仅仅依赖从专家那里获得的知识，有助于研究人员更好地确定这些技术在公共卫生研究方面的实用价值。此外，来自自我披露的社交媒体数据的计算结果可能会改善对自我报告数据的研究有效性的担忧，即在社会可取性、反应偏差和记忆回忆偏差方面。由于社交媒体世界与现实世界的相似性和反思性，用户生成的社交媒体大数据越来越多地被接受和分析，用来观察和预测人们的心理状态和集体行为。但数据可能在政府、医生、私营企业、保险公司之间公开交换，这对社交媒体

---

① Sethi, T. 2018: "Big Data to Big Knowledge for Next Generation Medicine: A Data Science Roadmap", *Guide to Big Data Applications*, pp. 371 - 399.

医疗保健的实施带来了非常现实的挑战。

### 9. 基因组学

新兴的信息技术、实验技术和方法、云计算、物联网、社交网络的快速发展，为众多研究领域提供了数量巨大的生成数据。[①] 当代基因组学和后基因组学技术产生了大量关于生物体中复杂生化和调控过程的原始数据。[②] 这些高通量组学数据提供了对不同类型分子谱、变化和相互作用的全面洞察，例如与基因组、表观基因组、转录组、蛋白质组、代谢组、相互作用组、药物基因组、疾病组等相关的知识。[③] 这些组学数据是异构的，通常以不同的数据格式存储。将基因组和转录组数据与蛋白质组和代谢组数据相结合，可以极大地增强我们对患者个体特征的认识，这种方法通常被称为"个性化或精准医疗"。[④] 据估计，到2025年，可以对1亿到多达20亿个人类基因组进行测序。[⑤]

在生物医学领域，典型的例子是全基因组方法和其他组学方法。科学界已经意识到大数据是必不可少的，但可能目前还未具备将其转化到临床的充分条件。在基因组学时代出现之前，人们就已经认识到了对生物学理解的差距，希望大数据能填补这些空白。2005年之前，基因关联研究假设的基础——一个候选基因的变异与人类的特征的关系的研究，以及成千上万这样的候选基因研究发表。全基因组关联研究被提出后，许多科学家意识到基于前期未知的通路，可以开发新的医学疗法，而这是人类大脑无法实现的一个先天的通路。基因组学范式转换的例子，可能是大数据方法将影响更广泛的生物医学的先兆。[⑥] 将融入人类

①　Gu, D., Li, J., Li, X. et al, 2017："Visualizing the Knowledge Structure and Evolution of Big Data Research in Healthcare Informatics"，*Int J Med Inform*，Vol. 98，pp. 22 – 32.

②　Viceconti, M., Hunter, P., Hose, R. 2015："Big Data, Big Knowledge：Big Data for Personalized Healthcare"，*IEEE J Biomed Health Inform*，Vol. 19，No. 4，pp. 1209 – 1215.

③　Gligorijević, V., Malod-Dognin, N., Pržulj, N. 2016："Integrative Methods for Analyzing Big Data in Precision Medicine"，*Proteomics*，Vol. 16，No. 5，pp. 741 – 758.

④　Ristevski, B., Chen, M. 2018："Big Data Analytics in Medicine and Healthcare"，J Integr Bioinform，Vol. 15，No. 3，p. 20170030.

⑤　Stephens, Z. D., Lee, S. Y., Faghri, F. et al, 2015："Big Data：Astronomical or Genomical?"，*PLoS Biol*，Vol. 13，No. 7，p. e1002195.

⑥　Mayer-Schönberger, V., Ingelsson, E., 2018："Big Data and Medicine：A Big Deal?"，*Journal of Internal Medicine*，Vol. 283，No. 5，pp. 418 – 429.

的复杂适应性的生理学转变为大数据技术是最大的挑战，基因组学一直是医学大数据运动的典型代表，但其在医疗领域尚未被充分发掘。医疗领域生成的大数据越多，我们越能意识到对生命系统的复杂性缺乏了解。

# 本章小结

本章深入探讨了大数据的概念和基本特征，并详细分析了其在医疗卫生领域的发展历程、应用现状以及所带来的伦理挑战。大数据具有稀疏性特征、异构性特点、相关性特征、价值性特征、隐私性特征，在医疗卫生领域的应用包括医院信息系统、移动健康医疗、个体化精准医疗、健康监测等。大数据应用为临床实践带来了诸多益处，如改善疾病识别、发展快速诊断、预测可靠的结果，以及敏捷地避免突发性公共卫生事件。研究成果较多地集中在数据采集、数据存储、数据管理和数据分析等涉及的伦理问题方面。大数据作为一种新的技术领域，可能会解决医疗保健中一些悬而未决的问题。但与此同时，人们应该认识到，大数据应用于医疗保健中任何基于不精确信息的决策都可能导致灾难性的结果。因此，大数据的任何处理过程都需要不断地进行详细的评估，以确保其准确性。它还可以通过新技术对大数据进行补充，以独特的数据和知识、更高效的平台和软件以及其他应用来创新医疗保健。必须要指出的是，医疗保健提供者不能被任何机器或程序替代。这些技术的出现必须被视为对决策、最小化错误、知识发现和获取以及学习过程的支持。同时，大数据当前和未来的应用应该遵循伦理规范，任何用户和利益相关者也都应该遵守这些规范。

# 第二章 大数据医疗：医学范式的变革

美国科学哲学家托马斯·塞缪尔·库恩（Thomas Samuel Kuhn）在其开创性的专著《科学革命的结构》中，探讨了常规科学和科学革命。这部专著在 1962 年首次出版，库恩不仅对逻辑经验主义和批判理性主义进行了致命的打击，还推广了一种新型的认识论，使认识论更加接近社会学、心理学和科学史。作为一名科学历史学家，库恩没有正式的哲学头衔和接受过系统的逻辑训练。然而，基于他在科学史上的知识储备，他凭借充分的知识批判逻辑经验主义认识论。同样，他也拒绝了奥地利哲学家波普尔（Karl Popper）的批判理性主义，理由是"历史研究尚未揭示科学的过程"，通过与自然的直接比较，发展完全类似于弄虚作假的方法论和刻板印象。除非他们伪造，理论不是铸造出来的而是其他理论的替代品。为了使这一观点系统化，库恩提出了另一种认识论，简述如下。

库恩认为，通常认为的知识和成功的理论并非通过持续的积累而发展的，而是一个不连续的过程，这被称为"科学革命"。在一个正常的科学时期，一个科学团体成员在一个范式（paradigm）范围内工作。库恩在《科学革命的结构》中对范式的定义："范式"指的是一个特定共同体成员所共享的信仰、价值、技术等的集合。按既定的用法，一个范式就是一个公认的模型或模式。[①] 英国语言哲学家玛格丽特·玛斯特曼对库恩的范式做了系统的考察，列举了库恩使用的 21 种不同含义的范式，并将其概括为三个方面：①作为一组信念、一种有效的形而上学思辨、一个规范、一种新的观察方式、某种决定广大实际领域的东西，它是哲学范式或元范式；②作为一种科学习惯、一种学术传统、一个具体的科学成就，它是社会学范式；③作为一种依靠本身成功示范的工具、

---

① 托马斯·库恩：《科学革命的结构》，金吾伦译，北京，北京大学出版社，2003 年。

一种解决疑难的方法、一个用来类比的图像，它是人工范式或构造范式。① 然而，随着时间的推移，越来越多的谜题是无法解决的，这些异常现象的累积，引发了一场危机，引发了一个新的范式的转变或科学革命。其包括库恩分析的例子、亚里士多德物理学的"位移运动"以及建立在牛顿力学和哥白尼日心基础上的地心天文学。

相互竞争的范式不具有通约性，因为在这两个范式中出现的词没有相同的意思。例如，中医学的"心"与西医学的"心"，虽然两者所指向的对象在某种意义上是同一的，然而其本质内涵上却是截然不同的，无论是在中医使用西医"心脏"（heart）的概念，还是在西医使用中医"心藏"的概念，都必然会导致理论与实践的混乱。② 竞争范式的支持者就像说着不同语言的成员一样，彼此难以理解，各自处在不同的世界里，这种现象被简要描述为不可通约性问题。为了说明这一点，库恩使用了著名的鸭兔拼图谱示例，展现了即便是观察相同事物，人们也能得出截然不同的见解。科学可以通过知识的累积来解决难题，而科学革命则不同，因为范式转换涉及现有科学信念的重构。每一种范式都有其特定之处，因此两种不可通约性范式既不相同也不可相比。库恩在专著中提出了"范式"和"范式转移"这两个术语，这些术语广泛应用于我们生活的各个领域，从科学到政治、从贸易到烹饪，但因"范式"这一核心概念的认识论基础极其模糊，因此，受到了尖锐的批评。作为对批评者的回应，库恩试图澄清这个问题，用两个截然不同的概念取代他最初的标签"范式"，他称之为"学科矩阵"和"范例"。③

学科矩阵是"从业者共同拥有一门专业学科"。范例或示例（与源自希腊语的术语"范式"同义）用在文法中，表示词形变化，如名词变格和动词变格的规则。它既是学科矩阵，也是范例，由一群科学家共同组成的一个团体。在范例概念框架下，库恩试图介绍一种新的知识概念，似乎与所谓的基于案例的知识推理有关，在医学人工智能和临床决

---

① 李敏，孔燕，崔焱：《库恩范式理论及其对我国护理学科发展的启示》，《护理学报》2021 年第 17 期。

② 张宇鹏：《从范式的不可通约性看中西医学关系》，《中国中医基础医学杂志》2016年第 3 期。

③ Rapport, F., Braithwaite, J. 2018；"Are We on the Cusp of a Fourth Research Paradigm? Predicting the Future for A New Approach to Methods-use in Medical and Health Services Research", *BMC Medical Research Methodology*，Vol. 18，No. 1，pp. 1 – 7.

策中广泛使用。然而，他的术语由于不精确而令人困惑，例如，他没有明确说明为什么一个学科矩阵和一个理论之间存在着由科学界的成员共享的关系。

库恩认为，科学知识经验是在科学中产生的，是通过认识到已知范例与其他范例之间的相似性来建立。[①] 这意味着科学家通过解谜，尝试将某一现象添加到与之相似的范例中。因此，首个范例启动了相似性识别过程，这一过程由科学成员进行筛取。根据库恩的说法，科学家们试图将特定的情况分组成相似集，无论它们属于牛顿物理的情形还是自然种类的成员。在构建这样的相似集时，决定性因素在于与神经、心理和社会的决定因素相似。其成果是科学知识的共享范本，而正常科学的发展基于这些范本之间的相似性关系。

正常的科学是积累的而不是修正的。相比之下，革命的科学是一门具有再生性和非累积性的学科，被一个新的模式所取代，称之为"范式转换"。由于它们的不可通约性，学科矩阵的变化也不依赖于任何规则逻辑与方法论。[②] 实证证据、实验数据、归纳演绎和证伪，在比赛的裁决中没有任何作用，因为它们之间存在不可通约的纪律矩阵。转换的经验、宣传、权威、说服力、信念、希望和对新事物的承诺是主要的决定因素。库恩引用了德国著名物理学家、思想家马克斯·普朗克（Max Karl Ernst Ludwig Planck）的话说："一个新的科学真理不会通过说服对手取得胜利，让其看到光明，而是因为它的对手最终会死亡，新一代的人也会成长起来。"

随着信息网络技术的迅猛发展，特别是大数据、互联网以及精准医学联合趋势的不断加速，医疗机构、医疗平台和可穿戴设备时刻都在产生海量个人健康诊疗数据。可以想象，大数据分析将在医疗范式变革中起着至关重要的作用。互联技术能够在不同设备之间实现集成并融合多源物联网数据，医疗数据共享在医疗诊断、疾病治疗和健康预防等方面有重要作用。"互联网＋健康医疗"将成为医疗模式的主流形态。《大

---

① Rapport, F., Braithwaite, J. 2018："Are We on the Cusp of a Fourth Research Paradigm? Predicting the Future for a New Approach to Methods-use in Medical and Health Services Research", *BMC Medical Research Methodology*，Vol. 18，No. 1，pp. 1 - 7.

② 刘涛雄，尹德才：《大数据时代与社会科学研究范式变革》，《理论探索》2017 年第 6 期。

数据时代》作者维克托·迈尔·舍恩伯格（Viktor Mayer-Schönberger）指出，大数据风暴将彻底变革我们的生活、思维和日常工作模式，医疗领域将实现重大时代变革①。为了从规模巨大的数据中提取重要的价值，我们需要提高计算能力、分析能力和专业知识。认识大数据医疗的价值和影响、优化卫生资源配置和促进医疗范式改变，提升医疗服务质量和效率，是大数据医疗时代给予我们的重任。

基于电子健康服务管理逻辑，服务质量和成本预算可以通过应用临床过程管理的创新技术、系统和程序进行测评。电子设备产生医疗记录，并不断更新数据，这有助于疾病的早期诊断、风险的识别、远程治疗和护理，比如针对脆弱的老年人以及慢性病患者的健康状况监测、疾病急性发作的预防和日常生活支持。这场革命可以大幅削减由急性病例数量急剧增加导致的医疗成本增加，预防许多慢性疾病的增长，并提供远程协助和远程医疗。为了确保这一变革成功，卫生政策的监管框架也必须适当调整治疗疾病的临床方法，这需要一代又一代的医生去适应和推动。建立一个远程医疗和远程监测系统，将为患者的长期护理提供极大的便利，实现医院和居家医疗活动的整合，扩大患者的生活范围，改善患者的生活质量，为诊断和治疗提供更好的支持。

## 第一节　诊断范式变革

1948 年生效的《世界卫生组织组织法》序言中对健康的新定义：健康是身体的、精神的和社会适应能力方面的完全良好状态，而不单是不虚弱和没有疾病。② 大数据医疗时代背景下，新颖的医疗保健技术可轻易解决各种预防服务或综合治疗疾病。当高价值数据与基因组信息（存储在由 DNA、少数 RNA 分子片段组成的基因中的生物遗传信息）结合时，甚至可以发现更大的治疗效果差异。结合临床数据，基因组数据可以在分子水平上对患者进行分层，并提供识别与疾病风险增加相关的信息，以及预测患者对不同治疗产生更高或更低响应性的可能性。基

---

① 陈仕伟：《大数据技术异化的伦理治理》，《自然辩证法研究》2016 年第 1 期。
② 刘书基：《健康新定义与世界卫生组织》，《解放军健康》1995 年第 2 期。

因组学还可以在基因层次上发现新疗法，以预防疾病风险或对抗疾病。此外，过高的医疗费用会影响人们的生活质量，这个问题在慢性病患者中呈现逐渐加剧的趋势。今天，临床医生、管理人员以及研究人员面临的压力越来越大。利用大数据医疗平台，既可以降低成本又可以提高医疗保健服务质量和患者健康体验。医疗大数据为当代医学发展和健康服务提供了前所未有的平台和道路。了解大数据医疗信息发展进程并正确对待通信技术是正确认识大数据医疗潜力的关键，是改善医疗服务效率和质量、提升医疗保健有效性的重要环节。智能泵 - 电子病历互操作性的实施在患者记录中提供了准确的输液开始和停止时间。这将门诊输液的平均损失费用从 11.9% 降低到 7.4%，收入损失从 980000 美元减少到 610000 美元（减少了约 40%），这代表试点测试站点增加了 370000 美元的收入。①

20 世纪 90 年代初出现电子健康（electronic health）概念，指运用信息技术等手段帮助和加强医疗健康领域的预防、诊断、监控、治疗和管理等一系列服务。② 在电子病历中，它支持艰巨的、时间密集的任务，如病历输入和病史审查，而且大多数系统会在临床医生开出可能造成伤害的药物组合时发出例行提醒。这些功能和其他功能防止用药错误，减少重复检查，有助于提高诊疗和护理的安全性。今天电子健康已经被普遍使用并且得到了极大的公共关注。同时也获得了前所未有的研究经费支持和资金投入，而电子医疗服务的具体表征和概念已经逐步得到发展和专业化认同，广泛的信息通信技术的发展也为医疗诊断模式的改革带来了新的机遇和挑战。

随着大数据时代的到来，提高医疗大数据的利用率成为国际社会关注的焦点。电子病历是电子健康在医疗数据广泛运用之一。许多医院正试图通过采用能够使用电子病历数据的人工智能技术来提高其运营和患者管理的效率。电子病历包括关于患者健康史的信息，如诊断、药物、检查、过敏、免疫、治疗计划、个性化医疗护理以及医疗质量和安全的改善。电子病历数据还可以用于基于人工智能的新药开发，可以预测特

---

① Biltoft, J., Finneman, L. 2018: "Clinical and Financial Effects of Smart Pump-electronic Medical Record Interoperability at A Hospital in A Regional Health System", *Am J Health Syst Pharm*, Vol. 75, No. 14, pp. 1064 – 1068.

② 张坤：《国外电子健康领域用户行为研究》，《图书馆论坛》2020 年第 3 期。

定疾病发生。通过对患者的个性化特征进行分类来提供个性化的定制治疗的人工智能是非常有效的。[①]

近年来，特别是在大数据和人工智能时代，使用医疗大数据的需求越来越大，引起了国际社会的关注。电子病历存储了所有的医疗过程，如患者的挂号、检查、检测、用药、手术和医疗费用，被认为是医疗保健系统中最可靠的医疗数据。随着人工智能的发展，大规模医疗数据的利用以及个性化定制治疗方案的重要性日益显现。因此，进一步使用人工智能来整理电子病历数据是至关重要的。在美国，不仅电子病历的使用增加了，而且电子病历的质量正在努力提高。通过经济和临床健康卫生信息技术制订了一项投资计划，以改善美国医疗机构的信息使用现状[②]。

电子病历有结构化数据、半结构化数据和非结构化数据。"结构化数据"是指根据预先确定的格式和结构进行结构化存储的数据。一个典型的例子是在主要用于医院的电子病历系统中，以指定格式（数值、日期等）输入的数据或选择为固定字段中的项目。此外，作为各种元数据，个人信息（姓名、年龄、身体信息等）和与数据生成相关的信息（创建组织、创建者、创建日期等）[③] 也是结构化数据。

"半结构化数据"是指其格式和结构可以更改的数据。它是一种提供数据结构信息以及数据本身的文件格式。文本通常被归类为非结构化数据，但在许多情况下，文本内容中存在规则模式，这类数据被归类为半结构化数据。例如，在医学图像读出报告中，医务人员以文本形式或注释提供患者的手术过程、吸烟状况、慢性疾病、疼痛程度、检查和诊断结果等信息[④]。

---

① Lee, S., Kim, H., 2021: "Prospect of Artificial Intelligence Based on Electronic Medical Record", *Journal of Lipid and Atherosclerosis*, Vol. 10, No. 3, pp. 282 – 290.

② Hoggle, L. B., Yadrick, M. M., Ayres, E. J. 2010: "A Decade of Work Coming Together: Nutrition Care, Electronic Health Records, and the HITECH Act", *Journal of the American Dietetic Association*, Vol. 110, No. 11, p. 1606.

③ Kim, H., Kim, D., Yoon, K. 2019: "Medical Big Data is Not Yet Available: Why We Need Realism Rather than Exaggeration", *Endocrinology and Metabolism (Seoul)*, Vol. 34, No. 4, pp. 349 – 354.

④ Lee, S., Kim, H. 2021: "Prospect of Artificial Intelligence Based on Electronic Medical Record", *Journal of Lipid and Atherosclerosis*, Vol. 10, No. 3, pp. 282 – 290.

"非结构化数据"是指缺乏定义结构的数据。通常，文本和图像对应于非结构化数据。在医学领域，射线图像或照片数据，包括各种类型的视频数据，如冠状动脉造影或各种超声动态图像，以及各种类型的图像（图片、照片）数据，如计算机断层扫描（CT）、磁共振成像（MRI）或心电图（ECG）被归类为非结构化数据。[①]

世界各地的许多医院已经积极采用人工智能技术，试图转变为"智能"医院。这有利于提高医院运营、患者管理和治疗的效率[②]。通过人工智能可以准确地对疾病分类，根据个体特征对已经存在的疾病类别进行重新分类，快速分析电子病历中的图像和医疗数据，并提供适当的服务。随着医疗人工智能集成平台的出现，多种算法得以实现，使人工智能成为推动医疗服务创新的关键因素，包括提高医疗质量和进行实时健康管理。

各种人工智能研究已经利用电子病历进行，如基于 3 年的电子病历数据，通过研究血压、脉搏率、呼吸率和体温数据之间的关系，开发了一种心脏骤停算法，以应对紧急情况。一项研究开发了基于深度学习的人工智能算法（deep learning accelerator，DLA）预测心脏骤停，并使用心电图进行了验证。他们使用了 2016 年 10 月至 2019 年 9 月期间 25672 名成年患者的 47505 个心电图。DLA 预测 24 小时内心脏骤停的受试者工作特征曲线下面积分别为 0.913 和 0.948，表明深度学习算法是人工智能的强大工具之一，可以通过心衰预测来掌握敏感的心电图变化。[③]近年来，利用电子病历数据的人工智能研究已被积极用于有效的高血压管理。人工智能评估和预防患者发生高血压的风险，以降低高血压的患病率，同时降低管理的医疗费用。

在医疗操作系统层面，电子记录服务的建立使电子健康信息的共享变得更加广泛。首先，将来自患者临床服务的信息进行扩增，与临床观察、医疗决策和治疗的统一视图进行关联；其次，创建了一个信息视

---

① Lee, S., Kim, H. 2021："Prospect of Artificial Intelligence Based on Electronic Medical Record", *Journal of Lipid and Atherosclerosis*, Vol. 10, No. 3, pp. 282–290.

② Uslu, B. Ç., Okay, E., Dursun, E. 2020："Analysis of Factors Affecting IoT-Based Smart Hospital Design", *Journal of Cloud Computing*, Vol. 9. No. 1, p. 67.

③ Kwon, J. M., Kim, K. H., Jeon, K. H. et al, 2020："Artificial Intelligence Algorithm for Predicting Cardiac Arrest Using Electrocardiography", *Scandinavian Journal of Trauma, Resuscitation and Emergency Medicine*, Vol. 28, No. 1, p. 98.

图，允许授权的医务人员随时随地通过安全和可信的设备访问，利用电子健康记录应用程序记录信息，从而突破本机构管理范围局限；最后，开发出所有人能够访问的信息视图程序，这种服务程序必须允许数据信息作为有效资源，在所有组织或卫生机构之间自由共享和传输。这种信息来源和信息共享的自由状态是 21 世纪健康服务模式的诉求，也是大数据医疗所带来的基础结构性变革。

宽带技术、无线网络和移动通信技术的进步，移动应用程序的增加，及市场需求的迅猛增长，共同推动了传感设备成本的降低。这些进步使得以更低的成本将计算资源规模整合，实现对象和设备互联互通，推动了物联网医疗范式的变革。智能医疗通过物联网的支持，帮助人们更好地了解自己的健康状况，提高健康意识。例如，物联网技术有助于远程监测患者，降低患者的治疗成本，且不受地域限制。[①] 在智能医疗领域，医疗数据由传感器采集，并通过不同类型的物联网网络传输到云服务器以智能分析处理。这些网络的无线电频谱使用从 3G/4G、WiFi 转变为 5G、LPWAN 和 LPLAN。根据具体的医疗应用需求，还可以采用不同的通信协议来优化服务。这些增加的无线电频谱使智能医疗的全球宽带扩展变得更加容易和便宜。

每一项技术的发展和范例的转变都是为了支持新型医疗应用和服务。确实，他们富有成效地重塑了现代医疗保健模式，为收集与健康相关的大数据提供了多个来源。相应地，移动健康、智慧健康和个性化的健康，是最令人信服的例子。例如，移动健康（mobile health，mHealth）是将移动通信技术应用于医疗保健领域，提供健康服务和健康信息，从而提供实时、连续和长期的"健康传感终端 + 移动通信平台 + 健康服务"[②]。移动设备和通信促进了医疗卫生新兴系统和应用的发展，包括移动计算、医疗传感器和便携式设备的整合。移动健康不仅限于移动设备和智能手机，还包括其他智能技术，如可穿戴设备、植入式设备、基于位置的跟踪器和传统设备的传感器。移动健康试图探索无线通信、无处不在的计算和"可穿戴"设备技术在医疗方面的进展，

---

[①] Zhu, H., Wu, C. K., KOO, C. H. et al, 2019："Smart Healthcare in the Ara of Inter-net-of-Things", *IEEE Consumer Electronics Magazine*, Vol. 8, No. 5, pp. 26 – 30.

[②] 姚志洪：《跨入移动健康时代》，《医学信息学杂志》2014 年第 5 期。

以扩大社区健康支持，并将其延伸到农村地区。移动健康设备可以捕捉、存储、检索和传输数据，为个人提供即时的、个性化的信息。移动健康可以成为医疗系统的一个关键因素，在监测健康状况、改善患者安全和提升护理质量方面很有用。移动医疗在智能设备领域越来越流行，因为它可以提供远程协助和数据收集。收集的数据可以扩展并用于整个社区，以了解共同的趋势，从而提高医疗标准。借助互联网和物联网（internet of things，IoT），移动健康可以为弱势和偏远社区提供支持。将移动健康纳入医疗系统，移动医疗可以在资源有限的环境中为医疗服务创造新的机会，尤其是在那些基础设施、专业知识和人力资源方面受限的医疗系统中。对于这些社区来说，移动健康可以帮助他们获得医疗服务，而对其产生的数据的分析有助于识别和满足医疗需求。[①]

大数据和移动健康有着相互的关系，为了获得移动健康的最佳效益，它们需要作为综合工具来工作。由于监测到的健康数据的数量和变化都很大，利用移动健康和大数据将使研究、监测和了解患者的健康状况变得更加容易。数据来自移动医疗设备，结合大数据分析，可以提升医疗机构的能力，同时平衡医疗支出和成本的压力，提供一个更全面的、以患者为中心的方法。[②]通过将移动医疗数据转化为有意义的信息，临床医生和患者都能从中受益。这些数据的真正力量不仅仅是个人的见解，更是通过大数据分析和机器学习算法得以实现利用集体知识的效果。这样可以让医疗部门更加智能化，比如自动识别疾病的暴发。

智慧健康采用一种全面的生物－心理－社会－道德医学模式，借助现代化的智能传感技术、网络通信技术、云计算技术以及医疗健康技术，实现个人对健康的自我管理，这代表了健康管理的新一代方式。[③]在传统的医疗监测系统中，人们对医疗设备有着强烈的依赖性。这些设备大多比较笨重、昂贵、操作要求也相对复杂，不适合日常场合使用。近年来，一些家庭医疗设备的出现，成功填补了传统医疗监护手段的不

① Madanian, S., Parry, D. T., Airehrour, D. et al, 2019："mHealth and Big-Data Integration：Promises for Healthcare System in India"，*BMJ Health & Care Informatics*，Vol. 26，No. 1，p. e100071.

② Istepanian, R. S. H., Al-Anzi, T. 2018："m-Health 2.0：New Perspectives on Mobile Health, Machine Learning and Big Data Analytics"，*Methods*（*San Diego，Calif.*），Vol. 151，pp. 34－40.

③ 胡哲，向菲，金新政：《智慧健康与云计算》，《智慧健康》2016 年第 9 期。

足。人们可以很容易地买到以计步器、运动手环、血糖仪、血压计等为代表的家庭医疗设备。这些设备体积小，操作简单，可以满足人们的基本需求。这一变革与当代无线传感技术和物联网技术的快速发展紧密相关，这种趋势将继续对人们的生活产生更大的影响和改变。智慧医疗主要依托于先进的传感技术、网络通信技术、医疗芯片技术、计算机技术，积极探索和利用移动医疗设备，以提高设备的便携性和实用性。

随着社会的不断发展，人们对健康问题越来越重视。在此背景下，各行各业的人们对健康状况的感知和监测服务有着很高的期望，各种面向家庭的、便携式的健康监测 App 诞生，满足了人们的刚性需求。依靠强大的互联网功能，实现了向数据中心的快速传输，在此基础上，将经过处理和分析的信息充分反馈给医务人员或用户，使医务人员和用户能够快速了解健康状况，并制订有针对性的解决方案。智慧健康主要通过在线联系提供信息，能够实现原本不可能实现的医疗，如利用可穿戴设备收集生命日志数据进行健康监测，通过这种方式获取的信息远远超出在线咨询医生所获的信息。在智能医疗模式下，医疗传感器具有节能、小型化的特点。它主要依托移动平台，克服了医疗卫生服务在时间和地点上的局限性，显著提升了现代人对医疗卫生服务的感知和体验，全面提升了移动用户的健康水平[1]。从而帮助患者提高健康监测效率，可以降低老年人的潜在死亡率。

个性化健康，有时也被称为自适应健康，以用户为中心，即以其为目标而采取针对患者的决定而不是将患者分层为典型的治疗方法组。[2]个体化医疗是一个不断发展的科学领域，旨在利用各种诊断测试来确定对每个患者最有效的医疗方法。个性化医疗是一种医学实践，它利用个人的基因特征来指导有关疾病的预防、诊断和治疗的决策。个体化是一种基于数据驱动的新兴医疗实践，它考虑到个人的相关医疗、遗传、行为和环境信息。个体化健康为患者提供特殊的健康服务，充分体现了个

---

① Gunarathne, W., Perera, K. D. M., Kahandawaarachchi, K. 2017: "Performance Evaluation on Machine Learning Classification Techniques for Disease Classification and Forecasting Through Data Analytics for Chronic Kidney Disease (CKD)", *IEEE*, pp. 291 – 296.

② Sebaa, A., Chikh, F., Nouicer, A. et al, 2018: "Medical Big Data Warehouse: Architecture and System Design, A Case Study: Improving Healthcare Resources Distribution", *J Med Syst*, Vol. 42, No. 4, p. 59.

体化的定制和细致的管理，它根据不同用户的不同需求和实际情况，为其量身定做有针对性的服务。通过整合和分析不同的数据集，大数据揭示之前未知的潜在联系和相关性，使得健康服务比以往任何时候都更加精确和个性化[1]。在高通量、高分辨率数据生成技术方面取得的科学进步，使得对个人健康的大数据集的分析具有成本效益。然而，为了分析和整合这些大量的信息，需要新的计算方法，包括使用更快、更集成的处理器，更大的计算机内存、改进后的传感器，以及新开发的更复杂的算法和方法，再加上云计算的支持，从而通过提供临床上有用的信息来指导未来的临床实践[2]。

与健康有关的大数据，正从新颖的应用程序中被不断收集（例如，健康和保健监测），并通过应用分析技术获得其存在价值。与医疗相关的大数据可以来自医疗卫生机构内部，例如健康记录和临床决策支持系统；也可以来自医疗卫生机构外部，如政府资源、实验室、药房、保险公司以及健康维护组织等。[3] 健康相关的大数据主要分为两种类型：结构化数据和非结构化数据。结构化数据参考那些有定义数据模型的数据（例如，临床数据库）；非结构化数据即没有定义模式或显式语义（例如，自然语言、医生处方）。处理非结构化数据需要特殊的分析方法，以将其转换成可计算的形式。但是，值得注意的是，这种分类不是绝对的，例如，结构化的数据库可能包含非结构化的信息（例如，自由文本字段），非结构化的数据实际上可能有一些结构化的信息（例如，与图像或标记关联的元数据嵌入文件）。[4]

大量医疗保健数据是由非结构化数据组成，但这些数据只有一部分得到了利用，很多甚至完全未被使用。今天可用标识健康相关信息的主要来源包括临床数据、医学和临床参考出版物、组学数据、流数据、社

---

① Schaefer, G. O., Tai, E. S., Sun, S. 2019："Precision Medicine and Big Data：The Application of An Ethics Framework for Big Data in Health and Research"，*Asian Bioethics Review*，Vol. 11，No. 3，pp. 275 – 288.

② Beckmann, J. S., Lew, D., 2016："Reconciling Evidence-Based Medicine and Precision Medicine in the Ara of Big Data：Challenges and Opportunities"，*Genome Medicine*，Vol. 8，No. 1，p. 134.

③ Warren, J. J., Clancy, T. R., Delaney, C. W. et al, 2017："Big-Data Enabled Nursing：Future Possibilities"，*Health Informatics*，pp. 441 – 463.

④ 田海平：《生命医学伦理学如何应对大数据健康革命》，《河北学刊》2018 年第 4 期。

交网络和网络数据、医疗机构内部和外部数据、电子健康档案、电子病历等。电子病历是患者健康的实时记录,是基于证据的决策支持工具,可用于帮助临床医生做决定。医疗保健工作人员使用电子病历记录、监测和管理患者的医疗保健信息。由于复杂、异构、快速增长的原因,以及这些可能是非结构化的数据,应该考虑将它们作为最复杂的数据对象进行信息处理。此外,文字、图像、音频和视频流也很常见,因此在临床环境中产生需要制定具体的战略用于提取和总结它们包含的信息。①虽然结构化资源越来越多,但医学期刊和科研文献通常只能够揭示数据的主要来源和发表的程度。

生物医学文献是生物医学知识的主要来源。由于增加这些文献需要手动提取和组织信息,因此它们是不可持续的。不同的文献数据挖掘工具具有致力于开发文本挖掘用于生物医学索引和编目的网络工具信息,以及快速帮助用户并有效地搜索和检索相关出版物的功能。此外,目前的做法通常需要比较可用的数据。组学数据等各种形式的大量生物数据(例如,基因组学、微生物学、蛋白质组学、代谢组学、表观基因组学、转录组学等),生成并收集了一些具有前所未有的速度和规模的数据。② 新一代高通量测序技术一天可以处理数十亿的脱氧核糖核酸(deoxyribo nucleic acid, DNA)或核糖核酸(ribonucleic acid, RNA)序列。获取和分析生物医学数据的成本急剧下降,在不断升级的技术的帮助下开发新的硬件和软件并行计算。而且高通量的整合技术发展迅速,在生理和病理条件下,对改善观察细胞、组织和生物有显著的作用。

个人设备,尤其是智能手机,正在迅速成为医疗监测数据库的重要数据来源。此外,无线传感器、移动通信技术和流处理的进展使得人体局域网(body area network)的设计和实施成为可能,其中包括低功率、小型化、非侵入性、轻巧的无线传感器,这些传感器可以附着或植入体内,监测人体功能或周围环境。这些设备实现了对人们健康状况的实时监测,并产生大量数据。由于上述推动因素,异质医学信息数量巨大,

---

① Tamar, S. 2017: "Self-Tracking for Health and the Quantified Self: Re-Articulating Autonomy, Solidarity, and Authenticity in An Age of Personalized Healthcare", *Philos. Technol*, Vol. 30, No. 1, pp. 93 –121.

② 白莉华,申锷,杨军等:《生物样本库大数据的伦理与法律问题研究》,《中国医学伦理学》2017 年第 10 期。

可用智能和连接的医疗设备越来越多地被采纳并有助于产生结构化和非结构化数据流。[1] 社交网络和 Web 数据社交媒体技术也改变了医学实践，来自社交媒体的信息，如在线论坛、社交网络站点和其他订阅平台以及更多网络资源（例如，博客甚至查询日志）都被证明是有价值的医疗信息资源。根据最近的调查，社交媒体正在重塑与健康相关的本质互动，改变医疗保健的方式。比如，医疗卫生从业者查看医疗记录和分享医疗信息的行为。此外，社交网络视角提供了一种分析结构化数据的方法，并用各种各样的理论解释了这些结构。他们的研究为识别当地的和全球的医疗模式提供了有力的依据。

目前，可将医疗健康大数据分为四种：临床大数据（例如，含电子健康档案、生物医学影像和信号、自发性报告系统等数据）、健康大数据（对个人健康产生影响的生活方式、环境和行为等方面的数据）、生物大数据（从生物医学实验室、临床领域和公共卫生领域获得的基因组、转录组学、实验胚胎学、代谢组学等研究数据）和运营大数据（各类医疗机构、社保中心、商业医疗保险机构、药企、药店等运营产生的数据）。[2] 根据数据聚集群体的性质和问题，每项研究可以利用来自一个或多个级别的数据，例如，人体生物学、临床流行病学。更具体地说，它的体积、速度和变化数据，在医疗保健领域可用的通常要求是合格的数据。较新数据形式（例如，成像、组学和生物识别），传感器读数正在推动与健康有关的数据量增长。数据收集（例如，血压读数、心电图和血糖测量）的速度随着定期监测而增加，处理各种结构化和非结构化数据存在着各种挑战。

总结而言，大数据的深入分析有助于自然地推进从描述性研究问题（例如，什么已经发生了？）到预测性问题（例如，什么可以发生了？），再到规定性问题（例如，我们应该做什么吗？）的转换。在医疗保健领域，大数据分析对循证医学做出了贡献，例如，基因组分析、预判分析、设备远程监测和患者概况分析等方面。随着研究的进展，我们看到

---

① Vesnic-Alujevic, L., Breitegger, M., Guimarães Pereira, Â. 2018: "'Do-It-Yourself Healthcare? Quality of Health and Healthcare Through Wearable Sensors", *Sci Eng Ethics*, Vol. 24, No. 3, pp. 887–904.

② 杨朝晖，王心，徐香兰：《医疗健康大数据分类及问题探讨》，《卫生经济研究》2019年第 3 期。

了大数据科学如何能够提高质量、功效以及医疗保健效率服务效果。具体来说，大数据分析处理与组学测序相关的挑战，如测序程序生成的大量序列数据和组学数据的高度多样性。现有的文献数据挖掘工具使研究人员能够研究遗传标记与生理和病理表型之间的关系，这不仅缩短了分析时间，还提高了分析的可靠性。基因组学中的大数据应用涵盖了各种各样的主题，虽然在特定应用的初步成本、重点领域和时间方面仍然存在挑战。例如，快速可靠地分析大规模基因组数据，获取遗传信息，有助于为患者提供个性化的医疗服务。同时，提供医疗数据分析支持临床决策系统，旨在改善临床医生决策、更好地服务个体患者的重要举措。这些系统已经越来越受欢迎，并被提议作为预防医学改善患者的关键要素。另外，采用移动设备提供的决策支持也可起到提高患者安全的作用。在此背景下，利用前所未有的大型医疗数据集，结合数据挖掘技术帮助研究人员获得新颖和深刻的见解，以此展示新的生物医学和医疗保健知识，促进临床实践和临床决策的改善。同时，建模技术（例如，逻辑回归模型、贝叶斯网络、支持向量机、神经网络和分类树等）已经高度发达，该模型经常被用于支持风险计算得分，以最大化提高大数据医疗的个体化医学价值，推进个体化医疗理念的实践。

## 第二节　治疗范式变革

现代医学向个体化治疗范式的转变的影响是巨大和深远的。[1] 首先，对疾病观的改变，疾病诊断和治疗从疾病表征出现后的事后诊治，转变成了疾病表征出现前的预测性治疗或防治，个体化医疗将带来人们生活方式和生活理念的改变，可显著提高人们对自身健康和疾病预防的自主意识；其次，由于疾病表征不仅仅取决于基因或遗传，也可能被个体生活方式和生存环境所影响，因此引发不确定性风险、个体的自主和医疗资源的公正分配等伦理挑战。在技术远不足以让人高枕无忧的水平下，个体化医疗可能带来的伦理问题亟须进行伦理分析并引起社会的重视。

---

[1]　尼古拉斯－罗斯：《个体化医疗：一种新医疗范式的承诺、问题和危险》，《北京大学学报（哲学社会科学版）》2011 年第 6 期。

个体化医疗需要基于每位患者前期的大量的健康数据信息，包括病理学、生理学等基础健康信息，通过综合分析挖掘这些信息特点从而制订出符合个体的最佳治疗和预防方案，提高治疗的针对性和疗效。[①] 个体化医疗是为适当的患者群体提供精确和正确的医疗治疗，成功的个体化医疗方案可以帮助医生了解疾病的发病机制，做出准确的诊断，从而制订适当的治疗方案。[②] 个体化医疗是一种使治疗"聪明"的方法，每个患者都可以根据自己的病情和诊断结果确定特定的治疗方案。个体化医疗基于全面理解和对每个人的生物学表型差异进行比较，选择不同的治疗组和治疗路径。也就是根据个体差异制定治疗方法，依据包括个人遗传信息数据、生存环境和疾病易感性等，预计个体化治疗方法将削减全球健康预算和相关的成本，并尽可能减少不必要的消耗，以及减少相关的副作用，避免耐药性的产生。[③]

随着物联网等技术的广泛应用，获得大量可用的健康数据至关重要，这些数据用于健康监测以及改善患者护理和管理水平等，因此生理信号监测措施已经无处不在。这些方案正带来前所未有的个体化机会，进行健康和保健监测和管理，创造并提供新型云服务，可以替代或补充现有的医院信息系统。医疗保健中的流数据分析，包括系统地使用连续时变信号，以及相关的医疗记录信息等，通常会通过统计定量分析此信息，深度分析所消耗的数据使得系统更强大，有助于平衡灵敏度预测分析的特异性。[④] 这种应用需要一个足够广大的平台来处理多个数据设计，用于流数据源的采集和摄取。用于患者远程监测的系统由三个主要构建块组成：①传感和数据采集硬件，收集生理和运动数据（例如，微小的体内或体内生物传感器和无电池 RFID 标签）；②通信硬件和软件将数据分享到远程中心；③生理学的相关信息和运动数据的临床提取的数据分析技术。各种信号处理机制可用于提取多个目标特征。他们的具体细节很大程度上取决于正在调查的疾病类型。整合这些动态流数据

① Ginsburg, S. G., Willard, F. H. 2009："Genomic and Personalized Medicine：Foundations and Applications", *Translational Research*, Vol. 154, No. 6, pp. 277 – 287.

② Gai, K., Lu, Z., Qiu, M. et al, 2019："Toward Smart Treatment Management for Personalized Healthcare", *IEEE Network*, Vol. 33, No. 6, pp. 30 – 36.

③ Sethi, T. 2018："Big Data to Big Knowledge for Next Generation Medicine：A Data Science Roadmap", *Guide to Big Data Applications*, pp. 371 – 399.

④ 陈敏，刘宁：《医疗健康大数据发展现状研究》，《中国医院管理》2017 年第 2 期。

是提供情境分析的关键步骤。

医学图像和病理数据是诊断和治疗评估中常见且重要的源数据，它们提供了有关器官的重要功能、解剖学以及疾病状态检测的信息。从数据尺寸看，这些医学图像可能有二维、三维或四维，覆盖了从计算机断层扫描（CT）、磁共振成像（MRI）、X 射线到分子成像、超声、光声成像、CT 透视、正电子发射计算机断层扫描（PET）和乳房 X 光检查等多种成像技术。了解数据之间相互关系，高效、准确地计算它们与疾病之间的因果关系，对于共享和匿名化医疗决策支持基础意义重大，有助于提升大数据医疗治疗模式。① 将医学图像与其他图像整合为电子健康记录，可以提高治疗的准确性并减少诊疗时间。越来越多的机构开始应用大数据来解决多种医疗挑战，通过转变数据信息，来支持研究和协助治疗，从而改善患者护理。

肿瘤学病理大数据中的一个关键因素是：每个患者的数据深度。在肿瘤学中，每个患者都有许多可观察数据（数千到甚至数百万）被常规生成和存储，而典型的患者队列规模相对较小。在头颈部癌症等罕见肿瘤类型中，患者数据深度与队列规模之间的不均衡现象尤为显著。针对此类具有学习价值的病例，机器学习与神经网络领域的方法取得了尤为突出的进展。例如，图像中的物体识别工作得非常好，但需要成千上万的例子来优化这种方法。因此，如果想将其转化为优化个体化治疗，还需要样本数量的数据深度。这使得良好的数据保存、数据标准化、数据共享、数据来源和数据交换协议对肿瘤学至关重要，在头颈肿瘤学领域也是必要的。

荷兰病理学家可以近乎实时地获得每个患者的全国组织病理学随访。PALGA（Pathologisch Anatomisch Landelijk Gegevens Archief）基金会管理着自 1971 年以来荷兰的所有数字组织病理学记录（www. palga. nl）。PALGA 包含荷兰超过 1200 万名患者的 7200 多万条记录，是世界上最大的生物医学数据库之一，覆盖荷兰所有 55 个病理实验室。每当荷兰病理学家授权一份组织病理学报告时，一份副本存储在当地医院信

---

① Mittelstadt, B. D., Floridi. 2016："The Ethics of Big Data：Current and Foreseeable Issues in Biomedical Contexts", *The Ethics of Biomedical Big Data*. Vol, 22, No. 2, pp. 303 – 341.

息系统中，一份副本存储在 PALGA 中央数据库中。[①] 因此，这个数据库包含每个患者的实时病理随访，对于每个 PALGA 成员（病理学家或分子生物学家）来说是直接可见的。这在识别相关肿瘤患者病史方面提供了巨大的潜力，例如，在怀疑原发肿瘤的情况下，排除最近的恶性肿瘤；或者病理在另一个实验室进行的情况下提供关于先前相关病理特征的病理文件（如切除阳性淋巴结）。此外，还可以挖掘一些看似没有关系的，但共同发生的疾病的潜在关联。电子患者档案生成了大量的医疗数据，这些数据可用于建立预后模型。统计预测过程的自动化允许在收集新数据时自动更新模型。这些数据还可以用来开发临床决策工具，以改进患者咨询和非二进制患者相关结果测量。

同时，在网络医学范例中，健康、疾病和康复状态可以被认为是复杂交互的网络，最近这种方法在生物医学数据科学中获得了很大普及。网络是数据结构，变量表示为"节点"，连接表示为"边缘"的对象之间。因此，网络不仅用于可视化复杂生物数据，而且还具有作为表示多变量数据的数学模型的服务性。系统地理解大数据医疗的广度和深度，对理解健康和疾病状态，揭示疾病状态的系统动态行为，具有重要的参照价值和意义。例如，人体由 40 万亿至 60 万亿个细胞构成，有 200 多种细胞类型，排列成执行生理协调功能的组织。尽管共享相同的遗传代码，但是这些细胞中存在巨大的功能和表型变异性。而且每个细胞类型的群体（组织）都具有相当大的异质性。转录表型表征单细胞的能力使研究人员能够以非常高的通量绘制细胞发育图并识别由于疾病引起的特定亚群的变化。[②]

生物医学数据科学家面临的一个自然问题是"从哪里开始深入表现个体？"。答案可能在于专家驱动和数据驱动方法的结合。利用算法可以结合人体生理学和专家的知识从而发现并治疗疾病。另外，可以通过谨慎的大数据分析测试科学假设。有一种科学假设认为，生理轴的存在是形成许多复杂疾病的核心，这些轴也称为内表型、内型或共享的中

① Willems, M. S., Abeln, S., Feenstra, A. K. et al, 2019："The Potential Use of Big Data in Oncology", *Oral Oncology*, Vol. 98, No. C, pp. 8 – 12.

② Chaudhry, F., Isherwood, J., Bawa, T. et al, 2019："Single-cell RNA Sequencing of the Cardiovascular System：New Looks for Old Diseases", *Frontiers in Cardiovascular Medicine*, Vol. 6, pp. 173.

间病理表型，可以被认为是发展多种疾病的主要中转站，包括糖尿病和心血管疾病等复杂疾病。

下述作为大数据医疗疾病诊治的路径分析：心率变异性是一种广泛使用的生理变量，通过测量心率随时间的变化来评估心脏自主神经系统。[①] 个体神经生理过程，包括心率、呼吸频率、血压、消化和出汗等，都与神经系统相捆绑，这些因素在整个生理系统中处于动态平衡状态。这些成分由交感神经反应（战斗或逃跑）和副交感神经反应（休息和消化）分别予以调节。对交感神经和副交感神经的评估可以反映出整个人体生理轴的微妙动态平衡。有趣的是在存在多种疾病的情况下，心脏的跳动不是一个完美的周期性现象，因为它不断适应在不断变化中身体的需求。[②]因此，即使在休息时，心率也表现出复杂的心脏节律的变化，我们称之为心率变异性。心率变异性的最重要用途之一是预测破坏性的，通常是致命的血流感染，比如败血症。[③]

传统上来说，医学知识的发现完全依赖于严谨的统计学方法，如假设检验。然而，随着大数据可用性的出现，机器学习和人工智能的互补模式出现了，这些方法更多地强调预测建模而不是假设检验。因此，与传统统计学相比数据驱动范式在一开始就采取了更灵活的方法，放松了关于参数数据分布的假设，有利于促进数据相关关系的分析，发现新的疾病因果关系。

从治疗的角度来看，我们的生活也在不断地被机器分析，计算机已完全融入了我们的生活。从智能手机、汽车自动紧急制动系统以及我们用来通信的互联网，所有这些计算机都包含分析和理解我们的行为或意图的算法，例如智能手机可以设置各种备忘录提醒，汽车在马路上识别到行人会实现自动刹车，搜索引擎提供网站回答问题的链接。当今的计算机技术不仅限于提高效率和舒适性，而且已经在研究、预测和改善心理健康方面发挥了重要作用。然而有效治疗的推定机制可能不是有效的

---

① Shaffer, F., Ginsberg, J. P. 2017："An Overview of Heart Rate Variability Metrics and Norms", *Front Public Health*, Vol. 5, pp. 258.

② Vegter, M. W. 2018："Towards Precision Medicine：A New Biomedical Cosmology", *Medicine, Health Care and Philosophy*, Vol. 21, pp. 443 – 456.

③ Adam, J., Rupprecht, S., Künstler, E. C. S. et al. 2023："Heart Rate Variability as a Marker and Predictor of Inflammation, Nosocomial infection, and Sepsis-A Systematic Review", *Autonomic Neuroscience：Basic and Clinical*, Vol. 249, p. 103116.

治疗方法，有效的治疗手段也不总是带来预期的效果。在理想情况下，针对特定症状的最佳治疗方案包括最强类型和最高级别证据的形式。然而，在某些情况下，患者可能已经尝试过最佳治疗方案，即基于现有证据的审查仅做出部分回应或未做出回应。这可能是由一些因素造成的，包括合格的从业者、文化偏好的患者拒绝等。与此不同，医学作为"疾病治疗方法"必须考虑到个体疾病的预防以及个人的基因、环境和生活方式，促进个人与疾病的匹配，以个体化健康状况预测工具为基础促进临床医疗的新模式。

人类是复杂的多元化生物系统，不同系统之间需要相互作用和功能协调，以获得最佳生存优势。这个生物系统会直接受到各种外部因素的影响从而改变生物体的稳态。相比之下，传统医疗依赖于诊断和倾向于还原的治疗方法，目的是阐明潜在的病因学和致病机制之间的关系。这种方法可能无法产生最佳结果，因为它忽略了器官系统之间的重要相互作用，细胞输出和内在的系统（例如，神经系统、内分泌系统、免疫系统）以及外在的因素（例如，环境、化学品、营养、感染等）的交互作用，因此，从系统科学的角度来看，医疗健康是由个体内在多元组分（如遗传、表观等）的动态相互作用产生，外在因素引起内在环境的产生和变化。将系统方法整合到临床实践中，将大数据医疗分析应用到医疗诊断模式领域，在医学诊断方法论方面也将实现新的模式转变。

"标准化"和"个体化"的张力在医疗服务中长期存在。在个体化的条件下，最好的个人护理是医学的伦理要求，它要求任何患者都有权得到它。现实中所有可用的治疗都是基于数千名患者的。最佳方式应是标准化和个体化齐头并进，以便确定正确的患者在适当的剂量和合适的时间得到所需的正确药物。以人为本的医学思想主要是促进健康，从而减轻疾病负担。在这个概念上，任何健康状况都被视为一种个人的身体、心理、社会和精神状态的福利。个体化医疗的强大之处在于为医疗提供全面和综合的方法支持，包括治疗、康复和预防性检查以及为个体和患者定制的治疗方法。疾病表征是个多维概念，其中遗传背景、年龄、性别、环境因素、生活方式、文化和信仰以及社会地位，在个体特定疾病发生和整体疾病倾向中起到重要的作用。

个体化医疗是一种量身定制的治疗方法，其可以最大限度地提高治疗疾病的疗效。这意味着，除了科学证据之外，医疗方法面临独特的实际影响因素，例如年龄、性别、文化、种族、宗教和社会经济等，这些潜在的影响因素，有时在患者疾病表征过程中发挥着重要的影响作用。为了支持个体化医疗在实践中的应用，大数据需要在合适的时间向合适的患者提供正确的数据。大数据有助于个体化医疗的实现。在个体化医疗领域中运用大数据将需要重大的科学和技术发展，这包括基础设施、工程、项目和财务管理等方面的进展。利用新工具从大量信息中提取有意义的数据，有可能推动临床实践的根本性变革，这种变革范围包括从个体化治疗和智能药物设计到人群筛查和电子健康记录的挖掘①。

大数据为通过进行患者分层来实现有效的精准医疗提供了机会，精细的患者分层是实现真正个体化方法的基础步骤。大数据和人工智能有助于改变医疗保健从治疗到预防和预测的个体化方法的范式。人工智能设备可以相互结合，并与其他可穿戴设备、生物传感器、移动诊断和远程医疗相结合，从而持续监测患者，并接收来自个人的大量数据用于进一步的科学研究。利用人工智能可以实现患者指导和虚拟医生互动，特别是在慢性患者中，有助于形成一种新的预测性、预防性和个体化的方法，使患者得到自我管理。

癌症患者的治疗是大数据在个体化医疗中应用的一个出色示例，这一领域已经取得了显著进展。基于多组学方法的新机器学习算法，以及来自癌症患者群体的大数据，可以更容易地为每个患者找到最佳治疗方法——个体化治疗②。另外是建立最佳的生物标志物组，用于个体化的患者分析、改进多层次的预测、预后诊断以及其他因素。一直以来，即使是同一类型的癌症，药物的治疗反应也往往是异质的，有些药物在少数患者身上显示出敏感性。基于人工智能的预测及算法可以比基于传统程序更快速地识别。对于这些研究，算法和高质量的大数据集可以用来为自动化决策程序产生可靠的背景。对于所有这些自动化或部分自动化的程序，模型和算法的样本以及来自专门的生物库的数据是至关重要

---

① Hulsen, T., Jamuar, S. S., Moody A R. et al, 2019: "From Big Data to Precision Medicine", *Frontiers in Medicine*, Vol. 6, p. 34.

② Fröhlich, H., Patjoshi, S., Yeghiazaryan, K. et al, 2018: "Premenopausal Breast Cancer: Potential Clinical Utility of A Multi-omics Based Machine Learning Approach for Patient Stratification", *The EPMA Journal*, Vol. 9, No. 2, pp. 175–186.

的。[1] 大数据能够将真实的癌症生物库连接成具有更多患者和相关数据的虚拟生物库，并使样本和数据的利用更加高效。

大数据医疗通过分析疾病的多种影响因素，能够为患者匹配适合其个体化治疗需求的药物，为其提供正确的治疗，包括合适的剂量、适当的时间和最佳的身体状态。其中，个体生存环境因素，在健康敏感性和疾病遗传敏感性之间，扮演相互促进作用的角色，表观遗传规律和环境决定两者之间敏感平衡，是个体健康和疾病之间的天平。通过整合患者的所有医学指标，分析相关因素的关系可实现有针对性的预防和个体化的治疗方案，避免不必要的药物毒性，减少副作用并降低疾病发病率。同时，对多个复杂因素的全数据整合分析，可以为临床医生提供积极的建议和参考，以便更科学地做出与患者健康相关的决策和方案。[2]

例如，面对心脏病发作、血压严重升高或血糖水平变化、肝脏问题等情况，健康医疗系统需处理大量异构传感器连续生成的速度快、品种多、结构复杂的数据，在这种情况下，医疗保健系统可能面临实时分析和决策处理的关键挑战。此外，现有的基于物联网的健康监测技术无法处理如此高的容量以及具有异构信息的高速数据传输。因此，一个理想的系统需要照顾人的需求，不仅涵盖必要的药物，而且应包括对患者和非患者的持续远程监测和诊断，并能在紧急情况下采取实时行动。上述挑战只能通过快速处理传入的高速医疗和感官数据的并行高效集合以及聚合手段才能完成。

## 第三节　预防范式变革

大数据医疗模式已经开启，它提供了"是什么""发生了什么""为什么发生""什么将发生"和"如何描述诊断和预测"等。"发生了什么"可被称为描述性分析，"为什么会发生"可被称为诊断分析，"会发生什么"可被称为预测分析，"我们怎样才能实现它"可被称为

① Ibnouhsein, I., Jankowski, S., Neuberger, K. et al, 2018："The Big Data Revolution for Breast Cancer Patients", *European Journal of Breast Health*, Vol. 14, No. 2, pp. 61 – 62.

② Alemayehu, D., Berger, M. L. 2016："Big Data: Transforming Drug Development and Health Policy Decision Making", *Health Serv Outcomes Res Method*, Vol. 16, pp. 92 – 102.

规范性分析，这些将使健康服务的质量和可及性发生根本变化，引发医学预防范式发生重大变革。

信息技术和数据科学将有可能给医学保健领域带来彻底改变，通过一系列的电子健康倡议，有望使医疗保健向预测、预防、个性化和责任化转变。以患者为中心的医疗大数据的共享范式的建立，将可能从根本上改变当前医疗服务模式，从而出现个体化的疾病治疗和预防范式，医患双方都可从这种模式中获悉更多的健康相关信息，了解治疗过程和预防目标，从而提高医疗效益和患者就医满意度。例如，数字化医疗信息系统被认为是改善社会卫生服务的有效方法，利用大数据技术梳理的个体生活轨迹在疾病防控中发挥着重要作用。

通过大数据驱动的医学，从现在的诊疗模式转变成全时程、全民众的预防范式，与此相关的社会理念、医疗政策等多有相应变化，这也为个体化的精准医疗奠定了基础。当前的大数据分析技术的进步可以为医生、患者、管理层带来显著的效果。医疗数据分析具有以下三个特点：第一，数据形式多样化。标准化和结构化数据，对于医疗保健记录来说是理想的电子数据，但仍存在大量非结构化数据，来自传感器实时的自然读数，如心电图测量、临床文本数据报告、基于自然语言的医学文献、成像和组学数据；第二，来自患者、生活方式信息、生物银行和试验的多层次数据，通过医疗数据描述的复杂的元数据分析，以得出结论和发现适当的假设，支持临床决策；第三，各种健康数据逐渐融合，这将有助于从基因组学角度，研究各种疾病的表型特征和风险因素，开启自动诊断和个体化医疗的新模式。通过充分利用大数据源，借助智能设备收集并分析各种数据和相关风险因素，可以实现对疾病针对性的预防和管理。而通过先进的学习，深入深度思维系统，不断在健康服务领域突破创新，用于各种慢性和危急生命疾病的发现和优化自动治疗。同时，可在健康背景下，应用人工智能技术提高慢性疾病管理，包括研究新的诊断模型和监测工具用于临床风险预测，同时减少相关的保健风险和护理费。①

使用大数据和人工智能将很可能对当今临床实践服务的认识论产生

---

① Marino, D., Miceli, A., Carlizzi, D. N. et al, 2019: "Telemedicine and Impact of Changing Paradigm in Healthcare", New Metropolitan Perspectives, Vol. 100, pp. 39 – 43.

影响。通过使用大数据和深度学习技术，我们可以在症状出现前提供有效的医学预防服务，这对于慢性疾病管理尤其有益。基于电子健康服务管理逻辑，可以实现良好的质量服务和临床技术的管理，有利于多种疾病的早期诊断、风险的识别和远程治疗。健康状况监测可以预防急性疾病发作，特别是脆弱人群（如儿童、残疾人、精神病患者）和老年人的慢性病管理尤为重要。① 通过及时访问完整数据集，并借助算法支持临床决策，可以提高服务效率。诊断和护理模式也越来越依赖于患者个性化的电子医疗记录，以满足对有效、高效和高质量的诊断、预后和治疗服务的日益增长的需求。如今，大数据分析在预测心脏病发作和调整心血管疾病治疗方面发挥着至关重要的作用。大数据能够提供全面的患者数据视角以进行分析，从而更好地预测结果。医疗保健预测提高了诊断的准确性，有助于预防医学和公共卫生发展。此外，当生命健康参数变得异常时，心脏病等疾病也会发生。因此，需要对异常健康参数进行预测，以改善健康状况，提高生活质量。

　　健康和医学研究的主导范式仍然沉浸在实证主义思想中，尽管随机对照（randomized controlled trial，RCT）的黄金标准仍然占据主导地位，但是，值得注意的是，任何研究的基础是将其成果转化为一组高度相关的数据。关于什么被视为有价值和应该测量的，不同的研究者应共同进行评估，以决定个人判断的量化方法。尽管存在主观性，这类工作仍旨在客观地衡量结果。一个数字可以被作为事实证明和陈述客观主张，例如，在试验中发现的那些数据，描述了个体生活质量和方式、测量药物对患者慢性病的反应的影响症状，或由药物引起的症状改变，就像所有其他研究一样，是简单现实的抽象表达。临床试验中研究者需要检查受试者的健康状况、记录其意见，并观察和了解参与者正在经历的关于现实世界的医疗保健。因此，试验考察了医学的不同程序和患者护理的不同方面，从不同的角度构建数据，这些数据也不可避免地带有一定的片面性和主观性。显然，大数据医疗在数据资源和分析工具方面带有明显的创新。大数据分析虽然不同于小样本数据分析的因果关系的研究，但是大数据医疗依靠来自多个来源的完整样本，是以确定相关性的海量数

---

① Oppitz, M., Tomsu, P., Oppitz, M. et al, 2017："New Paradigms and Big Disruptive Things", *Inventing the Cloud Century*, Vol. 8, pp. 547 – 596.

据分析。[①] 它超出了因果关系的思维限制，对疾病的认知、疾病发生发展的预测具有良好的前景。

研究基于大数据不仅可以回答"是什么"而且也回答了"为什么"。物联网的发展应该提高大数据的获取便利性和准确性，并改善数据收集、存储、传输的均匀性、准确性和范围。随着物联网被广泛使用，人们的各种数据可以自动和及时地被收集，包括其基本需求（例如，食物、衣服、住所和交通）。更重要的是可穿戴设备的使用极大地优化了关于人类健康的实时动态数据处理，通过设置合理的收集条件，提高了数据收集的一致性、便捷性和准确性，从而降低了数据收集的成本。物联网不仅用于数据收集，也用于临床干预。[②] 例如，可提醒患者按时服药以提高药品疗效。从数据分析的角度来看，医疗大数据可以被定性为具有多个维度非线性和动态的特性。利用数据挖掘可以及时获得专家的临床经验所产生的最新知识。通过实时和自动监测医生的思维模式变化，进而识别总结出新的思想模式和医学实践。

以前罕见疾病的诊断只能通过在医院内进行身体检查后分析，如今智能手表可以帮助人们查看任何健康相关的信息。例如，老年人的血压监测，医疗保健系统提供电子医疗服务，满足老龄化社会中老年人的医疗和辅助需求，通过可穿戴设备的实时监测和分析预警，能够更大程度上降低老人的治疗和救助风险。[③] 物联网作为大数据时代的重要产物，支持许多基于物联网数据的实时工程应用程序。通过分析医疗保健系统的用户数据，能够发现新信息进行早期预测并做出预防决策，从而避免危险情况的发生，并且改善人们的生活质量。随着技术的进步，医疗服务正在从"以医院为中心"转变为"以患者为中心"，例如，血压监测、糖尿病监测等，均可以实时方式远程操作完成。随着快速发展的电信服务，可穿戴物联网传感器、云计算、雾计算和移动计算为用户提供了实时监测、诊断，由此互联网扩大了人们在疾病处理上的独立性和协作性。

---

① Sassi, I., Anter, S., Bekkhoucha, A. 2019: "An Overview of Big Data and Machine Learning Paradigms", *Advanced Intelligent Systems for Sustainable Development*, Vol. 5, pp. 237 – 251.

② Vitabile, S., Marks, M., Stojanovic, D. et al, *Medical Data Processing and Analysis for Remote Health and Activities Monitoring*, Cham: Springer International Publishing, 2019.

③ 邰玉明，冯朝强：《可穿戴设备在老年人群中监护功能的应用研究》，《赤峰学院学报（自然科学版）》2021 年第 9 期。

随着医疗保健系统的发展，智能物联网设备传感器、云计算、雾计算等技术正日益深入地融合发展，医疗保健应用开发用于以患者为中心的预测、预防、诊断和治疗，医疗保健生态系统随着高效率的决策制定而发展成为大数据时代新的生活方式，基于智能手机的医疗保健应用程序可以提供准确的、快速的诊断预测。可穿戴设备，如智能手表、智能手环、头戴设备和智能服装监测用户心率、体温、血压等活动。物联网是物理物体通过互联网相互连接，数据可以通过互联网发送或接收，在医学领域实施物联网的一些关键因素包括不同的传感器、人工智能、医疗设备、最新的成像设备和诊断。物联网将所有计算、数字和机械技术相互连接起来，通过互联网传输数据，而不需要任何人工操作。在新冠疫情大流行期间，物联网技术对维护医疗保健非常有用。[①] 物联网设备具有强大的传感能力，由于这种能力，人类的特征，如健康状况、活动信息和重要迹象被捕捉，并在物联网的平台上对这些特征进行分析。[②] 基于物联网的医疗系统可以实现多样化的应用并提供各种医疗服务。

随着信息和通信技术的不断进步，物联网设备集成了医学领域的智能传感器和算法，通过云端和各种连接设备连接到一个应用程序，这对克服新冠疫情大流行非常有用。物联网的技术可以用来追踪新冠疫情的感染传播模式，提供远程医疗、机器人消毒、医疗领域的隐私和数据保护等服务[③]。在医疗领域，物联网通过创新的方法被开发出来，通过执行精确的手术为新冠肺炎患者提供最佳服务，早期复杂的病例现在已经变得容易处理和控制。物联网在医学领域的新挑战是为患者、医生开发一个辅助支持系统。例如，要知道一个人是否被感染，第一步就是要监测患者的体温。在可穿戴物联网设备的帮助下，可以知道患者的心率、血氧水平、血糖水平等，而不需要任何人工干预。传感器有助于感知和捕捉患者的疾病和健康数据并获得所需的信息。在这里，每个物理对象都与互联网连接，可穿戴设备会显示对一个指标的持续监测。必要的数

① Mohd, J., Haleem, I. K. 2021："Internet of Things（IoT）Enabled Healthcare Helps to Take The Challenges of COVID - 19 Pandemic", *Journal of Oral Biology and Craniofacial Research*, Vol. 11, No. 2, pp. 209 - 214.

② Dong, Y., Yao, Y. D. 2021："IoT Platform for COVID - 19 Prevention and Control：A Survey.", *IEEE Access：Practical Innovations, Open Solutions*, Vol. 9, pp. 49929 - 49941.

③ Jabbar, M. A., Shandilya, S. K., Kumar, A. et al, 2022："Applications of Cognitive Internet of Medical Things in Modern Healthcare", *Comput Electr Eng*, Vol. 102, p. 108276.

据会根据医生的要求即时提供给指定的医生。① 此外，由于这种新冠病毒在短时间内传播得非常快，因此有必要找到在这个隔离期内与感染者接触过的人。启用物联网技术进行接触者追踪可以在许多方面提高效率，如自动处理和即时响应，最重要的是它可以保护受感染者的隐私。在智能手表和智能温度计等可穿戴物联网设备的帮助下，可以通过追踪体温来检测感染者。这些数据正是在人工智能和大数据的帮助下进行收集和分析。为了防止这种病毒的传播，需要在远程为新型冠状病毒肺炎患者提供令人满意的医疗服务。远程医疗是通过远程通信技术和计算机多媒体技术提供全天候、全方位的远距离医学服务活动。由于各地实施的封锁和社会疏导，远程医疗是寻求医疗帮助的更安全方法。它还具有成本效益，因为消除了旅行费用，提高了患者的参与度。各个卫生部门都在致力于开发聊天机器人，用于自动进行疾病筛查，并根据时间表进行跟踪。Vici 是美国 Intouch Health 公司研发的远程医疗机器人之一，用于远程监测和护理患者。②

物联网医疗保健监测设备的安全协议需要通过提供进一步改进设备和服务器之间的安全通信，保护个人隐私以及防止数据被未经授权的实体滥用或入侵。实时监测患者的健康状况，对于医疗保建来说是非常有益。如今所有感应数据将为用户提供手机上的健康数据，监测他们的健康行为和生命体征。未来应探索使用同态加密来安全地改善现有医疗保健系统的功能，以及开发和评估一种算法，在现实世界的医疗保健环境中的增强方案，并研究同态性安全机制的可能性以建立安全的医疗保健申请。③

总而言之，大数据医疗挑战我们的生活方式和医学范式，我们对疾病的认知不再拘泥于因果关系，对疾病的预防不再执着于事后的还原性

---

① Javaid, M., Khan, I. H. 2021："Internet of Things (IoT) Enabled Healthcare Helps to Take the Challenges of COVID – 19 Pandemic", *J Oral Biol Craniofac Res*, Vol. 11, No. 2, pp. 209 – 214.

② Abir, S. M. A. A, Islam, S. N., Anwar, A. et al, 2020："Building Resilience Against COVID – 19 Pandemic Using Artificial Intelligence, Machine Learning, and IoT: A Survey of Recent Progress", *IoT*, Vol. 1, No. 2, pp. 506 – 528.

③ Prosperi, M., Min, J. S., Bian, J. et al, 2018："Big Data Hurdles in Precision Medicine and Precision Public Health", *BMC Medical Informatics and Decision Making*, Vol. 18, No. 1, p. 139.

破坏。这与中医理论体系涉及的本体论观念一致，它强调疾病与环境之间的互动和一致性关系，这种相关性已经发展成为一种独特而系统的理论体系，正不断地指导临床实践。中医是一个庞大且复杂的系统，理论上难以完全阐明它如何在生物学上发挥作用。然而，中医的方法已经为人类健康做出了巨大贡献，这一传统已存在数千年并仍在当代活跃。大数据医疗专注于相关性，可以提升中医辨证思维方法的重要价值和作用，而不是像西医单纯追求因果关系的还原性方法。在医疗实践领域中，全数据的数据分析带来的疾病预防范式转变将成为人们的目标和最新追求。而且通过人工智能和数据挖掘，人类与机器结合也可以变成一个强大的工具预测动态健康趋势，并促进诊断和干预、疾病预防的临床实践水平的高速提升。[①]

范式转变是库恩的一个观念，表明激进的理论在某个时间点改变了科学家共同拥有的信念和协议，在复杂性科学术语中，这种范式转变代表了向新秩序的阶段转变。首先是第一研究范式，以其对数字至上的实证主义观念表征科学客观性。其次是第二研究范式，主张使用定性方法以及建构主义、理想主义、相对主义、人文主义、诠释学，有时是后现代主义支持研究者的主体性。随着时间的推移，学界开始注意到，"科学家"和"社会科学家"两个群体之间并非是完全孤立的关系，他们在合作中存在互利；于是出现了第三个研究范式的多元化方法论，即多种方法的运用相互结合，通过数据测量有意识地耦合定性数据和定量数据，进行文本间分析。第三研究范式发现，相比于排他性，收敛性是一种更有力且占主导地位的概念，传统"硬"的统计范式和"软"的定性选择被越来越多的人所拒绝。

第三研究范式意味着研究人员，驳回了定性方法作为定量方法的次要因素的概念。许多为其带来了深度和广度收集，分析和报告"硬"数据。第三研究范式的工作伴随着数据集和数据源的三角测量，显示了个性化的多方法好处，在工作技术上加强了研究的有效性和研究的真实性。在他们的各种形式中，三角测量方法被结合起来形成了一种综合性的研究模式。然而，对不同的数据集进行三角测量绝非易事，特别是当

①　O'Doherty, Kieran, C. et al, 2016: "If You Build It, They Will Come: Unintended Future Uses of Organised Health Data Collections", *BMC Medical Ethics*, Vol. 17, No. 54, pp. 1 – 16.

它涉及从不同方法收集的数据时，但如果能系统地应用，它将在帮助理解方面有所助益，并且可以对服务改进和研究结果的成功实施产生持续影响。① 随着范式的转变和变化以及新的范例被引入并被更多新的认识论和理论探究所接受，我们注意到第四个研究范式正悄然而来。

第四研究范式则是将定量和定性方法有机地结合起来，为各种数据提供了更全面的世界图景，包括那些依赖于研究之外收集的大数据的图片和来自技术设备和社交媒体的数据源。实际上，第四研究范式得出将民族志方法进行扩展并引入到移动方法的结论中。促进移动方法，研究人员会有目的地进行实时研究，持续有效地进行数据监控，并按收集单元捕获和聚合数据后处理大量传入的数据流，对可利用数据进行进一步的计算和处理，从而确保实践中的实际变化受到关注并实现可视化。基于物联网的实时医疗应急响应系统利用大数据分析，通过研究空间与医疗保健专业人员，混合学科专业知识把患者和其他利益相关者结合在一起。因此第四次重新搜索范式预示着医疗的地点性转变。②

研究人员将摆脱孤立的卫生服务和医学研究的局限，转而将他们的注意力从单一的方法逻辑转移到研究多维数据的层面上。这是因为第四研究范式着重于集中精力进行研究，而非分散注意力。更进一步，研究人员将认识到实时数据收集与他们的研究课题结合的重要性。确实第四研究范式依赖于它以及新的研究主题"空间和地点"的完整性研究，例如技术驱动的数据形式，将导致新的研究设计思路与"研究"的并行科目。这将让我们更好地了解卫生系统和治疗流程，更清晰地了解医疗服务提供者和患者互动时面临的挑战。因此，研究人员将花更多的时间来检查提供者实际上做了什么服务，以及患者真正关心的是什么，为获取更多的关注铺平了道路。范式的转变将确保研究报告更加负责和严谨，并将服务提供者和患者更充分地融合在一起。

与以前相比，由于现在医疗服务提供者和患者都参与数据收集，因

---

① Rapport, F., Braithwaite, J. 2018："Are We on the Cusp of a Fourth Research Paradigm? Predicting the Future for a New Approach to Methods-use in Medical and Health Services Research", BMC Medical Research Methodology, Vol. 18, No. 1, p. 1 – 7.

② Rathore, M. M., Ahmad, A., Paul, A. et al, 2016："Real-time Medical Emergency Response System: Exploiting IoT and Big Data for Public Health", *J Med Syst*, Vol. 40, No. 12, p. 283.

此在研究交流和实践方面促成了更加平等的伙伴关系，使二者都具有发言权。回顾过去研究，卫生服务和医学研究领域经历的研究范式可以概述为三种：第一研究范式以科学客观性为基础，主张数字至上；第二研究范式主张使用定性方法，认可研究者的主观性；第三研究范式主张方法论多元化，通过数据测量和文本分析将定性和定量研究相结合。当前，我们进入了第四种研究范式，即研究人员需要依赖更多不同类型的数据类型，以更全面地呈现所研究的世界，这种范式转变对医疗保健系统影响深远，为其注入了更大的创造力和数据捕获的灵活性，每个利益相关者的利益因而更加平等。此外，数据收集的内容也更多考虑了实时行为和所有利益相关者的观点，更多的设想纳入数据收集的设置和协作收集的技术中，以在技术上实现允许所提问题的所需数据。这将提供更多工作实施和完成的证据而不是依靠想象工作，从而使得研究的数据结果可能更准确、深入且具有更大的影响力。①此外，第四研究范式也具有丰富的现实意义，让医疗保健实践者和患者可以更清楚地了解真实世界，更好地了解卫生系统、流程和治疗方法，并更清楚地了解医疗保健提供者和患者在复杂系统中相互互动时面临的挑战。作为结果，当他们成为研究中更积极的参与者时，会与该关系形成更大的共生关系，同时更有说服力地呈现他们的日常生活。尽管有这些多重优势，第四研究范式仍将为研究人员带来巨大挑战，特别是在医疗保健提供者领域，但实时记录信息将同意的概念提升到了一个新的复杂程度。在临时进行数据收集时，通常的准备工作将无法进行，包括表明谁是研究对象、谁应该参与数据收集、谁拥有收集的数据甚至什么应该代表数据等。

作为研究人员的世界，医疗专业人员和患者的扩展，多个系统变化影响服务的发展，合作者将需要弄清楚如何适应他们所处环境的变化，从来没有完全确定他们会遇到谁，他们这样做会发生什么以及当他们在世界各地移动时什么时候可以使用它们。此外，多选区互动意味着第一个接触点上无法确保研究参与者的匿名性和隐私保护。这在某种程度上类似于民族志研究中的匿名和隐私问题，即在未经他们同意的情况下，

① Rapport, F., Braithwaite, J. 2018："Are We on the Cusp of a Fourth Research Paradigm? Predicting the Future for a New Approach to Methods-use in Medical and Heaalth Services Research", *BMC Medicdl Research Methodology*, Vol. 18, No. 1, pp. 1 – 7.

可能有其他人进入并记录现实生活中的互动场景。这种情况下还可以扩展到虚拟交互中，也会产生新复杂性，其中人们的身份可能以意想不到的方式被揭露。然而在医疗保健领域，移动研究方法提供了对患者和专业人员的日常经验和互动的现实见解，这些见解在现实中超越了单纯的采访或观察。移动方法会在人员使用数据时研究，也越来越依赖医疗保健领域的新技术，从应用平板电脑作为数据来源到利用社交媒体，以及完全来自医疗设备的信息。这意味着第四研究范式将走在医学领域技术突破的最前沿，超越人工智能、基因组学、个人病历以及电子医疗记录的发展。

"自我监测设备的使用预示着，未来个人将更多地参与自身健康的管理，并生成有利于临床决策和研究的健康信息。"[①] 如果要对第四研究范式进行预测，研究人员预计将处理来自多个分散来源的数据集，评估不断扩大的人口，选择前沿的研究团队合作者，并依赖于越来越多的跨学科配置。这需要对众多数据集做出响应，并且研究设计要足够灵活，以便让患者、公众和利益相关者参与进来，在数据收集方法和提供卫生服务方面有自己的发言权。面对的一大挑战是如何确保从多个不同来源收集的数据能够被综合并形成一个一致的整体。其中一个最大的挑战是确保所选择的研究设计具有严谨性，能够经得起时间的检验，以及如何发展理论以理解这些复杂的发现。

为了应对这些挑战，我们需要向其他人寻求帮助并借用跨领域技术。随着研究走向第四范式，科研人员的思维方式、方法论、资源和影响力不断扩大，使他们能够应对复杂的研究问题。在某种程度上，这种扩张性和包容性源于需要在面对数据之间新理论和流派的快速适应。第四范式将改变传统的基于假设的研究方法，转向基于科学的数据挖掘的研究方法，将会在预先占有大量数据的基础上，通过计算得出之前未知的理论。[②] 相信我们将发现更广泛的共享知识方法，促进对研究理论的帮助，而下一个研究前沿也无疑会吸引新的利益相关者。

---

① Sharon, T. 2017: "Big Data: Ethical Considerations", *Self-tracking for Health and the Quantified Self: Re-articulating Autonomy, Solidarity, and Authenticity in An Age of Personalized Healthcare*, Vol. 30, No. 1, pp. 93 – 121.

② 米加宁，章昌平，李大宇等：《第四研究范式：大数据驱动的社会科学研究转型》，《学海》2018 年第 2 期。

# 本章小结

　　本章深入探讨了医疗大数据如何推动诊断范式、治疗范式和预防范式的深刻变革，以及信息共享在医疗领域中的重要作用。在诊断范式变革方面，医疗大数据的引入打破了传统诊断方式的局限性。通过信息共享，医疗人员可以随时随地获取患者的全面信息，这不仅打破了时间和空间的限制，还促进了医疗团队之间的紧密合作与高效沟通。这种变革使得诊断过程更加便捷、准确，为医疗服务带来了前所未有的便利性。治疗范式变革则体现在个体化医疗的兴起。医疗大数据使得医生能够基于患者的个体差异，有针对性地选择最适合的治疗方法，从而获取最佳的治疗效果。同时，健康数据的实时监测和新型云服务的应用，进一步提高了治疗的准确性和效率，为患者提供了更加精准、个性化的医疗服务。预防范式的变革则是医疗大数据应用的又一重要领域。通过大数据分析，我们可以有效地预测和预防疾病的发生。算法为疾病诊断提供了全面的信息源，帮助我们判断人们是否即将患病，并监测他们的健康状况。这不仅有助于改善个人生活质量，还有效地监测和管理了公共卫生事业，为提升社会整体健康水平做出了贡献。

# 第三章　大数据医疗：哲学范式的变革

　　大数据时代的到来导致人们的思维方式发生转变。人们思维方式的转变以概念变化为特征，而概念一旦发生变化又会引发新的思想与行为的变化。在大数据时代背景下，人们的思想与行为会围绕实用意义与各种意义关系进行。① 在医疗卫生领域，数据正在呈爆炸式增长，医学与大数据的结合是大势所趋，这为医学发展注入了新的活力。大数据不仅可以预测疾病发生发展，提高早期诊断率，而且能够为患者提供最佳治疗方案，节约医疗成本，同时可以加强慢性病的有效管理，促进疾病转归。更值得注意的是，大数据技术还引发了医生思维的变革，由传统追求因果性的思维方式转变为更加注重相关性。② 在临床实践中，医疗数据涉及多个方面，包括医疗服务对生活质量的影响、药物对患者慢性病反应的测量，以及药物引起的症状变化。这些研究，就像其他所有研究一样，都是对现实简化后的一种抽象表达。关于现实世界个体的医疗保健，记录患者的药物反应、观察了解患者疾病症状变化，作为主体的医务人员，在医学知识背景下尝试着把人类状况从不同角度给予其数据建构，这种基于主观的抽象尝试，正像所有医学发展历程一样，不可避免地带有非客观的个人偏见或经验误差。③ 但无论如何，医学发展的这种数据化尝试，不管是定性还是定量的试验研究或医疗实践统计，都与传统医学认识论方法差异甚大，几乎所有的固步于定性和定量模式多年的医学研究正发生翻天覆地的变化，因果解释和标准化测量不再足以满足数据时代的需求，医学研究人员正寻找一个对医疗保健鞭辟入里的新的

---

　　① 杜世洪：《大数据时代的语言哲学研究——从概念变化到范式转变》，《外语学刊》2017 年第 6 期。

　　② 刘师伟，段瑞雪，李欣等：《医学大数据库的建立与哲学审思》，《医学与哲学（A）》2016 年第 11 期。

　　③ 刘涛雄，尹德才：《大数据时代与社会科学研究范式变革》，《理论探索》2017 年第 6 期。

解释模式。尤为重要的是，大数据思维正在改变着医疗实践的方法论基础，这种所谓的大数据医疗思维可能引起大数据医疗的哲学范式变革，这种基于相关性研究而非因果关系的研究范式，突破了传统认识论的局限和个体中心主义的单维倾向，非线性复杂相关思维为当代哲学研究提供了新的思维路径和方法基础。①

# 第一节　本体论范式

随着实验技术和信息技术的进步以及科学自身的累积性发展，科学研究中的数据无论是在量、种类还是复杂性上都呈爆炸式增长。卫星、传感器网络、超级计算机、医疗成像设备、DNA 测序仪、智能移动终端、互联网应用，计算机模拟等设施和活动正在快速产生着海量的数据，几乎每个学科领域都在经历着数据爆炸。

在大数据医疗变革改变我们对世界感知能力并颠覆我们改变世界方式的背景下，深入分析这种新的世界观和方法论，从而做出哲学应有的反思和回应就变得尤为重要。② 寻找生命的本原并探索生命现象的本质，是西方哲学从古希腊开始以来的执念，也是追寻世界本原问题的开始，例如，米利都学派的代表人物泰勒斯（Thales，约公元前 624 年至公元前 546 年）认为水是世界的本原和万物的起点。关于世界本原是什么的哲学论述有一元论、二元论和多元论等多种，认为世界是一种本原的称之为一元论，认为世界本原是两种的称之为二元论。一元论又被分为唯心主义和唯物主义两种类型。简单地说，唯物主义认为世界统一于物质，而唯心主义认为世界统一于精神。二元论否认世界统一于一种物质，认为世界是两种相互平行的、拥有独立本原，即物质本原和精神本原。多元论则认为世界由多种本原构成，如中国古代的五行说把木、火、土、金、水五种元素说成是世界的本原。就医学领域而言，患病从本体论上说是一种躯体的自然和事实，但关于疾病的叙述却充斥着社会

---

① 段虹，徐苗苗：《论大数据分析与认知模式的重构》，《哲学研究》2016 年第 2 期。

② 江增辉：《大数据时代下"数本源论"的再思考》，《合肥学院学报（综合版）》2021 年第 6 期。

的价值期待。认可疾病是一种价值判断，并不会否认疾病本身的自然和本体秩序。每一种疾病都有自己独立的生命，有其生长、发展和消亡的过程，但有时由于人类在自身生命现象以及许多疾病上存在认识上的局限性，对疾病范畴的认知会存在较大差异，并随着科学知识和社会发展的变化而价值重构。①

## （一）传统医疗模式中的本体论范式

本体论涉及医疗，因为"疾病""患者""医生""医学"是什么的问题，都会影响医疗的给予和接受，从而影响医疗作为职业的定义。回到古代哲学观点，疾病是"有界的实体"或"关系"（仍在当代理论和思维模式中呼应）。

无论疾病是什么，它只能在患者身上治愈或改善，而不能与患者分开。基因突变或病毒可以单独存在，但只有当它们存在于人类体内时，才能作为疾病过程的一部分进行治疗，而实际上是受其影响的人类得到了治疗。疾病性质的问题不可避免地涉及患者的存在问题，两者都涉及如何使临床医生成为临床医生的问题。

科学哲学对疾病的性质进行了辩论，其中有许多分歧，其中之一是关于疾病是一个"有界实体"（或自然种类，或离散的本质或物质），还是一个"关系"的问题。自然种类的成员是共享一组固定属性（被视为自然属性或基本属性）并将其与其他实体区分开来的有限自然实体。将疾病视为一种综合征（即一组症状和体征），或改变了的潜在身体状态，或病理性身体过程，或内部物质（如基因），或外部物质（如病毒），这可能支持疾病形成自然种类的论点。将疾病视为生理规范的变体，包括内部（生理）和外部（环境）变量之间的关系，这种观点可以支持"疾病是关系性的，而不是实质性的"这一论点，因此"它不是一个事物"或自然类别。其他人则拒绝或认为与疾病是自然种类的概念无关，而是找到了有用的术语，如用"实用种类"或"自然系统"来谈论疾病分类。其他人仍然反对（单一的）"自然系统"，认为

---

① 肖巍：《作为一种价值建构的疾病——关于疾病的哲学叙事》，《中国人民大学学报》2008 年第 4 期。

70

多个分类方案可以更好地反映患者性质的不同方面。[1]

临床医生如何看待疾病和患者，影响他们如何理解自己的临床角色及提供护理方案。如果一个医生认为疾病是人类本性中的一种缺陷，影响了决定人类本性发展的因素，那么他可以不把患者当作人来对待。将疾病概念化为自然疾病的医生群体可以提供一种类型的护理，既可以将疾病从患者中分离出来，也可以将疾病与患者联系起来。在任何一种情况下，患者作为个体往往会被忽视。最好的情况是，把疾病和患者视为分离的两个实体，这使得临床医生需要同时与疾病和患者建立独立的关系：疾病和患者，但这意味着临床医生可以单独与疾病建立关系。这种方法可以鼓励患者将疾病实体化并与之分离，对自我护理产生负面影响，特别是对于慢性病患者，如果他们要正确坚持治疗并存活下来，那么他们与疾病的关系比临床医生影响更大。[2]

古代关于疾病本质的观点被理解为一个事物或一个有限的实体，今天继续影响医生和患者对疾病和患病有机体的看法，进而影响他们如何进行给予和接受医疗照护。柏拉图（Plato，前427—347 年）和普罗提诺（Plotinus，205—270 年）认为灵魂中的邪恶（或不道德）与身体中的邪恶类似。疾病对于身体就像铁锈对于铁一样，灵魂的缺陷或虚弱（即不道德和无知）也是如此。出于这个原因，一个人可以像对待疾病一样"摆脱"或"消除"这种灵魂中的邪恶：接受适当的治疗。柏拉图和普罗提诺都认为邪恶（无论是在灵魂还是在身体中）是一种外加之物，如同铁锈、泥土或金子那样，它被认为是添加到另一物上的，是一种可以被清除的多余实体。[3] 西方医学最早关于解剖学的记载，起源于希波克拉底（HippokratesofKos，前460—前370 年）的"四液学说"，其认为人体的健康与平衡与血液、黏液、黄胆、黑胆这四种体液有密切

---

① Pârvan, A. 2016："Monistic Dualism and the Body Electric：An Ontology of Disease, Patient and Clinician for Person-centred Healthcare"，*Journal of Evaluation in Clinical Practice*，Vol. 22，No. 4，pp. 530 – 538.

② Pârvan, A. 2016："Monistic Dualism and the Body Electric：An Ontology of Disease, Patient and Clinician for Person-centred Healthcare"，*Journal of Evaluation in Clinical Practice*，Vol. 22，No. 4，pp. 530 – 538.

③ Pârvan, A. 2016："Monistic Dualism and the Body Electric：An Ontology of Disease, Patient and Clinician for Person-centred Healthcare"，*Journal of Evaluation in Clinical Practice*，Vol. 22，No. 4，pp. 530 – 538.

的关系，体液在人体内的比例不同形成了人的不同气质。古希腊医生盖伦（Claudius Galenus，129—199 年）所著的《医经》是西方最早的、较完整的描述人体结构的论著。1543 年比利时医生安德烈·维萨里（Andreas Vesalius，1514—1564 年）完成了《人体构造》这部解剖学巨著，奠定了现代人体解剖学的基础。意大利解剖学家乔瓦尼·巴蒂斯塔·摩根尼（Giovanni Battista Morgagni）在《论解剖揭示的疾病的位置和原因》（De Sedibus et Causis Morborum per en Indagatis，1761）中指出疾病是由身体器官的变化所引起的，是现代病理解剖学的开山之作。随后马里·弗朗索瓦·沙威尔·比沙（Marie Francois Xavie Bichat）将病理学向前推进了一步，提出了组织病理学的概念。随后显微镜的发展使细胞理论成为可能，鲁道夫·维尔肖（Rudolf L. K. Virchow）创立了细胞病理学，并认为疾病是细胞发生变化的结果。在维尔肖之前，病理学的研究主要集中在体液（如血液、尿液等）的分析上，即所谓的"体液病理学"。这种方法通过观察体液的变化来推断疾病的存在和性质，但往往只能提供间接的证据，且难以深入到疾病的根本层面。维尔肖的细胞病理学则强调疾病是细胞本身发生变化的结果，通过显微镜观察细胞的结构和变化，病理学家能够更直接、更准确地诊断疾病，甚至预测疾病的发展趋势。随着病理学的发展，宏观解剖病理学、组织病理学和细胞病理学相继出现，它们各自代表了病理学研究的不同层面和深度。在当代医学中也是如此，许多曾经被认为是精神病学的疾病，后来被移除，如歇斯底里症、神经衰弱和同性恋。所以，我们必须向医学现实主义者提出以下问题：如果疾病是在现实世界中发现的现有实体，那么在它们被抛弃之后，它们会去哪里呢？根据概念论，它们存在的断言是相对于概念系统的，即词汇、知识体系，以及理论作为参照系。①

　　上述本体论的相对性并不局限于疾病，它涉及医学中的所有领域，例如，细胞、基因、神经膜电位、应力等。在谈论一个特定的医学主题或领域时，人们使用由一个特定的概念系统组成的一个特定的概念系统词汇量。一方面，运用了特定的概念体系，它的特定词汇已通过分类塑

---

① Kazem, S. Z., *Handbook of Analytic Philosophy of Medicine*, New York：Springer, 2015.

造了"现实"[1]。另一方面，没有这样一个概念系统就无法知道这样的现实是否存在，因而无需担心无法交谈。因此，假定某事是特殊的，如幽门螺杆菌是独立存在于"现实"的一种特异性概念系统，即微生物学和细胞病理学案例，显示出了相当大的哲学天真。概念系统是人类思维的产物，是在人类社会行为中思维发展的产物。知识和世界观对概念系统的依赖意味着它们不是独立的人类的思想和社会，这种对社会的依赖构成了社会建构主义的主题。[2] 在人类探索世界本原的过程中，人类社会实践的发展和人类自身的认知深度和广度总是相互促进和变化的，特别是自然科技水平方面的发展和进步，人类逐渐从唯心主义转向了唯物主义。近现代实验科学的迅速发展，让人们已经不再迷信于非物质灵魂的荒诞之说，逐渐把视角转向了现实的生活世界本身。

文艺复兴以后，牛顿力学的发展，例如力学三大定律和万有引力定律，从根本上保障了唯物主义的基础地位。至此，包括物理学、化学、医学和生物学在内的各门科学都取得了巨大的发展，纷纷从哲学母体中独立出来。随之而来的还有被近现代西方奉为圭臬的还原论方法。这种方法主张科学研究的基本方法是：万事万物都是可被视为由不同物质和微粒组成的复合体，都是可分解和剖析的。例如，我们可以把大的物质还原为小的颗粒；把细胞还原为分子和原子；把疾病还原为器官的病变和功能的丧失等。也就是说，为了更好地认识事物和疾病，我们甚至可以通过这种要素还原找到目标的本源，从而找到合适的解决途径。特别是在当代社会，随着计算机的出现带来数字测量和存储设备的发展和进步，万物皆可数据化和可量化的思想应运而生，大数据时代正式到来并带来社会各个领域的颠覆式改革。但是在人类漫长的历史进程中，数据被用来记录和测绘，也只有在古希腊毕达哥拉斯（Pythagoras，约前580—前500）那里，数被首次认定为万物本源和本体论。[3] 例如，毕达哥拉斯学派就曾认为数是万事万物的本源，一切事物及其性质都可在数的规定性中找到规定。"数本源说"曾被长期忽视，但其基本思路及数

---

① Strang, D. K. 2020: "Problems with Research Methods in Medical Device Big Data Analytics", *International Journal of Data Science and Analytics*, Vol. 9, No. 5, pp. 229–240.

② 段伟文：《大数据知识发现的本体论追问》，《哲学研究》2015 年第 11 期。

③ 江增辉：《大数据时代下"数本源论"的再思考》，《合肥学院学报（综合版）》2021 年第 6 期。

的规定性思维模式却被当代的大数据思维所继承。

针对科学研究中出现的上述特征，一些科学家和哲学家就一系列问题展开讨论，包括数据密集型科学研究是否带来科学研究范式的改变，当前科学及其发展取向究竟应该是理论驱动还是数据驱动等。我们正步入数据密集型数字科学发现的时代，这个时代被图灵奖得主吉姆·格雷（Jim Gray）定义为第四范式。格雷所定义的数据科学是所有研究领域的新兴范式，用于帮助发现大型分布式数据集合中不明显的相关模式。吉姆·格瑞的第四种科学范式统一了经验、理论、模拟三种范式，并分成四个步骤：第一步，通过仪器设备获取数据或者通过仿真模拟产生数据；第二步，通过软件处理数据；第三步，将相关信息和知识存储在电脑中；第四步，科学家使用数据管理和统计方法分析数据库和文档。[①][②]他认为，千年以前只有经验科学，仅仅描述自然现象；数百年前出现理论科学，出现各种定律和定理，并运用各种模型，比如开普勒定律、牛顿运动定律等；近几十年，理论分析方法变得非常复杂以至于难以解决难题，人们开始寻求模拟方法，随着计算科学的不断进步，产生了一种新科研模式——用软件处理由各种仪器或模拟实验产生的大量数据，并将得到的信息或知识存储在计算机中，研究人员再从这些计算机中查找数据。[③]

大数据带来的数据驱动型科学研究实质上已经推动了科学研究的范式转化，为人文社会科学带来了革命性的冲击，如何批判性地反思这种认识论层次上的变化，对厘清理论和数据之间的关系具有重要意义。在大数据话语体系下，相关性与因果性似乎是两种相排斥的东西，但如果从人类认知实践的角度看，实际而言，两者有着密不可分的关系，这是因为人类对因果性的处理或者感官来源可能恰恰就是相关性，有因果性则必然包含着相关性。[④] 此外，关于数据科学时代因果性和相关性的争论，还存在一些比较极端的观点，有一些极端的经验主义的观点认为，

① Tansley, S., Kristin, M. T. The Fourth Paradigm：Data-intensive Scientific Discovery, Redmond：Microsoft Research, 2009.

② Wittenburg, P. 2021："Open Science and Data Science", *Data Intelligence*, Vol. 3, No. 1, pp. 95 – 105.

③ Wittenburg, P. 2021："Open Science and Data Science", *Data Intelligence*, Vol. 3, No. 1, pp. 95 – 105.

④ 王东：《大数据时代科学研究新范式的哲学反思》，《科学与社会》2016 年第 3 期。

理论的重要地位在大数据时代的科学研究中已经终结，我们只需要拿到全数据，就可以通过数据分析技术了解领域的所有知识。这种乐观的观点更多地是出现在科学技术商业应用和社会科学的研究上。[①] 相反，另一些观点则把那些认为可以依靠数据密集型科学研究推动科学发展的思想看作曾经失败的归纳主义的思想。他们认为，仅仅靠数据驱动无法发现普世科学理论，数据驱动无法产出科学"发现的逻辑"。[②] 当然，除了一些比较极端的完全支持用相关性替代因果性以及完全反对大数据对科学研究革命性作用的观点之外，大多数讨论在结论上还是相对谨慎，主张当前大数据对科学研究的影响还在深化中，需要更加深入地研究数据驱动型的科学研究到底在认识论上有什么新特点，将来数据驱动与理论驱动谁会占主导，亦或两者融合成一种新的研究范式等问题。[③]

## （二）大数据医疗中的本体论范式

今天，在生物医学护理模式下工作的临床医生将疾病与患者分开，将治疗视为直接针对患者体内的物理实体，并将移除或控制该实体作为他们的目标。在技术主导的临床实践中，医生直接与疾病而不是患者互动。技术用于识别疾病，然后应用干预措施修复或"消除"生理异常，并恢复患者身体的正常功能。患者的人格以及他们与疾病的互动方式和过程都会受到疾病的影响，这与柏拉图式的形而上学观点相似，将疾病视为身体中一个可移除的外来附加物，使患者在本体论上保持完整。[④]

大数据医疗的基本主张是用数据来表征物质、世界，甚至是人类本身，包括疾病、行为方式、生存环境和饮食方式等，从而在数的规定性和整体表征性中寻找世界的本原、找寻基本目标的解决路径，并在数据基础上建构整个人类世界包括疾病和疼痛本身。这种思想与信息论基本思想不谋而合。信息论的创始人美国科学家诺伯特·维纳（Norbert

① Anderson，C. 2008："The End of Theory：The Data Deluge Makes the Scientific Method obsolete"，*Wired Magazine*，Vol. 16，No. 7，pp. 16 – 17.

② 王东：《大数据时代科学研究新范式的哲学反思》，《科学与社会》2016 年第 3 期。

③ 王东：《大数据时代科学研究新范式的哲学反思》，《科学与社会》2016 年第 3 期。

④ Pârvan，A. 2016："Monistic Dualism and The Body Electric：An Ontology of Disease，Patient and Clinician for Person-centred Healthcare"，*Journal of Evaluation in Clinical Practice*，Vol. 22，No. 4，pp. 530 – 538.

Wiener）以及克劳德·香农（Claude Elwood Shannon）认为，信息就是信息，既不是物质也不是能量。① 从而物质、信息和能量成为相互独立的物质基础。信息论的诞生，也促使信息获得了独立的本体论地位。詹姆斯·格雷克（James Gleick）认为，信息是我们生活世界赖以存在的基础，它代表着世界的客观表述和象征。信息和数据具有基础等价性，我们通常意义上所谓的数据和信息具有等效性，也经常被视为同一个物质。这是数据世界本原最基本的发展概述。结合医疗大数据，我们首先来看看医学及其实践的本质要求和属性。

"医学的本质"是一个关于"医学是什么"的中心论题。例如，这是一门自然科学吗？它是一门应用科学吗？关于"是"和"什么"的问题提供了新的视角。例如"什么是药？""医学是否是一门实用科学？""黑色素瘤是皮肤病吗？"或"爱因斯坦是一个物理学家吗？"，每个问题都具有几乎无限的特征，因此，它是一个几乎无限多个类别的问题。例如，爱因斯坦是一个人，他是业余小提琴手，他是诺贝尔物理学奖获得者，他出生于德国乌尔姆市，他已经结婚；他是一个信徒，他有一个情妇，等等。也就是说，爱因斯坦是 A、B、C、D 等类别的成员。这意味着对什么是 X 问题的答案永远不会定义 X，它只是正确或错误，是对 X 充分或不充分的描述。医学也是如此，例如医学是一种治疗专业、一门生物科学、一门艺术、一种道德、一项服务业、一门社会科学、一门生物物理学、一门生化科学，等等。这些不同的判断通常处于一种持续的差异状态，尽管他们各自都是正确的。每一项人类活动（包括医学），都可以被解释为一门艺术。因此，这种分类是没有信息量的。

探究医学本质，首先是澄清其主题和目标。然而，正如上文所指出的那样，"医学"这个词本身是模糊性的。许多不同的活动属于这个术语的范围，使澄清活动变得困难重重。儿科、骨科手术、骨骼研究、肌肉生理学、物理治疗、整容手术、卫生、细胞研究、血液研究、病毒学、遗传、DNA 研究、蛋白质研究、精神病理学、社会精神病学等都

---

① 魏宏森：《现代系统论的产生与发展》，《哲学研究》1982 年第 5 期。

属于医学的范围。① 许多这类活动也可以发生在医学领域之外，例如，在生物学研究中。问题在于，哪些活动本质上属于医学。我们不会试图解释"医学"这一术语或在此界定其范围。但是，我们之前曾多次强调：医学的特点是其主题和目标。它的主题是人，目标是通过预防促进、保护和恢复个人和社区的健康、治愈疾病和照护患者。为此，医学涉及对自然的调查、疾病的发生、诊断、治疗和预防。② 例如，临床医学处理患者和患者相关问题，它包含从外科到内科到精神病学的各种子领域。非临床或临床前医学不涉及患者，它检查身体和身体部位的结构和功能，也包括许多不同的学科，如解剖学、组织学、细胞学、生理学、神经生理学、生物化学和生物物理学等。非临床医学专注于研究和教育，系统地探讨从痛苦到疾病的所有临床问题，对于治疗和预防、诊断具有重要意义，临床研究服务于临床实践以提高其知识基础、效率和质量。简而言之，临床研究是一种科学，而不是一种最佳临床实践。

在认识论和形而上学的意义上，可以对临床研究进行分类，临床研究是目标驱动的实践，即目标驱动的医疗研究实践。临床研究是在医生和其他卫生人员诊断、治疗和预防的背景下构建一个新的疾病诊断、治疗和预防方法，或改进现有的诊断、治疗和预防方法预防已知的疾病。其主要目的是分析诊断、治疗和预防，找出临床决策的最佳策略，这使得更准确的诊断和更有效的治疗成为可能。要完成这些任务，需要：①特殊的结构化研究，或多或少在复杂的社交环境中进行小组活动，例如，曾进行在长期的部门、国家或国际合作中关于心肌等疾病的诊断、治疗和预防心肌梗塞的研究；②具有相反的实际推理理论科学中的理论推理，即逻辑学。我们看到临床研究中的探究主题，主要包括有意的目标驱动的人类行为、行动规则。目标、行动、行动规则和规则效力不是自然对象、现象或过程，相反，它们是人造的。因此，临床研究的分类被归为自然科学或应用的自然科学是不正确的。

在处理类似的问题时，价值的考虑是必不可少的。推动推理继续进行的不是因果关系，而是通过提问来引出的结果和目的：我们此行为的

① Prinsloo, P., Slade, S. 2016："Big Data, Higher Education and Learning Analytics：Beyond Justice, Towards an Ethics of Care", *Big Data and Learning Analytics in Higher Education*, Vol. 8, pp. 109–124.

② 马灿：《国内外医疗大数据资源共享比较研究》，《情报资料工作》2016年第3期。

后果是什么，对患者来说有什么好处呢？这种规律同样适用于生物医学理论知识之间的关系和临床医学的实践知识。要强调的是生物医学提供的理论知识，并不意味着可以直接推出任何临床条件的行动规则。例如，当下的医学知识，链霉素抑制结核杆菌菌株的生长（A）由细菌学作为实验科学提出，我们不能从该陈述（A）逻辑地推断出临床行动的规则条件：如果患者患有肺结核，那么（如果你愿意）给予链霉素然后治愈他（B）。原因是，没有逻辑允许直接从（A）推论至（B）。在对人类受试者进行链霉素测试之前，我们无法知道是否会治愈或伤害到人类。通过微生物实验获得的经验知识，并不意味着我们应该在人类领域做些什么，但它能够指导我们考虑相关决定因素。所以，在我们能够推进条件行动规则（B）之前，为了在临床实践中使用，需要进行具体的临床研究，以推断以下关于最佳行动的断言是否合理：如果患者患有肺结核，那么治愈他的最佳行动是给予链霉素（C）。只有在此类调查和结果的基础上，条件行动规则（B）才能得到推进，尽管从（C）转变至（B）的过程不是建立在理论逻辑之上，而是基于实践推理。这一过程建立了一种价值公理类型，即"如果行动1比行动2更有优势，则行动1优先于行动2"，这基于更广泛的公理："如果一个行动规则比另一个更有效，则它应该被优先考虑"。因此，条件行动规则（B）是一种基于医学伦理的实用价值决策。"

简而言之，临床实践是一种历史和社会制度，而不是医生个人的实践和行为的实践道德。① 临床研究是规范伦理，临床规则是我们研究的临床适应证和禁忌证中的指示结构和禁忌指示结构。通过推进这样的行动规则，将临床知识用于临床决策，临床研究和医学界对医生的行为进行规范，使得医生受到约束进而遵守这些规则。在医学教育中，这些规则作为医学知识的一部分被教授，它们通过教科书和其他医学文献传播。这种实用的医学知识为临床实践中的医生提供了道德指导，并不断在改进和证明医学研究和实践推理的规范伦理方面作出努力。

近代医学科学的兴起，很大程度上与试验和归纳科学实践的兴起和发展高度相关，传统医学科学的发展和进步主要依靠个体自然观察和主

① 王国豫，龚超：《伦理学与科学同行——共同应对会聚技术的伦理挑战》，《哲学动态》2015 年第 10 期。

观思考为主，没有可靠的客观实践数据支撑。然而，随着近代以来医学科学的发展和医学技术的进步，各种医学科研设备和技术的发明，特别是归纳和推理方法的应用，极大地促进了医学试验技术的提高和客观数据的获取，人类对自然界各种现象的测量和量化程度范围逐渐提升。①人类的行动、饮食习惯、身体生理变化都成为可被记录和分析的数据形式和来源。家族史、疾病史、基因信息、遗传信息等都被转换成为数字形式，被不断传输、储存、挖掘和共享。当人们的经历、偏好、习惯和行为方式等个性化信息都被转变成数据并进行相关性分析时，甚至人类思想都可能被间接地用数据进行表征。万事万物都成为数据保证的对象和目标，整个世界也不再是不相关的独立的自然或社会现象，而是建构的数据体。②

人类及其社会集体具有群体性、个体性、自由性、非线性等复杂多样的特征，人类行为也具有不确定性属性，因此与自然界中的客观对象不同，人类的思想和行为往往不拘泥于既定的规律和法则，不能像对待自然科学的方法来对待人类自身。分析和预测人类行为也就意味着需要海量的相关数据，以探索其可能结果而非因果必然性，以此才能更好地遵循人类思想和行为规律，把握人类复杂多变的行为形式。然而，在大数据时代之前这是不可想象或是难以实现的。相关关系的分析也因为小样本量而无法实现。现代由于智能手机、传感器和可穿戴设备的发展，各种数据智能采集系统不断被发明，海量数据不断被聚集和汇合。这些数据能够全面记录和反映个体思想和行为相关信息。通过数据分析和挖掘，我们甚至能够预测人体疾病和未来行为。

早期医疗大数据主要针对单个临床问题，以单模态、单时间点的数据为主，随着医学研究与信息技术的发展，临床实践对疾病研究的需求已突破单个数据集、过渡到队列共享数据库，它以临床研究问题为导向，以临床决策辅助为目标，多角度、全覆盖和多模态地收集数据并以疾病队列为基本索引建构临床数据库，为研究人员提供全面数据共享，

---

① 黄欣荣：《从复杂性科学到大数据技术》，《长沙理工大学学报（社会科学版）》2014年第2期。

② 李俏：《大数据时代下的隐私伦理建构研究》，《九江学院学报（社会科学版）》2018年第4期。

从而引发了有关大数据医疗哲学范式的变革。① 借助于 20 世纪人工智能和计算机智能的发展以及互联网的大规模建立，医学信息和知识得以用数据的形式凸显和保存。数据的规模急剧增加，而云计算和云存储技术的迅猛发展为数据的储存和挖掘利用提供了有效的技术手段，于是整个医学知识和医学实践的数据如雨后春笋般暴涨，我们一下子进入到了大数据医疗时代。传统临床实践的规范伦理和临床决策规则也同时遭受巨大影响。一切临床实践似乎都需要进行彻底的革新以便能够适应大数据医疗范式的颠覆性变革。数据的本体论地位似乎更加凸显，它成为临床实践的新规则、临床决策的新依据以及临床服务的新范式基础。

英国学者维克托·舍恩伯格（Viktor Mayer-Schönberger）曾经提出，"有了大数据的帮助，我们不会再将世界看作一连串我们认为是自然或是社会现象的事件，我们会意识到本质上世界是由信息构成的。"② 作为一场颠覆性的医学上的技术革命，数据在医疗新范式中被提到了前所未有的高度，成为临床医疗实践中新的信念形式和本体论预设，大数据医疗认为，数据是世界的本原，一切皆可用数据进行表征，也即"万物皆数据"。数据成为大数据医疗时代基本的本体论预设，即人类所有的生理和心理活动，包括人体本身，都会留下数据足迹，都可以用数据的形式进行表征，整个人类世界包括人类本身都是一种数据化的存在形式，包括疾病、生活习惯、行为方式、血压、血流量、大脑联结类型、运动量、饮食习惯、基因类型、遗传信息等。数据成为大数据医疗时代的最大财富和最高追求，数据挖掘和数据分析成为大数据医疗实践的基本形式，成为医生医学研究和医疗决策、个体健康预防和保护的重要依据，成为整个社会发展进步的最大依靠，甚至成为社会国际地位的决定性支撑和最大依仗。

当大数据仅仅被视为社会现实的一个编码的、可测量的版本时，可能会有一些技术偏见需要纠正，因为产生这些数据的复杂社会和技术力量被扁平化了，从而令数据看起来是自然的和不可避免的，而不是偶然的和有争议的。这种将大数据视为社会生活"编码"的想法忽视了产

---

① 马婷，陈清财：《基于开放医疗大数据的人工智能研究》，《医学与哲学》2022 年第 1 期。

② 〔英〕迈尔－舍恩伯格、库克耶著：《大数据时代》，盛杨燕，周涛译，杭州，浙江人民出版社，2013 年。

生数据的人类生活的技术和社会方面之间的复杂相互作用。数据的产生不仅仅是一种单向编码，而且是通过数字平台指导和限制行动，通过提供"行动语法"使某些活动可行，从而使社会活动可用于测量、分析、商品化和操作。但与此同时，用户在这一过程中并不是无助的傀儡，他们经常意识到测量和技术在他们的社会生活中发挥的作用，并在使用时反射性地考虑到这一点。他们并不是在"记录"自己的行为，而是在使用和制定方法，平台所有者也意识到了这些动态，数字平台的创建往往涉及社会学和社会心理学思想的实施，简言之，大数据技术不仅描述了社会生活，而且被制定并成为社会生活的一部分，在不同行动者和角色之间的不断反思过程中，这是社会生活恼人本质的典型特征。[①]

大数据思维正在改变我们的认知与理解模式，成为我们了解世界的另一新途径。从这个意义上说，古希腊提出的"万物源于数"的本体论思想可以说在大数据时代又一次回归，这也有助于我们更好地理解大数据的本质和规律。[②]

## 第二节　认识论范式

科学哲学中另一个重要的论辩围绕着普遍证据规则的问题展开。循证医学是这些规则的产物，还是科学实践？是一种社会认可的现象，还是由普遍的科学或社会共识决定的？这场论辩主要依据不是对科学方法的逻辑结构的评估，而是对科学家在不同历史时期持有的科学规范的审查。托马斯·塞缪尔·库恩（Thomas Samuel Kuhn）是 20 世纪最有影响力的科学史学家及科学哲学学家之一，他认为没有普遍有效的规则。相反，每个科学范式中的证据规则是不同的，广义地说，这些范式仅限于特定时间的特定科学实践。当今主流理论、范式和标准无法有效解决该领域新出现的问题时，就会发生科学革命，导致新范式的采用。[③]

---

① Törnberg, P., Törnberg, A. 2018："The Limits of Computation：A Philosophical Critique of Contemporary Big Data Research"，*Big Data Society*，Vol. 5，No. 2，pp. 1 – 12.

② 刘红：《大数据的本体论探讨》，《自然辩证法通讯》2014 年第 6 期。

③ Djulbegovic, B., Guyatt, G. H., Ashcroft, R. E. 2009："Epistemological Inquiries in Evidence-based Medicine"，*Cancer Control*，Vol. 16，No. 2，pp. 158 – 168.

当传统的、基于变量的社会科学方法与新形式的数据进行斗争时，植根于自然科学的方法已经开始适应这一新趋势。这种自然科学方法提供了一系列方法来处理群体相互作用复杂性的新工具。这种情况表明，大数据通过强调传统定量方法的局限性，将社会科学的一部分，特别是计算社会科学等领域，带入了一种新的基于计算的视角。正如我们将要讨论的，这种转变更加关注相关关系。[①] 大数据时代最重要的认识变革就是由探究事物的因果关系转向关注相关关系。实际上，相关关系的挑战早在"休谟问题"和"量子理论"就已经开始，但它们并非要彻底否定因果关系，而是提出要重新刻画因果关系的历史重任。大数据因果关系的重构意味着一场人类的认知革命，不仅意味着整体上实现创构认识论的发展，彰显个性化知识的价值，而且意味着强人工智能实现的可能性。[②]

## （一）大数据与认识论

人们常常认为，复杂性视角的日益盛行是数据所揭示的社会世界差异化的结果，而且反映了社会互动本质的实际变化。这种说法的确具有一定道理：正如研究人员是由大数据的社会生活塑造的，其用户也是如此。不同之处是，数字社会生活似乎更具量化、规律性和可预测性，正如精确依赖预测分析的平台和数据分析公司的成功所证明的那样，这种方式鼓励我们以更自然的科学方法来处理数据。特别是在社交媒体上，社交互动的量化变得更加明显，比如，Facebook 帖子的点击量就是一个直观的量化例证，无需任何额外的量化手段。虽然社交互动的传统数据需要研究人员进行转录，这一过程提出了关于语调、停顿和微妙面部表情解释的难题，但推特和 Facebook 等平台的用户似乎已经完成了将信息编码为量化和标准化格式的工作。换言之，随着我们越来越多地使用数字和编码数据来导航我们的社会世界，我们的社会生活因此变得更易理解、更加有序和结构化，将交流的意义扁平化为数字、文字和预定义

---

① Törnberg, P., Törnberg, A. 2018："The Limits of Computation：A Philosophical Critique of Contemporary Big Data Research", *Big Data Society*, Vol. 5, No. 2, pp. 1–12.

② 张晓兰，董珂璐：《大数据时代因果关系的重构及认识论价值》，《宁夏社会科学》2021 年第 3 期。

的面部表情符号（如，"笑脸"符号）。从历史上看，这种固有的数量性意味着人们越来越重视定量方法，也越来越重视对这些系统的研究，主流经济学的强大数学导向就是一个例证。①

数据不仅推动了医学在技术层面的不断进步，而且对人们的生活方式和工作模式产生了深远的影响，引发了思维的变革。② 因为大数据倾向使用整体样本的分析方法，因此很难从中寻求准确的因果关系，从而使得研究事物之间的相关性成为主旋律。因此，在大数据时代，医疗数据的分析不再是单一的线性因果关系分析，医生思索问题的模式也从探求"为什么"逐渐转变为关注"是什么"。当然，我们不应该完全放弃对因果关系的探寻，只有从大量统计结果中找到相关性，然后再来推断因果关系，将理性分析与传统经验相结合，才能更深层次地把握疾病的内在规律。③

医疗大数据热潮没有出现之前，复杂网络研究者艾伯特–拉斯洛·巴拉巴西（Albert-László Barabási）就曾经提出这样的预言：基于人类行为相关大数据进行分析，可对人类思想和行为进行预测，并且93%的人类行为都可以能被成功预测。我们暂且搁置这种观点，但不可忽视的一点是，面对当前大数据医疗范式的盛行和思维范式的普遍可接受性事实，面对当前人们对医学的时代要求，传统医学知识的推理方法和推理逻辑显得捉襟见肘。从认识论上来看，医学科学发现的逻辑始于因果逻辑推理，而当前有限数量的医学事实只能对这一推理结果起到事后检验的作用，医学蕴含的知识和规律也同样出于这种形式，而大数据的理论预设是面对数量庞大的医学事实，相关数据的挖掘和分析可直接发现医学蕴藏的知识和规律，因果推理成为检验医学结果的一种手段而非可得出结果的途径和方式。④

① Törnberg, P., Törnberg, A. 2018："The Limits of Computation：A Philosophical Critique of Contemporary Big Data Research"，*Big Data Society*，Vol. 5，No. 2，pp. 1 – 12.

② 黄欣荣：《大数据对科学认识论的发展》，《自然辩证法研究》2014年第9期。

③ 刘师伟，段瑞雪，李欣等：《医学大数据库的建立与哲学审思》，《医学与哲学（A）》2016年第11期。

④ 刘涛雄，尹德才：《大数据时代与社会科学研究范式变革》，《理论探索》2017年第6期。

## （二）医学与认识论

在当前的医疗实践中，医生在做出决定时不能简单地参考他们的经验和权威，他们还会提供理由。循证医学作为一种医学范式是在20世纪90年代发展起来的，以回应当时普遍存在的基于专家意见的医学实践。大卫·萨克特（David Sackett）正式将循证医学定义为"认真、明确和明智地使用当前最佳证据来决定个体患者的护理"，其目的是鼓励发展科学方法，如临床流行病学和随机对照试验（randomized controlled trials，RCTs），这些方法可用于产生临床适用和无偏见的数据。此外，循证医学促进了电子数据库的开发和使用，可用于搜索不断增加的科学医学出版物。除了数据库和相关搜索引擎之外，还开发了一些方法来指导医生评估这一海量科学文献。随机对照试验被列为主要证据，而专家意见则被放在证据层次的最底层，医生可以利用这些证据来确保其执业质量。作为循证医学范式的一部分，还制定了针对特定疾病的诊断和最佳治疗实践的临床指南。[①]

如果我们想检验医学中的一个假设——例如，阿司匹林对缓解头痛有效——我们必须进行一系列观察，但不可避免的是，我们只会进行有限的观察，以检验一个被认为普遍有效的假设。因此，我们的研究已经超越了直接观察所能获取的信息。我们在探索一些无法直接看见的现实特征，例如，我们正在研究阿司匹林如何影响头痛的主观感受，并探讨其背后的具体生理机制。我们可能会关注如何最好地进行一系列观察，以避免偏差和遗漏偏差案例，因此，我们关心观察结果的可靠性。大多数科学家和普通民众都意识到了心理上的诡计，这些诡计会导致我们看到我们希望看到的东西，或者错过我们不希望看到的事情，更普遍的一种说法是观察的理论负荷问题，即我们在观察或评判一个事件时，总会受到原有的经验或知识的影响，从而形成不同的观察结果。我们使用有限的数据组来测试理论的方式的另一个含义是，任何给定的数据集都可

---

① Van Baalen, S., Boon, M. 2015: "An Epistemological Shift: from Evidence-based Medicine to Epistemological Responsibility", *Journal of Evaluation in Clinical Practice*, Vol. 21, No. 3, pp. 433 –439.

以无限地支持许多不同的理论，因此，我们可能倾向于将直线拟合到数据集，但没有理论上的理由说我们不能拟合多项式曲线。这一讨论核心的是一个广泛的问题，即是否存在一种单一的科学方法，或一小组科学方法，能够被认为是发现真理的最直接途径。换言之，仅因为一个观点通过了这种科学方法的验证，这一事实是否保证它比以其他方式获得的信念更可靠，因此在决策时应被赋予更高的权威性吗？最后一个问题也有政治色彩，因为很容易从认为科学检验的信仰更具权威转变为认为科学家自己在评估知识、主张或实际建议时应该比非科学家更具权威。①

今天的循证医学重新暴露了认识论中关于观察到的现实和不可观察到的真实之间关系的张力。换句话说，我们能在多大程度上超越我们的观察并得出一些有效的推论？自 18 世纪伟大的经验主义哲学家大卫·休谟（David Hume）以来，科学和认识论中反复出现这种紧张关系—— 一方面，我们必须把自己局限于经验；另一方面，必须超越经验。实证主义的理论方法是，我们只能对直接可观察到的实体做出真实的断言，只有那些有意义的陈述才能是真的或假的。理论应被视为连接观测输入（观测现实）和观测输出（尚未观测到但未来可观测到的现实）的工具，这种观点被称为工具主义。理论并不试图准确描述不可观察的现实，而是能够预测实证观察的结果。循证医学和逻辑实证主义都认为，理论的作用不是准确描述世界，而是准确预测实证观察结果。理论不需要是真实的，就可以作为观察到的现实与可观察到的（但未观察到的）以及不可观察的现实之间的有用联系。例如，促红细胞生成素可以改善癌症患者的疲劳，通过患者报告观察到他们感觉更好。根据这些观察结果，我们可以预测，未来的患者（尚未观察到的患者）服用该药物后也会感觉更好。我们可以推测药物的潜在机制及其对患者的影响（疲劳的主观感受），但仍无法观察到促红细胞生成素产生真正作用的直接证据。就像实证主义一样，循证医学建议我们应该把自己局限于观察到的现实，当我们超越观察时，重点是扩展我们对未观察到的世界的推断。然而，现实最终仍不可知。这种实证主义方法与循证医学有一些相似之处，例如，循证医学倾向于优先考虑关于什么可以被证明

---

① Djulbegovic, B., Guyatt, G. H., Ashcroft, R. E. 2009："Epistemological Inquiries in Evidence-based Medicine", *Cancer Control*, Vol. 16, No. 2, pp. 158 - 168.

能够解决为什么会这样做的更深层次的问题的知识。然而，逻辑实证主义的立场过于严格。逻辑实证主义者认为任何定义不正确的陈述（分析性的）或与经验发现相对应的陈述（综合性的陈述）都是无稽之谈。换言之，逻辑实证主义者将原则上可以观察到但在给定时间无法观察到的任何东西归类为胡说八道。另外，循证医学常通过荟萃分析中的方法整合研究，以使人们能够在只能间接观察到的基本真理上趋同。因此，循证医学不必被视为实证主义科学，其倡导者也不致力于寻求科学和医学中的意义和真理。①

事实证明，循证医学在澄清和改进个体患者和人群的问题解决的决策过程方面非常有用。例如，今天广泛使用的实践指南是循证医学发展的直接结果，它代表了临床医学的一场悄无声息的革命。然而，发展一个全面阐述的理论框架可能会进一步增强其有用性。

什么是医学事实？例如，一位患者身患心绞痛，那么他可能患有冠状动脉心脏病，患者的心绞痛就是冠心病存在的医学证据。在此案例中，传统医学的基本逻辑是这样的，患者身患心绞痛症状出现时，除非依靠还原性的医学检验手段，从生理病因因果地推理病情症状，否则患者身患冠心病的医学事实是无法得出的。而大数据逻辑是，通过海量的相关数据分析，以及个体行为方式、生理状态和特定疾病的客观表征，可直接分析得出患者身患冠心病的医学事实。② 在这里，数据成为医学复杂病症的逻辑推理事实。我们从以下三个方面具体探讨医学认识论：

（1）基础主义。基础主义是西方认识论中的一个主流概念。笛卡尔（René Descartes）是现代哲学的奠基人，是古典基础主义的代表人物，基础主义进一步的起源则可以追溯到古希腊的亚里士多德（Aristotle，前384—前322年），并把欧几里得（希腊文：Ευκλειδης，约前330—前275年）几何学作为这类知识模式的原型。③ 它是一种综合考虑了知识的整体信念系统的一种观点。与基础主义相关的一个重要问题是"追溯论证"，这意味着需要通过援引另一个信念 B 来证明信念 A。

① Djulbegovic, B., Guyatt, G. H., Ashcroft, R. E. 2009: "Epistemological Inquiries in Evidence-based Medicine", *Cancer Control*, Vol. 16, No. 2, pp. 158 – 168.

② 牟燕，何有琴，吴敏：《中国健康医疗大数据研究综述——基于期刊论文的分析》，《医学与哲学（B）》2018年第11期。

③ 陈嘉明：《论作为西方知识论主流性观念的基础主义》，《文史哲》2004年第4期。

这一论证构成了一种推理关系，其中信念 A 以可接受的方式从信念 B 中推断出来，信念 B 可以用作接受信念 A 的理由。但如果信念 B 本身也要得到确认，那么信念 B 也必须以某种方式在信念 C 中得到验证，而信念 C 又需在信念 D 中得到验证。这种重复将使确认陷入无限回溯序列，并且无法结束。① 医学上的基础主义，为了防止无限倒退，它认为医学知识系统包含一些基本的信念，而其余的信念则依赖于这些信念。但基于事实的推理链不可能无限长，且不应该包含循环的、空洞的自我辨析。因此，一个信念 B 被理由 A1 证明是正确的，A1 被理由 A2 证明是正确的，以此类推，直到我们找到一个基于信念 B 本身的理由。然而，基本信念是没有根据的，因此是不合理的。因为从经验上讲，我们不能仅仅把信念建立在武断和教条的以物理、生物等医学科学为基础的假定上，任何信念都应该建立在全面证据事实上，以及通过对相关主体的观察、分析和感知等得出的医学事实上。②

（2）可靠性。可靠性是认识论中的一门理论，它认为一个信念的卓越与否取决于与它所关联的事物之间的某种可靠的联系。例如，当有人在他面前认为有白老鼠的时候，他的信念必须可靠地与前面的一些被她称之为"白鼠"的现有物体相联系。在可靠性的正当性理论中，最可行的是过程可靠性理论。它说的是，如果一个信念产生了，如果它通过一种可靠的认知过程，它就是合理的。关键的决定性因素形成和保持了信念的心理过程的合理性。例如，感知、记忆、猜测、反省、推理等。显然，判断一个特定信念 B1 是否存在，比如"我相信有白鼠"在我面前是合理的，前提是有另一个合理的信念 B2 决定了这个问题。拥有信念 B1 的个体则不能以自己做这个决定，因为这个问题会再次出现在她面前，第二个信念 B2 判断 B1 是正确的，以此类推。

（3）事实确认。我们必须区分句子之间的两种关系：①推理关系，根据已经查明的某一基本事实，通过逻辑推导或演绎，推定出另一事实存在；②证据关系，当两个句子之间不存在直接的推理关系时，其中一个句子（或一组句子）通过提供某种数据、观察结果、实验结论等，

---

① 陈嘉明：《论作为西方知识论主流性观念的基础主义》，《文史哲》2004 年第 4 期。

② Marino, D., Miceli, A., Carlizzi, D. N. et al, 2018："Telemedicine and Impact of Changing Paradigm in Healthcare", *International Symposium on New Metropolitan Perspectives*, Vol. 5, pp. 39 – 43.

为另一个句子所述的事实提供特定的、非逻辑的直接证明或支持关系。确认主要是证明之间的一种证据关系的数据，即"证据"和信念。任何确认理论都属于认识论基础主义的范畴。所有经验都有针对性的科学家，包括医学研究人员和专业人士，含蓄地或者明确支持这种基础主义的认识论。他们假设他们学科中的知识是基于经验的，没有其他的来源和依赖，例如，公理和假设、形而上学、宗教之类的。

首先，我们必须区分演绎和非演绎确认。在演绎确认法中，确认句意味着证实，这是一个微不足道的逻辑蕴涵推理关系。在医学或其他经验学科中，它没有起到证据开脱的作用关系，因为经验科学知识从来不从证据中推理出来。因此，我们讨论的主题将是非演绎确认，这已经成为所谓归纳确认，在归纳确认中，确认这句话并不意味着已证实的那句话。例如，"所有的乌鸦都是黑色的"。这个例子是为了陈述一个证实悖论，后来被称为亨普尔悖论或乌鸦悖论。这一矛盾表明，接受的、定性的确认概念是不够的，需要其他类型的确认。从形式上讲，"所有乌鸦都是黑色的"这一普遍概括，是通过归纳推广有限数量的观测值，例如，一个科学家遇到一只乌鸦，注意到它是黑色的。过了一段时间，他看到了另一只乌鸦，注意到它也是黑色的。在对这类乌鸦做了一些额外的观察后，他自认为正确地说："到目前为止，我看到的所有的乌鸦都是黑色的。"然而，从这些有限的观察中，他概括了所有的乌鸦，并断言"所有的乌鸦都是黑的"。显然，这个表述不能从有限的数据推演出来。

上述假设的归纳过程通常被认为是"发现"的过程。一般认为，在这之后就会有"辩护"的过程。也就是说，在获得一些假设项之后，关于"所有乌鸦都是黑色的"这一类型的知识，科学家们试图通过系统的观察加以证实或来否定它，例如，实验。他们通过观察尽可能多的乌鸦，看看他们是否是黑色的，以此确认他们的假设。当然，每一次对黑乌鸦的新观察都倾向于确认它。这意味着，任何其他物体都可能同样，也可以作为"全部"假设的一个确认实例，证明乌鸦是黑色的，这一假设得到一切的证实，这是一种基于有限客观事实的归纳性的普遍命题。①

上述关于确证的讨论只涉及非常小的科学假设范畴。我们考虑的所

---

① 王巍：《因果机制与定律说明》，《自然辩证法研究》2009年第2期。

有原假设是普遍的说法，例如，所有患者急性咳嗽和发高烧，都是呼吸道疾病。它们是决定性的句子，大多用一阶语言来表示。粗略地看一下医学，有相当一部分经验性科学知识具有统计性质，并使用统计学和概率论词汇。例如，我们可能被告知：30%的高胆固醇血症患者患有冠心病，或者说高胆固醇血症患者患冠心病的概率为0.3。这类无界统计或概率假设既不能被证实也不能证伪。这个词"无界"意味着他们所谈论的话语世界的大小，即在人类的集合是无限的。因此，不可能找到足够的数据来证明上述陈述的真假。

从认识论的角度对医学知识进行评价时，遇到的第一个问题是，难以确定应该使用哪个真理概念。我们之前看到有很多不同的真理理论，选择任何特定的理论都将相应地影响一个人的判断。[1] 因为医学具有悠久的准经验主义传统，可以想象，大多数医学科学家和专业人士会更喜欢对应理论。然而，这从来就不是一个完整的理论，因此，我们可以假设目前的语义理论真理更适合指导医学上的认识论评价。然而，从语义真理论的角度，对医学期刊和教科书的内容进行了较为细致的考察，揭示了他们所提出的大部分知识不承担真值的"真"。医学中不受限制的普遍经验假设永远不可能被证实，这并不意味着他们是错误的。这仅仅意味着他们不承担真值的"真"，因此，真理不是评价它们的恰当尺度，医学统计学也是如此。

目前，陈述性医学知识主要由基于概率论的无界统计假设构成。它们不能假设真值。正如我们在前面所看到的章节，根本就没有统计语句的真理理论。这是由于使用了"许多""大多数"等模糊量词。此外，还有像"许多糖尿病患者患有心血管疾病"这样的模糊假设，这些句子都缺乏真实条件。同样，实用知识，例如诊断和治疗知识，只有疗效值而无真相值，只能实验证明它比其他知识更好，因为它能使一个人获得更准确的结果，从而证明它是相对合理的、能够拯救更多的生命的。然而，这不是认知上的辩护，而是实践上或道德上的辩护。一方面，就确定性的医学知识而言，它由无界的普遍命题组成，目前没有可接受的演绎方法对这类知识的归纳辩护。另一方面，虽然相当数量的医学知识

---

① Oppitz, M., Tomsu, P., Oppitz, M. et al, 2017："New Paradigms and Big Disruptive Things", *Inventing the Cloud Century*, Vol. 8, pp. 547－596.

是统计形式，只有一小部分是通过显著性检验或其他类型的方法获得。统计医学知识的一个主要部分，仅仅是关于百分比的描述性报告，例如生理学、内科学或任何其他临床学科。例如，有人声称"我们发现20%的丙型肝炎患者，20年后出现了肝硬化及肝细胞癌这种情况"。关于模糊医学知识，我们还不知道是因为什么相信了这些知识的正当性。

以上讨论的认识论的问题，所有这些源于经典概念的知识作为正当的真实信念，它是一种医学中普遍认为医学知识代表事实"外面的世界"。因此，现实主义是普遍存在的医学世界观。

本体论或形而上学实在论认为，我们经常谈论的实体，比如埃菲尔铁塔和疾病，我们所感知到的颜色和气味，以及所有其他的东西都不是单纯的幻想与建构，它们客观存在。它们独立存在，不管我们是否能独立于语言来感知或构思它们，以及我们用来指代它们的概念，同时也无关我们如何看待他们。这个观点的第一部分叫作存在主张，其第二部分将被称为精神独立主张。形而上学实在论的不同形式也应加以区分，①最小实在论指出，客观地存在着某种独立于想象之外的东西。②根据常识或常识现实主义，像椅子、书、树、国家、情感等普通的东西真的存在。例如，据说所谓的"火星"确实存在，而且它是球形的。它的存在是球形的，这个事实是独立于我们中的任何一个人的主观意识，不依赖于我们是否碰巧想到或说到它。③科学现实主义认为大多数的实体，例如疾病、基因、分子、电子、夸克、黑洞等，都是科学所关注的客观存在实体。医学的主流本体论–认识论立场是实在论，这里称为医学实在论。医学现实主义包括这三个方面：形而上学的、语义的和认识论的实在论。大多数医科学生相信，所有的医学对象都是真实存在的，独立于我们如何用语言和理论来理解它们。例如，病毒、细菌、基因、神经膜电位、头痛、疾病、疾病的原因等，都独立于我们是否存在是否意识到它们的存在。医学现实主义者认为，我们在生物医学术语和疾病谱中遇到的医学谓词"糖尿病""肝炎"和"艾滋病"等术语，指的是现有的类。这些类独立于所使用的特定语言和文化，以及语言使用者的思维方式，体现了医学知识的客观性和普适性，是医学界进行全球交流和合作的重要基础。①医学现实主义者确实相信疾病及其原因是客观存在的，且我们可以通过科学的方法去发现、描述、系统化和客观地解释这些事实。例如，巴里·马歇尔（Barry J. Marshall）和罗宾·沃伦（Robin Warren）的幽门螺杆菌假说是一个典型的例证。他们通过科学研究，不仅发现了幽门螺杆菌这种微生物的存在，还成功地揭示了它与消化性溃疡之间的因果关系。这一发现不仅丰富了我们对消化系统疾病的认知，还为消化性溃疡的治疗提供了新的思路和方法。②

　　在叙事医学领域内，认识论的发展大致经历了三个阶段。第一个阶段体现实在论思维，其哲学基础是实证主义，重点关注躯体、对象化、客观化、标准化（循证医学）、精细化（分科、分类）、精准化（精准医学），追求干预、控制，目的是救死扶伤。基本信念是：知识、技术、数据就是力量。第二个阶段体现存在论思维，其哲学基础是存在主义，关注身—心—社—灵的境遇，认同全人医学，开掘患者的主体性、独特性以及疾病演进的时间性、因果 – 偶然性，认为仅有技术是不够的，还需要爱与豁达。第三个阶段体现共在论思维，其哲学基础是共生（生态）主义，更深入地关注主客间性、共情，反思更深入，平行思维延展，从平行病历拓展到平行病理，平行干预，新的共识旨在共同决策。③

　　知识的来源一直是认识论的核心，由于认识的来源和途径差异，科学认识论又主要分为经验论和唯理论。经验论认为，经验是一切知识的来源，人类体验到的经验才是知识的真正基础，而唯理论认为，知识来源于之前被证明为真的知识，唯有如此，我们也才能合理地获取知识，获得可靠、客观和可信的知识。正如我们在前面所阐释的那样，如此一来，将可能陷入无限循环的推理泥潭。因为我们不可能找到最终为真的知识的尽头或起源。因此，唯理论者认为，我们可以通过归纳方法，将人类过往的经验推导提升为理论知识，从而演绎出可靠的、客观的真实

---

① Rathore, M. M., Ahmad, A., Paul, A. et al, 2016：" Real-time Medical Emergency Response System：Exploiting IoT and Big Data for Public Health", *Journal of Medical Systems*, Vol. 40, No. 12, pp. 1 – 10.

② The Nobel Prize in Physiology or Medicine. The Bacterium Helicobacter Pylori and Its Role in Gastritis and Peptic Ulcer Disease. (2005 – 10 – 03) [2024 – 01 – 27]. https：//www. nobelprize. org/prizes/medicine/2005/press – release/.

③ 王一方：《关于发展中的叙事医学的若干思考》，《医学与哲学》2020 年第 10 期。

知识。现代西方逻辑实证主义者推崇的"科学始于观察"，观察成为科学理论的逻辑起点。然而，证伪主义者认为，通过观察得出的科学知识不可能绝对客观和真实，因为观察渗透了观察者主观的背景知识和理论预设，观察者得出的数据可能被污染。因此，波普尔否定了科学始于观察的论点，提出了科学始于问题的观点。[①] 正是有了问题的推动和引导，科学才有了寻求真理的动力源泉。当代医学大数据的发展，促使大数据医疗专家认为，数据蕴藏着宝贵的资源，数据是科学进步和科学发现的逻辑起点。我们通过数据挖掘和数据分析，能够揭示不同海量数据之间的相关关系，从而发现新的科学事实并寻找到新的科学规律。并且，与此前不同的是科学试验面临的巨大挑战，试验不再是科学预设的检验，而成为数据分析、挖掘数据关系和寻求数据真理的实践。让数据发声，从而从数据中生产科学知识，成为医疗大数据时代知识生产的真理。

大数据对传统医学认识路径和认识论提出了挑战，更让其得到了全面的洗礼和发展。它用代表主体表征的海量相关关系填补了传统认识论单纯依赖因果推理的局限和偏执的缺陷，用数据挖掘和分析补充了医学试验的因果逻辑推理，拓展并展现了事实真理的价值和范围。它同样创造了一个数据化的世界图景，在此图景中数据成为医疗价值展现的最大魅力和源泉。它也建构了一个大数据思维模式，从此我们看待事物的方式和角度、对待非因果关系的态度、解释非线性个体行为的路径，甚至整个人类的思维方式都发生了颠覆性的变化。具体表现在以下六个方面：①由部分到整体的转变。我们不再把视野局限在因果链条中的局部因素，而是强调主体周围尽量多的可能关系，它注重因素的全面性，强调使用整体的眼光、非线性的和非还原性方法看待万事万物。②不再局限于因果推理中的典型性和标准化，承认世界的多样性和差异化，拓展了事物存在的合理性范围，强调了事物存在的先天合理性。③不再偏执于差异性和重要性，而是在平等和民主的原则下，注重多种因素的系统平等性和不可分离性。④由孤立到共享的开放性转变。注重数据的分享和利用，强调数据在人类共同利益面前的基础性，既不封闭也不独享，

---

① 任晓明，王左立：《评波普尔的进化认识论思想》，《科学技术与辩证法》2002年第6期。

一切都被置于透明、公开和共享的开放状态。⑤不再追求为什么，而只关心是什么。复杂的非线性相关关系成为分析问题、解决困境的主流思维模式。⑥数据变成了时代的新财富。万物皆可数据化，在整个数据建构的世界中，数据成为社会、经济、文化和医疗的最大现实价值。

## 第三节　价值论范式

"价值"一词在哲学和科学中有广泛的用法。从描述性的角度来看，一个人的"价值观"可能是指他对任何事物的支持或反对的所有态度。他的价值观包括他的偏好和回避，他的欲望对象和厌恶对象，他的快乐和痛苦倾向，他的目标、理想、兴趣和无私，他认为什么是对与错、善与恶、美与丑、有用与无用，他的赞同与否，他的品味标准和判断标准，等等。与这种描述性用法平行的是规范用法领域。他们不仅有价值观，还对自己的价值进行评估。因为在个人做出的每一个自我意识的选择中，在每一个创造性的行为和每一个批评中，无论是经济、道德、审美还是任何其他方面，都有关于什么是可取的、优选的、适当的标准以及功能标准等的假设。社会决策也是如此，包括社会机构和其他机构的正常运作。①

在小数据时代，我们先有研究目的后有相关数据记录，而在大数据时代，我们是首先拥有海量数据，通过数据挖掘和数据分析，才能获得客观的真理知识。在这里，数据成为客观规律的知识源泉，世界成为数据化建构的结果。科学始于数据成为至理名言。这一方面避免了归纳方法的小样本限制，另一方面又克服了观察渗透理论的数据污染。② 我们不再需要解释为什么，只需要知道是什么，我们不再需要努力克服统计误差，只需要掌握数据相关分析方法和结果。这就是我们所谓的数据规律和数据真理，也是数据价值的最终体现。数据的财富价值主要体现在科学研究，包括医学知识、医学规律的发现和挖掘方面，数据成为科学

---

① Edel，A. 1953："Concept of Values in Contemporary Philosophical Value Theory"，*Philosophy of Science*，Vol. 20，No. 3，pp. 198 – 207.

② 王强芬：《大数据时代背景下医疗隐私保护的伦理困境及实现途径》，《中国医学伦理学》2016 年第 4 期。

研究、医疗服务和健康管理的重要依据。数据从事物相关关系的表征符号，转变成了具有重要价值的财富资源，导致传统价值观发生了颠覆性变革，并最终形成了新的大数据医疗价值观念。接下来，我们将从医疗数据在医学实践中的作用开始论证其价值体现及其所蕴含的范式变革思想路径。

诊疗活动以身体的健康为目的，健康是价值、是善，是医学对患者、医生和社会的明确目的，是医患关系中的规范性和系统性价值。在医学背景下，健康以几种不同的、相互关联的方式发挥价值作用，对患者、医生或社会的道德正当行为产生影响。这就是为什么医学价值论不仅是重要的，而且是必要的。[①]

### （一）医疗数据与诊断

患者和医生之间的临床接触，通常始于内科医生从患者身上提取病史以获取有关症状和其他相关问题信息，检查患者的生命体征，并通过相关医技检查获取初步信息。经过收集和整理有关症状、体征和医技检查结果的信息（患者数据），医生推断出诊断结果。例如，患者可能出现呼吸短促、腿部水肿和异常心电图，医生从中推断出心力衰竭的诊断结果。反过来，诊断假设通常被认为是对患者数据的诊断描述和问题对比。例如，心力衰竭的诊断解释了为什么患者有气短、腿水肿和异常心电图，而不是正常呼吸、无水肿和正常窦性心律。以前，医生只需要从就诊中收集几十字节的信息，例如，血压、心率、身高、体重和患者的主要担忧，就可以做出决定。移动健康的出现使普通人能够通过被动健康监测器被动发送千兆字节的数据，通过患者报告的结果、症状跟踪、依从性和药物跟踪发送千兆字节的临床相关数据。如果无法在护理环境中理解这些数据，也无法让患者和护理人员收集可操作的见解，那么这些数据就是"噪音"。当应用于医疗保健时，广泛的移动应用和云计算将使我们不仅能够理解这些信息，而且能够利用这些信息获得见解，缩短从研究到临床实施的周期。它将帮助医疗保健提供者和组织根据每个

---

① Pellegrino, E. D., Thomasma, D. C. 1981: "Toward An Axiology for Medicine a Response to Kazem Sadegh-zadeh", *Metamedicine*, Vol. 2, No. 3, pp. 331–342.

患者的经验，从所有患者收集的丰富数据中提出预测性建议。因此，患者数据之间存在双向诊断关系：由患者数据推断诊断，患者数据为诊断进行解释和辩护。

这样解释诊断功能有几个目的。首先，它可以支持对未来可能出现的结果进行预测。例如，知道患者的呼吸短促是由于心脏衰竭，上述预测支持了这种情况，即它很可能是一个慢性过程，并涉及其他症状，如腿部水肿。其次，如果有治疗方法，告知有关治疗干预措施的决定，并予以解释即可。通常认为，诊断的目的是揭示患者疾病的病因和机制，如果必要，告知患者治疗和管理的最佳医疗决定。[①]  患者因心力衰竭导致呼吸急促，医生提供合理的诊断知识来决定是否有针对性给药来治疗心力衰竭，以扭转患者的呼吸短促。最后，一些理论家认为，诊断所提供的解释是有价值的，因为它让患者感受到疾病治疗合法性，并能带来一种解脱感。因此，传统的疾病解释模型不能充分捕捉这种解释关系。

虽然有大量的文献致力于医学诊断的逻辑研究和应用，但对患者相关数据的解释和利用仍然没有得到充分探索。[②]  关于诊断推理的文献主要集中于分析从患者数据到诊断假设的推理过程，但关于解释关系的性质却鲜有著述，从诊断到患者数据，这与当前的大数据医疗范式是背道而驰的。从传统上来看，通常需要诊断原因解释患者数据，而不是以患者数据为逻辑起点来阐释患者疾病。生物医学科学的解释不同于物理科学，其有更多的不确定性和复杂性，都无法进行严格的数学模型和定量分析，需要定性分析和类比推理。随着医疗数据的数量、种类和增长速度的发展，数据集呈现出规模爆炸性增长和多维数据模型复杂性等特征，传统的医疗数据解释模式无法充分把握数据之间的关系，也不能很好地将临床记录、图像等非结构化数据转换为可供分析的数据集。[③]  演绎公式化不是一个捕捉历史的代表性假设形成的心理过程，而是捕捉假设和数据之间逻辑关系的时间表征。在此基础上，建立了解释性关系的

---

① 孙茜：《医疗迈入大数据时代》，《中国医院院长》2016 年第 14 期。

② 王强芬：《大数据时代医疗隐私层次化控制的理性思考》，《医学与哲学（A）》2016年第 5 期。

③ Sebaa, A., Chikh, F., Nouicer, A. et al, 2018："Medical Big Data Warehouse：Architecture and System Design, a Case Study：Improving Healthcare Resources Distribution", *J Med Syst*, Vol. 42, No. 4, p. 59.

数学模型，解释性并不取决于我们如何达到前者，而是取决于后者是否可由前者演绎而来。然而，演绎模型在临床实践的背景中存在严重的局限性。医学上的许多规律都是概率性的而不是确定性的，因此不能合理地借助患者的诊断数据进行逻辑推演。

演绎模型不能解释不涉及确定性规律的解释案例，归纳－统计解释，可弥补这些情况。根据这一点解释一个现象，就是归纳推断以前观察到的统计概括病例。在医学上，诊断通常被当作这类可重复的类型。例如，"心力衰竭是心脏的一种疾病状态，尽管心室有足够的充盈，但心脏的输出量减少，或者心脏无法以足够的速度泵血来满足心脏的需要，要求组织功能参数保持在正常极限范围内"。个别心力衰竭案例就是这种类型特性的实例化表征。然而，长期以来，人们一直认为归纳－统计模型太过宽容以至于不能完整地解释疾病。著名的满足归纳－统计模型要求的反例，却并不是真正的解释。[①] 例如，琼斯每天吃一磅（约为453.59克）的砷，假设琼斯的实际死因是一起无关的车祸，如果是这样，那么他吃了一磅砷与他的死亡之间毫无关系。然而，根据诱导统计模型，琼斯的死仍然可以用他吃了一磅砷来解释。随着统计的普遍化，砷所占比例非常大，吃一磅砷的人一天内就会死亡。另一种反例与虚假相关性有关。比如，鲑鱼回流给出了晴雨表读数下降与风暴之间相关性的例子。虽然这两个事件之间存在显著的统计规律性，晴雨表读数下降并不能合理解释风暴。相反，两者都有一个共同的解释，即之前的大气压力下降。将此应用于医学实例，有一个统计规律介于小腿疼痛和肺栓塞之间，这样的患者同时有肺栓塞，小腿疼痛的发生率要高于在任何情况下小腿疼痛的可能性。然而，在这病例中，肺栓塞的诊断不能解释患者的小腿疼痛以及两者之间的统计关系。

### （二）医疗数据与价值论范式

在过去的半个世纪里，因果模型解释学在哲学领域吸引了大量的支

---

[①] Dargan, S., Kumar, M., Ayyagari, R. M. et al, 2019："A Survey of Deep Learning and Its Applications：A New Paradigm to Machine Learning", *Archives of Computational Methods in Engineering*, Vol. 27, No. 4, pp. 1 – 22.

持者。因果模型的基本主张是，解释某事是提供有关其成因的资料。关于诊断解释，这当然有直观的吸引力，一般认为其目的是寻找临床表现的诊断原因。此外，要求模型之间存在因果关系解释，有助于避免覆盖法律解释。如上所述，医生寻求患者资料的解释，可能会面临与患者数据相关的各种各样的因素，其中一些可能与病因无关，或虽然是假的，但仍然可以满足归纳统计的要求。然而，在因果解释模型下，只有那些真正具有因果关系的相关性才有资格被解释。[1]

的确，在许多情况下，对个别情况的解释，在一种象征同质类型的诊断结果时是正确的。从统计学上讲，如果一个特定的疾病类型是导致一种症状类型的最常见原因，那么由此得出的结论是，由这种情况引起的大多数个体病例都有这种症状。然而，医学上的病例有其特殊之处，远离是同质类型的标志，临床的特殊病例陈述会受许多偶然事件的影响，导致每一病例情况都是独一无二的。由于这种唯一性，在给定的情况下，一般的因果规律可能无法找出实际的因果关系。因此，在其他最有可能导致临床表现的相关参考类的原因，可能不是某一特定患者临床表现的实际原因。考虑这样一个例子，一个患者的腿开始水肿，它可能由急性肾病引起，但同时还要考虑这个患者已知的长期心力衰竭史。正常情况下，腿水肿和肾脏病之间可用因果规律来解释，然而，在初级保健人群中，腿水肿却更有可能由心脏衰竭引起，而不是由肾脏疾病引起。因此，心衰与腿部水肿之间的因果规律也可满足一个涵盖法律的解释，尽管这不是这个患者的腿部水肿实际原因。之所以因果规律不能区分实际的解释和虚假的解释，原因就在于没能捕捉到相关诊断与患者之间诸多关系的真实关联。[2] 因此，诊断的充分因果解释，不能建立在此基础上一般的因果规律，但它需要诉诸每个人的实际情况的因果关系概念。如上所述，解释或患者的临床表示，不能被描述为类型的标记，而是作为一种独特的标记。解释或诊断，解释了确定的特定患者临床表现的实际原因。这不仅标志着本体论的转变，也提供了一种认知上的转

① Brill, S. B., Moss, K. O., Prater, L. 2019："Transformation of the Doctor-Patient Relationship: Big Data, Accountable Care, and Predictive Health Analytics", *HEC Forum*, Vol. 31, No. 4, pp. 261 – 282.

② O'Doherty, Kieran, C. et al, 2016："If You Build It, They Will Come: Unintended Future Uses of Organised Health Data Collections", *BMC Medical Ethics*, Vol. 17, No. 54, pp. 1 – 16.

变，因为它偏离了解释是必要参数的原本价值考量。[①]

因果机械论知识之所以重要的另一个原因在于，它支持了医学的预后和治疗目的。医学的预后和治疗目标为在因果解释中避免负面的限制，许多机械性的细节被认为是相关的。机械知识的重要临床背景突出地体现在其提供了目标解释的相关关系，即与患者病因联系起来的相关数据，它们成为临床诊断综合分析的数据基础。但是一个明显的事实是，这些为数不多的数据事实及其蕴含的真理知识，却包含了来自更广泛、体现最真实主体知识的真理性[②]。在大数据时代背景中，这种表征有限事物关系的数据，从小样本量变成了海量数据，具有了判断医学真理的重要基础价值的地位。

总之，在大数据时代，技术与价值的关系成为哲学研究中的一个重要问题，它关系到我们日常生活的许多方面，如技术伦理、技术风险评估、技术价值等。[③] 在本体论、认识论与价值论的关系中，本体论为认识论提供了认知对象存在的终极基础和价值论的终极价值支持。认识论使本体论和价值论得以合理构建，并转化为认知方法和行为模式。价值论赋予本体论和认识论在人们做出理性选择或实现主体自由性方面的意义。价值哲学的发展大致经历了三个阶段：第一阶段，从 19 世纪末到 20 世纪初，是价值哲学的初始阶段。这一时期的主流观点是主观价值论，主要包括满足需要理论、情感愉悦理论、欲望客体理论等。第二阶段，从 20 世纪初到 20 世纪 20 年代末，是主观价值论与客观价值论的对抗与共存阶段。主观价值论方面如美国实用主义哲学家詹姆士认为，我们周围的世界似乎具有的那些价值、兴趣或意义，纯粹是观察者的心灵送给世界的礼物；客观价值论方面如英国伦理学家乔治·爱德华·摩尔（George Edward Moore）在 1903 年出版的《伦理学原理》中提出的直觉主义价值论，认为许多不同的事物本身就是善的或恶的，认为价值是客观的，价值不能定义，只能通过直觉来把握。这个时期还产生了过程哲学价值论，但它在很长时间里未引起人们的关注。第三阶段，从 20 世纪 30 年代到现在，是主观价值论，特别是情感主义的统治阶段。

① 段伟文：《大数据知识发现的本体论追问》，《哲学研究》2015 年第 11 期。
② 吴基传，翟泰丰：《大数据与认识论》，《哲学研究》2015 年第 11 期。
③ 杨小华：《技术价值论：作为技术哲学范式的兴衰——围绕技术与价值问题进行的分析》，《自然辩证法研究》2007 年第 1 期。

20 世纪 30 年代以来，西方价值哲学中的客观价值论由于其机制性和任意性，在与主观价值论特别是情感主义的斗争中逐渐衰落和消失。自20 世纪 30 年代以来，西方价值哲学已成为主观价值论的主导，尤其是情感主义。情感主义也是一种主观价值论，是一种极端的主观价值论。情感主义的流行进一步强化了主观价值论对西方价值哲学的统治。[①]

具体到医疗领域，价值论范式的转变表现在数据成为科学研究、医疗服务和健康管理的重要依据，数据从事物相关关系的表征符号，转变成具有重要价值的财富资源，医疗服务的价值也因此得到了扩展。从本质上讲，哲学是一种思考人类生活及其世界"价值问题"的理论。哲学范式的转变从根本上取决于人们自身生存和发展的变化，取决于人们对生命本质的意义、实现方式和内容的理解，体现了人类对自身生存和命运的关注，以及对理想境界和自然完美的价值追求。纵观西方哲学的演变史，我们可以将其视为从"实在论"范式向"价值论"范式转变的历史。当代价值论范式转换的实质是从"实在论"思维范式中解放出来，走向基于人类价值活动的哲学思维，进入人类价值论所面对和关注的人类现实生活世界，创造人类和社会自我发展和自我完善所需的当代哲学。[②]

## 本章小结

大数据时代出现了一种新的科学研究类型——直接通过科学数据分析进行科学研究并做出科学发现。科学界及哲学界就其是否构成新的科学研究范式、数据驱动型科学发现是否会终结科学理论、数据与理论的关系等问题，展开了争论。[③] 本章深入探讨了大数据医疗在哲学范式层面的变革，特别是从本体论、认识论和价值论三个维度进行了详尽的阐述。总之，在大数据时代，数据正在呈爆炸式增长，医学与大数据的结

---

① 王玉樑：《论当代价值哲学发展的局限及其走向》，《中日价值哲学新探论文集》2004年，第 45 – 54 页。

② 常江，涂良川：《"哲学范式"转换与当代哲学价值论取向》，《吉林师范大学学报（人文社会科学版）》2008 年第 5 期。

③ 王东：《大数据时代科学研究新范式的哲学反思》，《科学与社会》2016 年第 3 期。

合是大势所趋。大数据不仅可以预测疾病的发生发展，而且还引发了医生思维的变革，由此也带来了哲学范式的变革：在本体论层面，大数据医疗认为人类所有的生理和心理活动，包括人体本身，都会留下数据足迹，都可以用数据的形式进行表征，整个人类世界包括人类本身都是一种数据化的存在形式，并由此引发了对"医学的本质"的再思考；在认识论层面，大数据不仅对传统医学认识路径和认识论提出了挑战，更让其得到了全面的洗礼和发展，它用代表主体表征的海量相关关系填补了传统认识论单纯依赖因果推理的局限和偏执，用数据挖掘和分析补充了医学试验的因果逻辑推理，拓展并展现了事实真理的价值和范围；在价值论层面，数据成为科学研究、医疗服务和健康管理的重要依据，数据从事物相关关系的表征符号，转变成了具有重要价值的财富资源，逐渐颠覆了传统的医疗价值观。

# 第四章　大数据医疗：伦理问题

医疗大数据的来源十分广泛，包括医疗记录、社交媒体、传感器和医学试验数据等。由于种类繁多，庞大的数据可能来自不同的数据源，分布式位置及数据的可拓展性使数据的收集和整合十分困难。大数据主要用于描述大规模、异构性和传统数据管理工具及技术难以处理的非结构化数字内容，其具有以下五个特点：①大量。数据生成和收集的规模越来越大。②高速。必须迅速及时地进行数据收集和分析，才能最大限度地体现大数据的财富价值。③多样。其类型包括半结构化和非结构化数据，如音频、视频、网页和文本，以及传统的结构化数据。④价值。在生成数据时，数据本身可以作为出售的"商品"，此外，从不同的角度收集和分析数据，了解数据的成本或价值可以估算数据的存储成本从而协助进行预算决策。⑤真实性。大数据的真实性是指数据的准确性和可靠性，它代表了数据的质量，因而提高数据的准确性对数据谱系进行"清洗"也尤为重要。①

然而，大数据建立在分布式系统之上，简单来说，分布式系统是一个硬件或软件组件分布在不同的网络计算机上，彼此之间仅仅通过消息传递进行通信和协调的系统。分布式系统上的数据管理、传输和共享，可能会导致很多现实无法克服的难题，其中包括：①数据管理。大数据不仅需要大量存储，而且还需要大型分布式系统上的新的数据管理方式，因为传统的数据库系统并不具备这种管理大数据的功能。②数据搜索。由于数据的价值体现于它会被用于做出准确的临床决策支持，因此有必要对大量数据进行复杂性分析，对其完整性和有效性进行及时的优化整理，数据搜索将贯穿数据分析与整理的全过程，而庞大的数据量及

① Yoon, J., Kown, O. S., Cheong, J. G. et al, 2018: "3D Volume Visualization System Based on GPUs for Medical Big Data", *International Conference on Big Data Applications and Services*, Vol. 8, pp. 1 – 7.

其多样化的特征，加大了数据搜索的难度。③数据共享。共享数据与生成数据同样重要，但数据共享可能导致数据隐私泄露和隐私保护等问题。④数据分析。对大数据进行及时高效的分析是挖掘数据价值、助益医疗实践的必要途径。⑤数据可视化。数据是最原始的孤立符号，如何将数据转化成有意义、有价值、有联系的信息，就需要进行数据表达。简单来说，数据可视化就是借助视觉的表达方式，将枯燥的、不直观的数据内容有趣地、直观地传达给观众的。①

医疗大数据应用主要指大范围地利用互联网和大数据技术，在各个环节存储、共享和分析与医疗行为相关的信息和数据。医疗大数据的应用和发展有助于推动医疗领域的改革。在医院管理方面，其有利于提高医院管理决策的科学性，降低医院建设成本，提高医院的综合竞争力。在临床诊断中，它可以帮助医生做出临床决策，预测疾病风险，并为患者提供人性化和个性化的医疗体验。在远程医疗中，可以实现医疗资源的共享，促进医疗资源的合理配置。② 因此，大数据医疗具有重要的研究价值和现实意义，但是大数据医疗也面临一系列伦理问题，这些伦理问题主要通过数据孤岛、数据滥用、数据安全等表现出来。

# 第一节　数据孤岛

长期以来，由于时空的限制，所有医疗数据管理环节相对独立、条块分割、自成体系，导致了数据孤岛和数据鸿沟的大量存在。数据孤岛是大数据时代面临的重要议题之一，它是指数据在共享和利用时，由于自身结构、技术水平和数据性质差异而导致的隔离障碍。数据孤岛源于信息孤岛理论。顾名思义，数据孤岛是指数据被分割存储在不同主体或部门的手中，成为一个单独的数据集，无法实现互联、相互共享和综合利用，这类似于海上孤立、无法相互交流的小岛。数据孤岛可分为物理

---

① Rapport, F., Braithwaite, J. 2018: "Are We on the Cusp of a Fourth Research Paradigm? Predicting the Future for a New Approach to Methods-use in Medical and Health Services Research", *BMC Medical Research Methodology*, Vol. 18, No. 1, pp. 1–7.

② 李相宗：《医疗大数据的发展现状与挑战》，《信息与电脑（理论版）》2019年第5期。

孤岛和逻辑孤岛两种类型。所谓物理孤岛，是指数据集存储在不同实体或部门手中，或存储在不同的硬件上，导致数据子集的每个部分相互隔离，独立存储，独立维护，难以移动到同一实体或硬件上。逻辑孤岛是指不同的实体或部门从自身角度对同一数据或数据集有不同的理解和定义，导致同一数据或数据集被赋予不同的含义，从而增加了实体间沟通和跨部门数据合作的难度。[①] 医疗数据更是具有其特殊性，由于医疗数据标准的模糊性、医疗数据的异构性和敏感性以及管理其使用的许多法规，将医疗工作负载迁移到"云"并不简单，这些因素导致了医疗数据孤岛的形成。[②]

医疗大数据面临的一个重大挑战是开发适用于非结构化临床数据的分析工具，例如，从可穿戴生命体征传感器中收集的流数据，随着时间的推移，这些数据可能会达到巨大的比例。因此，需要为临床医生设计一个非结构化临床数据的分析工具。当前医疗保健中使用的大多数数据分析工具和技术都是从电子商务中借鉴来的，对于不确定的复杂工作流程有过多的度量标准，常常使临床医生感到困惑，无法使用。在医疗保健中使用大数据，使其分析能够预测流行病、治愈疾病、提高生活质量和避免可预防的死亡等。大数据的困难在于，在海量非结构化数据存储中查找所需的数据并非易事。它与传统关系数据库不同，后者本质上具有清晰的结构和访问数据的方法。对于大数据，没有传统的模式，因此也没有太多指导。对于关系数据库，一种简单的结构化查询语言就能够从查询引擎中提取所需的数据。大数据的潜力使我们能够减缓不断增长的医疗成本并提供更优质便捷的医疗服务。[③]

## （一）数据孤岛的成因及其表现

数据孤岛的形成有一系列原因，它是多种因素共同作用的结果。首

---

① 叶明，王岩：《人工智能时代数据孤岛破解法律制度研究》，《大连理工大学学报（社会科学版）》2019 年第 5 期。

② Ranchal, R., Bastide, P., Wang, X. et al, 2016："Disrupting Healthcare Silos: Addressing Data Volume, Velocity and Variety with A Cloud-native Healthcare Data Ingestion Service", *IEEE Journal of Biomedical and Health Informatics*, Vol. 24, No. 11, pp. 3182 –3188.

③ Mohammed, S., Kim, T. H. 2016："Big Data Applications for Healthcare: Preface to Special issue", *The Journal of Supercomputing*, Vol. 72, No. 10, pp. 3675 –3676.

先，从客观上讲，人们通常根据特定业务开发应用系统，并根据自己部门的需求定义数据，而不考虑数据标准和信息共享问题。其次，由于数据存储必须依赖于运营商，即使是虚拟"云存储"也依赖于其终端服务器。因此，人工智能时代的数据是根据主题、行业、部门和地区等因素独立存储和维护的。同一数据采集甚至被赋予不同的含义，数据之间的内部相关性被分离，从而产生物理孤岛和逻辑孤岛。最后，为了主观上维护自己的利益，所有数据主体通常不愿意与其他主体共享自己的数据。换言之，无论是政府实体避免权力异化风险和维护部门利益的本能，企业实体"垄断"数据资源的趋势，还是公众对保护自己的私人信息的担忧，都决定了数据主体不会轻易共享自己的数据，因而数据孤岛的形成是不可避免的。[①]

电子医疗系统在全球范围内的部署，正在改变医疗信息的管理方式。此类电子医疗系统的一个关键要素是管理患者的医疗数据，即EHR，这些数据跨越地理位置分散，通常不可互操作。另一个问题是允许患者同意医生访问他们的医疗记录，而不管使用的是什么医疗设施。EHR 的可用性对于确保患者安全和持续健康治疗确实至关重要。在过去十年中，患者电子健康记录的创建和交换有了显著的发展。然而，患者记录分布在多个医疗机构的数据仓库中，这带来了可能危及患者安全的技术和临床挑战。随着医疗行业的数字化水平不断提高，医院管理、医疗保险结算、疫情监测系统均实现了网络化管理。然而，医疗行业的数字化建设不限于上述范围，还涉及医疗及相关行为产生的各种信息。这需要一个新的、更高的视角来重新定义医疗行业的数字化趋势。[②]

总的来说，大数据医疗面临的数字孤岛问题主要体现在两个方面：一是不同医院之间的数据信息难以共享和互认。受现有数据管理系统的限制，医院数据库不完善，医院之间的数据信息没有得到共享，患者的生命体征信息、疾病信息、检查报告、用药、医保缴费等数据信息，呈现碎片化和标准化程度低的特点，这就在不同医院之间形成了"数据孤岛"。二是不同监管部门之间的共享渠道不畅，联动机制尚未建立。

---

① 叶明，王岩：《人工智能时代数据孤岛破解法律制度研究》，《大连理工大学学报（社会科学版）》2019 年第 5 期。

② 敖虎山：《打通医疗行业"数据孤岛"》，《北京观察》2022 年第 2 期。

医院、医疗保险，临床研究等均由不同的部门和机构管理，缺乏统一的数据信息共享平台，难以高效地获取和管理数据。以上两方面的原因是造成医疗领域"数据孤岛"现象的主要因素。[①]

当前，智能手机是最受欢迎的通信设备，在传感、智能和数据连接方面具有独特的优势，因而被广泛应用于医疗保健领域，借助蓝牙、WiFi、4G/5G 网络，可跟踪收集患者的体温、血压等。在医疗保健应用程序中，使用移动设备的优势是实时通信，通过持续、不间断地监测患者信息，直接提高诊断的准确性，并有助于患者信息管理。在发达国家和部分发展中国家中，人口老龄化现象越来越突出，且慢性病患者的数量随着老龄人口的增加而增加，糖尿病、高血压、心脏病等疾病，需要持续监测和早期诊断，移动智能设备正是在此背景下兴起于医疗保健领域。通过无线人体传感器，实时监测人体生理数据，收集用户的生理信息，如血压、心电图、心率、体温、血糖和血氧等，然后将其上传到健康云，并在智能手机上显示。[②]

智能手机医疗保健应用程序，以及蜂窝通信网络和无线传感器的兴起，是一个巨大的技术进步。关于数据分层，有学者提出了四层架构层，上一层信息只有下一层知道：①传感层收集生物医学信息并存储在手机中。②知觉层提取生命体征和周围环境信息。③推理层通过引入特定规则检测可能出现的异常。④执行层通过发送电子邮件或短信与医生紧急沟通。例如，通过在皮肤表面上放置电极可以测量心脏的电活动，在心脏疾病的诊断中起着至关重要的作用，而传统上患者需要挂号问诊等待医生执行心电图的检查诊断。例如，解放军总医院基于互联网技术，建立了"康乃心"心电图远程诊疗转运平台，从而实现心血管疾病的院前精准诊断及转运。"康乃心"动态心电记录仪是 12 导联同步心电记录仪，采用 Mason-Likar 导联体系，患者可以通过手机 App 完成简单主诉与心电信息采集，可采集心电数据，完成心电采集后利用手机网络将心电数据传到解放军总医院基层心电监测诊断中心，经平台医生

---

① 敖虎山：《打通医疗行业"数据孤岛"》，《北京观察》2022 年第 2 期。

② Jacques, S., Beckmann Daniel, L. 2016: "Reconciling Evidence-based Medicine and Precision Medicine in the Ara of Big Data: Challenges and Opportunities", *Beckmann and Lew Genome Medicine*, Vol. 8, pp. 1 – 11.

远程在线读图、危急等级评估，再将评估结果反馈给受检者。[①] 可见，基于互联网络的心电图系统可以连接到患者的智能手机上，从而方便患者疾病管理，也节约了医疗成本，可以说云计算和移动环境共同促成了医疗保健系统的早期检测。[②]

导致医疗数据孤岛、产生医疗数据鸿沟的主要原因在于，传统大多数医疗数据都是结构化的，随着科技的发展，非结构化的医疗数据大量涌现，并且结构化数据和多媒体非结构化数据经常一起使用。其中，需要注意的问题有以下四个方面：①时效性。传统数据库中的数据大多变化缓慢，而现在大多数数据都是实时的。例如，电话交谈，从实验中获取的数据，传感器发送的数据等都是实时的，正由于大量数据是短暂的、实时的，因而需要分析它们何时产生、何时失去时效性。②准确性。庞大的数据量中不可避免地会存在数据噪声现象，数据噪声是指数据中存在着错误或异常的数据，也就是说很多时候我们无法确保数据的准确性。③价值。数据的价值只有经过整理才能获得，否则数据本身没有任何价值，就其本质而言，数据是对客观世界的记录和表达，其价值的产生不仅离不开数据的分析和加工，也离不开我们消费和使用。④分析大数据。从海量、复杂、多样化的数据集中提取有价值的信息和洞察。这一过程不仅限于简单的数据收集，更侧重于深入挖掘数据背后的规律、趋势以及变量之间的关联。

### （二）如何打破数据孤岛

怎样将非标准化的、非结构化的零散数据结合起来并进行综合分析，实现各种数据之间的融合和共享，打破数据孤岛，是摆放在大数据医疗面前的巨大挑战，需要前期的大量复杂工作。现代互联网系统越来越多地采用云计算并将其工作负载转移到云上，以利用其各种优势，如规模经济、能效、可扩展性和弹性。同时，在云上运行的应用程序要求

---

① 陈韬，刘阁，韩宝石等：《基于"互联网＋"的可穿戴式心电图应用分析》，《中华保健医学杂志》2020 年第 1 期。

② Golubnitschaja, O., Baban, B., Boniolo, G. et al, 2016："Medicine in the Early Twenty-first Century：Paradigm and Anticipation-EPMA Position Paper 2016"，*The EPMA Journal*，No. 7, pp. 1 - 13.

其数据在云中可用，以获得足够的性能、准确的数据处理和运营效率。由于医疗保健数据通常分散在多个站点的不同医疗系统中，因此医疗保健组织主要关注整个医疗保健连续体中信息的可用性和共享。许多这样的系统没有互连，导致数据在这些系统的竖井中保持孤立。这种反模式会导致临床护理的信息缺口、数据访问效率低下，以及医疗保健组织的开支增加。数据隔离给医疗实体带来了一个重大挑战，并阻碍他们利用最新的互联网技术创新——例如，云计算提供的数据处理和分析功能，这有助于提高医疗质量，同时显著降低成本。①

目前，常用的数据分析主要四种类型：①描述性分析。为便于可视化，数据形式表现为条形图、图表、饼图、地图、散点图等，还有模仿汽车的仪表板给出有关速度、发动机状态、燃油表的信息、里程信息等。描述性分析的典型例子是人口普查数据，按性别、年龄、教育、收入对一个国家的人口、人口密度和类似参数进行分类。②诊断性分析。诊断性分析是一种注重历史的分析方法，它的目的是"告诉你为什么"它会发生。以杂志出版商为例，如果一位数据分析师发现某个地区的杂志新订阅数量在某个月显著增加，并回顾以前的数据，他发现该地区的杂志新订阅数量在这个月将逐年增加。然后，他分析了其他杂志的数据，发现这个月这个地区主流杂志的订阅量将逐年增加。最后，收集数据后发现，每年的这个时候，当地邮局都会出台优惠政策鼓励订阅。该分析结果很好地解释了异常值的原因。③预测分析。从可用数据推断并告知，预测在不久的将来会发生什么。预测性分析的典型例子是通过数据进行营销客户的需求和偏好分析，例如，当您从电子商店购买鞋子时出现袜子广告以及各种类似产品的自动推送。④探索或发现分析。探索性分析是人工智能和大数据的结合。大数据更多的是评估相关性以证明或否定假设，而机器学习则是基于许多变量预测结果。人工智能可以为假设性问题提供可能的答案，例如，"如果我们在下一期中发表一篇关于人工智能的文章，我们应该写什么？"。数据分析师就可以使用探索性分析的方法来告诉出版社，比如可以写人工智能对各行业劳动力的冲

---

① Ranchal, R., Bastide, P., Wang, X. et al, 2020：" Disrupting Healthcare Silos：Addressing Data Volume, Velocity and Variety with a Cloud-native Healthcare Data Ingestion Service", *IEEE Journal of Biomedical and Health Informatics*, Vol. 24, No. 11, pp. 3182−3188.

击，这将是下个月人们关注的重点。由此可见，在当前的大数据收集和分析过程中，非结构化数据大量存在。这对基于数据共享传输的大数据医疗服务同样产生了挑战。①

大多数医疗活动仍处于孤立状态，患者和医生发现很难访问其他地方收集的数据。整合来自可穿戴设备或智能手机应用程序的数据通常是困难的，甚至被认为是不可能的。对于实时的远程监测，如何有效处理大数据是医疗保健决策中的重要挑战。大数据医疗分析是远程医疗的基本问题，慢性病，如心脏病、高血压、糖尿病等的远程医疗，需要通过持续的远程监测实时收集用户信息并为医生提供远程医疗决策服务。医疗保健物联网系统由三个部分组成：①身体传感器区域网络。通过身体接触传感器或植入传感器，用于记录患者的行为数据和环境信息，如温度、湿度、日期、时间。②连接互联网的智能网关即"雾层"，或本地接入网络执行数据预处理、协议转换、数据过滤以及通知患者。③云和大数据支持层存储所有传感器信息，分析和预测决策，并生成消息需要，通知紧急情况的护理人员。基于大数据的数据分析，需要大量不断增长的电子健康记录，同时，计算机辅助诊断模型（computer-aided diagnosis model）可提高门诊医生的工作效率并降低他们的工作强度。功能设计的模型是数据采集、数据存储、数据预处理、特征提取和机器学习，性能测试和最后的辅助诊断可为医生临床决策提供参考指标。数据采集包括收集门诊患者的药物记录、检查结果和图像信息、治疗计划、治疗费用、治疗过程和结果等。②

数据可以被构建数据库的直接目的所使用，也可以用于完全不同的其他项目。在这里，数据分析的基本作用是处理大量的多样化的不同类型数据，并将其有效储存为一种可以有效提取、更新和删除的形式。数据挖掘和数据共享是体现数据价值并解决上述难题的路径模式。

打破医疗数据孤岛的另一关键要点是开发标准化数据，以此连接孤岛。目前，我们正在经历电子健康记录和临床试验的监管审查路径中数

① 田海平，刘程：《大数据时代隐私伦理的论域拓展及基本问题——以大数据健康革命为例进行的探究》，《伦理学研究》2018 年第 3 期。

② Lake, J. H. 2019: "Evaluating and Using Medical Evidence in Integrative Mental Health Care: Literature Review, Evidence Tables, Algorithms, and the Promise of Artificial Intelligence", *An Integrative Paradigm for Mental Health Care*, Vol. 5, pp. 99–125.

据流不断增加的状况，解决当前问题，需要开发连接这些数据的标准，使我们能够捕获并充分利用丰富的可用数据，以帮助我们解决最具挑战性的健康问题。理想情况下，患者的医疗信息可以方便、自动地被提供给医疗服务提供者，而不管医疗地点在哪；然而，从一个医疗机构捕获的电子健康记录中获取的数据通常不容易传输到另一个医疗设施。这清楚地表明了在医疗环境中利用所有可用患者数据的障碍。从临床试验收集的数据也存在类似的障碍，因为这些数据收集时就不一致，可能需要在提交给数据储存机构之前从一种形式转换为另一种形式。即使是基本数据变量，在单个产品的试验之间、同一类别内的药物试验之间以及跨药物类别的试验之间，其格式也可能有所不同。在不久的将来，我们的社会将被数据"淹没"，尤其是在医疗领域。早期的非标准化数据将持续加剧医疗行业的"数据孤岛"现象，如果没有标准化的数据表示方法，医疗机构就无法充分利用这些资源。①

简而言之，打破"数据孤岛"，可以实现医疗领域内的数据共享，促进医疗相关部门之间的交流与合作。为此，有以下三点建议：①开发一个统一的数据和信息共享平台，即建立一个强大的标准体系规范医疗行为的相关数据和信息，覆盖整个医疗行业，在一个统一的平台收集、管理和使用。②建立规范的管理和使用制度，实行分级管理。可以披露的数据应及时披露，对于不能公开披露的数据，应制定严格的管理制度，包括使用的范围及权限、用户身份认证等。③建立完整的数据安全体系。通过系统和信息技术手段，实现数据管理，防止数据泄露，保护国家安全。②

## 第二节　数据滥用

在纸质媒体时代，收集数据的方式相对简单。利用公民个人信息数据侵犯隐私权和名誉权的行为基本上是一对一的模式，犯罪规模较小。

---

① Cooper, C. K., Buckman-Garner, S. A., Slack, M. A. et al, 2012: "Developing Standardized Data: Connecting the Silos", *Therapeutic Innovation & Regulatory Science*, Vol. 46, No. 5, p. 521.

② 敖虎山：《打通医疗行业"数据孤岛"》，《北京观察》2022 年第 2 期。

云存储技术的出现伴随着全球网络的相互访问，使得用户的个人信息被绑定到一个数据库中，从而一对一的侵权形式迅速转变为一对多甚至多对多的侵权形式。大数据的操作本身加快了信息流通速度和整体规模，加上网民规模不断扩大，导致侵犯用户权益的方式发生了突变。因为大数据的整个过程都是通过计算机服务器和云计算技术完成的，所以人的痕迹非常模糊。实际上，对大数据的过度分析是隐晦的。数据控制中心利用自建数据库或连接多个数据库，访问互联网，采用各种编程语言框架，挖掘与用户个人信息相关的其他人的信息，从而解释用户在互联网空间中留下的所有标记。在这个过程中，人们只需要设置相关的计算机程序并通过服务器进行测试，所有其他过程都由数据处理终端本身进行分析。在个人信息的过度解析中，人的参与度很低，透明度很低。互联网技术和人工智能技术的发展在一定程度上带来了"技术无意识"的陷阱。大数据潜在滥用的治理已成为当务之急。

## （一）数据滥用的表现及成因

数据滥用也称数据不当使用，主要指未经当事人允许或以当事人所不乐见的方式使用其信息。① 大数据数量巨大，但其中存在大量非结构化数据，且数据质量具有不确定性，大数据如果分析得当，可以改善公司业绩、提高生产力、提供见解并预测未来情景，以便在医疗、公共卫生、科学技术、商业和其他部门帮助人们做出更好的决策。大数据如果被误用，则可能会导致数据泄露和隐私问题，如果被曲解或操纵，可能会造成错误预测，导致潜在的灾难性后果。造成数据滥用有三个主要原因：①来自企业的内部威胁。数据通常由特定的企业或机构所持有、保存，因此造成数据滥用的首要原因是企业的不负责和监管不到位，致使企业员工成为最有可能泄露并滥用用户数据的责任主体，这种威胁也被称为企业内部威胁。②数据所有权不清晰。互联网所留存有各类用户的数据，但用户往往没有持有自身数据的使用权限，或者说用户不了解、不知情哪些数据会被收集、如何被收集以及如何被使用等。从某种意义

---

① 杨洸：《数字媒体时代的数据滥用：成因、影响与对策》，《中国出版》2020 年第12 期。

上说，这无异于用户主动放弃了个人的隐私数据，甚至默许相关组织无条件地获取自身的信息。③政府及相关机构安全措施的薄弱。政府对用户数据隐私的不重视以及相关机构的安全意识不足或安全措施薄弱也是造成网络数据滥用的重要原因。①

借助于大数据技术的医疗应用建立在对大量患者数据进行数据挖掘的基础上，因而对患者的个人隐私的泄露和侵犯构成了极大的风险。大多数人完全没有意识到他们的医疗数据一旦进入蓬勃发展的大数据世界就会面临危险。医疗数据具有经济价值，患者的敏感数据可能会在其不知情或未经同意的情况下被医生、医院、临床实验室和药房共享。医疗数据还可以在其浏览历史记录、使用智能手机应用程序、来自可穿戴设备的数据、患者的购物清单等中找到。患者的健康数据最终可能会落到研究人员手中，我们依靠他们的善意来避免医疗大数据的滥用。但更可能的是，它最终会被不法分子出售给潜在的雇主、保险公司或政府。在最坏的情况下，患者的医疗数据可能最终落入渴望进行勒索或身份盗窃的犯罪分子手中。除了存在与数据暴露和算法歧视等相关的数据危害之外，强大的公司收集敏感数据还可能会产生数据垄断，这些垄断可能会主导和限制医疗保健的获取。② 在医疗领域，收集和使用个人健康数据会给个人隐私带来许多重大风险。此外，电子记录病历、远程监测等功能中涉及许多患者的隐私信息，而患者通常不会意识到他们的健康数据会用于医疗政策、研究和其他目的。③ 例如，个人隐私泄露会造成医疗保险或就业方面的歧视并产生经济影响，还可能会造成包括尴尬、羞辱、名誉损失等心理社会危害，导致孤立和压力；披露个人数据还将增加个人身份被盗的风险，以及公众对政府和医疗机构失去信心的风险，这可能是由于个人健康记录被滥用，人们对医疗保健系统丧失信心而造成的。如果大数据系统无法由接受过适当安全操作培训的人员进行管理；如果用户不了解他们访问的信息的机密性并进行相应处理；如果用

---

① 杨洸：《数字媒体时代的数据滥用：成因、影响与对策》，《中国出版》2020 年第 12 期。

② Véliz, C. Philosophical Foundations of Medical Law, Oxford（UK）：Oxford University Press, 2019.

③ Torous, J., Namiri, N., Keshavan, M. 2019："A Clinical Perspective on Big Data in Mental Health", *Personalized Psychiatry*, Vol.2, pp. 37 – 51.

户的注册过程不够严格，未经授权的第三方可能成为授权用户或者如果信息架构用于收集和保留一些私人信息，而患者不希望这些数据为人所知，那么患者的隐私将被侵犯。①

医疗身份盗窃通常被定义为盗用个人身份识别的健康信息，以便获得健康治疗或欺诈性地提交虚假医疗报销。比如一名医院内部员工偷窃一个患者的信息卖给他人，或私自使用他人身份接受医疗服务或物品。传统上，纸质记录被盗时，纸质记录的物理性质限制了被盗用的程度，但是电子病历和信息在电子数据库中的存储将会成倍增加可盗取的患者记录数量，同时也会使受害者更加难以通知。比如一个医疗办公室工作人员窃取了1000多名患者的电子记录，并通过对患者家属提供虚假医疗索赔的骗局，非法获利近300万美元。② 个人医疗信息包括患者的个人基本信息、财务信息和健康信息等多种敏感数据，不法分子可以利用这些信息进行诈骗和勒索。

无论国内还是国外，医疗大数据泄露的案例层出不穷，而数据泄露的必然后果就是数据滥用。2016年，全国有30个省（区、市）的275名艾滋病患者表示，他们收到了诈骗电话，其个人信息涉嫌被广泛泄露。犯罪分子在诈骗电话中能够准确描述艾滋病患者的个人信息，包括患者的真实姓名、身份证号码、联系方式、户籍信息、诊断时间、医院或区县疾病控制跟踪等。国外的情况也不容乐观，媒体数据和社会中心研究了整个欧洲的数据泄露情况，发现德国、希腊、荷兰、挪威和英国报告的违规数量最多。③ 总的来说，这些违规事件中有许多涉及医疗机构。例如，2015年2月，美国第二大医疗保险公司 Anthem 声称黑客窃取了其公司8000多万用户的个人信息，包括用户的家庭地址、生日、个人收入信息等。2015年5月，美国联邦医疗服务商（Blue Cross Blue Shield，BCBS）旗下的 CareFirst 保险公司宣布，由于黑客攻击，1100

① Kish, L. J., Topol, E. J. 2015: "Unpatient-why Patients Should Own Their Medical Data", *Nat Biotechnol*, Vol. 33, No. 9, pp. 921–924.

② Konrad, W. 2009: "Medical Problems Could Include Identity Theft", *New York Times*, Vol. 13.

③ Howard, P. N., Gulyas, O., 2014: "Data Breaches in Europe: Reported Breaches of Compromised Personal Records in Europe, 2005–2014", *Budapest: Center for Media, Data and Society*.

万用户信息泄露。[①] 可见，医疗数据范围广、数据量大的特点对用户安全造成了极大的威胁。

此外，数据滥用与数据共享也有着密切的联系，在某些情况下，数据共享的过程中极易出现数据泄露甚至数据滥用。生物医学领域的数据共享，在制定共享标准和共享平台方面存在一些障碍，虽然政府和有关部门正在呼吁采用新的数据共享方法，并正在制定数据共享平台的政策，但这一障碍并未得到实际解决。例如，每个医院都有自己的规则和行为准则，这些都是医院有效数据共享的障碍。如果没有关于共享中所体现的核心价值观的综合模式或协议，我们就无法实现共享的流畅性。[②]

### （二）如何减少数据滥用

在信息社会，技术进步促进了个人信息的开发和使用，但同时也暴露了个人信息被泄露和滥用的巨大风险。如何加强个人信息安全保护，是社会发展和技术进步迫切需要解决的现实问题。个人信息安全保护是信息安全学科的一个重要领域。信息安全作为一门综合性学科，包括许多方面，如计算机科学、信息科学、信息安全等。信息安全的内容包括系统安全、计算机操作安全和信息安全。在存储、传播、共享和使用过程中，个人信息处于保密、安全、完整和受控的状态，因此个人信息不受外部威胁和内部干扰是个人信息安全保护的重要内容。

信息技术使得个人信息的收集更加密集，个人信息处理和利用的深度和广度也大大提高。信息主体是个人信息价值发展的直接受益者。人们的社交网络、购物、交通、娱乐、医疗和保险等日常生活变得越来越方便和智能，他们付出的代价是个人信息被非法收集和滥用。技术进步大大削弱了信息主体控制和支配个人信息的能力。在个人权利意识不断觉醒和个人信息使用日益广泛的双重影响下，个人作为信息主体加强对个人信息系统保护的愿望变得越来越迫切。在大数据和相关技术的支持

---

① 刘孝男，付嵘，李连磊：《大数据时代，医疗行业信息安全面临的机遇与挑战》，《中国信息安全》2018 年第 7 期。

② 董军，程昊：《大数据技术的伦理风险及其控制——基于国内大数据伦理问题研究的分析》，《自然辩证法研究》2017 年第 11 期。

下，商业组织收集个人信息的渠道和范围大大扩展，个人信息的积累爆炸式增长，个人信息分析和挖掘能力大大增强。个人信息的商业价值激发了商业组织收集和使用个人信息的强烈需求。为公共管理目的收集和处理个人信息是各国政府的常见做法。在大数据背景下，政府收集的个人信息规模更大、范围更广，整合和分析个人信息的能力也更强。新一代信息技术增强了个人信息的社会价值，特别是在公共政策和公共安全领域。从更宏观的角度来看，信息化是社会发展的必然结果。政府是个人信息的最大收集者和使用者，也是个人信息的保护者。政府应确保个人信息在开发和使用过程中的安全，敦促相关组织和个人合法收集和使用个人信息，维护信息主体的基本权利。因此，政府也具有个人信息使用者和保护者的双重身份。

保护个人信息和充分开发利用个人信息的理念已经深深植根于人们的心中，个人信息的保护与利用之间的矛盾更加突出和复杂。一方面，加强对个人信息的保护，维护信息主体的人格尊严，势必在一定程度上限制个人信息的收集和利用，从而降低相应个人信息的经济价值，阻碍社会经济发展，降低社会整体福利水平。另一方面，加强个人信息的开发和利用，必然会增加个人信息被他人触碰的可能性，从而增加相应侵权的可能性。如果信息主体的基本权利得不到保护，其提供个人信息的热情就会受挫，导致其在拒绝提供或提供虚假信息之间做出选择。个人信息的准确性无法保证，个人信息开发的价值也不可能实现。如果个人信息的保护和使用之间的利益冲突得不到妥善解决，个人信息的安全必然得不到有效保障，个人信息的开发和利用也将面临困难。

大数据的大规模运营导致侵犯个人信息的成本逐渐降低，数据储存机构必须通过最先进的程序技术保护内部信息、拦截第三方恶意软件和黑客攻击。由于商业机构保留了大量消费者个人信息数据，在抵御外部侵犯消费者个人信息数据的同时，也要求商业机构具有较强的自律性，不触碰以下两种侵权行为。一是出于经济利益考虑，他们不应该过度分析数据库中的所有数据，并获取数据库中所有数据的隐私信息。二是企业不能放弃信息安全，因为与安全相关的义务很高，导致商业成本很大。这不仅要求互联网行业商业组织高度自律，还要求政府带头建立强有力的监管机构。

跨境和可互操作的电子健康记录系统，机密数据更容易被更广泛的大众访问，但是，过多地访问来自不同来源的健康和遗传信息数据，增加了个人健康数据可能被意外披露或分发给未授权方的风险。人们普遍认为，个人不仅应控制自己的数据，还应有权决定如何使用数据，并了解如何使用这些数据。然而，对其自身数据的控制也意味着撤销信息的可能性，在某些情况下，通过这些平台进行数据共享时，还要保证数据的完整性。① 个人数据存储和处理数据的规则，引起了公众对如何使用这些数据的若干担忧，这需要平衡个人权利、利益与社会福利。公众在平衡隐私和数据保护原则以及其他社会价值观（如公共卫生、国家安全、环境保护和经济效率）时，一个基于风险矩阵的连贯的框架，需要同时考虑数据的不同用途对个人自治和隐私的潜在风险。如果公共数据是一种共同利益，每个人都从中受益，并且对人类发展至关重要，那么目前关于建立数据共享环境中，我们仍然需要解决健康数据如何用于共同利益的重要问题，同时需要尊重个人权利和利益，例如隐私权。② 然而，我们还需要确定个人权利与共同利益之间可以接受哪些权衡，以及如何确定这种权衡的门槛。正是在这种更广泛的背景下，我们认为重新配置数据共享平台和共享体验的方式十分重要。这里的关键问题是：有哪些新的数据共享形式？共享数据应该遵循什么样的价值观、权利和责任？下面我们介绍四个代表性的数据共享平台，并了解其基本运行机制。③

（1）Taltioni 平台。Taltioni 平台是芬兰的国家的个人健康数据共享平台，涉及公共和私营部门。它侧重于健康状况控制、健康管理、健康促进和福祉。作为一个国家平台，访问 Taltioni 及其功能需要一个芬兰社会安全号码，允许它与各种个人数据记录相关联。虽然网站的某些部分以英文提供，但许多文档，例如，数据共享政策仅在芬兰语中提供。该平台为用户提供工具包，包括智能手机和移动设备的应用程序，并允许用户根据个人需求定制下载一系列免费应用程序，从血压记录、体重

---

① 李伦，李波：《大数据时代信息价值开发的伦理问题》，《伦理学研究》2017 年第 5 期。

② Brill, S. B., Moss, K. O., Prater, L. 2019: "Transformation of the Doctor-Patient Relationship: Big Data, Accountable Care, and Predictive Health Analytics", *HEC Forum*, Vol. 31, No. 4, pp. 261 – 282.

③ Riso, B., Tupasela, A., Vears, D. F. et al, 2017: "Ethical Sharing of Health Data in Online Platforms-which Values Should Be Considered?", *Life Sci Soc Policy*, Vol. 13, No. 1, p. 12.

管理或健身，到患者的药物计划、医疗预约管理或访问自己的健康数据等。此外，该平台在两个方向上连接用户和医疗保健系统，基于他们现有的健康信息为用户提供实用的服务，并且还能够上传关于个人健康和福祉的数据。Taltioni 利用了移动设备的潜力，允许从任何移动设备访问有互联网接入的位置，以创新的方式共享了个人健康数据。Taltioni 的工具包结构促进了用户代理：用户可以存储自己的数据并与朋友和家人共享，从而促进紧密网络虚拟社区的建立。[①]

Taltioni 对用户保护是通过平台的安全功能和隐私政策来解决的。对于来自不同提供商的应用程序的平台，用户必须同意打开共享 Taltioni 账户所需的一般个人信息，例如姓名、地址和社会安全号码，并将与用户共享其健康数据给予额外的同意，每个应用程序的使用用途，将要求用户给出特定的同意。作为确保可信赖性的一种方式，Taltioni 在其数据保护协议中，披露了将要收集并存储在平台中的信息类型，例如，姓名、电子邮件地址、语言、公民身份。Taltioni 还指出，为了统计目的，重新编码身份证号码和姓名等信息，允许第三方和公司使用匿名数据。所有其他信息，将根据特定用户协议与服务提供商共享，这些协议可能因不同应用程序而不同。此外，数据不可能转移到欧盟以外，并且由用户决定他们希望与提供商共享哪些信息。

但是，Taltioni 提供的个性化功能的特性，可能使标准化信息或信息集的创建变得困难。此外，开发应用程序公司的多样性，可能会使数据标准的开发变得更加复杂。Taltioni 的合作性质促进了其可持续性，该平台由许多信息通信技术公司运营和维护，这些公司共同努力为其他公司提供通过 Taltioni 开发共享平台的可能性。事实上，Taltioni 背后的企业可以通过他们的免费应用程序，提供一些付费服务或使用用户的记录开发新服务。因此，这将激励信息通信技术公司开发具有共同实践的标准和服务，同时确保行业的广泛支持。[②]

（2）Healthbank 平台。Healthbank 是一个总部设在瑞士的国际平台。Healthbank 结合了一系列不同的服务和功能，用于健康和生活方式

---

① Riso, B., Tupasela, A., Vears, D. F. et al, 2017: "Ethical Sharing of Health Data in Online Platforms-which Values Should Be Considered?", *Life Sci Soc Policy*, Vol. 13, No. 1, p. 12.

② Riso, B., Tupasela, A., Vears, D. F. et al, 2017: "Ethical Sharing of Health Data in Online Platforms-which Values Should Be Considered?", *Life Sci Soc Policy*, Vol. 13, No. 1, p. 12.

数据的存储，例如，睡眠模式、健身追踪和健康研究。该平台面向全球个人开放，并且可以被任何地方的研究人员使用，从而实现大规模数据共享。该平台不仅管理和存储的数据范围广泛，而且还为用户提供了一种从数据存储中获利的方法。Healthbank 试图重现传统金融机构的工作流程，想要成为其会员的用户需要支付存储个人信息的费用，而数据可以出售给研究人员，利润在参与用户之间分配，利益的多少与用户提供的数据的质量和数量有关，因而这种策略可以鼓励用户提供更多更高质量的数据。Healthbank 的主要目标之一是健康研究，因此，数据质量必须满足特别高的标准。然而，数据的数量和质量仍然直接取决于平台用户上传的数据量和类型，对数据的经济激励措施的引入，是否会影响数据质量仍然存在疑问。

Healthbank 高度重视用户保护。用户可以设置数据共享的程度，以及与谁在何种类型的研究共享，因而有利于增加用户数量、提高用户对平台的信任度。Healthbank 也允许用户/成员通过大会参与合作决策，用户可以决定是否共享他们的数据，以及他们愿意参与哪些研究，他们还可以选择与健康提供者和朋友分享他们的记录。此外，平台还会及时告知用户每次数据使用的情况。[①]

（3）MIDATA 平台。MIDATA 为瑞士数据合作社，专为国际应用而设计，同时确保公民对其个人数据的控制。该平台支持授权特定数据用户，如研究人员和制药公司，安全存储和控制对成员数据的访问。该平台涉及的数据不仅限于健康数据，还包括所有个人数据，例如消费、健身、地理位置和财务数据，使用移动设备生成的数据也可以直接导入平台。该平台通过对个人数据集的多次加密来解决用户数据安全问题，并且只有成员才拥有自己数据的密钥。这种数据架构可以提高数据安全性和隐私性，因为除非用户明确授权，否则包括管理团队成员和其他科学合作伙伴在内的任何人都无法访问成员的数据。

MIDATA 平台的安全性已经经过三家独立公司测试证明，此外，该平台提供开放式代码软件，增强了其透明度。MIDATA 旨在使任何人，无论他们的地理位置如何，都可以共享他们的数据集，用于科学研究和

---

① Riso, B., Tupasela, A., Vears, D. F. et al, 2017: "Ethical Sharing of Health Data in Online Platforms-which Values Should Be Considered?", *Life Sci Soc Policy*, Vol. 13, No. 1, p. 12.

个性化服务。MIDATA 模型，允许基于具有法律约束力的合作社，建立区域或国家数据合作社。此外，不同国家的合作治理，由于原则之间的广泛相似性，MIDATA 采用类似的章程，将使在共同信任环境中的全球研究成为可能。MIDATA"以公民为导向"这一事实，解决了可信赖问题，意味着数据安全存储和共享平台，同时也是其用户的人所拥有，并组织为数据提供商的合作。MIDATA 强调伦理委员会作为促进信任的一种方式，所有研究人员的研究必须得到批准，或者由相关的伦理委员会或 MIDATA 伦理委员会批准，这是一项尚未实施的合作职能。MIDATA 推广两级用户代理。第一级是个人层面，涉及作为信息控制和个人自治的隐私。该平台包括软件工具，允许个别"或特定用户"最终用户，例如，医生、家庭成员、朋友、研究人员、医药公司，可访问其数据的特定子集。第二级是集体的，来自拥有数据交换平台的合作社中的成员。机构作为个人自由共享数据和基于合作成员的机构之间的综合，是通过"宪法"治理模式实现的：合作章程得到大多数成员的批准，并建立了一个对所有人具有约束力的伦理规则框架。允许个人用户参与各种未经这些共同规则明确禁止的数据交换，并由伦理审查委员会授权。成员还可以决定合作社的剩余收入（如有）的用途，例如，研究、信息、教育等，尽管这些方案的确切程序尚未明确。合作社不向成员分配任何收入，用户的利益包括改进服务，而不是控制其数据的二次使用的可能性。此外，成员不得通过平台单独交换数据。从用户费中获得的收入仅可用于支付运营成本、偿还贷款，或改善平台服务本身。私人投资者不能投资或购买合作社的经济股份，只允许名义上的"参与股票"，且不能出售和没有经济奖励。MIDATA 目前由瑞士大学资助，私人贷款和科学研究资助项目提供资金。在启动阶段之后，MIDATA 计划通过合作成员的个人数据访问（成员同意使其可访问）实现经济可持续性。[①]

（4）EPGA 平台。EPGA 是一个希腊的平台，旨在将药物基因组学信息转化为具有临床意义的数据。它主要针对三类用户群：健康专业人员、生物医学研究人员和个人。如其网站所述，平台目标是提供一个"一站式"的用于药物基因组学知识的记录、处理、同化和共享的平

---

① Riso, B., Tupasela, A., Vears, D. F. et al, 2017: "Ethical Sharing of Health Data in Online Platforms-which Values Should Be Considered?", *Life Sci Soc Policy*, Vol. 13, No. 1, p. 12.

台。平台上的数据有来自已建立的基因组数据库的信息，随后上传的基因组谱和三组平台用户（研究人员、临床医生或感兴趣的个人）的表型，创造一个不断发展的知识库。它依靠利益相关者，将基因型信息上传到数据库中。虽然研究人员可以查询数据库中的研究问题，但个别患者和医疗保健专业人员也可以获得根据提交的遗传信息提供的个性化建议。该平台旨在为缺乏药物基因组学培训的临床医生提供实用建议，将患者的基因组信息转化为具体的临床建议。例如，建议调整标准剂量。患者或健康个体也可以上传他们的基因组谱，并且可以接收关于他们的药物基因特征的提示。然而，该平台强调，它将要求临床医生根据这些信息提出临床决策建议。

在科学价值方面，该平台的开发由基因组科学家在完善的药物基因组学研究结果和数据库的基础上推动，平台旨在满足高标准的科学应用。该数据库通过"微量分配"系统，激励已建立基因组的研究人员做出贡献，以便他们的贡献在相关出版物中得到承认。该系统旨在实现一个目标，以研究为主导的数据库的扩展。

但是不受限制的访问也可能引发潜在的伦理问题。由于该平台仍处于初始阶段，因此它的可利用程度和吸引力仍有待观察，这将决定其最终的科学效用。为确保用户受到保护，个人用户在上传基因组和其他信息时会创建受密码保护的配置文件。从公众可获得的信息来看，其他安全功能的确切类型和范围仍然不明确。数据共享可能导致基因组学平台的安全和隐私问题。① 伦理价值是成功的数据共享机制不可或缺的组成部分。确定伦理上负责任的数据共享所需的核心价值，也突出了技术的发展不是无价值的。我们认为，以下六个核心价值，对于数据共享至关重要：科学价值、用户保护、促进用户代理、可信赖性、效益和可持续性。

（1）科学价值。在讨论在线数据共享平台的科学价值时，我们指的是数据的质量、数量和可访问性需要满足相应的标准，从而使数据共享符合伦理和道德的要求。数据质量涉及准确性、可靠性、完整性和一致性等参数。它还指通过收集数据在数据集中引入偏差，数据量采集具

---

① Riso, B., Tupasela, A., Vears, D. F. et al, 2017："Ethical Sharing of Health Data in Online Platforms-which Values Should Be Considered?", *Life Sci Soc Policy*, Vol. 13, No. 1, p. 12.

有收集和连接大型数据集的能力，我们需要一定数量的数据才能发挥作用，更大的数据集可能支持较小数据集所不支持的推论。但是，在数据质量和数据量之间可能需要权衡。① 许多平台可以实现大量数据的收集，但是由于规模大，数据质量可能不太可靠，缺乏完整和一致性。需要注意在数据可访问性和用户保护之间考虑权衡，因为共享数据的机会越多，数据被滥用的概率就越大。

（2）用户保护。虽然"用户保护"一词通常用于隐私，但在伦理上负责的、基于健康数据共享的背景下，我们认为用户保护还可以包括保护用户的尊严，保护用户的机密性、数据安全性和知情同意。每个人的基本权利都应该得到重视，如果我们的隐私受到侵犯，我们的尊严可能会受到损害。此外，知情同意旨在防止未经授权，未被充分理解或与数据捐赠者的价值观和承诺相冲突的数据使用行为。②

（3）促进用户代理。促进用户代理，意味着促进用户自治，按照他们的能力及其价值观、承诺和生活目标，个人自我管理并做出决策。增强用户代理通常与授权相关联，并在平台为其用户提供相关功能时得到提升。这些功能包括沟通、教育和知情同意。其他人不应被授权以与我们的价值观、目标、观点和生活计划不一致的方式，为我们或以我们的名义做事。一个相关的问题是，如果我们的遗传数据在未经我们同意的情况下被用来帮助他人，我们的自主权是否会受到侵犯。但是，自治可能并不总是最重要的价值。例如，当参与者面临的身体和隐私风险微乎其微、有适当的保障措施（如匿名化），并且数据被用于促进公共卫生（或其他公共产品）时，即使将数据或生物样本重新用于最初收集目的之外的其他目的，也可能被认为在道德上是恰当的。此外，各种调查显示，绝大多数人愿意提供他们的基因数据和生物样本，因为这样能够实现上述更大范围的目的。

（4）可信赖性。可信赖性是人际关系的一个特征，在我们对其他人的未来行动缺乏确定性的时候，恰恰需要这种关系。似乎依赖知情同意和其他措施来确保个人自主权未能获得信任。2013 年，英国启动了

---

① 陈仕伟，黄欣荣：《大数据时代隐私保护的伦理治理》，《学术界》2016 年第 1 期。

② Riso, B., Tupasela, A., Vears, D. F. et al, 2017："Ethical Sharing of Health Data in Online Platforms-which Values Should Be Considered?", *Life Sci Soc Policy*, Vol. 13, No. 1, p. 12.

医疗健康大数据旗舰平台 Care. data。Care. data 集中了最详尽的数据，包括全英国的家庭医生（general practitioner，GP）和医院记录的病历，以及社会服务信息。数据将用于除"直接医疗"之外的目的。英国 Care. data 计划中的一些方法强调了信任的重要性以及应该投入的努力，以便在获得他们的健康数据时保持公民的信任。因此，信任是道德上适合分享健康数据的必不可少的重要要素。它与透明度、管理及其决策信息的可获取性以及问责制密切相关。但是 Care. data 计划在 2016 年停摆，主要原因之一是患者的信息隐私和安全规则问题。

（5）效益。利益分配的公平性是与伦理上适当的健康数据共享相关的重要价值。效益涵盖效率和分配正义的因素，我们可以使基因数据或生物样本用于研究，并以这种方式实现共同目标。但是，这样的行为也可能符合我们自己的利益，因为作为个人可以从医学领域的发现中获益。为了确保利益的公平分配，在设计数据共享平台时应该建立适当的利益分享机制。数据共享也可能带来更广泛的社会目标，这与互惠的概念更加一致，数据产生的利益应该在生成数据所涉及的所有部分之间共享。根据罗尔斯的正义理论，每位公民的福利都依赖于良好运作的社会制度，社会制度内生产的优势分配始终嵌入在负责维护和维持社会制度的公民互惠关系之中，因此，这些互惠关系相当广泛，甚至可以延伸至未直接参与数据生成的人。[①]

（6）可持续性。在伦理上负责任的数据共享的背景下，可持续性是指平台将在足够长的时间内继续提供服务。通常可持续性是通过实际商业计划的手段，指明所需的长期资源来自何处，以及在终止或转让所有权或平台控制权时如何处理收集或生成的信息资源。可持续发展的一个问题涉及平台商业模式的普遍性。在我们生活的世界中，一个可持续发展的平台不应该完全依赖临时公共资金或慈善捐助者的慈善，但显然它通过为整个研究和产业生态系统提供更广泛的利益而产生收入。可持续性与利益和公平问题密切相关，并且可能需要在不同的期望特征之间进行权衡。[②]

---

① Riso, B., Tupasela, A., Vears, D. F. et al, 2017："Ethical Sharing of Health Data in Online Platforms-which Values Should Be Considered?", *Life Sci Soc Policy*, Vol. 13, No. 1, p. 12.

② Riso, B., Tupasela, A., Vears, D. F. et al, 2017："Ethical Sharing of Health Data in Online Platforms-which Values Should Be Considered?", *Life Sci Soc Policy*, Vol. 13, No. 1, p. 12.

在设计和执行数据挖掘和分析之前，应积极寻求并实践从新技术工具中获得的伦理原则和科学发现之间的平衡。在挖掘和检索社交媒体大数据的过程中，除了满足对数据感兴趣的研究人员的需求之外，重要的是要平衡从用户的角度理解数据隐私，以提供更广泛的公共卫生利益。从用户的角度考虑伦理问题是一种有用的做法，例如，从用户的心理状态考虑信仰和优先级。透视是一种以他人为中心的社会认知过程，包括对目标对应者的心理和认知状态进行模拟和推理。从技术上讲，这些信息对加入组的其他人是可用的。在这个特定的场景中，社交媒体用户和研究人员，在数据挖掘和分析时对社交媒体数据的访问程度存在感知上的差异。考虑到这种感知上的差异，未能事先沟通研究目的和数据保护计划，可能会让用户感到受骗或被操纵。[①]

在数据挖掘和检索之前，我们希望人们理解伦理期望和伦理损害的概念，这是通过研究活动中的风险水平与科学发现的价值之间的对比来评估的。除了重新识别对受试者的机密性和隐私、数据安全和保护之外，还应该对为后续目的进行的研究活动，与相关网站的政策和使用条款之间的遵守情况，给予额外的谨慎思考。[②] 科研人员还负责传播从社交媒体大数据中提取的研究结果，即使个体层面的数据成功匿名化，通过特定的地理特征仍可描述参与者，比如社会经济地位、身体状况、风险行为，或结合这些特点会导致对某些群体的歧视和偏见，进而可以揭示这些群体的危害和风险。与使用社交媒体大数据的研究成果相比，社交媒体大数据驱动的健康研究的伦理协议和指南的发展相对缓慢。这些挑战要求对基于社会网络的社区的动态具有特殊的敏感性，并且只能通过谨慎地参与伦理决策过程来解决，包括前瞻性地设计研究和回顾性地学习相关文献中的伦理实践。

## 第三节　数据安全

"知识就是力量"是一句古老的格言，在当今的信息时代已经被证

---

① Mittelstadt, B. D, Floridi. 2016: "The Ethics of Big Data: Current and Foreseeable Issues in Biomedical Contexts", *The Ethics of Biomedical Big Data*, pp. 445–480.

② 段伟文：《大数据知识发现的本体论追问》，《哲学研究》2015 年第 11 期。

明是正确的。知识来源于对信息的访问。从大量数据中收集信息已经变得尤为重要。数据安全与算法息息相关，而数据流通过程中极易引发安全问题，数据流通常是指从初始生成点开始，通过一个或多个系统对数据进行处理，最终生成预期目的的信息，为二次利用创造机会。然而，这种数据流通与真实的食物链相似。任何步骤中的偏差都会影响整个数据系统。就目前的技术条件而言，数据一般是最容易保存和传递信息的手段，通过互联网产生、记录、传播和使用的数据已经形成指数增长，原本难以被运用的数据体现出新的功能。因此，信息与数据的关系越来越密切，信息安全问题也逐渐转化为数据安全问题。[①]

随着互联网技术的显著发展，智能医疗的普及已定期浮出水面。智能医疗利用先进技术全面改造传统医疗体系，使医疗更加高效、便捷、个性化。不幸的是，医疗数据安全是智能医疗系统中的一个严重问题，这成为一个根本性的挑战，需要制定有效的创新战略以满足医疗需求并支持安全的医疗转移和交付。不论是在欧美发达国家还是在我国，医疗机构、保险公司以及医护人员均有保护就医者隐私的法定义务。但医疗机构内部管理存在一定的漏洞，有可能导致患者隐私数据泄露。另外，我国正在致力于建立标准化电子病历，以达到区域或全国医疗信息共享，也会面临隐私数据泄露的问题。医疗领域的科研人员往往对于去标识化相关知识比较欠缺，仅能根据常规手段处理直接标识符。需要注意的是经过常规手段去标识化后的个人数据也不一定是安全的。因为随着信息技术的发展，大数据分析能力越来越强大，尤其是医疗行业，正朝着多源交叉分析的方向发展，分析人员更容易通过关联分析挖掘出更多的个人信息，从而增加隐私信息泄露的危险。[②]

## （一）数据安全问题的成因及其表现

长期以来，人们一直认为大数据将大幅改善医疗保健。但什么是大数据，为什么它很重要？大数据通常由"三个 V"定义：体积（大量

---

① 杨蓉：《从信息安全、数据安全到算法安全——总体国家安全观视角下的网络法律治理》，《法学评论》2021 年第 1 期。

② 郭强，王乐子，母健康等：《医疗数据信息安全政策研究》，《医学信息学杂志》2020 年第 1 期。

数据)、速度（高速访问和分析）和多样性（跨个人和数据类型的大量数据异构性），所有这些都出现在医学数据中。我们可以将大数据的研究应用分为两组，长期实践的分析方法和使用机器学习及人工智能的更新方法。大数据能够对医疗质量和效率进行更有力的评估，然后可以用来促进医疗保健的改进。目前，许多医疗保健仍然相对未被跟踪和分析，在治疗无效、大量浪费和医疗错误的持续证据中，了解什么有效、什么无效对系统改进至关重要。

数据的安全性是医疗大数据共享的前提，但保护医疗数据的安全相对困难。第一，医疗大数据容易受到黑客或网络病毒的攻击。传统的隐私保护技术，如密码访问、差异隐私、身份匿名和用户访问控制，不足以保护数据安全。第二，医疗大数据具有很高的学术研究和商业应用价值。当数据形成的竞争力被异化为资本时，就很容易造成数据的非法盗用。第三，用户法律意识薄弱，保护意识较低。许多用户往往未能按照规定对共享数据进行保护，甚至出售数据，导致数据安全受损。[①]

与传统的信息安全问题相比，大数据时代的信息安全也有着新的特点，也面临着新的问题。首先，大数据的信息安全问题涉及用户隐私问题。在大数据背景下，用户数据构成了信息的核心与来源，当用户利用互联网技术进行活动时，大量的个人信息会被收集并存储于网络空间中。如果这些数据未能得到妥善管理和保护，就极有可能导致严重的隐私泄露事件。因此，如何确保用户数据的安全，防止个人信息被非法获取和滥用，成为大数据安全领域亟待解决的关键问题。[②] 其次，大数据的信息安全问题涉及信息可信性问题。虽然普遍观点认为数据等同于客观事实，但实际上，未经严格筛选的数据同样具有误导性。在大数据环境中，一种常见的威胁是通过制造虚假数据来构建特定的"现实"场景，从而引导决策者做出有利于数据操纵者的判断。此类行为不仅可能导致错误的分析结果，还可能削弱大数据作为决策支持工具的有效性和可靠性。[③] 此外，机器学习技术及人工智能领域的迅猛发展，为医疗行业带来了前所未有的机遇，包括优化资源分配、提高疾病诊断精度等

---

① 陈少敏，陈爱民，梁丽萍：《医疗大数据共享的制约因素及治理研究》，《卫生经济研究》2021 年第 9 期。

② 冯登国，张敏，李昊：《大数据安全与隐私保护》，《计算机学报》2014 年第 1 期。

③ 冯登国，张敏，李昊：《大数据安全与隐私保护》，《计算机学报》2014 年第 1 期。

方面。

　　与此同时也引发了关于数据安全也与算法偏见等问题的讨论。偏见通常指向某个人或群体的不公平的信念或行为。偏见是人类生活的一个特征，与偏见相关的类似概念还有刻板印象、歧视、隐含或潜意识的信念、心胸狭隘等。人们普遍认为偏见是一种必须克服的负面现象。然而，将有偏见的态度或信仰的自然倾向归类为伦理上的正确或错误，并不是这里讨论的主要问题。相反，我们在此关注偏见何时以及如何影响决策过程，当个人做出有偏见的决定，或偏见妨碍客观考虑问题或情况时可能会出现伦理问题。偏见是一个广泛存在于大数据医疗中的问题，其可能源于个人或团体接受的教育或医疗质量，在数字时代偏见经常被编码并通过机器学习算法表现出来。①

　　人工智能领域的偏见问题已经成为一个广泛关注的话题。AI 系统的决策往往基于大量的历史数据进行训练，而这些数据本身可能包含了社会中存在的各种偏见和不公平现象。例如，有报告指出某些搜索引擎在展示高薪技术职位时，更倾向于向男性用户推荐，而非女性用户，这反映了性别偏见的存在。② AI 算法通常是通过解析大型在线信息数据集所创建的，同时包含众多群众提供真实的标签。这些算法可能是学习并对该学习采取相关行动，但它们掺杂了一些渗透到我们社会的普遍偏见。在数据集中，可以找到反映我们自己隐含的偏见模式，并在此过程中强调并强化这些偏见。③ 2010 年，面部识别算法难以识别非白种人面孔的问题被媒体曝光，黑人用户反映其网络摄像头无法检测到他们的脸。尽管有人认为这是技术早期的局限，但此类错误确实可能导致种族歧视，并强调了在更广泛用户群体中进行深入测试的必要性。几年后，谷歌的照片应用将黑人用户误标为"大猩猩"。2016 年，AI 首次用于国际选美比赛评选，结果 44 位获奖者中有 36 位是白人，显示了算法在处理种族多样性方面的不足。此外，自动护照申请系统无法正确识别亚

---

①　Sharon, T. 2017: "Self-Tracking for Health and the Quantified Self: Re-Articulating Autonomy, Solidarity, and Authenticity in an Age of Personalized Healthcare", *Philos. Technol*, Vol. 30, pp. 93 – 121.

②　Howard, A., Borenstein, J. 2018: "The Ugly Truth About Ourselves and Our Robot Creations: The Problem of Bias and Social Inequity", *Sci Eng Ethics*, Vol. 24, pp. 1521 – 1536.

③　Howard, A., Borenstein, J. 2018: "The Ugly Truth about Ourselves and Our Robot Creations: The Problem of Bias and Social Inequity", *Sci Eng Ethics*, Vol. 24, pp. 1521 – 1536.

裔用户的睁眼照片，持续提示"眼睛闭着"。①

数据安全问题又表现为技术安全。例如在可穿戴医疗设备中，可穿戴医疗设备高度依赖 IOS 和 Android 等系统，而系统漏洞很容易受到黑客攻击，导致私人数据泄露。在数据采集过程中，由于缺乏对设备和数据权限的控制，用户无法选择单独关闭传感器或取消数据采集，因此很难授权查看和使用数据。在数据传输过程中，医疗可穿戴设备的局域网地址基本固定，使用相对简单的数据格式传输采集到的数据值或图片，并且缺少多种加密数据模糊措施，导致其他设备易于与其连接并获取数据信息。② 同时，数据安全也与数据管理密切相关。管理上的漏洞导致的用户数据泄露问题频发，各种设备产生的数据传输格式、加密和保密、集成平台接口和数据传输协议缺乏统一的行业标准，增加了数据管理的难度，由此出现了信息孤岛和隐私保护等一系列问题。

医疗大数据从不同来源收集，并超出传统应用处理分析能力的复杂医疗数据，在疾病发展预测和医疗辅助决策等方面提供了准确性。大数据信息的价值非常重要，数据分析面临的主要挑战之一，是需要新技术搜索隐藏信息的相关性关系。③ 在这种情况下，通过机器学习挖掘数据价值潜力，将引发一些新的现实问题和伦理挑战。

通过分析大型数据集中的数据相关性，可以做出基于个人在线行为的推断，这些推断可以在没有直接提供个人数据的情况下"创建"个人数据。这种方法使得获得医疗信息的大型数据库的保险公司"挑选"那些健康且医疗服务需求较低的人群。然而，还有另一个可能更具争议性的问题。许多公司或机构可能会对医疗记录中包含的个人信息和敏感信息感兴趣，公司不希望雇用不具备生产力和有健康问题的工人，或者向保险公司缴纳昂贵的医疗保险费用，例如残疾人或者生活需要长期护理的人群。如果研究数据库中包含的健康信息可以与数据主体的名称相关联，那么有权限访问数据的人理论上可以将其出售或分发给感兴趣的第三方，综合所获得的个人数据将包括精神病记录、生殖和性病史、

① Howard, A., Borenstein, J. 2018: "The Ugly Truth About Ourselves and Our Robot Creations: The Problem of Bias and Social Inequity", *Sci Eng Ethics*, Vol. 24, pp. 1521-1536.

② Dawei, J., Guoquan, S. 2021: "Research on Data Security and Privacy Protection of Wearable Equipment in Healthcare", *Journal of Healthcare Engineering*, No. 2021, p. 6656204.

③ 黄欣荣：《大数据哲学研究的背景、现状与路径》，《哲学动态》2015 年第 7 期。

HIV 状况、癌症等严重疾病等。如果发现具有特定血统的个体比其他个体更容易患某种特定疾病，则可能会出现群体耻辱感。例如，BRCA1 和 BRCA2 遗传异常会造成乳腺癌和卵巢癌的风险增加，并且在德系犹太人中更常见。当开展基因检测研究以鉴定 BRCA1 和 BRCA2 突变时，犹太社区的一些成员担心犹太人会被认为有基因异常遗传病。

### （二）如何保护数据安全

医疗数据包括医疗信息，如患者基本信息、临床数据、医生的书面说明和处方。目前，医学领域正在广泛使用诸如捕获设备、传感器和移动应用程序等新技术，不断积累更多的医学知识或发现，收集基因组信息变得更便捷。因此，X 射线、CT 和 MRI 扫描结果、手术和植入物结果、实验室记录、基因组信息、药物信息、保险明细和其他患者相关数据等医学图像不断被纳入医疗数据库。医疗数据库的容量呈指数级增长。由于智能医疗系统与先进的可穿戴设备、物联网和移动互联网高度连接，有价值的患者的信息和其他重要的医疗记录很容易通过公共网络传输，个人患者信息和临床记录也存储在医院医疗中心的现有数据和本地服务器上。这些信息不仅为医疗专业人员对患者做出正确决策提供了参考，也为其他专业人员进行有效治疗和制订正确诊断的未来计划提供了依据。然而，令人担忧的是，医疗数据的窃取和滥用问题在当今社会频繁发生，这些问题不仅严重侵犯了患者的隐私权，还可能对个人健康和社会公共安全造成深远的影响。目前，尽管已有不少关于数据保护的规定和标准出台，但在实际操作中，仍然存在授权人员检索数据后未能有效保障患者隐私的情况，这反映出相关部门或行业协会制定的政策和措施尚未完全落实到位。一方面，医疗行业的数字化转型加速了数据的流通和共享，这为提高医疗服务质量和效率带来了巨大机遇。但另一方面，这也意味着患者敏感信息面临更多的暴露风险。例如，黑客攻击、内部人员违规操作等事件屡见不鲜，这些都直接威胁到了医疗数据的安全性。[1]

数据安全问题突出表现之一为隐私问题。众所周知，隐私的概念很难界定。目前主流的观点是将隐私与具体环境相联系。有一些关于信息如何流动的环境规则，这些规则取决于所涉及的参与者、访问信息的过程、访问频率以及访问目的。当这些环境规则被违反时，就会侵犯隐私。这类违规行为可能是因为错误地获取了参与者信息，违反了获取信息的过程，或者获取信息的目的不恰当等。此类违规行为存在问题的规范性原因可以简要分为两类后果论和道义论关注。有两点需要注意：首先，一些侵犯隐私的行为在这两个类别中都会引发问题。其次，我们讨论的一些问题也存在于"小数据"收集方面。然而，大数据环境往往会增加受影响的人数、影响的严重程度，以及受害个人采取预防或自助措施的难度。[2]

后果主义的担忧源于影响隐私被侵犯者的负面后果。这些可能是有形的负面后果——例如，由于隐私被侵犯，一个人的长期护理保险费会因现有的额外信息而上涨，一个人会遭受就业歧视，或者一个人的 HIV 状态被社交圈中的人所知，或者这些可能是与知道私人医疗信息"存在"并可能被他人利用相关的情绪困扰：如果一个人认为自己现在容易被身份盗窃，甚至在身份被滥用之前，就会增加焦虑的可能性。

道义论上的担忧并不依赖于产生负面后果。即使没有人使用某人的信息来攻击此人，或者此人从未意识到发生过侵犯隐私的行为，也会表现出对隐私侵犯的担忧。即使一个人没有受到伤害，他也可能因侵犯隐私而受到委屈。例如，假设某个组织肆无忌惮地或无意中获得了某人存储在智能手机上的数据的访问权限，作为更大数据拖网的一部分。在查看了它（包括拍摄的令人尴尬的个人疾病的照片）后，该组织认为这些数据对他们来说毫无价值，并销毁了记录。当事人从来没有发现过这件事。那些审查数据的人生活在国外，永远不会遇到当事人或任何认识他的人。很难说其受到了后果主义意义上的伤害，但许多人认为，失去

---

① Singh, A. K., Anand, A., Lv, Z. et al, 2021: "A Survey on Healthcare Data: A Security Perspective", *ACM Transactions on Multimidia Computing Communications and Applications*, Vol. 17, No. 2s, pp. 1 – 26.

② Price, W. N., Cohen, I. G. 2019: "Privacy in the Age of Medical Big Data", *Nature Medicine*, Vol. 25, No. 1, pp. 37 – 43.

对数据的控制，即入侵本身就是伦理问题，即使没有伤害也是一个道义问题。[①]

数据安全的另一大挑战在于如何在数据孤岛与海量非结构化数据间建立不同数据集之间的互操作性。医疗数据被广泛用于多种目的，这不仅对科研人员构成挑战，也同样困扰着那些依赖非自身收集的数据的使用者。为了确保数据驱动的医疗保健能够发挥其应有的价值，满足临床决策支持、疾病预防与控制等方面的期望，我们必须更加深入地理解数据质量问题。这包括数据的准确性、完整性、时效性以及一致性等多个方面。同时，还需要在整个数据生命周期中嵌入足够的控制机制，从数据的收集、存储、处理到应用，每一个环节都要进行严格的管理和监控。基于上述背景，我们从以下两个方面对医疗大数据挖掘和数据分析中可能出现的数据安全问题进行深入分析：

一方面，是数据孤岛与互操作性问题导致的安全隐患。由于医疗数据的分散存储和格式多样，不同数据集之间的互操作性较差，这可能导致数据在整合和分析过程中出现错误或遗漏，进而影响数据的准确性和可靠性。长期以来，研究人员一直将常规卫生保健数据视为一个潜在的金矿，把其视为可有效解决许多现实医疗问题的有效手段。在英国已经使用常规的、匿名来源的初级护理数据的研究经验，也汇集了从多个实践和与特定的电子健康记录的数据系统。荷兰也有类似的情况，在20世纪90年代初荷兰卫生服务研究所开发了荷兰全科医学信息网络，现在命名为 NIVEL 初级保健数据库。[②] 这些数据库提供了关于卫生服务使用和人口卫生发展的宝贵信息。在美国没有使用常规匿名数据的传统，很大程度上是因为健康保险流通与卫生责任法案法规，限制来自不同数据源的数据。数据所有者希望控制其数据的使用，这使得构建大型集中式数据库变得更加困难。近年来，出现了新的网络和信息学工具，随着越来越多的数据可用，使用大规模分析技术，如数据挖掘或机器学习成为可能，并且利用这些数据的研究项目也得到了广泛的资助。在这样的系统中，使用报告、决策支持系统或任何其他类型的反馈方法，分析常

---

① Price, W. N., Cohen, I. G. 2019: "Privacy in the Age of Medical Big Data", *Nature Medicine*, Vol. 25, No. 1, pp. 37 – 43.

② O'Doherty, Kieran, C. et al, 2016: "If You Build It, They Will Come: Unintended Future Uses of Organised Health Data Collections", *BMC Medical Ethics*, Vol. 17, No. 54, pp. 1 – 16.

规健康数据并将其反馈给提供数据的卫生保健提供者和患者，这些数据也被用于与临床实践或卫生政策相关的研究。

然而，人们普遍认为，为一个目的收集的数据可能不适合另一个目的，在使用或重用 EHR 数据时需要考虑一些严重的问题。有一些意见认为，数据应只用于收集数据的目的，如果在收集数据之前没有一个明确的目的，数据就不应该被使用。另一种观点认为，如果数据适合于其在运营、决策和规划方面的预期用途，那么它们就是高质量的。[①] 正是后一种数据质量的定义，使数据的使用或重用成为可能。例如，电子医疗记录，对于研究目的而言也变得越来越重要。然而，由于错误记录或缺少标识符的错误可能导致偏差结果。此外，电子健康数据库之间记录的联系对于研究目的而言变得越来越重要，因为不同级别的电子信息可以相对快速和廉价地组合。这种数据链接的成功取决于数据质量，在链接过程中发生的错误（错误匹配和错过匹配）可能导致偏差结果，尽管基于链接数据的研究中的这种偏差的程度难以衡量。[②]

当数据中没有完整或准确的唯一标识符时，通常概率匹配权重用来衡量不同文件中记录之间的相似性。匹配权重表示在给定的一组标识符会使用相同的情况下，记录匹配的可能性。通常，如果权重超过指定的截止阈值（最高权重的分类），则通过保留具有最高权重的候选者，将记录分类为链接或非链接。阈值的选择直接影响错误匹配的数量和数据中的匹配错误。基于概率性的链接数据可能基本都有偏差，但在真实的链接时代背景下情况并非如此。特别是，当医院之间的标识符错误率不同时偏差最大。需要承认这些潜在的偏见来源，以确保基于相关电子健康数据的透明研究。

另一方面，是数据质量与控制机制不足带来的风险。医疗数据的复杂性和多样性使得数据质量控制成为一项艰巨的任务。如果数据在收集、处理或应用过程中存在错误或偏差，那么基于这些数据得出的结论和决策将可能误导临床诊断和治疗方案的选择。此外，缺乏有效的数据控制机制还可能导致数据的非法访问、篡改或删除等安全问题，严重威

---

① O'Doherty, Kieran, C. et al, 2016: "If You Build It, They Will Come: Unintended Future Uses of Organised Health Data Collections", *BMC Medical Ethics*, Vol. 17, No. 54, pp. 1 – 16.

② Gilbert, G. L., Degeling, C., Johnson, J. 2019: "Communicable Disease Surveillance Ethics in the Age of Big Data and New Technology", *Asian Bioethics Review*, Vol. 11, No. 2, pp. 173 – 187.

胁到医疗数据的完整性和安全性。

在数据收集阶段，如果缺乏统一的标准和流程，就可能导致数据的不完整、不准确或存在偏差。例如，不同的医疗机构可能采用不同的数据编码标准，使得相同的信息在不同系统中呈现出不同的形式，增加了数据整合的难度。此外，由于医疗数据的敏感性，数据收集过程中还需要严格遵守隐私保护法规，确保患者的个人信息不被泄露。在数据处理阶段，数据清洗、转换和标准化等步骤至关重要。然而，由于医疗数据的复杂性，这些步骤往往耗时费力，且容易出错。如果处理不当，就可能导致数据的丢失、重复或错误分类，进而影响后续的数据分析和应用。此外，随着医疗技术的不断进步，新的数据类型和来源不断涌现，如可穿戴设备产生的健康监测数据、远程医疗产生的视频通话记录等，这些新数据类型的处理也带来了新的挑战。在数据应用阶段，如果基于不准确或存在偏差的数据进行决策，将可能导致临床诊断和治疗方案的误判。例如，基于错误的实验室检查结果制订治疗方案，可能会对患者造成不必要的伤害。此外，缺乏有效的数据控制机制还可能导致数据的非法访问、篡改或删除等安全问题。这些安全问题不仅威胁到医疗数据的完整性和安全性，还可能引发医疗纠纷和法律风险。

针对数据安全问题，我们将讨论四种最流行的安全技术的基本概念，如加密、生物特征隐写、数字水印和医疗数据区块链。

（1）加密。密码技术提供了重要的安全组件，如数字数据的机密性、完整性和身份验证。这是一种将数据的信息值编码为未经授权的用户无法读取的密码技术。一些加密技术，如非对称和基于对称密钥的加密方案，已被开发出来以实现预期目标。在非对称方法中，使用公私密钥加密和解密，如果某些数据是使用公钥加密的，则只能使用相应的私钥对其进行解密。在对称方法中，加密和解密过程只需要一个密钥。然而，在这两种基于密钥的加密系统中，密钥的维护、分发和交换都是非常具有挑战性的任务。对称加密技术还面临中间人攻击的问题。[1]

（2）生物特征隐写。生物计量学是一门根据个人的物理、化学或

---

① Singh, A. K., Anand, A., Lv, Z. et al, 2021: "A Survey on Healthcare Data: A Security Perspective", *ACM Transactions on Multimidia Computing Communications and Applications*, Vol. 17, No. 2s, pp. 1 – 26.

行为特征确定个人身份的科学。生物特征的常见例子有 DNA、步态、指纹、虹膜、掌纹、脸、气味、签名、视网膜、声音等。生物识别系统通常以两种模式运行：验证和识别模式。在验证过程中，系统通过将捕获的生物特征信息与数据库中存储的个人生物特征相匹配来验证个人身份。因此，验证系统会进行一对一的比较，以确定个人的身份。在识别模式下，系统通过搜索数据库中所有用户的信息来识别一个人。因此，验证系统进行一对多比较，以确定个人身份。现在，生物特征被用于增强医疗应用中患者数据的安全性和隐私性。①

（3）数字水印。数字水印是一种常用的技术，用于为健康数据提供版权保护和内容认证。在这种技术中，不同种类的医疗数据和患者信息被插入到医疗图像中，以确定所有权并保持完整性，同时保持封面数据的视觉质量。此外，医学图像水印还提供了防篡改、访问控制、所有权认证、不可否认性、索引等保护，并节省了内存和带宽需求。从各种调查中可以确定，不可感知性、容量是任何水印技术的基本要求。此外，计算成本、关键限制、假阳性率和回火防护同样重要。②

（4）区块链。区块链是近年来兴起的一项创新技术，它通过一种去中心化的方式记录和验证交易信息。这项技术的核心在于其独特的数据结构设计——将交易信息分组为固定大小的单元，称为"区块"。每个区块不仅包含了若干笔交易记录，而且还通过加密算法链接到前一个区块，形成一条不断延伸的时间链。这样的设计确保了所有交易记录的不可篡改性和可追溯性。区块链技术意味着不再需要依赖于传统的中央权威机构来保证交易的安全性和有效性。取而代之的是，网络中的每一个参与者共同负责维护系统的完整性和安全性。此外，由于采用了先进的密码学技术和分布式架构，区块链能够有效地抵御恶意攻击和数据篡改，为用户提供了更高水平的安全保障。

总之，大数据带来了新的安全问题，但它自身也是解决问题的重要

---

① Singh, A. K., Anand, A., Lv, Z. et al, 2021: "A Survey on Healthcare Data: A Security Perspective", *ACM Transactions on Multimidia Computing Communications and Applications*, Vol. 17, No. 2s, pp. 1 – 26.

② Singh, A. K., Anand, A., Lv, Z. et al, 2021: "A Survey on Healthcare Data: A Security Perspective", *ACM Transactions on Multimidia Computing Communications and Applications*, Vol. 17, No. 2s, pp. 1 – 26.

手段。在当今大数据医疗时代，如何从非结构化、不完善的数据中提取有意义的客观信息已经成为一个真正的挑战，这要求我们从海量相关数据中进行有限排序，消除安全威胁并制定有效的数据挖掘和分析框架，以实现对数据的更好利用。

# 本章小结

大数据医疗的伦理问题复杂而深刻，主要体现在数据孤岛、数据滥用以及数据安全三大方面，这些问题不仅关乎个人隐私保护，更直接影响医疗服务的效率与质量，以及医疗科研的可靠性。在大数据医疗领域，数据孤岛现象是一个普遍存在的问题。由于不同医疗机构之间缺乏有效的数据共享机制，导致医疗数据流通受限，难以支持医疗智能分析和决策等应用。为了解决这个问题，需要建立跨机构的数据共享平台，促进医疗数据的互通互联。此外，与传统医疗数据相比，医疗大数据更容易遭受非法调用和转售的风险，从而提高了数据滥用的可能性。因此，需要加强对医疗数据的监管和管理，制定严格的数据使用规范和隐私保护政策。同时，需要加强技术手段的应用，如数据脱敏、加密等，确保医疗数据的安全性和隐私性，并思考如何让医疗大数据在开放中保持安全。大数据医疗的伦理问题复杂而多样，需从技术、法律、管理及伦理等多个维度入手，综合运用多种手段，构建大数据医疗伦理治理体系。通过加强数据安全技术研发与应用，完善数据安全管理制度，推动相关法律法规建设，加强数据安全伦理教育，以及构建数据安全监测与应急响应机制，确保医疗大数据在安全中开放、在开放中安全，推动大数据医疗行业的健康、可持续发展。

# 第五章　大数据医疗：共享伦理

　　如今，数据科学和深度学习推动了技术的进步，使收集和合并不同来源的大型异构数据集成为可能，从基因组序列到社交媒体，从电子健康记录到可穿戴设备等都包含着丰富多样的数据。大数据以容量大、类型多、存取速度快、应用价值高为主要特征，对全球生产、流通、分配、消费活动，以及经济运行机制、社会生活方式和国家治理能力等有重要影响。人工智能大数据方法应用到医学领域可以实现医工融合，包括自动筛选、疾病分诊、治疗优化、疾病预测等。[1] 此外，高性能计算支持的复杂算法，成功使人们将这些大型数据集转换为知识。尽管有了这样的进步，但是距离实现精准医学和精确的公共卫生干预措施，仍存在许多个人和群体的利益障碍。

　　自 2016 年至今，我国已出台多项文件，大力推进健康医疗大数据平台建设、挖掘应用与发展，目前已取得初步成效。但由于技术规范和自身特点等原因，健康医疗大数据在我国的应用仍存在一些问题，导致难以适应医疗行业的复杂特性，无法真正发挥其内在价值。[2] 在去个体化交往模式中，个体情感、价值、理念和尊严该如何凸显？与此同时，医疗数据类型多种多样，比如电子病历、医学影像、视频记录、文本日志等，这些数据既包含结构化数据又包含非结构化数据，如何对不同类型和来源的数据进行同类分析、有效挖掘，消除信息孤岛并有效进行信息共享？这些都是亟待解决的现实问题。

---

　　① 吴琼，杨宝晨，郭娜等：《人工智能大数据时代医学数据保护的思考》，《人工智能》2022 年第 1 期。

　　② 邢丹，姚俊明：《医疗健康大数据：概念、特点、平台及数据集成问题研究》，《物联网技术》2018 年第 8 期。

# 第一节　数据研究与匿名化

大数据为医学研究带来了巨大的益处。随着人们对于个人数据价值的认同越来越高，个人数据挖掘的趋势日益兴盛，其中与个人健康信息相关的数据伴随智能设备的发展，呈现出爆炸式的增长。伴随医学数据价值逐渐扩大而来的，除了为医学研究与个人生活带来的便利之外，还有人们对于信息匿名化的担忧，特别是与个体身份紧密相关的敏感信息。而个人隐私保护等权利诉求的增长，也开始成为数据收集和共享中的关注焦点。[①]

## （一）数据研究

有学者将健康医疗大数据分为 4 种类型，分别是：①临床大数据，主要包括电子健康档案、生物医学影像信息等可反映身体健康状况的数据；②健康大数据，例如健康医疗可穿戴设备存储的长期、连续的健康信息数据，通过社交媒体平台等途径采集的与个人健康相关的行为和生活方式等信息数据；③生物大数据，通过临床试验、生物医学实验等获得的相关研究数据；④运营大数据，指各类医疗机构、医疗保险机构及药店等的运营数据。[②] 大数据医疗区别于传统的数据样本分析医疗，其主要体现在以下三点：①大数据医疗数据捕获更全面，相对于一般现象下的研究，大数据医疗可以减少一些偏见，但是在应用过程中仍然需要进行重要的权衡，比如数据数量和数据质量之间的权衡；②大数据医疗的数据分析往往是使用机器学习工具，如神经网络（neural networks），其相对于传统的统计方法而言，可以使得系统随着时间的推移，捕捉到间接隐含的数据，但这仍然是黑匣子，很少能够揭示其中的因果关系；③大数据医疗数据分析的目的不再是简单地回答现有问题，而是提出全

---

① 董军，程昊：《大数据时代个人的数字身份及其伦理问题》，《自然辩证法研究》2018年第 12 期。

② 杨朝晖，王心，徐香兰：《医疗健康大数据分类及问题探讨》，《卫生经济研究》2019年第 3 期。

新的假说。基于此，如果运用正确，大数据医疗可以加快研究的进展。

大数据的研究方法在根本上与小型数据研究不同，使用大数据时，传统的研究结构、过程甚至设想都需要进行调整。由于大数据中数据的潜在价值是通过数据的重复多次使用实现的，这对数据隐私冲击最大，因此大数据医疗需要更广泛的数据管理。除此之外，由于数据资源的特殊性，我们还需要确认数据收集的正当性和必要性，以及数据可作为研究的重要部分，采用数据负责制，将更加激励和促进全面的数据共享。

### （二）数据的匿名化

使用医学数据时，临床患者的一般信息、影像资料、诊断结果和治疗方案都可能包含患者的隐私信息，侵犯患者隐私可能会造成重大伤害，也可能产生无法预期的后果。通过临床患者的诊疗信息记录，甚至可能让电脑黑客获取其隐私信息如联系方法、个人地址，甚至个人财务信息，这些信息的泄露可能会给患者的工作和生活带来很多的困扰甚至骚扰。医学人工智能大数据时代，需要重视医学数据隐私的保护问题。[1] 而数据"去主体化"在一定程度上避免了数据隐私保护和个人权利诉求的矛盾。匿名化作为数据"去主体化"的重要手段，其使用虽然能够有效规避数据隐私与个人权利之间的矛盾，但是却有可能引发潜在于数据分析背后的利益分配矛盾，如何在利用数据的同时，更好地促进个体健康利益保护，是数据匿名化和数据共享的必要前提。

#### 1. 匿名的困境

（1）技术风险。个人数据在收集阶段产生的风险会影响数据匿名化的合法性。如前所述，数据匿名化的本质是数据控制者对个人数据的再利用，那么数据匿名化就得以不损害数据主体的其他合法权益为前提。个人数据的收集是数据匿名化的前一阶段，非法收集数据会影响后期数据匿名化的合法性问题。虽然目前法律尚无明确规定数据匿名化的对象必须是合法收集的数据，但是根据诚实信用的法律原则，非法收集

---

① 魏立斐，陈聪聪，张蕾等：《机器学习的安全问题及隐私保护》，《计算机研究与发展》2020 年第 10 期。

的数据不能成为数据匿名化的合法基础，因此前期个人信息的收集对后一阶段的数据匿名化存在着影响。数据匿名化的剩余风险是指由于技术的不完美特性，经过匿名化技术处理之后的数据仍有可能被识别的风险。这种风险一方面来源于技术的不断进步，因为不能被当前技术手段识别的数据在将来也存在被识别的可能；另一方面是指由于技术的隐蔽性，数据控制者竭尽全力也无法获取当时条件下最先进的技术，可能会存在经数据控制者匿名化处理之后的数据被其他数据使用者识别的风险。[①]

（2）非技术风险。首先，匿名化不一定符合同意捐赠样本或数据的志愿者的利益。一方面，生物样本或数据一旦被匿名化，就没有人能够识别出生物样本或数据的来源。然而，隐私的核心要素是保持对个人信息的控制，一旦数据被匿名化，就削弱了参与者的自治价值，隐私便无从谈起。因此，匿名化对于个体隐私保护权利来说只是一种非保护性的防御机制。在基因组研究中，志愿者应了解数据保护细节，但匿名化限制了志愿者控制他们数据的能力，例如，谁有权访问他们的数据？在什么条件下可以访问？什么是安全级别等。此外，匿名化还拒绝了志愿者退出研究项目并将个人信息返回给志愿者的可能。另一方面，匿名化重点强调个人层面的伦理评估，忽视了对群体的影响，数据的归类计算和统计识别能够将单个的数据主体关联在一起，这有可能导致群体层面的偏好、兴趣、基因信息、行为方式等的暴露。[②] 在生物样本库研究中，匿名化是否能够为潜在志愿者提供足够的保障？要想防止群体层面的道德伤害，足够的保护水平是怎样的？这些都是需要深入探讨的。虽然研究参与者在利他主义和贡献的基础上参与研究项目，但是这些项目可能会让他们和家人处在隐私暴露的风险之中。

其次，匿名不利于医学研究。开放的数据库在整个生命科学领域具有巨大的潜力，而实现数据共享的前提是对参与者隐私的保护，而不当的数据保护将影响基因组数据和相关健康记录的收集和分配，对研究产生消极影响。这些情况引发了人们的思考，即目前对研究参与者隐私的

---

①　高颖，杜娟：《大数据时代数据匿名化的法律规制》，《情报理论与实践》2021 年第10 期。

②　董军，程昊：《大数据技术的伦理风险及其控制——基于国内大数据伦理问题研究的分析》，《自然辩证法研究》2017 年第 11 期。

保护是否适用于生物样本库研究和数据共享。由于匿名数据的研究被认为对参与者没有隐私风险，因此它不需要经过同意。这一观点早在2001 年由伊恩·埃利（Ian Ellis）和格雷姆·T. 劳里（Graeme T Laurie）两位学者提出，即如果在未经同意的情况下使用基因样本进行研究，那么需要保证基因采样的匿名化。然而，生物样本库数据收集的长期性和研究的溯源性，又反过来要求对相关主体进行"非匿名"处置。① 生物样本库研究的一个重要挑战是，研究人员如何在不损害捐赠者隐私的情况下，获取生物样本库信息系统中的数据。这样既让他们的研究不会被禁止，又可以确保捐助者的每一项数据仍然受到保护。目前的研究现状要加密、密码、匿名等信息技术进行数据保密，但是，在数据匿名化或是符号化的背后，研究参与者成为了虚拟的存在，他们的人格尊严如何体现？他们的利益需求如何表达？②

### 2. 匿名编码的争议

匿名编码可以有效地隔离明显的身份信息，研究人员对编码的数据保留了一段代码或密钥，其能够将数据与特定的个人联系起来，用来完成加密、解密、完整性验证等密码学应用。在健康科学领域，编码被普遍用于疾病、药物和标准类别的分类，其核心特征是，保持将实体数据与识别数据进行重新匹配的可能③。目前，国际上所有的指导方针都强调保护研究对象的隐私和对样本以及数据的保密的重要性。然而，对于编码的具体细节则很少提及，对编码的有效方式仍然存在争议。对于编码的方式，目前也尚无统一的标准。

（1）双重编码。单一编码为每种语言中的每个字符设定了统一并且唯一的二进制编码，以满足跨语言、跨平台进行文本转换、处理的要求，而双重编码则是由不同的程序员或小组，根据同一份规格说明书开发出功能上完全相同的程序的两个版本。相对于单一编码而言，双重编

---

① Ellis, I., Mannion, G. 2001: "Humanity Versus Utility in the Ethics of Research on: Human Genetic Material, *Genetis Law Monitor*, Vol. 1, No. 5, pp. 1–4.

② 单芳，桑爱民，薛琴等：《生物样本库研究的隐私保护问题及伦理反思》，《中国卫生事业管理》2020 年第1 期。

③ Lowrance, W. W. 2006, "Privacy, Confidentiality, and Identifiability in Genomic Research" *Discussion Document for Workshop Convened by the National Human Genome Research Institute*, pp. 3–4.

码能够更好地保护数据的机密性，这能够更有效地保护研究参与者的利益。从后果论的观点出发，双重编码是目前保护数据的比较好的方法。后果论的基本观点是，行为道德与否只取决于该行为本身的结果，如果这个行为能够给利益相关者带来最大限度的幸福，或是最大限度地减少痛苦，那么这种行为就是道德的。反之，该行为则得不到道德辩护。双重编码的支持者认为，双重编码既能较好地规避隐私风险，又可以不牺牲样本和数据的利用价值，并且支持信息的反馈。依据风险收益的评估，双重编码的好处远远大于其坏处。[①]

而反对双重编码支持单一编码的人则认为，双重数编码有其自身困境，其理由也主要是依据后果论。隐私保护并非生物样本库数据库研究的首要问题。达里尔·普尔曼（Dary Pullman）等人进行了一项联合分析，以评估公众对使用生物标本的潜在问题的优先级和偏好。结果表明，公众并不太关心隐私和机密性，反而更关心谁可能会受益和研究将会带来的效益。[②] 双重编码并不能从根本上解决隐私保护问题，还增加了研究过程的复杂性，并且同一个样本如果出现两个代码则会增加错误的风险，这是不符合效益原则的，因而得不到伦理辩护。另外，双编码明显增加了研究的成本，这在预算紧张的地区，比如非洲是非常实际的问题。一位在非洲工作的研究者认为，双编码系统对于数据保护是足够的，但非洲缺乏可负担的资源。[③]

（2）密钥持有者。将数据编码后，为避免未获授权人员对数据的访问、销毁、终止、变更、破坏等，通常的做法是将编码的遗传样本、数据和代码密钥分别以物理和电子方式存储。当使用代码钥匙确保信息储存时，必须确保访问该钥匙权限的有限人数。这样做既能够保证数据的安全，同时又能在发现有价值的信息时重新联系参与者。但是，谁应该是密钥持有者呢？独立的第三方还是生物样本库？这一问题目前国际上尚无统一的规定。

---

① 黄欣荣：《大数据技术的伦理反思》，《新疆师范大学学报（哲学社会科学版）》2015年第3期。

② Pullman, D., Etchegary, H., Gallagher, K. et al, 2012："Personal Privacy, Public Benefits, and Biobanks: A Conjoint Analysis of Policy Priorities and Public Perceptions", *Genetics in Medicine*, Vol. 14, No. 2, p. 229.

③ Elger, B. 2008："Anonymization and Coding", *Ethical Issues in Governing Biobanks: Global Perspectives*, pp. 167 –188.

2004 年，欧洲药物评估机构规定：必须由独立的第三方作为代码的密钥持有者，并且增加了双重编码的类别。[①] 美国《联邦人类受试者保护政策》（共同条例）支持生物样本库持有匿名编码密钥，但必须通过伦理委员会审查，并且在任何情况下都禁止向研究人员透漏密钥，直到遗传信息归属者死亡。[②] 加密和密钥管理这个过程确保数据机密性和用户信息的安全性，其既可以保护数据，又可以防止恶意用户访问。但是如果未经授权的用户可以随意访问该加密信息，则表示该加密为无效状态。对于这些情况，应当使用密钥管理服务作为解决方案，密钥管理服务提供者负责密钥分发和证书的管理，并对不同的密钥、组群、应用程序和用户进行管理。

学者们在这一意见上也存在一些分歧。例如，世界卫生组织卫生法律研究所（Health Law of the World Health Organization）和日内瓦大学生物医学伦理学研究所（The Institute of Biomedical Ethics of the University of Geneva）等四家机构联合发起了一项实证研究，招募了来自全球各地的 87 名受访者，包括科学家、生物学者、医生、律师和伦理学家，旨在探查他们关于基因数据库的伦理观点。结果表明，只有三分之一的受访者认为有必要由一个独立的第三方来保存密钥，因为不存在相关利益是保证数据合法使用的关键因素。另外三分之二的受访者则认为让样本库保存密钥是完全可以接受的，这其中包含了相当多的美国专家。一位来自欧洲的受访者认为，谁应该持有密钥取决于样本库的类型，对于商业生物样本库而言，独立的第三方是必须的，如果样本库隶属于公共卫生系统，则不需要独立的密钥持有者。[③] 多数美国受访者不赞成由医生保管密钥，因为这意味着会存在保密风险。而一位来自亚洲的受访者则对医生持有密钥进行了辩护，他提出在亚洲国家的文化背景下，医生是患者除了亲属之外最亲密的人，医生不仅值得信任，而且这样做更便

---

① Elger, B. 2008: "Anonymization and Coding", *Ethical Issues in Governing Biobanks*: *Global Perspectives*, pp. 167–188.

② Harrell, H. L., Rothstein, M. A. 2016: "Biobanking Research and Privacy Laws in the United States", *The Journal of Law, Medicine & Ethics*, Vol. 44, No. 1, pp. 106–127.

③ Nikola, A. B., M. A. C., Bernice, E. 2016: *Ethical Issues in Governing Biobanks*: *Global Perspectives*, Taylor and Francis.

于向患者反馈研究结果。① 在具体的操作中，许多国家或地区也将生物样本库作为密钥持有者，如西班牙的研究者在与国外研究人员分享数据之前，会对其进行重新编码，并将关键代码保存在生物库中②。

（3）重新识别的风险评估。以上争论反映了人们对于编码系统安全性的评价以及对于隐私问题的不同态度，认识的分歧源于社会环境、文化背景、价值观的差异。然而，问题的关键不仅仅在于究竟该使用单一编码还是双重编码，以及生物样本库是否控制编码密钥，实际上，编码系统的可接受性也取决于该如何进行重新识别。攻击者可以通过将匿名数据链接到其他可访问数据集来进行重新识别。③ 全球基因组学与健康联盟（The Global Alliance for Genomics and Health，GA4GH）框架则提出，由于匿名性是无法百分百保证的，研究人员需要承诺放弃任何未经法律明确授权的重新识别的企图。④ 目前关于重新识别具体操作的研究非常有限。在编码系统中，什么情况下应该进行重新识别？应当由谁来完成？应当遵循什么样的程序？诸如此类的问题都关系着编码系统的有效性，还需要更广更深的思考和论证。可以明确的是，解决重新识别风险需要进行持续的风险评估、隐私保护措施，以及对访问进行更严格而协调的监督。⑤

人们越来越多地认识到了数据保护措施在生物样本库研究中运用的局限性，这对生物样本库发展中数据保护的实践操作提出了重大挑战。然而，在生物样本库研究全球化的背景下，数据安全问题将持续存在并且日益尖锐，这需要我们冷静地思考，深刻地剖析其伦理根源，在复杂的利益格局中对信息数据的合理利用和保护进行平衡。⑥

---

① Biller-Andorno, N., Boggio, A., Elger, B. S. et al, 2016："Ethical Issues Regarding Research Biobanks: Aims, Methods, and Main Results of a Qualitative Study Among International and US Experts". *Ethical Issues in Governing Biobanks.* London; New York: Routledge, 2006.

② Elger, B., Nikola, B. A., Alexander, M. C., Ethical Issues in Governing Biobanks: Global Perspectives, London; New York: Routledge, 2016.

③ Langarizadeh, M., Orooji, A., Sheikhtaheri, A. 2018："Effectiveness of Anonymization Methods in Preserving Patients' Privacy: A Systematic Literature Review", *Studies in Health Tchnology and Informatics*, Vol. 248, pp. 80 – 87.

④ https://www.ga4gh.org.

⑤ 薛孚，陈红兵：《大数据隐私伦理问题探究》，《自然辩证法研究》2015年第2期。

⑥ 田海平：《大数据时代的健康革命与伦理挑战》，《深圳大学学报（人文社会科学版）》2017年第2期。

### 3. 数据匿名的额外考虑

2016 年美国国会通过的《21 世纪治愈法案》(*21st Century Cures Act*)，规定将支持患者访问和共享其电子健康信息，对数据共享提出了如下要求：美国国立卫生研究院 (National Institutes of Health，NIH) 项目获得者在可接受的范围内，应该以符合联邦法律和法规的形式，分享由 NIH 资助而产生的科学数据，并须保护人类研究参与者，包括关于隐私安全、知情同意以及研究结果的知识产权。访问、共享以及使用健康数据的研究目的，需符合以下条件：根据规则要求，涉及的实体和研究人员至少应维护研究参与者安全及保护隐私，保密的健康资料不被复制并且不被研究人员未经同意地保留。[①]

然而，美国健康信息管理协会 (The American Health Information Management Association，AHIMA) 呼吁额外保护患者的健康信息。[②] 该协会提出了包括患者健康信息在内的七个重要的信息权利保护法案。这些原则从三个基本立场 (适当地准入，最佳的准确性，最高的隐私和安全标准) 出发提出了保护个人健康信息的原则。AHIMA 权利法案包括免费获取健康信息、信息的准确性和完整性、问责制以及在信息泄露导致伤害情况下获得法律追索权。[③] AHIMA 权利法案认为，这些建议是"现行做法的主要模式转变"，这些步骤对于"让医疗保健消费者更加主动管理他们的健康和健康信息"至关重要。

## 第二节　数据共享与知情同意

医疗大数据的价值挖掘，依赖于数据共享。《"健康中国 2030"规划纲要》提出，加强健康医疗大数据应用体系建设，推进基于区域人

---

① U. S. Food and Drug Administration. 21st Century Cures Act. (2020 – 01 – 31) [2023 – 10 – 27]. https://www.fda.gov/regulatory-information/selected-amendments-fdc-act/21st-century-cures-act.

② Bernie Monegain. AHIMA charts course for protecting patient data. (2009 – 10 – 06) [2023 – 10 – 27]. http://www.healthcareitnews.com/news/ahima-charts-course-protecting-patient-data.

③ Abril, P. S., Cava, A. 2016："Health Privacy in A Techno-Social World：A Cyber-Patient's Bill of Rights"，*Nw. J. Tech. & Intell. Prop*，Vol. 6，p. 244.

口健康信息平台的医疗健康大数据开放共享、深度挖掘和广泛应用。数据挖掘和共享已经成为大数据医疗时代深受关注的焦点。自进入大数据时代以来，大量数据的采集及其固有的可能性增加了人们对大数据范围的争论。例如，在卫生领域，有用户从分析互联网搜索指数来预测流感的传播，挖掘大型数据库的健康记录从而发现未知的药物相互作用的指标；[1][2] 斯坦福大学的联合研究团队用近 13 万张痣、皮疹和其他皮肤病变的图像训练机器识别其中的皮肤癌症状，其视觉诊断系统用于识别皮肤癌的识别准确率等于或高于皮肤科医生的水平。[3] 此外，图像训练机器还可以帮助放射科医生鉴别肺癌等。大数据采集有助于更好地了解健康和疾病模式，优化诊断、预后或治疗，医疗大数据共享在医疗实践中具有规模大、结构多、价值广等特点。[4]

## （一）数据共享

数据共享使得在不同地方使用不同计算机、不同软件的用户能够读取他人数据并进行各种操作运算和分析。开放共享已经成为现代科技发展的重要属性，并且在向各个研究与应用领域迅速蔓延，尤其在生命科学研究领域。这打破了传统的数据维护和保存方面的规范，这些规范通常强调个人或某个机构对数据的所有权。[5] NIH 认为，数据应该尽可能广泛和免费地提供，同时保护参与者的隐私以及保护机密和专有数据。因此，它要求申请资金超过 500 万美元的项目申请人在他们的申请文本

①　White, R. W., Tatonetti, N. P., Shah, N. H. et al, 2013："Web-scale Pharmacovigilance：Listening to Signals from the Crowd", *J Am Med Inform Assoc*, Vol. 20, pp. 404 – 408.

②　Ginsberg, J., Mohebbi, M. H., Patel, R. S. et al, 2009："Detecting Influenza Epidemics Using Search Engine Query Data", *Nature*, Vol. 457, No. 1012, p. 4.

③　Esteva, A., Kuprel, B., Novoa, R. A. et al, 2017："Dermatologist-level Classification of Skin Cancer with Deep Neural Networks", *Nature*, Vol. 542, No. 7639, pp. 115 – 118.

④　Dugas, A. F., Hsieh, Y. H., Levin, S. R. et al, 2012："Google Flu Trends：Correlation with Emergency Department Influenza Rates and Crowding Metrics", *Clin Infect Dis*, Vol. 54, No. 463, p. 9.

⑤　Kaye, J. 2012："The Tension Between Data Sharing and the Protection of Privacy in Genomics Research", *Annual Review of Genomics & Human Genetics*, Vol. 13, No. 13, p. 415.

中列出分享最终研究数据的计划，或者明确不分享的理由。① 所有这些政策都鼓励广泛的数据共享，以获取更大的公共利益。同时，政策也强调了对个人隐私的保护，以及在某些情况下还需要保护社区的尊严。尽管这些政策仍处于起步阶段，但人们已经认识到生物样本库研究是一项全球性的努力，需要各国研究人员的合作，并且，我们已经开始看到它们对生物医学研究的规划、执行、监督以及数据传播方式的影响。

2015 年 5 月至 2017 年 10 月，信息连接与基于可信的医疗政策和研究项目探讨了如何为实现可信的卫生政策，如何为可持续和综合的欧盟卫生信息系统转型做好准备的课题，欧盟及其成员国也展开了进一步研究。其中一项关键任务是为数据链建设制定蓝图，在该建设中，多来源的医疗信息和相关数据，包括个人数据和汇总数据，可以在整个欧盟范围内以安全可靠的方式被整合、重复利用以及共享。这个链接系统能够将不同来源的数据连接到一起，包括个人或事件层面上的环境、社会以及经济数据。② 当个人数据被合并、共享并被用于研究监管或其他用途时必须考虑到伦理方面的问题。因此，隐私和保密是数据共享和数据有效管理的重要主题。③

### 1. 数据共享的隐私挑战

隐私权在数据共享的不同领域中，具有不同的表现形式和基本特征。在研究伦理领域，数据共享最大的风险是可能危及参与研究的患者的隐私问题，因为保护隐私是一个让患者参加临床试验的承诺。④ 收集者、持有者以及临床试验研究者拥有原始数据，他们对患者信息的保护负有首要责任。在我们看来，保护机密信息应视为安全问题的首选项，违反保密将会给研究参与者带来巨大的伤害，他们的声誉、生活和社会

---

① Lowrance，W. W. 2006，"Privacy，Confidentiality，and Identifiability in Genomic Research"，*Discussion Document for Workshop Convened by the National Human Genome Research Institute*，pp. 3 – 4.

② Lyons，R. A.，Jones，K. H.，John，G. et al，2009："The SAIL Databank：Linking Multiple Health and Social Care Datasets"，*BMC Med Inform Decis Mak*，Vol. 9，pp. 3.

③ Brown，A. P.，Ferrante，A. M.，Randall，S. M. et al，2017："Ensuring Privacy When Integrating Patient-based Datasets：New Methods and Developments in Record Linkage"，*Frontiers in Public Health*，Vol. 5，p. 34.

④ 陈仕伟，黄欣荣：《大数据时代隐私保护的伦理治理》，《学术界》2016 年第 1 期。

地位都可能受到影响。

如何保证数据的健康使用，是一种社会的整体责任，而不是个体患者的个人责任。这需要开发数据遵循统一的规定，明确评估数据的流程，并采取合适的执行机制。这种实践是可行的，例如可以设立专门的医学数据伦理审查委员会，以效仿更普遍的伦理审查委员会。此外，伦理审查委员会的职责范围也可以考虑扩大至涵盖更广泛的健康医疗数据使用问题。

### 2. 数据安全挑战

数据的安全性是医疗大数据共享的前提，然而医疗数据的安全保护难度较大。一是医疗大数据技术维护落后。医疗大数据存储于云端或存储器，容易遭到黑客或网络病毒的攻击，传统的隐私保护技术，如密码访问、隐私、身份匿名和用户访问控制等都不足以保护数据安全。二是医疗大数据是黑客攻击的重要对象。医疗大数据具有较高的学术研究和商业应用价值，当数据形成竞争力并被异化成资本后，就容易成为少数不法机构非法入侵的对象。三是医疗大数据使用者违法使用。一些共享大数据的人员法律意识淡薄，防护意识不高，未按规定对共享数据进行安全保护，比如对数据没有进行必要的"脱敏脱密"和"去标识化"处理，甚至铤而走险出卖数据等，导致数据安全性受损。

美国健康保险流通与责任法案（Health Insurance Portability and Accountability Act，HIPAA）要求有保护的实体建立和维护有关医疗保健信息的行政、物理和技术保障，希望实施电子健康记录和其他措施，解决在隐私和安全方面的挑战。2009 年 9 月 15 日，卫生信息技术标准委员会批准了电子病历系统的安全和隐私标准，并解释说可接受的保护级别将逐渐变得更加严格，而且不会阻碍更广泛的卫生信息共享①。该委员会建议标准涵盖健康数据的访问控制、认证、授权和传输，因此，电子病历系统也必须符合多个安全和隐私访问规则和技术标准。

---

① Mary Mosquera. Federal Panel Approves EHR Security，Privacy Standards.（2009 - 9 - 16）[2024 - 04 - 15]. https：//www. healthcareitnews. com/news/federal-panel-approves-ehr-security - privacy.

### 3. 数据共享的风险受益评估

数据共享，存在着伦理的巨大张力，虽然类似于其他医学领域的共享机制，但是，又存在非常大的区别，需要对其进行获益和风险评估，评估内容主要应包括：①共享数据的潜在好处是否大于风险？②当数字记录不可能绝对安全或做不到患者数据完全匿名的情况下，数据共享是否可行？法律对滥用个人数据的限制往往被个人和社会现实所破坏。因为丰富的个人社交媒体数据的共享，数据共享的态度转向变得更加开放，但是我们不认为这在医疗领域是正确的实施，即使大多数非医疗领域已如此。

目前，为促使患者从更大范围获益，大型制药公司的临床研究数据共享正在开放并且持续增加。各方形成统一的数据共享共识是必要的，这需要跨部门的基础设施投资。应该认识到并接受数据共享中的固有风险，并且整合所有部门和跨地理区域的视角以达到医学研究的共识，从而形成一个被广为认可的数据共享共识。① 电子健康记录是研究和其他数据使用的重要数据来源，通过使用机器学习过程检索数据，获取潜在信息。

### 4. 数据共享的社会文化法律考量

虽然法律应反映全球生命伦理价值，但不同国家和地区仍然存在差异。《赫尔辛基宣言》指出，在进行研究时必须考虑相关的国际规范和标准的差异，对具有国际多中心的全球化项目而言，共享医疗相关或基因数据可能并不容易。欧盟关于数据隐私的法律是世界上最严格的法律之一，旨在保护欧盟及欧盟以外的欧洲公民的数据隐私权。通用数据保护法（General Data Protection Regula，GDPR）规范了对健康和遗传数据的保护，也涵盖了研究登记处的信息和从研究登记处可以获得的信息。尽管有规定要求会员国将《通用数据保护条例》纳入其自身的立法中，但该条例仍为各国在健康数据管理方面的法规提供了空间，使其能够根据特定国情对安全防护和其他可能的限制条件进行调整。GDPR

---

① 刘辉，丛亚丽：《临床医学大数据的伦理问题初探》，《医学与哲学》2016 年第 10 期。

规范了健康和基因数据的保护，还包括来自研究库的信息。尽管有要求成员国的立法适用于 GDPR ①但根据 GDPR，当这些条件原则上适用于跨境处理此类数据时，不应妨碍数据在欧盟内的自由流动。数据可移植性和数据共享也是医疗数据的一个问题，比如，欧洲患者智能开放服务（epSOS）项目试图解决 GDPR 第 20 条下的数据可携性问题，指出资料当事人有权不受阻碍地以适当的格式接收其数据，并在技术上可行的情况下在数据控制者之间传送数据。

### （二）信息数据共享的知情同意

大数据时代的到来，极大地丰富和便利了人们的生活，但与此同时，个人信息保护也面临着极大的挑战。知情同意原则是世界各国关于个人信息保护中适用的通行原则，用来制衡在个人信息流通环节中处于强势地位的信息收集者，保护信息主体的个人信息免受侵犯。而在实践中，知情同意原则存在着两难的境地。一方面，信息主体对个人信息的同意后果认知不足，信息主体虽被告知相关内容，但并未达到有效了解的程度。另一方面，如果严格执行知情同意原则，则会造成企业极大的合规成本和社会成本，不利于信息产业的发展和社会的进步。因此，如何解决"同意困境"成为当前无法回避的问题。信息控制者如何告知信息主体？如何提高同意的有效性？如何做出真实的信息内容传达？这些问题都需要对知情同意原则进行深入研究，进而去平衡信息主体和信息收集者之间的权利、义务关系，化解保护个人信息权利和发展信息产业之间的矛盾。② 随着涉及人的生命科学和医学研究的发展，面对用于收集、存储和共享数据的基本设施的动态变化，当前的同意形式可能不再适用，因而对传统的知情同意提出了挑战。此外，在涉及生物库的研究中，未来研究的可能性不断变化，使得获取知情同意的方法存在困

---

① European Parliament. Regulation（EU）2016/679 of the European Parliament. ［2024 - 04 - 15］. http：//data. europa. eu/eli/reg/2016/679/oj；Reichel op. cit. note 36；Piciocchi et al, op. cit. note 38.

② 吴磊：《大数据视角下个人信息保护的知情同意原则研究》，《重庆工商大学》2021 年。

难。事实上，这些数据后来被用于更广泛的研究，如精神分裂症研究等。① 海量数据的二次利用，无论是再次获取用户的知情同意还是进行结果反馈，都存在一定的现实困境。② 常规收集的电子病历（electronic medical record，EMR）数据的二次使用可以提高样本量、研究效率、数据质量并减少选择临床研究中的偏见，但是这通常受到传统的选择同意程序的限制。③ 所以，在大数据信息共享时，真正意义上的知情同意模式遭受到了巨大的挑战。目前主要有以下六种形式的同意模式：

## 1. 选择性退出（opt-out）

选择性退出是可以被社会所接受的，例如美国和英国已使用选择退出同意方法以提高研究的通用性。此外，也有研究表明选择退出对于研究参与者有着显而易见的好处。④ 选择退出同意具有很高的可接受性，并且是不同医院患者群体中首选的同意方法。传统上在研究中被视为"弱势"的亚群是选择退出同意的最坚定支持者。⑤ 由于没有证据表明人们愿意参与，所以有人认为选择退出原则上是不可能被认为是真正同意的。然而，如果研究是一项公益事业，其目的本身是为了产生新的数据和医学知识以造福社会，那么参与研究可以被认为是一种道德责任。⑥ 由于每一个人都可能从中受益，如果剩余样本的研究被认为是产生重要生物医学知识的途径，那么这种消极的自主性就具有道德的合理性，当然，这是以必要的程序落实和伦理审查为前提的。⑦ 首先，人们

① Couzin-Frankel, J. 2010："DNA Returned to Tribe, Raising Questions About Consent"，*Science*，Vol. 328，No. 5978，pp. 558 – 559.

② 李晓洁，王蒲生：《大数据时代的知情同意》，《医学与哲学》2016 年第 5 期。

③ Junghans, C. 2005："Recruiting Patients to Medical Research：Double Blind Randomised Trial of "opt-in" Versus "opt-out" Strategies"，*BMJ-British Medical Journal*，Vol. 331，No. 7522，pp. 940 – 942.

④ Kaufman, D.，Bollinger, J.，Dvoskin, R. et al，2012："Preferences for Opt-in and Opt-out Enrollment and Consent Models in Biobank Research：A National Survey of Veterans Administration Oatients"，*Genet Med*，Vol. 14，pp. 787 – 794.

⑤ Boulos, D.，Morand, E.，Foo, M. et al，2018："Acceptability of Oopt-out Consent in a Hospital Patient Population"，*Internal Medicine Journal*，Vol. 48，No. 1，pp. 84 – 87.

⑥ Harris, J.，2005："Scientific Research is a Moral Duty"，*Journal of Medical Ethics*，Vol. 31，No. 4，pp. 242 – 248.

⑦ Olver, I. N. 2014："Opting in for Opt-out Consent."，*Med J Aust.*，Vol. 200，No. 4，p. 201.

应该意识到，在临床诊疗过程中剩余样本可能会被用作研究标本的情况。其次，他们应该能够得到研究的相关信息，并有获得更多信息的渠道。最后，他们应该有较便捷的途径来提出拒绝参与的请求。[①]

### 2. 全面同意（blanket consent）

全面同意，又称为一揽子同意，是指一旦参与者同意加入生物样本库研究中，那么他们的生物样本可以用于伦理委员会批准的未来任何研究中，而不需要寻求进一步的许可。全面的同意实际上是一种全权委托的开放式同意模式，研究参与者对于样本用于何种类型的研究，包括对数据二次使用不再有直接的控制权。

全面同意具有自愿属性，但不具有信息属性，在保护参与者个人利益方面，它是最弱的。新招募的参与者清楚他们当前的健康状况，但是对于未来的身体状况他们并不了解，如果是患病，他们不知道在随后的几年里疾病将如何发展，人们可能无法预测他们将如何看待他们随后可能出现的疾病信息，特别是如果疾病与病耻感有关，比如精神障碍性疾病、生殖健康等问题。但是考虑到生物样本库研究的昂贵成本和复杂的程序，世界卫生组织于1998年建议"全面知情同意，允许将样本用于一般基因研究，包括未来尚未指定的项目"，并认为这似乎是最有效和最经济的方法，避免在每个新研究项目之前进行重新接触。[②] 然而，研究发现，公众对全面同意模式并不完全接受，例如，2016年在美国的一项研究对美国人口的全国代表性样本进行了调查，发现近44%的研究样本认为"全面同意"是不可接受的，38%的样本认为，这是一系列同意政策选项中最糟糕的。[③] 其他研究也发现，如果有其他选择，那

---

① Giesbertz, N. A., Bredenoord, A. L., van Delden J. J. 2012："Inclusion of Residual Tissue in Biobanks: opt-in or opt-out?", *PLoS biology*, Vol. 10, No. 8.

② Shickle, D., 2006："The Consent Problem Within DNA Biobanks", *Studies in History and Philosophy of Science Part C: Studies in History and Philosophy of Biological and Biomedical Sciences*, Vol. 37, No. 3, pp. 503 – 519.

③ De Vries, R. G., Tomlinson, T., Kim, H. M. et al, 2016："Understanding the Public's Reservations about Broad Consent and Study – By – Study Consent for Donations to a Biobank: Results of a National Survey", *PLoS One.*, Vol. 11, p. 7.

么有相当一部分公众不喜欢使用全面同意。①② 人们普遍认为全面同意的方式显然更倾向于研究人员，而研究参与者的样本和数据就像是被主人遗弃了，如同一个被养父母收养的孩子，被自然父母放弃了控制自己未来的权利。

### 3. 广泛同意（broad consent）

广泛同意是指，基于当前现状考虑，对未来某些研究采取的一种普遍性同意，如果未来研究类型发生了重大改变，则必须重新获得参与者的同意。③ 它的主要好处在于，能够促进更多样本量的收集、更多试验受试者的参与，从而缓解经济成本和精力的巨大投入，保证了生物样本库研究的灵敏性，一定程度上了缓冲了相关研究的知情同意问题。尽管广泛同意被认为是对生物样本库研究未来不确定性的一个适当的回应，但是关于它的伦理争论一直没有停止。支持者认为广泛的同意符合当前的研究实际，它尊重参与者的自主权，所涉及的风险是最小的。反对者因其不符合知情同意的基本要求，不是有效的同意模式，参与者实际上已经放弃了他的权利。④⑤ 如果我们要保留一个有意义的关于参与研究的知情同意的概念，它只应该被用于指定的研究，参与者被告知一个特定研究提案的目的和方法。同意越普遍，信息就越模糊。

尽管关于广泛同意的伦理的争论一直在持续，但广泛同意得到了一些国际准则和条例的认可，例如最近修订的《CIOMS 指南》和《美国

---

① Simon, C. M., L'heureux, J., Murray, J. C. et al, 2011："Active Choice But Not Too Active: Public Perspectives on Biobank Consent Models", *Genetics in Medicine*, Vol. 13, No. 9, pp. 821.

② Murphy, J., Scott, J., Kaufman, D. et al, 2009："Public Perspectives on Informed Consent for Biobanking", *American Journal of Public Health*, Vol. 99, No. 12, pp. 2128 – 2134.

③ Steinsbekk, K. S., Kåre Myskja, B., Solberg, B., 2013："Broad Consent Versus Dynamic Consent in Biobank Research: Is Passive Participation an Ethical Problem?", *European Journal of Human* Genetics, Vol. 21, pp. 897 – 902.

④ Mikkelsen, R. B., Gjerris, M., Waldemar, G. et al, 2019："Broad Consent for Biobanks is Best-provided it is Also Deep", *BMC Medical Ethics*, Vol. 20, pp. 1 – 12.

⑤ Manson, N. C. 2019："The Ethics of Biobanking: Assessing the Right to Control Problem for Broad Consent", *Bioethics*, Vol. 33, No. 5, pp. 540 – 549.

联邦法规汇编》明确规定对未来使用样本和组织的广泛同意策略。① 在英国的人类组织法的立法条款中广泛同意也得到了支持。② 我们应该看到，广泛同意虽然是目前收集、保藏和使用生物样本的一种较为被接受的同意方式，但为了保护科学研究和参与者的利益，在研究过程中强有力的监督、与志愿捐赠者的沟通、标准的执行和评估都是必不可少的。③

### 4. 动态同意（dynamic consent）

动态同意，是一种基于网络平台建构的研究者与参与者，以及研究社区和样本库管理者之间的相互互动关系的同意模式，这保证了捐赠者能够实时地了解相关研究的进展的动态，并使参与者能够很容易地提供或撤销他们的同意。④ 从形式上看，动态同意能够为捐赠者提供尽量具体详尽的研究信息，保证了其选择的自主性权益。

与广泛同意模型相比，动态同意需要较为具体和详细的信息，为每个下游研究项目提供主动的选择。从形式上看，动态同意符合每个研究项目知情同意的"黄金标准"，但是这并不是没有问题的。首先，它需要花费高昂的经济成本和时间成本，而且在最初的同意后很难找到研究参与者，所以在小的研究中可能是可行的，但是在大规模的生物样本库研究中操作起来非常困难；其次，考虑到由于反复的重新接触而导致的同意疲劳，以及对参与者施加的不适当负担，动态同意模式几乎无法体现个人利益，并可能会影响最初人员招募的数量，反过来导致生物样本库研究的更高消耗；最后，动态同意是基于网络工具的快速、有效的通

---

① Simon, C. M., L'heureux, J., Murray, J. C. et al. 2011："Active Choice But Not Too Active：Public Perspectives on Biobank Consent Models", *Genetics in Medicine*, Vol. 13, No. 9, pp. 821 – 831.

② Caulfield, T., Murdoch, B. 2017："Genes, Cells, and Biobanks：Yes, There's Still a Consent problem", *PLoS biology*, Vol. 15, No. 7.

③ Dixon-Woods, M., Kocman, D., Brewster, L. et al, 2017："A Qualitative Study of Participants' Views on Re-consent in a Longitudinal Biobank", *BMC Medical Ethics*, Vol. 18, No. 1, p. 22.

④ Steinsbekk, K. S., Kåre Myskja, B., Solberg, B. 2013 "Broad Consent Versus Dynamic Consent in Biobank Research：Is Passive Participation an Ethical Problem?", *European Journal of Human Genetics*, Vol. 21, pp. 897 – 902.

信策略，访问者的恶意侵入可能威胁信息安全。[1]

## 5. 分层同意（tired consent）

分层同意是指给潜在的研究参与者提供未来研究中使用他们生物材料的各种选择，研究过程中对每一等级的同意进行追踪并对研究参与者进行详细的解释，以确保未来研究所用的数据符合同意选择。例如，参与者可能会同意参与癌症相关研究，而拒绝糖尿病研究。同样，他们可以授权样本用于某一特定项目（例如，参与英国乳腺癌生物样本库研究），而不是其他项目。因为参与者可以从生物样本、数据使用的选项列表中自主选择研究的项目，所以这种方法允许参与者能够量身定制般地参与研究，获得更高程度的自治权。[2]

但是，这在一定程度上增加了研究人员的依从性风险，并且随着时间的推移，分层许可的复杂程序可能会增加选择的困惑和矛盾，影响生物样本的利用率，并对大规模的全球合作引入成本及合规风险，限制数据的相互操作和共享。[3]在大规模生物样本库研究和国际合作的背景下，这显然是行不通的。

## 6. 豁免同意（waived consent）

豁免知情同意指豁免同意的整个要求，包括同意过程的属性和披露要素，这意味着允许研究人员在没有获得完全知情同意的情况下进行研究。1999 年，美国国家生物伦理咨询委员会提出，因为大部分研究都与样本来源无关，多数涉及人类生物材料的研究可能被认为是最小的风险，受试者不再需要同意。[4] 然而，随着研究的推进，人们越来越多地发现，基因研究有造成可识别身份信息泄露的风险，且风险显著高于最

---

① 单芳，毛新志：《生物样本库研究中知情同意问题的伦理挑战和应对策略》，《自然辩证法通讯》2019 第 3 期。

② 唐凯麟，李诗悦：《大数据隐私伦理问题研究》，《伦理学研究》2016 年第 6 期。

③ Warner, A. W., Moore, H., Reinhard, D. et al, 2017："Harmonizing Global Biospecimen Consent Practices to Advance Translational Research：A Call to Action", *Clinical Pharmacology & Therapeutics*, Vol. 101, No. 3, pp. 317 – 319.

④ Shickle, D. 2006："The Consent Problem within DNA Biobanks", *Studies in History and Philosophy of Science Part C：Studies in History and Philosophy of Biological and Biomedical Sciences*, Vol. 37, No. 3, pp. 503 – 519.

低限度。2008 年，美国联邦政府关于涉人研究的管理条例明确规定，以下三种情况为涉人研究：①与研究者互动的个体；②其身份可被研究人员轻易确定者；③ 使用可识别身份的组织或数据的研究。对于利用去身份识别或匿名的组织或数据所进行的研究，不被认为是涉及人类的研究。① 因此可以不受 IRB 的监督。根据联邦法规，只要研究人员不能确定组织或数据的来源，研究项目就不需要获得知情同意，即使研究的目标与最初的同意不一致，同时，研究也可以不受 IRB 的监督。②

　　为了保护科学研究参与者的利益，即使满足了豁免的要求，仍然需要思考如何满足公众和其他利益相关方的期望，尤其是满足了公众参与研究的需求。范德堡大学的大型生物库就做出了很好的示范。由于他们只收集常规临床过程遗留下来的生物样本，并对所有的个人健康信息进行编码，因此研究人员无法轻易地确定样本捐献者的身份，生物样本的收集被视为符合豁免的标准。③ 尽管如此，范德堡大学仍然向潜在的捐赠者提供了有关生物库的各种信息，并让他们有机会通过选择性退出的方式来减少参与，这一过程涉及地方伦理委员会和公众意见的数据。比如，普遍认为生物样本库和数据库研究可以接受广泛同意或公开同意（open consent），因为风险是最小的，而且不同项目间没有变化。但是动态同意（dynamic consent）为社区参与的研究提供了优势，但同时可能认为它对某些个体没有好处。在多种形式的同意下，比如具体的、广泛的、全面的、动态的以及最近越来越多的元同意，当询问个人如何以及何时愿意提供同意时，广泛的同意是最受欢迎的。在英国，公众对公共数据库用于商业研究持抗拒态度，除非有些研究没有商业机构的参与就无法实施。数据保护法只适用于个人的、能够被直接或间接识别其身份的数据。姓名和地址的简单删除通常不足以构成匿名化，事实证明，3 条数据的组合可以识别 87% 的美国居民。此外，同意的要求可能因国

---

① Shaun Falkingbridge. The Future of Biobanks：Regulation, Ethics, Investment and the Humanization of Drug Discovery, Hong Kong：Business Insights Limited, 2009.

② Jones, C. J. 1990："Autonomy and Informed Consent in Medical Decisionmaking：Toward a New Self-fulfilling Prophecy", Jones, Cathy J. "Autonomy and Informed Consent in Medical Decisionmaking：Toward a New Self-fulfilling Prophecy." *Wash. & Lee L. Rev.*, , Vol. 47, p. 379.

③ 刘星，王晓敏：《医疗大数据建设中的伦理问题》，《伦理学研究》2015 年第 6 期。

家或文化而异，数据的使用主要取决于每个地区或国家的具体规定。[①]

## 第三节　共享伦理的范式变革

我们的生活环境中存在着数百万个异构数据来源的设备，这些异构设备都以易于通信的方式进行着连接。这些设备之间都具有语义互操作性，因此所有利益相关者都能够对设备进行操作，并访问这些异构设备之中的数据。而这些数据是由机器以特定方式处理和解释的相关信息，其可以在物联网中实现自动化。数据语义标注可以提供机器可互操作的信息，这些信息可以揭示数据来源、数据提供者、数据质量、数据与环境的关系、技术和非技术术语描述等，因此如何符合伦理规范地共享数据，有限度地约束数据共享显得至关重要。

### （一）数据共享同意模式的多元化转换

知情同意替代模式的应用解决了科学研究中许多的实际问题，但也深刻冲击着传统的道德观念和制度要求。2016 年国际医学组织委员会（Prepared by the Council for International Organizations of Medical Sciences，CIMOS）和世界卫生组织（World Health Organization，WHO）联合发布的《涉及人的健康相关研究国际伦理准则》中引入了"广泛同意"，以及"特定同意"。准则中规定特定同意与使用数据或材料的具体实例有关，但对于广泛同意却并未进行具体说明。[②] 近些年，对于其他同意方式的应用逐渐增多，如根据研究的变化，"动态同意"让参与者可以参与到一个连续的同意过程，而"元同意"（meta-consent）会让参与者

---

① 李伦，李波：《大数据时代信息价值开发的伦理问题》，《伦理学研究》2017 年第 5 期。

② D'Abramo，F.，Schildmann，J.，Vollmann，J. 2015："Research Participants' Perceptions and Views on Consent for Biobank Research：A Review of Empirical Data and Ethical Analysis"，*BMC Medical Ethics*，Vol. 16，No. 1，p. 60.

对何时同意有一定程度的决策自由。①

《赫尔辛基宣言》自第一版以来已作出了若干修订，新的版本根据特定标题对知情同意问题进行了分类。作为知情同意部分的一个要点，生物库或类似储存库中包含的数据首次出现在 2013 年版本的宣言中。其规定医生在使用现有的数据进行研究时，必须寻求数据所有人的知情同意；如果寻求数据所有人的知情同意不可能，则需要首先获得研究者所在单位的伦理委员会的伦理审批。欧洲通用数据保护法（European General Data Protection Regulation，GDPR）的颁布对欧洲数据研究产生影响，对医疗数据研究的同意的要求提出了特别的约束。该条例认为与健康有关所谓的数据和遗传数据特殊类别的敏感数据，应受到更加严格的限制。对未经同意的个人资料进行生物医学研究，必须具有重大的公众利益。②动态同意允许参与者根据任何变化重新考虑参与合同，但是，广泛的同意只有在发生"相关"变更时才能实现这样。关于变更是否与研究人员有关，可能会限制参与者的自主权。元同意已经作为另一种形式的同意被提出，这种同意将允许参与者决定在何处以及如何重新同意，避免失去广泛同意自主权或由动态同意中重新同意可能引起的疲惫感。然而，参与者需要一个清晰而直接的过程来随时选择退出，以保持对信息使用的控制。

### （二）从数据控制到数据治理的理念转换

2010 年，由于研究方面的新进展，CIOMS 执行委员会决定修订 2002 年的文件，并与其他指南保持同步更新。③经过公众咨询和讨论，最终文本发表在 2016 年 11 月底在日内瓦举行的 CIOMS 大会上作为 2016 年国际与人类医疗相关研究的伦理准则。最终文本在 2002 年原指导文件的篇幅上加倍，但仍然比 2009 年的指导方针更短，其结构更类

① Ploug, T., Holm, S. 2017："Eliciting Meta Consent for Future Secondary Research Use of Health Data Using a Smartphone Application-A Proof of Concept Study in the Danish Pop-ulation"，*BMC Medical Ethics*，Vol. 18，No. 1，p. 51.

② Rumbold, J. M., Pierscionek, B. 2017："The Effect of the General Data Protection Regula-tion on Medical Research"，*J Med Internet Res*，Vol. 19，No. 2，p. e47.

③ 刘红，胡新和：《数据革命：从数到大数据的历史考察》，《自然辩证法通讯》2013 年第 6 期。

似于后者。医疗相关数据的收集、存储、共享，健康数据来源（如生物样本库）和数据采集相关的问题作为一个新的部分写进了准则，并且引入了治理和生物库等新概念。治理涉及管理数据中包含了个人信息的机制、利益相关者能力的规定，从而以最大限度地降低信息泄露与数据滥用的风险。① 相关概念和机密性，在整个文件中被简化为单一的指南（准则 18）。② 2002 年，医疗数据的管理知识作为暗含内容被偶尔提及，但在 2009 年的指南中有了更进一步的描述，其中第 24 章专门论述了"存储的生物样本和相关数据的使用"。③

### （三）从数据共享隐私伦理到法律规制的转换

个人健康数据的二次分析通常在获得数据主体同意或经法律授权的国家/地区允许。各国之间的一个重要区别在于，管理数据隐私保护的国家立法是否已将统计和研究视为可授予豁免患者同意要求的潜在领域。④ 一些国家对于符合公共利益的个人健康数据的拟议二次使用，可以给予豁免。

加拿大《个人信息保护与电子文件法》（*The Personal Information Protection and Electronic Documents Act*，PIPEDA）将个人医疗健康隐私信息纳入个人信息、敏感信息施以综合保护，这类数据隐私法规常常以人权原则为基础。⑤，但是，PIPEDA 不适用于组织在具有与 PIPEDA 基本相似的法律的司法管辖区内运营的情况，除非个人信息跨越省或国界。其 13 个省和地区中的每一个都有与个人信息隐私有关的具体立法，

---

① Randall, S. M., Ferrante, A. M., Boyd, J. H. et al, 2013: "The Effect of Data Cleaning on Record Linkage Quality", *BMC Medical Informatics and Decision Making*, Vol. 5, pp. 13 – 64.

② Council for International Organizations of Medical Sciences (CIOMS). International Ethical Guidelines for Epidemiological Studies. (2009) [2023 – 01 – 20]. https://cioms. ch/publications/product/international – ethical – guidelines – for – epidemiological – studies/.

③ Council for International Organizations of Medical Sciences (CIOMS). International Ethical Guidelines for Epidemiological Studies. (2009) [2023 – 01 – 20]. https://cioms. ch/publications/product/international – ethical – guidelines – for – epidemiological – studies/.

④ 陈仕伟，黄欣荣：《大数据时代隐私保护的伦理治理》，《学术界》2016 年第 1 期。

⑤ Manley, J., Cavoukian, A. 2000: "The Personal Information Protection and Electronic Documents Act (PIPEDA)", *Priv. gc. ca.*

有些立法有关于保护健康信息的具体立法，有些则有针对卫生部门的隐私立法。20 世纪末和 21 世纪初，英格兰和威尔士的数据保护和隐私权保护主要依赖于《数据保护法》（*Data Protection Act*）（1998）及《人权法》（*Human Rights Act*）（1998）。这些法律确立了保护个人数据和隐私的基本框架，特别是在处理患者敏感数据时需要具备合法依据。这些早期法律为后续的更具体的医疗数据保护条例奠定了基础①。2003年，英国卫生部发布了《保密：NHS 操作规范》（*Confidentiality：NHS Code of Practice*），明确要求未经患者明确同意，患者可识别的个人信息不得用于非医疗目的，除非存在其他法律依据或强有力的公共利益理由②。这项规范进一步强化了同意在数据使用中的核心地位，尤其是在涉及患者隐私和保密信息的场合。在数据保护的背景下，国家数据监护人（National Data Guardian，NDG）在 2016 年发布了关于数据安全、同意和退出机制的报告，该报告未调整"有效同意"的基本要求，但明确了在何种情况下可以默认数据共享。③ 该报告强调，了解患者的合理期望对于合法的数据使用至关重要，建议从患者视角出发，确保数据共享在患者的"合理期望"范围之内。2018 年 5 月，欧盟《通用数据保护条例》（*General Data Protection Regulation*，GDPR）生效，对数据保护和隐私权的要求大幅提升，并直接影响了英国的法律实践。GDPR 进一步规定了数据处理的透明性和同意的严格标准，要求数据控制者必须提供清晰的告知，以便数据主体可以做出明智的决定。GDPR 的实施在英国医疗数据使用中强化了对患者知情权的保护，确保数据共享在合法、必要且符合患者合理预期的前提下进行。④

　　在美国，HIPAA 对未经公众同意使用健康数据有广泛的规定，并

---

① Chico, V. , Taylor, M. J. 2018："Using and Disclosing Confidential Patient Information and the English Common Law：What Are the Information Requirements of a Valid Consent？", *Medical Law Review*, Vol. 26, No. 1, pp. 51 - 72.

② Department of Health and Social Care. Confidentiality：NHS Code of Practice. (2003) [2024 - 11 - 7]. https：//www. gov. uk/government/publications/confidentiality - nhs - code - of - practice.

③ Caldicott, F. , National Data Guardian (England). National Data Guardian for Health and Care：Review of Data Security, Consent and Opt - Outs. *National Data Guardian*, 2016.

④ Chico, V. , Taylor, M. J. 2018："Using and Disclosing Confidential Patient Information and the English Common law：What Are the Information Requirements of a Valid Consent？", *Medical Law Review*, Vol. 26, No. 1, pp. 51 - 72.

制定了执行标准施以保护，数据研究必须符合伦理委员会的伦理审批要求或州法律的法律规范。HIPAA 定义了两类信息披露、要求和允许。在规定的医疗保健实体向患者及患者代表提供患者的个人健康信息，以及由 HHS 秘书处出于审核或其他强制执行目的的个人健康信息的披露。"任何其他披露"均被视为"允许"，允许披露进一步分类为：①那些需要耐心授权的人，以及②那些可以在没有得到患者授权的情况下进行的。无需患者预先授权的情况主要有在用于治疗、支付或保健操作时不需要患者授权共享健康信息，实体已采取措施以合理方式保护信息。这取决于用于传达该信息的方法，包括口头、书面、电话或传真通讯。例如，医疗保险和医疗补助服务中心提供的指导说明，不要求患者在医生、医院或救护车可以共享治疗目的信息之前签署同意书。①此外，患者的预先授权不需要信息共享的目的是：公共卫生、支付、治疗、医疗保健业务、研究和医疗保健交换的支持。② 此外，根据 HIPAA，有关实体或业务伙伴不得公开个人健康信息。

### （四）数据共享模式的制度转换

大数据的信息价值属性使其作为生产投入要素在助推人工智能与区块链等高新技术的发展进程中起到不可替代的作用，其自身独特的内涵与价值亦不容忽视。然而，大数据生产与交易等问题始终存在制度盲区，大数据资源的利益主体多样且各方权益交叉制约，交易成本过高抑制大数据资源高效配置，导致大数据内在价值未能得到充分发挥而逐渐形成"反公地悲剧"困局，即资源过度利用风险存在的同时暗含着资源未被充分利用的可能，资源权力分散且相互制约会导致资源闲置。市场与产权制度作为引导资源配置的两种方式，当市场难以克服自身失灵，产权制度作为能够有效降低资源交易成本的有益路径，探究其运用

---

① U. S. DEP' TOF HEALTH& HUM. SERVS. Medical Privacy of Protected Health Information, Department ofealthuman ervices (1981) ［2023 – 01 – 20］. http：//www. cms. hhs. gov/MLNproducts/downloads/SE0726FactSheet. pdf.

② U. S. Department of Health&human Services. Summary of the HIPAA Privacy Rule ［2023 – 01 – 20］. http：//www. hhs. gov/ocr/privacy/hipaa/understanding/summary/privacysummary. pdf. See infra Part V. B. 2. ; see also Goldstein et al, supra note 35, at 97（"Indeed, health plans often require such disclosure for financial reimbursement."）.

于大数据规制的必要性和构建原则便具有十分重要的意义。[1]

为了避免数据共享过程的数据滥用，各个国家或研究机构制定了大量的数据保护政策。然而，这些举措很少考虑到数据库互操作和国际合作的问题，体现在具体措施上往往是不明确或者是不一致，因此阻碍了数据的访问和使用，形成了区域之间的"数据孤岛"。以隐私保护政策为例，欧盟《个人数据处理和自由流动中个体权利保护指令》中第25条规定，数据转移时，需以第三国对个人数据提供充分保护为前提，而判断第三国对个人数据保护是否充分，应考虑数据转移的具体环境及条件等因素。[2] 这一政策上的差异，为美国与欧盟之间的数据共享设置了限制性的门槛。为解决这个问题，2000 年 12 月，欧盟与美国签订了"安全港"协议，认可美国法律对隐私的不同处理方式，[3] 这在一定程度上疏通了美国与欧盟之间数据交流的渠道。但是"安全港"框架只适用于美国公司接受欧盟成员国数据的情况。

## 本章小节

随着大数据时代的到来，数据研究已经成为医学研究和医疗健康服务的重要手段。通过对大量数据的挖掘和分析，我们可以更好地了解疾病的发生机制、预测流行趋势、评估治疗效果等。然而，在数据研究过程中，如何保护患者的隐私和信息安全成为一个亟待解决的问题。[4] 匿名化技术作为一种有效的隐私保护手段，通过采用如数据脱敏、数据加密等手段，可以在不泄露个人身份信息的前提下对数据进行加工和处理，在一定程度上降低数据泄露的风险。但"匿名"与"可识别"之间的界限日益模糊，尤其是在大数据分析和机器学习技术的加持下，即便去除了直接标识符，通过间接信息（如行为模式、地理位置等）仍

---

① 周雯：《大数据产权制度构建的法经济学研究》，吉林大学 2021 年硕士学位论文。

② 李欣：《欧盟关于美国数据保护"充分性决议"之演变及启示》，武汉大学 2017 年硕士学位论文。

③ Harrell, H. L, Rothstein, M. A. 2016："Biobanking Research and Privacy Laws in the U-nited States", *Journal of Law Medicine & Ethics*, Vol. 44, No. 1, pp. 106 – 127.

④ 宋吉鑫：《大数据技术的伦理问题及治理研究》，《沈阳工程学院学报（社会科学版）》2018 年第 4 期。

可能重新识别个体。因此，发展更为先进的匿名化技术，同时建立严格的数据访问控制和审计机制，确保数据在研究过程中的匿名性与安全性，是未来的关键方向。

在全球范围内进行数据共享是实现医学研究和医疗健康服务普惠的关键。然而，由于不同国家和地区的文化、社会、环境等因素的差异，如何在尊重各国法律框架的基础上实现数据共享成为一个挑战。为了解决这一问题，我们需要建立一个全球性的伦理和法律框架，以确保数据共享的合法性和合规性。此外，获取患者的知情同意也是数据共享的重要前提。我们应该加强对患者的数据教育，让他们充分了解自己的数据权益，并在明确了解风险和收益的前提下自愿参与数据共享。数据共享同意模式正经历着从单一向多元化的深刻转变，这一转变体现在由传统的知情同意逐步扩展至广泛同意、动态同意及元同意等新型同意模式上。与此同时，数据管理理念也在发生根本性变化，从以往的数据控制转向了更为先进的数据治理，这一转变着重于通过构建有效的治理机制来显著降低信息泄露与数据滥用的风险。在隐私伦理与法律规制层面，各国政府正通过立法手段不断强化数据保护和隐私权，诸如 GDPR（欧盟通用数据保护条例）和 HIPAA（美国健康保险流通与责任法案）等法规的实施便是明证。此外，数据共享模式本身也在经历制度性转换，针对大数据生产与交易过程中出现的制度盲区，当前的研究与实践正积极探索市场与产权制度在引导资源配置中的关键作用，并高度关注数据库互操作性和国际合作中日益凸显的数据孤岛问题，力求通过制度创新和国际合作推动数据共享的高效与安全。

# 第六章　大数据医疗：数据权利

　　大数据医疗具有共享的显著特点，在共享数据中明确个人和其他数据相关者的权利范围是很重要的，这在一定意义上也是医患关系变化的表现。与医学进步相关联的是医生与患者之间关系的改变，这与传统的医患关系十分不同。"让患者成为中心""赋予患者权利"是当今医患关系的新发展，它被信息化、数字化技术相关的医疗技术所推动，帮助提升了患者的话语权。不管是在接受诊断还是参与临床决策，亦或是其他方面都有表现。与此同时，重要伦理的挑战表现为数据所有权相关的伦理问题。一个负责任的公共政策应该是促使医学研究创新的政策，并且尊重患者在决策中发挥作用以及利用个人信息时保障个人隐私的安全性。本章试图在大数据背景下，对尊重自主模式和医患关系重新加以审视，分析论证大数据背景下个体自主性所面临的问题和挑战，这些问题的应对需要包括法律学者、社会学家和其他相关专业人士在内的各利益相关方的共同努力。

## 第一节　数字化人体与数据所有权

　　隐私问题在数字化时代或者大数据时代被进一步凸显出来，而它涉及的两个主要问题就是个人信息的收集与处理。由于数据监控无处不在，人体也被解析为无数个数据，明确数据所有权、保障个体数据安全才能够防止数据的滥用。

### （一）数字化人体

　　关于人，有两个持久的哲学问题：一个共时性问题和一个历时性问题。共时性问题是关于一个人在同一时间的身份，一个人在特定的时间是什么？但历时性问题涉及的是随着时间推移的人格同一性："在什么条件下，一个人随着时间推移是同一个人？"人格同一性的哲学理论致力于解决这样一个问题：尽管人在物质上随时间而变化，我们如何能说一个人，从形而上学的角度来说保持不变。随着时间的推移，人格同一性的哲学问题并不是找到一个可以算作人格同一性证据的标准。哲学家关注的是随着时间推移的个人同一性的形而上标准，而不是证据标准。任何试图解决人格同一性问题的努力都必须先解决这个问题："是什么让我成为现在的我？"自我意识被认为是构成人的属性。这一观点源于洛克对人的定义。① 当我们看电影时，电影的两个阶段在两个不同的给定时间是不一样的。但我们把电影当成贯穿时间的同一件事。这是因为电影是一个跨越时间的事件。人也是具有时间部分的实体，因为他们是事件。而且，一个人在两个不同时间的阶段是不完全相同的。每个人的整体状况无法在给定的时间内被捕捉到。人是一个随时间延伸的实体。如果我们注意到"生命"是一个事件，人是由经历生命过程的身体构成的这一事实，那么人是客体的观点是不可接受的。因此，人是由事件构成的，而不是将人归为对象的标准方法。人与身体的关系是内在动态的，这使得人的体质本质上是一个动态的过程。所谓动态构成，指的是两个事件之间的构成关系。这两个事件之间存在一种相对复杂的关系。这种关系可能涉及多个元素或过程，使得被包含事件无法简单地分解为构成事件。②

在数字化时代，医疗大数据可以通过对人类的生命体征、疾病信息、生活环境、教育程度、饮食习惯等活动进行表征，从而将其融入大数据库。人类的身体信息能够以数据的形式被复制，从而形成一个数字化的人体。③ 患者自主地使用传感器以及即时的远程医疗咨询等，将成为未来发展的趋势。在传感器的帮助下，无论是否穿戴式的，疾病背后所蕴藏的数据将会被实时地监测并记录下来，特别是慢性疾病的医疗指标。随后智能手机就可以将记录到的数据反馈给患者。这意味着患者个人将能够通过由此形成的医疗数据对自己的疾病信息进行分析，从而在

---

① John, L., An Essay Concerning Human Understanding, London, OUP Oxford, 1690.

② Tahmasbi, M. R. 2021: "On the Nature of Persons; Persons as Constituted Events", *Metaphysica-International Journal for Ontology & Metaphysics*, Vol. 22, No. 1, pp. 45 – 61.

③ 刘星，王晓敏：《医疗大数据建设中的伦理问题》，《伦理学研究》2015 年第 6 期。

分析中提高自己的参与感。大数据的可用性分析的使用明确暗示了隐私问题。数据安全和保护的任务随着信息的倍增而倍增，隐私变得越来越难以保障。使用数据做研究与个人隐私权相平衡的理念将有助于确定处理是否可以基于合法商业利益或仅经个人同意，以及是否必须按照选择加入或退出的知情同意模式。技术理性以技术的逻各斯取代人的逻各斯，以技术标准为规范，并使技术成为知识本质。[1]然而，医学决策是基于医生的事实性知识，但医患关系明显受到各种人文因素的影响，越来越多的电子数据可"在线"与患者接触，比如电子健康记录等新方法的建立，而这些会影响医患关系。

　　基本的电子信息病历收集并存储所有数据医疗保健系统，比如临床记录、检验结果和影像图片数据等。除了这些传统临床产生的数据，有一些监测信息的提示会影响患者的治疗。具体来说，可穿戴设备和传感器的信息和应用程序捕获和跟踪的各种环境、社会经济和其他个人资料，可以有价值地理解一个人的健康状况和患者疾病的变化。举例而言，可穿戴连续血糖监测（continuous glucose monitoring，CGM）传感器正在彻底改变 1 型糖尿病的治疗。这些传感器每 1～5 分钟提供当前血糖浓度及其变化率的实时信息，这两个关键信息可用于改善外源性胰岛素给药的测定和预测即将发生的不良事件，如低血糖/高血糖。目前的糖尿病技术研究正投入大量精力开发供患者使用的决策支持系统，自动分析由 CGM 传感器和其他便携设备收集患者数据，并为患者提供个性化的治疗调整建议。[2] 这就树立了以患者为中心（patient centered）的方法。智能计算机系统并不局限于数据存储，它对数据收集和分析也有作用。例如，计算机辅助诊断（computer aided detection，CAD）系统可以诊断成像/放射和自动数据分析。有学者研究了总结了 CAD 系统在临床和研究项目以及低剂量肺癌筛查试验中的最新应用，CAD 系统检测到最初由放射科医生错过的 70% 肺癌，但未能发现 20% 被放射科医

---

① Prosperi, M., Min, J. S., Bian, J. et al, 2018："Big Data Hurdles in Precision Medicine and Precision Public Health", *BMC Medical Informatics and Decision Making*, Vol. 18, pp. 1 - 15.

② Vettoretti, M., Cappon, G., Facchinetti, A. et al, 2020："Advanced Diabetes Management Using Artificial Intelligence and Continuous Glucose Monitoring Sensors", *Sensors*, Vol. 20, No. 14, p. 3870.

生发现的肺癌，这表明 CAD 不能取代放射科医生，但作为"第二个读者"（second reader）的角色可能是有用的。① 大数据的自动分析可以以最少的人力投入，这个过程称为"机器学习"（machine learning），它可以用于各种应用程序，包括在天气预报、消费者使用网络搜索引擎时推荐感兴趣事项。使用机器学习可以识别已知和未知的模块，在预测分析上比传统方法考虑更大的数量和复杂的变量。基于机器学习的医疗技术越来越多地应用大数据为个别患者和更大的人群来建立预测模型。

总之，大型电子医疗记录和基于机器算法学习的自动化分析机器相结合，允许自动进行信息收集、数据分析、反馈信息给操作者。组织复杂网络"云"结构，这些系统允许使用移动、在线访问和交流共享数据。② 例如用于药物发现的大数据智能系统就是个很好的例子。③ 此外，这些方法将越来越多地影响医学教育。智能计算机系统能够处理大量的数据并将解析分享给操作者，医疗培训的重点可能转向使用这些系统的患者的护理的最佳实践上。数据技术不仅在日常生活的许多方面有类似的积极的影响，而且这些变化将影响目前的医患关系模式，并使潜在患者及现有患者群体受益。例如，Kuroda 及其团队提出了一个基于网络的协作式 VR 培训系统，用于放射治疗设备的操作。医学生如果想成为一名治疗师就必须接受放射治疗设备培训，然而这种培训是非常昂贵且危险的。为了满足培训的需求，且避免放射治疗仪器在操作中带来的危害，因此需要一个不使用这些设备的 VR 培训系统。Kuroda 等人提出了基于网络的医疗治疗设备操作的 VR 培训系统并进行了初步测试，以确认哪种 VR 设备适合于所提出的系统。经过测试，他们选择并开发了一个比较实用的基于网络的协作式 VR 训练系统，并发现该训练系统能显

① Cai, J., Xu, D., Liu, S. et al, 2018："The Added Value of Computer-aided Detection of Small Pulmonary Nodules and Missed Lung Cancers", *Journal of Thoracic Imaging*, Vol. 33, No. 6, pp. 390 – 395.

② Schoenhagen, P., Mehta, N. 2017："Big Data, Smart Computer Systems, and Doctor-patient Relationship", *European Heart Journal*, Vol. 38, pp. 508 – 510.

③ Zhu, H. 2020："Big Data and Artificial Intelligence Modeling for Drug Discovery", *Annu Rev Pharmacol Toxicol*, Vol. 60, pp. 573 – 589.

著地提高医学生的手术技能。[①]

在这里，数据化的个人呈现出自身独特的意义：数据可以被用以"独一无二地描述一个人"[②]。由于数据能够表征每个人自身的信息，因此其所观察的数据可能直接显示主体是什么样的人。收集监测的数据本身不具有重大价值只是一堆二进制的无意义的数字，但是集合后的数据却可以生成很多重要的信息。由此可见，数据是无指向性的，但是"信息"却是个体性的。数据的聚合和再加工过程是通过智能的分析以及数据的精加工形成的大数据思维和视角的新方式，可以通过技术方法反复运用。

美国国立卫生研究院卡亚尔普（Mehmet Kayaalp）教授指出："越来越多的人认识到在线行为可能处于政府和商业利益团体无处不在的监控之下。"[③]监控因为可以收集个人的信息而会对个人的隐私产生影响，美国教授杰弗里·雷曼（Jeffrey H. Reiman）认为，生活中的公众的思想、愿望、喜好或欲望会被大众化，当个体的这些被公众监督，那么不仅个体的人格和尊严会丧失，他也将被同一化为公众中的一员。[④]伦理是一种判断和行为的系统或准则，而伦理选择是个人作为自主的代理人做出决定以确定他们在与他人互动的生活中什么是正确的和善良的。当信息收集被用来干涉个人的自主权和决策时，监视和个人信息的收集存在伦理问题。信息技术对伦理价值的潜在侵犯，在预防信息伤害和维护信息平等过程中尤其明显。例如，互联网和手机服务提供商收集的用户数据，一旦用户的个人数据被泄露或滥用，可能会导致个人隐私权受侵犯，甚至可能被用于欺诈、盗窃身份等犯罪活动，并对个人的其他价值构成威胁。朱莉·E. 科恩（Julie E. Cohen）声称，隐私侵犯的伦理影

---

① Kuroda, K., Kaneko, K., Fujibuchi, T. et al, 2020："Web-based Collaborative VR Training System for Operation of Radiation Therapy Devices"，*Cham*：*Springer International Publishing Ag*，pp. 768 – 778.

② Mouton Dorey, C., Baumann, H., Biller-Andorno, N. 2018："Patient Data and Patient Rights：Swiss Healthcare Stakeholders' Ethical Awareness Regarding Large Patient Data Sets-a Qualitative Study"，*BMC Medical Ethics*，Vol. 19，No. 1，p. 20.

③ Kayaalp, M. 2018："Patient Privacy in the Era of Big Data"，*Balkan Medical Journal*，Vol. 35，No. 1，pp. 8 – 17.

④ 吕耀怀，罗雅婷：《大数据时代个人信息收集与处理的隐私问题及其伦理维度》，《哲学动态》2017 年第 2 期。

响超出了简单的伦理行为和选择，延伸到自我的本质和一个人作为道德代理人的自主性。她写道："数据隐私保护促进了另一种自由，即通过以自己希望的方式向世界定义自己的权力来表达自我决定。"① 因此，监控通过侵犯个人的隐私权，限制了个人的道德能动性，而这又限制了自我定义、判断、选择和行动的自由，并且其中一些价值与社会机构有明确的联系。例如，在营销的具体问题上，营销人员利用个人信息来进行歧视，他们将个体分为更有可能或更不可能购买特定产品的类别，并通过限制可用的选择来限制个人决策。因此，个人被归入不同的信息流中，导致有些人被提供的选择是其他人永远看不到的。这就是一种对信息的限制，以及对谁的限制。当诸如获取信息、医疗保健或教育机会等选择受到一个人以前的选择和行为的限制时，就有可能出现民族、种族、社会经济和其他形式的歧视，这些都反映在为营销目的收集和回收的数据中。在个人被要求放弃他或她的隐私以换取被允许使用特定的信息技术的情况下，也会产生伦理问题。即使人们为了权宜之计，或者为了更大利益的功利性目的而自由地放弃他们的隐私，他们仍然是在放弃一项基本的道德权利，而当他们不完全理解这种放弃的后果时，问题就出现了。② 为什么所有年龄段的互联网、手机和其他技术用户似乎都愿意放弃他们的隐私以换取使用特定技术的便利？在当下的社会生活中，我们几乎无法避免使用信息技术进行工作学习或进行社交活动。面对这种情况，谨慎的保持个人隐私和数据安全已经变得非常困难，其原因一方面在于技术发展可能会无法避免地威胁个人在道德选择、个人责任和生活方式等方面的自由；另一方面在于人们仍缺乏相应的隐私保护知识，不知道如何在矛盾的选择中做出恰当、有理智的判断。做出这样的判断和决定，既是一种道德上的自由，也是一种认识上的自由，而不加反思的技术发展可能会篡夺这种自由。③

---

① Cohen, J. E. 2000: "Examined Lives: Informational Privacy and the Subject as Object", *Stanford Law Review*, Vol. 52, No. 5, pp. 1373 – 1438.

② Wicker, S. B., Schrader, D. E. 2011: "Privacy-aware Design Principles for Information Networks", *Proceedings of the Ieee*, Vol. 99, No. 2, pp. 330 – 350.

③ Wicker, S. B., Schrader, D. E. 2011: "Privacy-aware Design Principles for Information Networks", *Proceedings of the Ieee*, Vol. 99, No. 2, pp. 330 – 350.

### （二）数据所有权

个人信息中有一些较为稳定的特征。如一个人何时出生？是哪个国家的人？出生地、姓名、性别等，并且也有一些过程性的特征，如消费记录、所在地以及个人的偏好。[①] 个人信息是数据市场的通货。阿姆斯特丹大学的教授彼特·罗斯勒（Beate Rössler）在《隐私的价值》一书中将隐私划分为三个维度：信息隐私、决策隐私以及居所隐私，其中信息隐私是基本甚至是核心的方面，指的是"一个人知道他人的某些事情以及他是如何知道的"。[②] 罗斯勒研究了我们重视隐私的原因以及我们应该重视隐私的原因。在现代自由社会的背景下，罗斯勒提出了一种私人理论，以一种构成的方式将隐私和自治联系起来：隐私是过自治生活的必要条件。这本书提出了一种自由和自治的理论，认为提出"实际问题"的能力，即一个人想要如何生活，一个人努力成为什么样的人，是现代自治思想的核心。隐私问题正在成为社会和政治理论中一个日益重要的话题，也是当前许多法律、媒体和政治辩论的中心问题。

隐私权是指他人在任何时间、任何场所，合理地期待其私人生活不受行为人非法干涉的权利。[③] 隐私权与个体的信息数据有关，其中就有对生物标本的所有权和对身份的控制，讨论隐私问题时所涉及的不仅是样本本身，还涉及关于个体的数据信息和外在形象。无论是在道德上还是在法律上，关于样本及个人数据的所有权都是一个非常复杂的问题。根据1890年波士顿律师沃伦和布兰代斯的观点，隐私权并非源于财产权，而是源于一种人格的精神权利，侵犯他人的隐私就是在侵犯他人的人格，并且这样的侵犯所产生的痛苦是精神上的。[④] 洛克早在《政府论》中就为财产权提供了哲学上的辩护。[⑤] 这也将它延伸到隐私的问题上，从私人财产的角度阐述了自己与其身体的关系：每个人不仅存在于

---

① 邱仁宗，黄雯，翟晓梅：《大数据技术的伦理问题》，《科学与社会》2014年第1期。

② Beate R. The Value of Privacy, Cambridge：Polity Press, 2005.

③ 杜红原：《论隐私权概念的界定》，《内蒙古社会科学（汉文版）》2014年第6期。

④ Samuel W., Louis B. Killing the Messenger：100 Years of Media Criticism, Columbia：Columbia University Press, 1989.

⑤ 〔英〕洛克：《政府论》，叶启芳等译，北京，商务印书馆，2017年。

我们的身体里，而且拥有自己的身体。如果我们认为我们与自己的身体是一种所有权关系，那么这是否意味着，特别是在生物样本库的研究中，我们就拥有来自我们身体的生物组织和相关信息？这样一种观点将为我们提供一个非常明确的道德要求：在进入他人的私有财产之前，无论是他们的土地、房屋、身体或个人信息等，都需要寻求许可。然而，这种所有权并不是绝对的，例如，买卖器官受到各国法律的严格禁止。这说明，所有权并没有赋予所有者对其财产做任何事情的权利，否则，在所有权问题上则有可能为消极的道德后果打开方便之门。即使人们通常不承认个人拥有他们的基因样本，也可能会以这是属于他们的声明回应来自新技术的关注，如数据挖掘和分析技术。这些技术的可能性意味着不同的数据库和数据可以快速、容易地进行比较，创建新的人群或个人资料，从而让意想不到的歧视和耻辱成为可能。要对生物标本的产权问题进行确定并不容易。尽管有些情况下，生物样本库参与者提供的初始信息和组织样本被认为是他们的私有财产，但生物样本库研究创建的信息很难被视为捐献者的财产。[①] 因此，在这种情况下，个人要掌握和控制他们的个人信息是一件复杂的事情，这也从另一个角度说明，在所有权方面，需要以更好的方式来解决隐私问题。

1996 年 8 月 21 日，美国卫生与公众服务部颁布了《健康保险流通与责任法案》（*Health Insurance Portability and Accountability Act*，HIPAA）。[②] HIPAA 最终建立了隐私标准，隐私规则适用于医疗保健计划（health plans）、医疗保健提供者（health care providers）和健康保健信息处理机构（health care clearinghouses）等实体。此外，还包括商业关联方（business associates），其所指的是代表 HIPAA 涵盖实体发挥特定作用或向主体提供特定服务，对个人特定健康数据进行使用和公开的自然人或组织，但此类自然人或组织并不包括 HIPAA 涵盖实体的成员或雇员。隐私规则描述了何时以及如何涵盖这些实体可以披露受保护的健康信息。除了隐私规定之外，HIPAA 安全规则要求受保护的实体通过使用管理、技术和物理措施来保护应受保护的健康信息。2009 年，

---

① Cannovo, N., Guarino, R., Fedeli, P. 2020: "Ethical and Deontological Aspects of Pediatric Biobanks: the Situation in Italy", *Cell Tissue Bank*, Vol. 21, No. 3, pp. 469 – 477.

② United States Department of Health and Human Services. Health Insurance Portability and Accountability Act of 1996. ［2022 – 01 – 20］. http://aspe.hhs.gov/admnsimp/.

美国颁布的《健康信息技术促进经济和临床健康法》（*Health Information Technology for Economic and Clinical Health*，HITECH）加强了 HIPAA 的隐私和安全指导方针，对所涉实体施加新的隐私义务、扩大和澄清了业务、关联了要求、增加了执法和货币民事处罚以及讨论保护健康信息隐私。[①] HIPPA 对个人健康数据的治理模式主要如下：患者拥有的个人健康信息的权利，HIPAA 规定了个人权利，包括访问权限和修改个人健康信息的可能性，以获取何时以及为什么为了某些目的与他人共享个人健康信息，接收隐私通知以及提出投诉的记录。[②] 根据 HIPAA，患者有权接收有关实体隐私政策的通知，包括如何使用和披露被保护的健康信息（protected health information，PHI）以及患者和实体各自的权利和义务，其中被保护的健康信息主要包含 19 种信息，其中有姓名、地址、电话号码、日期、患者医疗记录等，患者有权知道他们的信息已经被不正当地披露。

从历史上看，欧洲的隐私环境与美国的隐私环境是截然不同的。1950 年欧洲理事会（Council of Europe）通过的《欧洲人权公约》（*European Convention on Human Rights*，ECHR）[③] 将个人隐私确定为基本价值，其第 8 条规定："人人有权享有使自己的私人生活、家庭生活、私人通信和家庭通信得到尊重的权利。"1981 年，欧洲理事会发布了《关于个人数据自动化处理的个人保护公约》（*Convention for the Protection of Individuals with Regard to Automatic Processing of Personal Data*，下称"108 号公约"）。[④] "108 号公约"被描述为保护数据隐私的第一套国际法律原则。这些原则包括：以合法、公正、透明的方式处理与数据主体

---

① Health Information Technology for Economic and Clinical Health（HITECH）Act, sec. 13402, Pub. L. No. 111 - 5, 123 Stat 115（2009）.

② Maung, H. H. 2017："The Causal Explanatory Functions of Medical Diagnoses"，*Theor Med Bioeth*，Vol. 38, pp. 41 - 59.

③ European Court of Human Rights Council of Europe. European Convention on Hu-man Rights. European Court of Human Rights Council of Europe. （1950）［2022 - 01 - 20］European. Court of Human Rights-ECHR, CEDH, news, information, press re-leases（coe. int）.

④ European Court of Human Rights Council of Europ. Convention for the Protection o-f Individuals with regard to AutomaticProcessing of Personal Data. European Court of Human Rights Council of Europe. （1981）［2022 - 01 - 20］. European Court of Human R - ights-ECHR, CEDH, news, information, press re-leases（coe. int）.

有关的信息；为特定的、明确的、合法的目的收集等。① 无论在数据保护法律领域发生什么，都将极大地影响健康法律领域的隐私和保护的权利，从某种意义上说，数据保护法是保护健康信息隐私权和保密权的"实际"或"可行"部分。欧盟目前对个人隐私的处理建立在这些国际和国家的基本原则和政策文件的基础上。欧盟 1995 年通过了《数据保护指令》（Data Protection Directive），为欧盟成员国立法保护个人数据设立了最低标准，之后进行了多次修正。② 2002 年 7 月 12 日欧盟发布的《隐私与电子通讯指令》（Directive on privacy and electronic communications）中，确立了个人数据保护的原则并根据第二十九条指令成立了第 29 条数据保护工作组，作为一个独立的欧洲数据保护和隐私咨询机构。③ 2009 年 11 月 25 日，欧盟对个人数据保护措施又进行了一次重要修正，通过了《欧洲 Cookie 指令》（EU Cookie Directive），对电子商务中的 Cookie 进行了明确的规定，并对需要被收集的信息如何进行管理作出了规定。④ 2015 年欧盟通过了《一般数据保护条例》（General Data Protection Regulation，GDPR），确定了对个人数据的保护原则和监管方法。⑤ 此外，2022 年 5 月 16 日，《数据治理法案》（Data Governance Act，DGA）经欧盟理事会批准成为法律。⑥ 该法规能够使欧盟及各部门之间的数据得到可靠而充分的分享，这不仅使数据的管理性在公众和企业方面得到了增加，而且还将有利于欧盟的发展。⑦

---

① European Court of Human Rights Council of Europ. Convention for the Protection o-f Individuals with regard to AutomaticProcessing of Personal Data. European Court of Human Rights Council of Europe. （1981）［2022 – 01 – 20］. European Court of Human R – ights-ECHR, CEDH, news, information, press re-leases（coe. int）.

② European Commission. European Commission. Data Protection Directive. （1995）［2022 – 01 – 20］. European Commission, official website（europa. eu）.

③ European Commission. Directive on privacy and electronic communications. European Commission. （2002）［2022 – 01 – 20］. European Commission, official website（europa. eu）.

④ European Commission. European Commission. EU Cookie Directive. （2009）［2022 – 01 – 20］. European Commission, official website（europa. eu）.

⑤ European Commission. General Data Protection Regulation. European Commission, 2015. ［2022 – 01 – 20］. European Commission, official website（europa. eu）.

⑥ 赛博研究院：《公布 20 天后生效！欧盟〈数据治理法案〉经欧盟理事会批准（附全文）》. 搜狐网，https：//www. sohu. com. 2022 年 5 月 20 日.

⑦ 刘耀华：《欧盟公布〈数据治理法案〉，大力推动单一数字市场建立》. 腾讯网，http：//new. qq. com/omn/20201208/20201208A0F25C00. htm，2022 年 5 月 20 日.

GDPR 是一个面向 21 世纪的欧洲数据保护框架，强调的是在这个新的数字环境下，个人有权享有对个人信息的有效控制。关于个人数据处理的原则，GDPR 要求数据收集时主体的合法性和透明性，数据收集必须有明确的目的，并限制对数据的进一步处理，而不是存档，数据处理应该是充分的、相关的，并限于必要的，从而满足数据最小化原则。个人数据应该是准确的，并在必要时保持更新即准确性，个人数据的保存形式应允许识别数据主体的时间不超过必要的时间即存储限制，个人数据的处理方式应确保其适当的安全性即完整性和保密性，控制者应负责并能够证明遵守该条例即问责制。关于数据主体的权利，GDPR 规定了控制者必须实现的权利，如知情权、数据主体的访问权、纠正权、删除权（通常称为被遗忘的权利）、可移植性、限制处理、不受自动个人决策的影响，包括分析以及撤回对数据处理的同意。控制者有义务实施技术和组织措施，以满足数据主体的要求。各组织必须在其系统开发中纳入设计隐私和默认隐私等概念，以遵守 GDPR 关于保护其处理的个人数据的相关要求。即使这些要求被看作对医学研究的限制，但也指出了欧洲数据的标准化以及与 GDPR 一起统一的数字单一市场，当研究被认为符合公共利益时，这将有利于医学研究。[1]

GDRP 旨在通过适应被认为对这些挑战保持有效的一般原则，同时保持法律框架的技术中立性，加强个人权利，应对全球化和新技术的挑战。GDPR 中的重要条款是：①数据主体的"同意"，是指数据主体通过陈述或明确的肯定行为，表示关乎自己的个人数据处理的同意的、自由的、特定的、被告知的、不模糊的信息主体的意思表示；②"侵害个人数据"是指在个人数据的传送、储存或其他处理中发生的，因意外或非法销毁、丢失、变更、未经批准的公开或访问等安全的侵害；③禁止使用敏感数据进行研究；④澄清假名数据仍然是个人数据；⑤扩大个人资料的定义。[2] 对医疗保健数据的科学研究只适用于针对公共利益的研究。目前尚不清楚这是否会排除所有的商业项目，或只有那些不

---

① Gonçalves-Ferreira, D., Sousa, M., Bacelar-Silva, G. M. et al, 2019："OpenEHR and General Data Protection Regulation: Evaluation of Principles and Requirements", *JMIR Medical Informatics*, Vol. 7, No. 1, p. 9845.

② European Commission. General Data Protection Regulation. European Commission, 2015. [2022 - 01 - 20]. European Commission, official website (europa. eu).

涉及利益分配的项目。保护健康数据的隐私和安全对于任何电子化的卫生系统发挥其全部潜力至关重要。然而，如何在独特的环境中实施隐私和安全保障措施是个重要的思考问题，因为平衡个人和社会利益可能是困难的。

当参与者身份可识别的时候，参与研究的人有权了解研究的目的、风险和收益，并且必须有选择是否参与的权利。原始同意的条款包含资源未来使用的限定范围和条件，如果未来的使用超出了同意的范围，那么同意就会无效。这一点在经济合作与发展组织（Organization for Economic Co-operation and Development，OECD）关于人类生物和基因研究数据库的指导方针中得到了认可。[①] 一项荷兰学者们的研究探讨了个人参与生物样本库时影响个人同意数据共享的因素，认为数据共享的计划必须清楚地向参与者解释，并且获取他们的同意。[②] 研究发现，大多数参与调查的对象都同意数据分享，但前提是获得他们的同意。在一项研究中，许多调查对象认为，采用同意的替代方案，或在数据被存入或共享之后再通知他们是不可接受的，尽管大多数人愿意分享他们的数据，但他们强烈渴望一些数据使用的限制。[③] 然而，数据研究中，信息分享是许多建立在公共利益上的生物样本库的一个明确的目标。一旦信息被移交，它就会被分享到一个程度，而控制将会丢失，或者肯定会被破坏。那么，"同意"多大程度上能够提供足够的信息控制？同意会给研究带来什么样的影响？什么样的知情同意模式是合适的？关于这些问题还需要进一步的论证。

越来越多的机构或组织对个人数据进行收集与储存。但是谁拥有这些组织持有的患者数据呢？随着数据经济的蓬勃发展，指控医疗服务机构"拥有"或"控制"患者数据的呼声越来越强烈。驱动这些需求的是两个相互重叠的问题：组织如何处理和使用健康数据，以及如何将这

---

① MART, I. N. U. 2010："OECD Guidelines on Human Biobanks and Genetic Research Databases".

② Broekstra, R., Aris-Meijer, J., Maeckelberghe, E. et al, 2020："Trust in Centralized Large-Scale Data Repository: A Qualitative Analysis", *J Empir Res Hum Res Ethics*, Vol. 15, No. 4, pp. 365 – 378.

③ Harle, C. A., Golembiewski, E. H., Rahmanian, K. P. et al, 2018："Patient Preferences Toward an Interactive E-consent Application for Research Using Electronic Health Records", *American Medical Informatics Association*, Vol. 25, No. 3, pp. 360 – 368.

些数据作为数字资产变现。声称值得信赖的组织滥用数据的声音不绝于耳。例如，伦敦汉普斯特德的皇家自由医院将 160 万份健康记录授权给谷歌的人工智能子公司 DeepMind，以帮助该公司开发一款应用程序，为有可能发展为急性肾损伤的患者分析检测结果。其他备受关注的英国健康事件争议包括：全科医生的 IT 平台存在缺陷，导致 2600 万名患者的记录有可能被分享给陌生人；[①] 英国国家医疗服务体系的一家性健康诊所错误地发布了 781 名患者的艾滋病毒状态数据；[②] 以及一项COVID-19 健康数据存储协议，私营科技公司对提供的服务仅向英国国家医疗服务体系收取 1 英镑，但获得了测试和开发基于英国国家医疗服务体系数据的新兴人工智能模型的能力。[③] 类似的事件在世界各地都发生过，一个著名的例子是 2019 年美国针对芝加哥大学和谷歌的集体诉讼，指控该医疗中心与这家科技巨头共享了数十万患者的记录，却没有充分删除可识别的日期或医生记录。[④] 这些事件表明人们对健康数据的安全性以及患者数据是否得到适当保护产生了担忧。即使不进行法律层面的讨论，这些数据共享事件的后果也可能很严重。例如，英国政府在引入NHS 统计数据（care. data）后不久就将其废除的原因之一是，英国的全科医生不支持它。[⑤]

　　作为回应，政策制定者已经承认，数据科学平台不能仅仅是"技术"。他们还需要考虑与数据开发和使用相关的法律和伦理问题。在这

---

① Laura Donnelly, Security Breach Fears Over 26 Million NHS Patients, The Telegraph. (2017 – 03 – 17) ［2019 – 12 – 04］. https：//www. telegraph. co. uk/news/2017/03/17/security – breach – fears-26 – million-nhs-patients/.

② NHS Sexual Health Clinic Fined ￡ 180K for Patients'HIV Status Leak, The Telegraph. (2016 – 05 – 09) ［2020 – 02 – 19］. https：//www. telegraph. co. uk/technology/2016/05/09/nhs-sexual-health – clinic-fined-180k-for-patients-hiv – status-leak/

③ WannaCr y Cyber Attack Cost the NHS ￡ 92m as 19, 000 Appointments Cancelled, The Telegraph. （2018 – 10 – 11）https：//www. telegraph. co. uk/technology/2018/10/11/wannacry-cy-ber-attack-costnhs-92m-19000 – appointments-cancelled/. For a list of other UK health data breaches, see the website medConfidential：Keep our secrets. ［2019 – 12 – 04］https：//medconfidential. org/for-patients/major-health-data-breache s-and-scandals/.

④ Roberts, J. L. 2017："Progressive Genetic Ownership", *Notre Dame L. Rev*, Vol. 93, p. 1105.

⑤ How the NHS Got It so Wrong with care. data The Telegraph. （2016 – 07 – 07）［2020 – 01 – 30］ https：// www. telegraph. co. uk/science/2016/07/07/how-the-nhs-got-it-so-wrong-with-caredata/.

里，出现了几个关于数据的使用、共享和交易的治理问题，比如何时允许、要求、建议和禁止这些活动？患者健康信息有其自身的特点，健康信息可以具有临床和个人价值。这使法律是否应承认患者为其部分或任何健康信息的财产所有人的问题复杂化。例如，一个人的"身高"和"体重"描述了患者的基本特征。从临床医生的角度来看，这些看似无害的数据有时可能与风险因素或健康状况的诊断相关，可以对当前或未来健康状况进行精确的预测。然而，从患者的角度来看，这些信息可能显得很私人。虽然如果数据被披露，提供者可能会遭受经济损失，但如果以公开或半公开的方式披露该信息，同样的披露可能会使患者感到尴尬、羞耻。① 数据科学平台不能仅仅是"技术"，而且还需要考虑到围绕数据开发和使用的法律和伦理问题。

## 第二节　疾病大数据预测与医生权威的消解

医学必须围绕数据才能产生精确的结果，尤其是生成、链接和学习中来自各种渠道的数据。这意味着数据可能超越遗传学和其他探索性的传统上可能不被认为与健康和疾病有关的数据。然而，无论卫生系统是何种架构，都需要将许多因素作为精准医学的关键变量纳入其中，比如，在一个理想的设定的实验状态里，标记物多可用于预测和定期评估未来的健康状况，但也存在一些其他的随着时间和环境而改变的因素，比如少数的特定的基因变异等。疾病预防或疾病风险预测在疾病症状显现之前，通过即时疾病鉴定、疾病治疗的策略，一旦发现疾病就进行治疗。这些组成部分反映了医学的关注点从医疗保健中的治疗，逐渐过渡到了预防，以及预后和疾病后生存率，比如健康和医疗的关键方面。

### （一）疾病大数据预测

1. 精准医学的个体化检测

精准医学的发展离不开基因组测序技术的高速发展，同时生物信息

---

① Liddell, K., Simon, D. A., Lucassen, A. 2021: "Patient Data Ownership: Who Owns Your Health?", *Journal of Law and the Biosciences*, Vol. 8, No. 2.

与大数据科学进行应用的结合也为精准医学提供了强大的助力。① 将遗传学和基因组学领域的发现转化并应用于临床是有益于人类健康的。精准医学的本质是借助基因组、蛋白质组测定等前沿技术，对大样本人群和指定的疾病用以生物标志物的分析、鉴定和验证应用，使得病患的成因和治疗靶点能够被准确发现。② 生物标志物的识别为精确医学奠定了必要的基础。精准医学的核心是医学与组学大数据的结合。大数据分析为精准医疗提供了强有力的工具。使用真实世界的数据来解决临床相关问题是一个热门话题。对于病机复杂的疾病，有时很难用单一的理论模型来描述。多组学技术是通过整合生物系统中各种相互关联和相互作用的成分来研究复杂生物过程的机制。整合经济学推动了真正的精准医学时代的到来。精准医学的目标是能够为患者提供个性化的治疗，这样的治疗是十分有效的，因为它能够直接对准病患的成因，从而进行针对性的高效治疗。

精确医学通常用于治疗运动、循环、呼吸、泌尿、内分泌、消化、神经和生殖疾病以及癌症，其应用提高了疾病诊疗效率，实现了患者的个性化治疗。但精准医学领域仍存在受益人群有限、组学领域诸多未知问题、标准化、常态化不够等问题。未来，随着测序成本的降低、元基因组测序技术的应用推广以及分子病理学流行病学的进步，精准医学将得到更快的发展。精准医学将有力地推动药物的发展，它可以与中医药形成有益的互动。③

尽管精准医学能有如此优势，但也同样会带来挑战。实际上，研究结果强调，患者的决策涉及权衡研究人员和研究机构的感知可信度，以及对与精准医学研究相关的缺陷的担忧。人们关切的问题往往与用于收集生物样本和数据供未来研究的广泛同意的内在不确定性有关。大多数参与者认为，预测他们的样本和数据在研究中的具体使用是极其困难的，那些拒绝给出广泛同意的人表示更倾向于获得具体的同意，他们认为这将使精准医疗研究的目标和未来应用更加透明。同时患者表达了对

---

① 李娜，马麟，詹启敏：《科技创新与精准医学》，《精准医学杂志》2018 年第 1 期。

② 李斌，朱海波，宋贵东等：《脑胶质瘤精准治疗相关分子生物学标志物及信号通路的研究进展》，《转化医学电子杂志》2018 年第 7 期。

③ Song, C., Kong, Y., Huang, L. et al, 2020："Big Data-driven Precision Medicine：Starting the Custom-made Era of Iatrology", *Biomedicine & Pharmacotherapy*, Vol. 129.

精准医疗研究可能导致污名化、歧视，并最终导致利益分配不公平的担忧，而私营公司，尤其是制药公司是主要受益者。①

2. 大型流行病预测

医疗保健行业历来是技术创新的早期用户，并从中获得了巨大的收益。大数据分析在医疗保健行业中有着巨大的潜能。特别是在大型流行病的预测方面。通过对以往一些流行病的病症分析、流行成因、范围、特性等数据的海量收集与分析，再辅以机器学习，就能基于大数据预测流行病的发展趋势。为了应对防控大型流行病的困难，利用大数据是重要手段。

大数据对大型流行病的预测实例有很多。以新冠疫情为例，我国兰州大学西部生态安全省部共建中心研发的"全球新冠疫情预测系统"将统计动力气候预测的先进技术与流行病模型相结合，综合考虑温度、湿度和政府管控措施等因素，利用大数据研判疫情发展趋势。这是全球首个 COVID－19 疫情预测系统，该系统每天对全球各个国家的新冠疫情进行预测。② 它已经精准地预测了 2021 年 8 月发生在我国河南、扬州等地的疫情。2021 年 12 月 31 日，兰州大学《新冠肺炎疫情全球预测系统》网站首次发布了自己的预测准确率，达 94.62%。③

各国政府可以充分利用疫情中的大数据，在防控的各个环节进一步完善基于大数据分析的防疫机制。首先，在信息采集方面，可以充分建立物联网、移动设备、导航和搜索引擎、社交媒体、大规模基因库等数据采集平台。④ 其次，政府可以在大数据分析的基础上进一步完善疫情应对机制。⑤ 根据收集到的疫情信息，从整体以及重点部分上给予充分

① Barazzetti, G., Bosisio, F. 2021："A Value-oriented Framework for Precision Medicine", *The American Journal of Bioethics*, Vol. 21, No. 4, pp. 88 – 90.

② 黄建平，张立，刘晓岳等：《新冠肺炎疫情全球预测系统（英文）》, *Science Bulletin*, Vol. 65, No. 22, pp. 1884 – 1887.

③ 兰州大学西部生态安全协同创新中心疫情预测组. 新冠肺炎疫情全球预测组. (2021)［2021 – 10 – 20］http://covid-19. lzu. edu. cn/.

④ Jia, Q., Guo, Y., Wang, G. et al, 2020："Big Data Analytics in the Fight Against Major Public Health Incidents (including covid-19)：A Conceptual Framework", *International Journal of Environmental Research and Public Health*, Vol. 17, No. 17, p. 6161.

⑤ Jia, Q., Guo, Y., Wang, G. et al, 2020："Big Data Analytics in the Fight Against Major Public Health Incidents (including covid-19)：A Conceptual Framework", *International Journal of Environmental Research and Public Health*, Vol. 17, No. 17, p. 6161.

的应对考虑。既在大局上确定应对疫情的总体格调又能根据不同地区疫情情况制定相应的应对措施。最后，政府应建立基于大数据分析的疫情修复机制，促进大数据在不同地区、行业、平台的共享。[①] 通过分析疫情对各方面的影响，并将其分享在相关的平台上，使各地区、行业、平台在疫情修复机制的帮助下，有针对性地制定消解影响、逐渐复兴的措施来加速恢复疫情后的发展。

然而，考虑到流行病模型以及一般的科学模型总是做出模型结构或计算参数值中所包含的假设，我们应该怀疑流行病模型是否曾经做出无条件的预测，并担心模型预测、模型投影区分的说服力。例如，在使用模型进行预测之前，最好通过调用预测的差异来比较模型的输出结果与真实情况之间的差异。这样可以帮助用户更好地理解模型的准确性和可靠性，并有助于进一步提高模型的预测能力。[②] COVID－19 大流行给科学家和决策者带来了巨大现实挑战，不管怎样，科学家和政策制定者已经做出了回应。科学哲学家现在应该应对大流行带来的哲学挑战，包括 COVID－19 流行模型所引发的各项挑战。

3. 大数据下的个人健康监测

个人的健康状况在大数据时代可以通过传感器从人的接触中收集。大数据在人体健康监测中的应用越来越多，以 H1N1 （Hemagglutinin 1 Neurominidase 1） 为例，它是一种易于传播的空气传播疾病，影响的人数众多，需要多次的诊断。目前，可以基于云系统来监测病毒的状况。基于云系统的组件，可以收集有关用户的所有信息，并通过监测到的人体 H1N1 状况，向医生及时发送最新的个人健康情况。医生可以在了解提供的数据后，对个人的 H1N1 病毒状况进行评估，并通过短信、电子邮件或其他在线设备、程序向用户提供有关 H1N1 疾病的信息以及建议。在移动网络的帮助下，通过手机或网络浏览器，用户的响应数据被收集并发送到决策的云端。基于用户的症状和反应，可以将人群分类为感染人群和未感染人群，用户症状可被分为初级、二级、三级和高风

---

① Jia, Q., Guo, Y., Wang, G. et al, 2020: "Big Data Analytics in the Fight Against Major Public Health Incidents (including covid-19)：A Conceptual Framework", *International Journal of Environmental Research and Public Health*, Vol. 17, No. 17, p. 6161.

② Fuller, J., 2021: "What Are the Covid-19 Models Modeling (Philosophically Speaking)？", *History and Philosophy of the Life Sciences*, Vol. 43, No. 2, p. 47.

险。受感染的用户将会不断被监测，直到他们 H1N1 疾病治愈。

可以明确的是，随着大数据相关技术的发展，大数据被用来监测个人健康状况的种类将越来越多。可以想象的是，个人所有方面的健康状况将可以通过便捷的设备实时得到监测，个人能实时了解自己的身体状况，这对于个人预防、自我治疗来说，无疑有着重要的价值。此外，这对于医生诊断、实时跟进患者的病情来说，也是非常有帮助的。因此，如何合理地运用大数据来促进个人健康状况监测的发展，是一个值得探讨的问题。

### （二）医生权威的消解

医学这个职业从古至今充满了指导实践的传统，这些传统是为了保护患者的健康而发展起来的。科学、技术和社会变革的同时，医学以保持自我治理结构的方式推动护理目标的实现，一直是行业的标志。

#### 1. 医生的权威

汉弗莱·奥斯蒙德（Humphry Osmond）将医学权威剖析为三个关键要素，即智慧权威、道德权威和魅力权威。[1] 首先是智慧权威，它是源于医生的知识和专业能力而被倾听的权威。拥有智慧权威的医生可以提供患者的情况、诊断信息、治疗建议和具体指导。智慧权威等同于专业能力，它必须始终是任何级别医生行动的必要条件。[2] 这意味着医学实践必须以"科学"为基础。不过我们应该要更好地提及对常识、循证医学或逻辑的需求。事实上，对许多医生来说，如何遵循逻辑思考和行动一直是一个亟待解决的问题。

第二个要素道德权威有时也被称为权威主义或家长主义，这是一种控制和指导的权威，源自职业精神中的正义和善良。正如《希波克拉底誓言》中反复强调的那样，这种权威来自他们作为医生的职责以及他们对患者利益的关心。医生被期望拯救患者的生命，从某种意义上

---

① Osmond, H. 1980: "God and the Doctor", *New England Journal of Medicine*, pp. 555 – 558.

② Berger, M. 1996: "To Bridge Science and Patient Care in Diabetes", *Diabetologia*, pp. 740 – 757.

说，其所做的不仅对个人有益，而且会避免任何不公平，对社会产生巨大价值。在这个几乎超人的权威的基础上，医生成为一个领导者，家长式地指导患者。

但还有另一个要素，它是任何医患关系的一部分，奥斯蒙德称之为魅力权威。通常情况下，在医患关系的情感部分中，医生被患者感知到的同理心起着决定性的作用。医生对每个患者的态度必须由其自身的病理性来决定——无论他或她看了多少患者，也不管他或她在其职业生涯中见过多少患者。也不管其在其职业生涯中见过多少患者。患者需要这种情感纽带来补充智慧和道德权威。国内有学者认为医生权威是指医生所拥有的医学知识、技能和影响力。① 医生权威的基础主要有四方面：一是医生的专业水平，社会认可他的专业能力能够帮助人们解除病痛，增进健康；二是人道主义；三是利他主义；四是诚信。②

可以看出，国内外对医生权威的认识既有相同的地方也有相异的地方。奥斯蒙德所认为的道德权威和魅力权威，其实就是一种对患者的人道主义考量，和帮助改善患者身体状况的利他主义的表现。在这个过程中，同理心起着比较重要的作用，能够帮助医生通过对患者的切身关怀而提升权威。同样，专业知识水平在国内外学者看来都是很重要的，没有这种科学知识的基础，权威就没有生长的土壤。不同的是，国内学者更加强调医生自身的道德修养，把医德提到了一个更高的地位，推崇的是一种美德至上的医生形象。国外学者则只是认为医生有帮助患者的道德义务，并以此形成道德权威，家长式地指导患者。

对伦理咨询过程中产生的书面记录的分析被用于评估伦理咨询的质量，并被视为咨询过程中发生的事情和提供的建议的可靠记录。③ 虽然可以承认这些记录中对过程的叙述可能受到限制，但书面记录在审查伦理咨询的案例类型以及伦理顾问用来解决冲突的策略和论点方面提供了

---

① 屈英和，刘杰：《"关系就医"取向下"医生名声"的调查与分析》，《医学与哲学（人文社会医学版）》2011 年第 12 期。

② 杜治政：《医师的权威与病人自主——三论医师专业精神》，《医学与哲学（人文社会医学版）》2011 年第 6 期。

③ Pearlman, R. A., Foglia, M. B., Cohen, J. H. et al, 2016；"Response to Open Peer Commentaries on Ethics Consultation Quality Assessment Tool：A Novel Method for Assessing the Quality of Ethics Case Consultations Based on Written Records"，*American Journal of Bioethics*，Vol. 16, No. 3.

实质性的杠杆作用。尽管存在这些局限性，有学者的研究结果为临床伦理咨询的表现及其对医生权威的影响提供了有意义的见解。① 在许多情况下，临床伦理学家试图通过旨在产生共识的过程和沟通策略来解决患者护理中的冲突。此外，在许多情况下，伦理咨询优先考虑技术和临床判断，因此努力与临床医生的首选治疗方案达成一致，这微妙地加强了临床权威在争议中的地位。那些详细描述了医学伦理学历史和生物伦理学兴起的人强调，医学和科学伦理学的讨论从内部人士（医生和科学家）之间的对话过渡到包括局外人在内的讨论，其中一些人后来被称为生物伦理学家。过去几十年临床伦理学的实质性制度化表明，生物伦理学家可以在医疗决策中发挥持续和有意义的作用。然而，在生物伦理学的管辖权争议最小的临床伦理学领域，更深入的研究表明，临床伦理学家本身很可能就是临床医生，而临床考虑的往往是确定什么是道德的、什么不是道德的最终权威。②

### 2. 医生与患者关系的转变

在大数据时代，出现了与传统看病时的不同现象。人们不是一有身体不适就去看医生，而是先通过互联网了解相关病症信息，一些只需要开药方的病，人们正在趋向于在"互联网医生"的指导下完成看病，而不是直接去医院面对医生。即使是需要去医院看病，许多医院已经开启了线上预诊，患者可以自己选择接受这样或者那样的诊断。想要查看结果时，并不一定需要再回到医院找到医生，而是通过手机等平台直接查询，这种系统化的医疗信息技术，已然使得现在的医患关系发生了变化，即患者掌控自己的医疗过程和医疗保健成为变化的核心。③ 在《美国医学的社会转型》一书中，保罗·斯塔尔（Paul Starr）描述了美国医学通过"与现代科学的紧密联系"而获得信誉的过程，相对于一种

---

① Hauschildt, K., De Vries, R., 2020："Reinforcing Medical Authority：Clinical Ethics Consultation and the Resolution of Conflicts in Treatment Decisions", *Sociology of Health & Illness*, Vol. 42, No. 2, pp. 307 – 326.

② Hauschildt, K., De Vries, R., 2020："Reinforcing Medical Authority：Clinical Ethics Consultation and the Resolution of Conflicts in Treatment Decisions", *Sociology of Health & Illness*, Vol. 42, No. 2, pp. 307 – 326.

③ 田海平：《大数据时代的健康革命与伦理挑战》，《深圳大学学报（人文社会科学版）》2017 年第 2 期。

由微生物驱动的蔓延疾病而言，这是一种对经济意义不大的传统行业，实力较弱。① 在今天，抗生素、慢性疾病管理、重症监护和心肺复苏都起到了推波助澜的作用，它们将医学从一个有时间限制的观察学科向一个无所不在的持续干预学科进行转变。斯塔尔强调这种普遍性在美国，医学不仅受到科学的推动，而且受到权力的推动。医生一般认为医学是一种对患者的责任，取消既定的规范会导致严重的医学专业目标后果的改变。与此同时，另一些人则认为在医学领域里，这是一种反复出现的地震式的关系转变。即使我们只考虑美国过去三个世纪的医学，过去的每个世纪都见证了医学哲学和临床实践的重大转变。跨学科利益相关者的扩大带来了关于医疗保健的"如何"和"为什么"问题的变革。具体来说，如果有保障措施，需要采取什么措施确保医生有能力保持对其基本的忠诚和权威？个体患者是否有行使临床决策的自由？患者对于对自己的健康掌握前所未有的主动。借助于大数据技术研发的健康医疗辅助工具，并随着对个体信息的自主自由的掌握，患者可以在一定程度成为自己的医生，也可以比以往更加专业地评估医生的治疗方法，积极地参与到自己的诊疗过程中来。但是，尊重和自由拥有互补概念，它们让我们更清楚地看到是什么让人类在道德上与众不同，必须尊重人的尊严，让他们自由，让他们在自己的生活中创造有意义的生活。2008 年，美国健康保健推进所（Institute for Healthcare Improvement，IHI）提出了"三联目标"（Triple Aim），即向卫生保健机构收费，以同时改善患者的护理体验、人群的健康和人均卫生保健成本。2009 年制定的 HIPAA 和 2010 年制定的《患者保护与平价医疗法案》（*Affordable Care Act*，ACA）都是美国联邦医疗保健政策的重要组成部分。② 同时执行所有这些医疗保健政策需要出现大量的跨学科团队来确保卫生保健的提供。医疗保健的发展轨迹不再像过去几个世纪那样仅仅是由医生们引导，由企业、公共卫生、卫生经济学、卫生信息技术和卫生管理专家组成的复杂团体参与并干预着卫生保健领域的发展，这种跨学科的融合让医生感到被排斥和前所未有的无力感。这是医学理论与临床医学前所未有的交叉

① Starr, P. The Social Transformation of American Medicine: The Rise of a Sovereign Profession and the Making of a Vast Industry, Hachette UK, 2017.

② HealthCare. Affordable Care ActHealthCare. https://www. heal-thcare. gov. 2022 - 04 - 20.

塑造。这种紧张给医生带来道德上的压力是不可逾越的，为了适当平衡自我的优先级、患者和成本控制，医生应该首先优先考虑患者，然后运用智慧提供临床医疗。① 个性化医疗的好处在于个性化诊断和风险预测，能够更有效预防疾病和促进健康，以及为患者提供建议。传统的隐私观念告诉我们，身体状况的信息只有自己以及自己愿意告诉的人知道，但现在数据的收集和分析近乎无限制地进行着，这会让我们意想不到的人知道自己的身体信息，因而重新塑造了医患关系。针对这样的问题，一味地用法律进行强制规定是行不通的，我们需要更为灵活而有力的伦理约制。

医患关系的模式正从主动—被动式向以患者为中心式改变。以患者为中心的护理重视医患关系，前提是积极的医患关系本身就能带来更积极的患者结果治疗。该模式的重点是以患者为中心，医生对患者表示关心和同情。② 与医生的积极互动无疑会提高患者的满意度，并可能通过安慰剂效应帮助改善患者的治疗结果。③ 安慰剂效应是安慰剂产生的非特异性心理或生理效应，即安慰剂对渴求治疗、对医务人员充分信任的患者能产生良好的积极反应，并出现希望达到的药效。④ 以患者为中心的护理强调医生的个人素质对患者互动的重要性。它把医患之间的互动看作一种流动的互动，医生的行为举止，如肢体语言和语气，无论是有意识的还是无意识的，都可能对患者产生积极或消极的影响。⑤ 从医生的角度来看，在以患者为中心的护理中，医生在与患者互动时表达了情绪反应和自我意识。⑥ 从生物－心理－社会视角考虑治疗患者的情况

---

① Simon, W. 2017："Holism in Health Care：Patient as Person"，*Handbook of the Philosophy of Medicine*，pp. 411 –427.

② Mead, N., Bower, P. 2000："Patient-centredness：A Conceptual Framework and Review of the Empirical Literature"，*Soc Sci Med*，Vol. 51，No. 7，pp. 1087 –1110.

③ Crow, R., Gage, H., Hampson, S. et al, 1999："The Role of Expectancies in the Placebo Effect and Their Use in the Delivery of Health Care：A Systematic Review"，*Health Technol Assess*，Vol. 3，No. 3，pp. 1 –96.

④ Shapiro, K. 1969："Iatroplacebogenics"，*International Pharmacopsychiatry*，pp. 215 – 248.

⑤ Mead, N., Bower, P. 2000："Patient-centredness：A Conceptual Framework and Review of the Empirical Literature"，*Soc Sci Med*，Vol. 51，No. 7，pp. 1087 –1110.

⑥ Winefield, H., Murrell, T., Clifford, J. et al, 1996："The Search for Reliable and Valid Measures of Patient-centredness"，*Psychol Health*，Vol. 11，No. 6，pp. 811 –824.

时，需要考虑包括生理、心理和社会三种因素，这一观点与传统的生物医学模式的患者护理形成了鲜明的对比，在这种模式下，患者的体征和症状被更全面地呈现出来，从而能够进行准确的诊断和治疗。[1] 因此，现在的医患关系处理准则就要求医生能够以患者的视角去感受患者的真实患病体验，将患者作为诊断、临床决策的中心，使患者也加入其诊断、治疗的过程，让患者能够发挥自己的作用。

然而，不可忽视的是，当今的医患关系也正面临着一些伦理挑战。在医患关系中，存在许多的不对称。医生和患者之间的平等关系受到这些关系之间独特的不对称的威胁。这些不对称以不同的方式表现出来，但它们是共同的，因为它们涉及医生和患者之间权力的根本差异。医生，作为治疗的推动者，对如何做决定和做什么决定拥有控制权，他或她有一系列法律规定或技术支持的策略可以支配，以塑造他或她与患者的互动。这些不对称的结果是伦理担忧的多重来源，担忧与医生如何在这种关系中以各种方式施加控制，以建立、管理和维持这种关系所产生的结果有关，担忧与患者如何被视为伴侣和值得尊重的人有关。[2] 医患关系中另一种不对称是医生的能力，通常是法律规定的，基于良心医生可以选择提供或不提供某种干预。医患关系的不对称在某些医疗专业中尤为突出，这要么是因为某些患者具有特定的脆弱性，要么是因为其中存在独特的权力关系。[3] 在医患关系中出现道德不对称问题的另一个完全不同的方面是对死亡过程的管理。在许多司法管辖区，医生被赋予权力，协助病入膏肓的患者、处于痛苦之中的患者，或真诚且坚持一心求死的患者死亡。[4] 因此，要想改善目前的医患关系形势，以上的不对称挑战是必须面对的，特别是，如今的时代需要考虑大数据、人工智能等高新技术对医患关系的形势带来的严峻冲击。

---

[1] Draeger, R. W., Stern, P. J. 2014："Patient-centered Care in Medicine and Surgery Guidelines for Achieving Patient-centered Subspecialty Care"，*Hand Clinics*，Vol. 30，No. 3，p. 353.

[2] Sandman, L., Munthe, C. 2010："Shared Decision Making, Paternalism and Patient Choice"，*Health Care Analysis*，Vol. 18，No. 1，pp. 60 – 84.

[3] Ancell, A., Sinnott-Armstrong, W. 2017："How to Allow Conscientious Objection in Medicine While Protecting Patient Rights"，*Cambridge Quarterly of Healthcare Ethics*，Vol. 26，No. 1，pp. 119 – 130.

[4] Dunn, M. 2019："At the Moral Margins of the Doctor-patient Relationship"，*Journal of Medical Ethics*，Vol. 45，No. 3，pp. 149 – 150.

## 第三节　大数据时代下个体自主性的限度

患者自主权是临床伦理学通常表述的一种重要概念，它作为患者的基本权利，体现着患者的生命价值和人格尊严。建立在患者护理偏好基础上的自主权表明，自主是对患者的身体、情感和社会状况以及他们在这种情况下所扮演角色的有意义的理解。[①] 有学者认为，尊重患者的自主权即在医疗实践中"允许有理性的个人独立自决"。[②] 在医疗实践中，患者自主性已成为一种挑战，特别是在传统的家长式医疗模式中显现。

### （一）个体自主性

承认自主性，重要的是要把一个人作为一个有个人经历和需求的人来对待，但也要支持他在实现这些需求时的积极参与。[③] 保持自主性似乎不仅是对治疗和护理做出选择和决定的关注，而且还强调支持患者的日常活动，支持他们对他人的贡献，支持他们对死亡的积极准备。自主性经常被患者提及，主要因为两个原因，但目前其没有被医疗服务人员和研究人员认可或理解为与自主性有关。[④] 首先，普遍看法认为，自主意味着独立和理性的决策。其次，重病患者或多或少可以被视为护理的被动接受者，患者和护理者之间的社会互动和相互贡献被低估。基于日常经验、日常活动和互动的自主概念，承认和支持自主的这些方面，可以鼓励患者尽可能多的活动，可以减轻他们的压力，将成为负担的恐惧降到最低。

伊曼努尔·康德（Immanuel Kant）对自主的定义与自由的概念相

---

[①] Houska, A., Loucka, M. 2019："Patients' Autonomy at the End of Life：A Critical Review"，*Journal of Pain and Symptom Management*，p. 57，Vol. 4，pp. 835 – 845.

[②] 黄知伟，刘颖：《公共卫生视域中的病人自主权问题探析》，《医学与哲学》2020年第18期。

[③] Agich, G. *Dependence and Autonomy in Old Age：An Ethical Framework for Long-term Care*，Cambridge：Cambridge University Press，2003.

[④] Houska, A. 2019："Loucka M. Patients' Autonomy at the End of Life：A Critical Review"，*Journal of Pain and Symptom Management*，Vol. 57，No. 4，pp. 835 – 845.

联系，但被建构在一个道德框架中，它认为个人应有自主权，但也必须尊重他人的自主权。康德的方法可以被描述为"义务"的一种假设，即个人有能力通过理性推理去做道德上正确的事情。人们在行为中所遵循的道德准则和动机应该是出于自由意志的选择，而不是受到外部因素的干涉。此外，个体有能力独立地按照自己的理性和道德准则行动，自主性意味着个体是自由的，不受外部干涉或控制，包括国家和机构。约翰·穆勒（John S. Mill）和康德的哲学著作提供了两个启示广泛的自主方法，并表示出功利主义和新自由主义立场。功利主义观点很大程度上是基于康德注重幸福的理性的逻辑，平衡快乐和利益最大化。这不是一种享乐主义的方法，因为个人在道德上正确的行为中获得内在价值或许应该称之为快乐。

自主原则规定一个人应该给自己一个机会来决定什么，人们就应该这样做，进行自我独立管理，不受外部因素影响。区分人与决策的层次，使提出以下问题变得有意义：我们的自由和尊严是尊重自主权的合法基础，但这是真的吗？任何决定都值得尊重吗？当然不是每个决定都是如此同样值得尊敬的。有些决定只是表达个人意见，是潜在的尊严，它通过做决定体现，而另一些则是我们实际实现的尊严。尽管在某些情况下可能会有不同的理论框架，在不考虑这一困难的情况下，可以得出一个重要的理论观点。在所有可能的决定中，有些给我们灌输了深刻的思想尊重感或虔敬感，它们看起来是真实实现的尊严。

我们可能会同意一种务实的理由，一个特定的决定缺乏一些被认为是有尊严的必要品质。然而，我们应该尊重它，因为这样做表明我们对他人能力的乐观态度，有助于培养我们的关系，也许能让我们在未来做出更好的决定。规则功利主义的理由是，有些决定显然是不道德的或具有破坏性的，但即使是这些决定，也应该被尊重——只要他们尊重他人的权利和自由。因为从总体上看，最好的结果是得到他人的尊重。尊重自主权，就是尊重人们在特定情况下自己做决定的权利，这意味着在人们做出决定时，他们的自由和尊严应该得到保障。当然，当这些决定影响他人自由和尊严时，是需要一定限制的。

对自主性本质的哲学解释倾向于关注两大类条件的不同规范：能力和真实性。在医疗决策的背景下，公认的是一个有能力的人必须有能力理解信息、批判性地反思和修正信念，并根据信息做出决定。同样，能力条件指的是"推理能力",即个人"正确理解面前的选项、评估不同的选项、推断适当的行动过程、权衡后果等"所需的认知能力。这些是"演绎逻辑能力、理解和批判性分析"的能力,这些能力被认为是"普遍接受的自主性的组成部分,因此对这些特征的改进通常被用来提高人们的"自主性"。通过直接认知干预增强推理能力原则上不是自主性增强的充分条件。此外,有经验证据表明,推理能力的提高,甚至可能不是一个必要的条件,促进代理人行使她的自主权。①

患者的自主性来自患者的依赖状况以及传统的卫生保健专业人员所采取的专制立场,这并不像患者有时自愿地接受这种专制的态度那样重要。尊重原则在医疗中主张自主权而要求医护人员承认一个人持有观点、做出选择和选择的权利是根据他们自身的价值观和信仰行事的。这种尊重不仅包括尊重的态度也包括尊重的行为的人。从义务论的角度来看,患者的自主性可以被描述为一种道德状况的"理性指引"。然而,当患者的行为对自身或他人构成威胁时,医护人员的职责不仅仅是尊重患者的自主性,还要确保患者的行为不会造成不可挽回的伤害或损害他人的利益。因此,患者必须面对义务这个概念的一部分以及随之而来的约束。

### (二) 患者的主体性困境

尊重患者自主权是当代临床实践中最重要的伦理问题。良好的临床实践包括促进和保护患者对其医疗健康做出决定的权利,并支持他们在破坏性损伤或疾病的情况下保持或重新获得对其健康和生命的控制。临床指南通常强调患者应该理想地参与共享决策。在共享决策期间,临床医生提供关于诊断、预后以及治疗选择的潜在风险和益处的信息和建议,并根据患者的具体情况定制这些信息。② 同时,临床医生引出患者的价值观、偏好和信念,并与患者及其家属(如果需要)和多学科团

---

① Lewis, J. 2021: "Autonomy and the Limits of Cognitive Enhancement", *Bioethics*, Vol. 35, No. 1, pp. 15 – 22.

② Murray, E., Charles, C., Gafni, A. 2006: "Shared Decision-making in Primary Care: Tailoring the Charles et al. Model to Fit the Context of General Practice", *Patient Education and Counseling*, Vol. 62, No. 2, pp. 205 – 211.

队成员进行协作讨论。理想情况下，这一过程的目的是让患者就可用的治疗方案做出可信的、知情的和自愿的决定。自主受到人们的重视，不仅因为它给予他们决策的自由或行动的自由，而且因为它在理论上使他们能够追求自己对美好生活的憧憬，做出符合他们个人价值观和偏好的选择。现代强调在临床实践或研究中尊重患者或参与者的自主权，这通常被解释为对历史弊端的反应，部分原因是历史上曾接受临床医生的家长式作风。从广义上讲，医学中的家长主义是这样一种观念，即临床医生有时可能知道什么对患者最好，因此可能根据他们自己的信念而不是患者的价值观和偏好来决定最佳的行动方案。① 这种单方面的决策，无论其理由多么善意，现在都被广泛认为是对患者护理的诅咒，尽管偶尔有人呼吁对某些情况下特定形式的家长式作风的潜在作用和价值进行更细致的考虑。② 尊重自主权，特别是在治疗或参与研究中获得有效同意的道德和法律要求，被认为是对患者的重要保护。医疗自主的概念通常以支持尊重实践中自主的程序性评估的方式来定义，强调信息、理解和不受干扰的自由。

伦理原则的关系概念越来越突出，提供了一种在现实世界体验中更自在的自主性的解释，承认人类生活，因此决策是社会嵌入的。自主性的关系容易与共享决策和以患者或个人为中心的护理的原则保持一致。许多临床医生被告知，尊重自主权等同于个人的自愿和知情同意。尽管这些要素对于自主决策很重要，但它们未能捕捉到现实世界中这种决策的复杂性，结果是一些临床医生可能难以将他们对同意要求的理解与他们在伦理上复杂的患者决策经验相适应。此外，虽然尊重患者自主权被认为是一种原则，但在尊重自主权与其他道德义务相冲突的情况下，可能这种原则也无法使临床医生具备有效实践能力。③ 因此，在临床医生

---

① Bailoor, K., Valley, T., Perumalswami, C. et al, 2018："How Acceptable is Paternalism? A Survey-based Study of Clinician and Nonclinician Opinions on Paternalistic Decision Making"，*AJOB Empirical Bioethics*，Vol. 9，No. 2，pp. 91 – 98.

② Richard, C., Lajeunesse, Y., Lussier, M. T. 2010："Therapeutic Privilege：Between the Ethics of Lying and the Practice of Truth"，*Journal of Medical Ethics*，Vol. 36，No. 6，pp. 353 – 357.

③ Ubel, P. A., Scherr, K. A., Fagerlin, A. 2017："Empowerment Failure：How Shortcomings in Physician Communication Unwittingly Undermine Patient Autonomy"，*American Journal of Bioethics*，Vol. 17，No. 11，pp. 31 – 39.

可能出于伦理原因考虑家长式行为的情况下，可能会避免共同决策，而不是用来帮助促进在伦理复杂决策中的自主权。如果假设患者的选择受到限制，他们就缺乏自主性，那么临床医生就冒着进一步削弱他们自主性的风险，巩固和加剧他们已经经历的不利处境。临床医生不应该努力在非常不同的环境中应用共享决策的特定模型和自主的特定概念，或者直接拒绝不合适的模型和概念，而是应该专注于如何最好地帮助他们的患者、家庭和社区获得对他们健康和生活的更大控制权，充分利用他们可以获得的资源和机会，并让他们能够加入改善所有人获得护理的宣传工作中来。①

得益于大数据的发展，患者能够通过大数据形成一个数字化的个体。由于这个个体由与自己的身体信息有关的数据构成。患者能够在这样的情况下，清晰地明白自己的身体信息。并且，在了解自己信息后，还能根据大数据分析出来的结果，对自己的身体状况进行优化。与之相关的优化方案可以通过数据信息的方式传达，患者能够在诸多方案中选择自己想要的方案。这样，传统的让患者知情自己的诊断信息、参与临床决策的方式发生了变化。这种变化并不单纯是信息知情形式的变化，而且还大大地提升了患者的自主性。通过大数据分析得到的建议方案由于综合了以往相关病患的信息以及医生的诊断信息等，可以给出更多、更详细的诊断信息以及诊断方案。患者不仅能够通过超链接等形式随意地深入了解自己的身体、病患信息，而且还能根据自己的需要选择自己偏好的治疗方案。这相对于传统的医疗诊断来说，无疑是更加尊重了患者的自主性。除此之外，患者还能在与医生进行沟通时，预先通过大数据了解相关信息，这样能够更好地让患者与医生进行沟通，从而充分展现了以患者为中心的护理模式。但是，患者的想法和通过想法形成的一系列医疗相关行为，既然是通过大数据的，那么也就意味着，患者接受了大数据给出的范围，并在这个范围里实现自己的自主性。患者一旦使用大数据，就会相应地被大数据收集信息、分析信息，从而也被作为庞大数据库中的一员。但并不是所有的患者都愿意通过这样的方式而受到监控、收集、利用。同时，大数据技术运用于医疗行业，也是基于大数

---

① Martin, D. E., Muller, E. 2021: "In Defense of Patient Autonomy in Kidney Failure Care When Treatment Choices are Limited", *Seminars in Nephrology*, Vol. 41, No. 3, pp. 242–252.

据背后的算法。算法虽然是相对客观的，但是它仍然是由人进行设计的。这就可能会产生算法偏见的风险，并且，这些数据将如何收集、存储、利用，作为患者本人是认识不到真面目的。这就使得在这个庞大数据的时代，患者虽然能够通过大数据更好地行使自己的自主权，但同时这样的自主性又面临一些伦理问题。因此，医疗大数据并不能简单地被认为可以更好地利于患者的自主性，它恰恰也带来了以往所没有的自主性困境。鉴于行使自己的自主权伴随着许多需谨慎考虑的顾虑，患者大做出决策将面临更大的挑战与困境。

### （三）个体自主性的限度

在大数据环境下，个体拥有一定的自主性。这对个体来说具有重要意义。对个人数据的保护如果不力，将会对个人的人格、财产等造成严重的侵害。[①] 传统的知情同意主要是通过纸质的知情同意书来完成知情、同意的过程，它可以让患者与医生、受试者与研究者在自愿的情况下面对面地沟通，最后的签字也在目光可及的范围里以文件的形式确认。[②] 但是，由于医疗大数据海量的数据收集、挖掘，使得个体的自主性受到了挑战。

首先，在知情同意方面。知情同意是生命伦理学基本原则的体现。著名生命伦理学家汤姆·比彻姆（Tom L. Beauchamp）和詹姆士·邱卓思（James F. Childress）在《生命医学伦理原则》中认为，知情同意包括三大要素，即基本要素（前提条件）、信息要素和同意要素。基本要素（前提条件）分为（理解和决定的）行为能力以及（决定的）自愿；信息要素又分为（实质性信息的）告知、建议（一个方案）、理解；同意要素分为决定（同意一个方案）和授权（所选择的方案）。[③] 患者必须要具备一定的理解、做出决定的行为的能力，同时是自愿决定的，那么这样的知情同意才可以继续下去。在知情同意时，必须要告知

①　程啸：《论大数据时代的个人数据权利》，《中国社会科学》2018 年第 3 期。

②　张如意，彭迎春：《医疗大数据研究的风险管控和知情同意问题探析》，《中国医学伦理学》2021 年第 36 期。

③　〔美〕汤姆·比彻姆、〔美〕詹姆士·邱卓思：《生命医学伦理原则：原书第 8 版》，刘星等译，北京，科学出版社，2022 年。

患者所需要知道的信息，以及相关的方案，这个过程必须要让患者能够理解。最后，才能让患者决定是否同意被给予的方案或者选择其他方案。然而，在大数据时代，这样的知情同意过程出现了新的问题。例如，生物样本库中的知情同意，由于样本库的数据之庞大，以至于要一个一个单独地告知，并让患者同意是十分麻烦的，这个过程也会伴随着巨大的成本。同时，由于有些样本库在收集时，并不一定能非常明确地肯定该样本的使用目的，患者将有怎样的风险、获益等。这就使得患者的知情同意不能满足充分告知的要求。并且，以数据化、信息化为载体的电子知情同意系统，在进行知情同意时也面临着一些问题。特别是远程的知情同意，如何保证远处的患者是充分自愿的个体，他本人有无被强迫。同时，由于系统是由人根据算法设计的，大数据具有算法的"黑箱特性"。大数据算法的基本范式是什么？如何运行？是否会被设计者故意"歧视设置"？通过算法得出的结果是否可靠？是否稳定？这些"黑箱特性"都可能对知情同意造成阻碍，威胁个人的健康信息。[1]

其次，在数据权属方面。数据权利应该是属于公民的，主要是对公民进行数据的保护。然而，目前还暂未有相关法律对谁应该拥有健康医疗大数据的数据权利进行界定。学术界也对数据权属问题展开了激烈的争论，尚未有统一的答案。[2] 数据主体作为数据的来源，很难否定数据主体对数据的权利，但又不是享有绝对的权利。数据科学家作为数据的分析者，具有能从数据分析中得出关键结论的重要意义，这对于医疗的发展来说已日益具有重要的地位。数据库商作为数据的售卖、运用者，同样可以根据数据的信息量制定出符合企业发展和满足市场需求的战略。但是，数据主体应该有一定的权利分析自己的数据，根据自己的数据为自己的发展提供科学可靠的数据支撑。数据科学家和数据库商固然有使用数据的重要意义，但利用数据的权利范围在何处？毫无疑问，数据库商、科学家等都不能毫无节制亦毫无规制地使用数据主体的数据。因此，如何明确数据的权属边界，这是一个尚待解决的问题，也是医疗大数据要想合理发展必须面对的问题。

---

[1] 郭建：《健康医疗大数据应用中的伦理问题及其治理思考》，《自然辩证法研究》2020年第3期。

[2] 邓明攀，刘春林：《健康医疗大数据应用中的权利保护和行为规制》，《医学与法学》2019年第4期。

然后，在利益方面也会存在冲突，从而对个体自主性发起挑战。作为被收集者，医疗数据包含着个人信息，非必要都是不愿被收集的，因为要保护自己的利益。然而，掌握数据的企业即使能合法地收集个人数据，但对这些数据的性质和内容所应该持有的权利是什么？当非企业原因造成信息的泄露、非法利用等，企业是否应该能够获得一定的民法救济？这都是值得考虑的重要问题。如果数据企业使用个人的数据被层层设限，导致企业难以有效地利用数据、分析数据，那么就实现不了数据的价值利用，并且还会耗费企业的大量成本。因此，企业应该对依法收集的个人信息享有一定的权利，并且要受到法律的保护，这样的权利保护应该不依赖数据提供者的同意以及其他在先权利或授权，这就使得个人与数据采集者之间存在着利益冲突。[1] 诚然，当双方的利益出现不一致时，个体的自主性会受到侵害。那么，是否应该在利益不一致的时候，提出相应的规范去指导具体的行为？又或者直接不允许出现利益不一致时对数据的收集、挖掘行为？因此，如何从数据的收集、存储、利用、保护等方面保证个体的自主性，都需要再进一步的探讨。如果任何一个环节不符合伦理，那么这个健康数据的收集以及一系列的操作都将停止，直到找到合适的方法解决。

个体自主性在生物伦理学中一直处于突出地位，它强调充分了解情况的价值、处理这种资料的能力的重要性以及没有强迫或操纵。的确，在临床医疗和医学研究的背景下，重视个人选择是最重要的。然而，这种对自主性的理解可能比较狭隘。但是，若赋予数据主体绝对自主权，会不利于健康数据之间的分享、流通，降低数据利用的价值，这与我国目前的大数据发展的实际要求是不符的，将对我国的健康数据发展造成阻碍。个人的健康数据在大型公共卫生事件中会负载一些重要信息，如疫情防控时，对于个人的健康码和行程信息需要进行收集，并且不能遗漏任何一人，否则就会增加疫情防控的难度，威胁所有民众的个人安全。如果这样的情况，还要去获得人们的相继同意，这是非常不理智的，极其浪费资源，并且不会有太高的效率。因此，个人拥有的对数据的权利不能是绝对的，而是应该在一定范围里的自主，是相对的绝对自主。这需要审慎地对待在个人利益与社会利益相冲突时如何保护个人数

---

[1]　程啸：《论大数据时代的个人数据权利》，《中国社会科学》2018 年第 3 期。

据自主权。①

在数据研究中，隐私的维度并非离散存在，而是相互重叠。同时，它们与其他概念，如自主或自由相互关联，指导我们以更宽广的视角去理解复杂的利益关系，更好地保护参与者的隐私利益。有的法规对个人信息的控制的保障是凭借信息隐私或决策隐私给予的，例如，在《欧洲人权公约》第 8 条规定的自主条件范围内，决定人的隐私权是其中一个方面。② 但也有少数通过另两种途径。总之，人们期望生物样本库尽可能地解决数据保护问题，但人们也明白，没有任何系统是绝对安全的。道德权利的主体不再只是有理性的个人，因此也就不能把有理性的个人视为拥有特殊权利的主体。

以各种形式的尊重自主权是许多伦理理论的核心组成部分，很少被认为是一个独特的或压倒一切的原则。强调个人能动性的伦理框架通常重视他人的美德，如利他主义、互惠或团结。此外，虽然一些道德框架可能比其他框架更强调为了他人的利益而牺牲个人福祉的义务，但这并不意味着在更广泛的集体目标范围内没有承认个人利益的余地。③ 如果完全自主被认为包括一定程度的实质性自由，即具有选择能力，以及根据选择采取行动和控制自己生活各个方面的能力，那么保健方面的财政障碍等制约因素显然会损害自主。④ 此外，在阻止获得必要的护理，从而延长健康不佳或危及生命方面，这种限制更广泛地损害了自主权，因为健康不佳可能会降低个人做出其他选择并采取行动的能力。人们的选择自由经常受到实质性医疗限制，特别是在结构性不平等的情况下。在低收入国家，无法获得基本保健资源的人在其他领域的自主性也可能受到严重限制，他们在就业、住房、教育等方面几乎没有任何选择。这并

---

① 郭建：《健康医疗大数据应用中的伦理问题及其治理思考》，《自然辩证法研究》2020年第 3 期。

② European Court of Human Rights Council of Europe. European Convention on Human Rights. (2022 – 12 – 06) [2023 – 03 – 27]. https://www.echr.coe.int/documents/d/echr/convention_ENG.

③ Sambala, E. Z., Cooper, S., Manderson, L. 2020: "Ubuntu as a Framework for Ethical Decision Making in Africa: Responding to Epidemics", *Ethics & Behavior*, Vol. 30, No. 1, pp. 1 – 13.

④ Burchardt, T., Evans, M., Holder, H. 2015: "Public Policy and Inequalities of Choice and Autonomy", *Social Policy & Administration*, Vol. 49, No. 1, pp. 44 – 67.

不意味着，也不应该意味着，他们的自主权不存在或无关紧要。这确实意味着应作出重大努力来解决这些制约因素，并确保支持个人尽可能行使其基本自主权利。[①]

# 本章小结

保密义务始终是医疗伦理中的重要原则之一，即保护患者的隐私和尊严，建立患者与医生之间的信任关系。随着社会的发展和信息技术的进步，对保密义务也提出了更多的要求。对医疗隐私的担忧可以追溯到希波克拉底誓言，其中包括发誓不说出治疗过程中的所见所闻。[②] 伦理规范中对保密性的强调表明了隐私在医疗环境中的重要性，但为了充分尊重和保护隐私，仅不披露患者信息是不够的。同样重要的是尽量减少对患者信息的收集，并且只将敏感信息用于适当的目的，例如临床治疗的目的或临床试验的研究目的。当个人信息被其他人访问时，信息隐私就已经受到了侵犯。个人信息通常是私人和敏感的，可能会让一个人容易陷入尴尬、歧视和其他类型的伤害。数据主体（即信息的所有者）有权决定是否公开或分享这些信息，以及分享给谁。未来雇主可能会利用候选人的健康信息来进行歧视性的招聘决策，但候选人却很难知道自己被歧视，因为雇主不会明确表达招聘决策基于健康信息等个人信息。保险公司也可以利用医学相关信息，如遗传倾向，向一些人收取比其他人更高的费用。制药公司则可以通过识别出迫切需要药物的人来进行价格歧视，向他们收取更高的价格。黑客可能盗窃患者身份信息，进行勒索，或威胁要暴露他们的敏感图像或信息。可见连接到互联网的设备收集和存储敏感数据比记录保存在纸面上的风险更大。在一个越来越依赖数据的经济社会中，个人信息的价值越来越大，却也越来越难以保护，其被许多人觊觎——保险公司、银行、潜在雇主、黑客和罪犯、政府和情报机构等。这也使任何存储敏感数据的机构更容易受到攻击。数据泄

---

① Hawkes, N. 2012："Hospitals May Make More Money by Keeping Patients on Dialysis than by Transplanting Kidneys, Report Says", *British Medical Journal*, Vol. 344, p. 620.

② Spetz, M. 1962："The Oath of Hippocrates", *California Medicine*, Vol. 96, No. 437, p. 8.

露可能会给负责数据的机构带来许多灾难——从名誉损失到诉讼，可能会让医院损失一大笔钱。在网络空间，攻击者比防御者更有优势。虽然攻击者可以选择攻击的时机和方法，但防御者必须时刻防范各种攻击。

在医患关系中，患者处于易受伤害的地位，他可能会感到不适，并对自己的健康感到忧虑，因此需要医生进行适当的治疗。数据最小化原则应建议医疗保健专业人员将个人数据的收集、存储和使用限制在诊断和治疗患者以及医学研究环境中的医学研究所必需的数据。还应该允许患者提出问题和进行咨询，这些问题和咨询可以根据他们的要求保留在记录之外，只要对其他人没有风险。确定什么是医学上必要的信息，什么不是，可能并不总是容易的。有时医生的工作类似于侦探的工作。有时，看似无关的问题的答案可能包含是什么使患者生病的谜题的答案，过去的行为可能是评估患者医疗状况的主要部分。如果医生没有收集足够的医疗数据，他们可能会面临临床护理质量差的风险。只要提问的目的是治愈患者，数据收集就是合理的。相关问题是那些有助于医生诊断和治疗的问题，侵犯患者隐私权的方式有两种，医生收集的数据比医生只考虑对患者进行诊断和治疗时收集的数据多，或者收集的数据未经患者同意用于患者诊断和治疗以外的目的。除了数据最小化原则之外，医学规范还应该包括一个建立数据合理使用的原则，除了少数合理的例外情况，医疗数据应用于医疗目的。医疗数据不应出售给第三方，也不应用于评估患者的责任。如果在医疗保健中考虑个人责任，患者的隐私风险将显著增加，因为将会收集更多关于他们的数据，特别是一些对保险公司、数据经纪人和黑客等特别有吸引力的数据。收集的数据量越大，责任评估就越准确，隐私风险就越大，如果医生的目的是调查责任，这很可能会导致他们问更多的问题。需要向患者询问他们的性行为和性伴侣、饮食习惯、酒精消费和药物使用、去健身房、卫生习惯、工作、压力水平和社交网络，因为社会孤立和不良关系在某种程度上是可以控制个人的许多健康风险因素中的一部分。

目前对大数据中的数据权利界定和权属问题还处于争论之中，数据的可得性和技术的易用性不利于大数据的应用。[1] 同时，随着大数据辅助基础的医疗惠及大众，人们在医疗方面的自主性得到了极大的提高，

---

① 罗小燕，黄欣荣：《社会科学研究的大数据方法》，《系统科学学报》2017 年第 4 期。

而这也伴随着医生权威的消解。如何在这两者之间保持一定的张力是尚待解决的重要问题。因此，推动大数据医疗的发展，一方面，必须要认识到当今的医患关系已然发生了变化，这样的变化使得我们的医疗大数据的运用、发展都应该遵循以患者为中心的模式；另一方面，在提高患者对医疗大数据的认可度的同时也要让患者明晰医疗大数据所带来的伦理困境，不能盲目相信大数据在医疗行业的技术，要保持理性与批判。同时，国家有必要对医疗数据的权属问题进行界定，清楚相应的权责范围。立法只是解决问题的一个必要的措施，更多还需要多方的协助配合，以根本上化解医疗数据权属的伦理困境。由于大数据医疗是基于一定算法的，当算法出现不公正的情况时，患者的医疗数据权利更得不到保障，因此下一章我们将介绍大数据医疗中的医疗公正问题。

# 第七章　大数据医疗：医疗公正

在大数据时代，任何行业都能够与大数据产生紧密的联系。医疗卫生领域也是如此，数据与医学能够进行高度的结合和交叉应用。可谓是医疗领域的大数据时代。① 大数据医疗时代将涌现出庞大的医疗数据资源，这与传统的医疗物质资源有着根本差别。医疗资源包括医疗机构、人力、设施等内容，是医疗行业所需要的资源的总称。② 随着信息技术的发展，人们的各种信息以数据的形式呈现，医疗资源也出现了数据的形式，即医疗数据资源。很显然，医疗数据资源与传统医疗物质资源不同，医疗数据资源可以将医疗物质资源的信息，如设备信息、人员信息等以数据的形式展示，并通过这些数据为医疗资源的配置、利用等提供帮助。作为医疗数据资源的医疗大数据有六个特性，即6V——大量性（volume）、多样性（variety）、快速性（velocity）、易变性（variability）、准确性（veracity）和价值性（value）。③

有学者认为医疗大数据能够对临床领域的数据相关政策、制度、观念等产生巨大的影响，并且它被认为是社会影响因素的一种。④⑤ 这种巨大的影响可以表现为对数据科学的价值开发、数据行业的发展和新的经济助力的出现，同时也有可能产生对人的生命价值的全新认识和理

---

① 王灵芝，郝明：《医疗大数据的特征及应用中的伦理思考》，《医学与哲学（A）》2017年第4期。

② 张玲怡：《互联网背景下医疗资源整合策略研究》，上海工程技术大学2017年硕士学位论文。

③ McCue, M. E., McCoy, A. M. 2017："The Scope of Big Data in One Medicine: Unprecedented Opportunities and Challenges", *Front Vet Sci*, Vol. 16, No. 4, p. 194.

④ 牟海燕，陈敏：《健康医疗大数据开放管理探讨》，《中华医院管理杂志》2019年第8期。

⑤ 张如意，彭迎春：《医疗大数据研究的风险管控和知情同意问题探析》，《中国医学伦理学》2021年第10期。

解。[①] 然而，在医疗大数据应用的过程中不可避免地会遇到一些伦理问题，特别是医疗数据作为一种资源，必然存在资源的分配、占有问题，除了关注个人数据权利外，还要关注医疗资源中算法偏见和公正问题。少部分精英人士显然比一般民众拥有更高的优势去获取医疗数据资源，那么主要为一般民众提供的医疗数据却主要使少部分人受益，因而公众的医疗数据公平可能受到了侵害。

本章首先将分析在数字化医疗时代，基于公众健康大数据的研究与收益的公正分配问题，接着探讨大数据分析与处理的医疗与健康服务应用的公正配置问题，最后再分析大数据驱动型医疗保健的公正服务问题。

## 第一节　公众健康大数据的研究与收益的分配

### （一）公众健康大数据的研究

随着测量技术、数据存储设备和连接不同数据集的技术的发展，越来越多的信息可供公共卫生研究和决策使用。国外有学者认为，与公众健康大数据相关的研究领域有：医疗健康大数据的分类、使用机器学习的医疗健康大数据、医疗健康大数据的因果分析。[②]

#### 1. 医疗健康大数据的来源

目前，医疗领域的大数据应用的主要数据来源包括行政数据库、临床注册和电子健康记录数据。同时越来越多的其他数据源可用，如直接从患者获得的生物测量和其他数据、患者报告数据、来自互联网使用的数据、医学成像数据和生物标志物数据。[③]

---

① 李晓洁，丛亚丽：《健康医疗大数据公平问题研究》，《自然辩证法通讯》2021 年第 8 期。

② Mooney, S. J., Pejaver, V. 2018: "Big Data in Public Health: Terminology, Machine Learning, and Privacy", *Annu. Rev. Public Health*, Vol. 39, pp. 95 – 112.

③ Rumsfeld, J. S., Joynt, K. E., Maddox, T. M. 2016: "Big Data Analytics to Improve Cardiovascular Care: Promise and Challenges", *Nature Reviews Cardiology*, Vol. 13, No. 6, pp. 350 – 359.

　　行政数据库主要指基于索赔的信息或其他行政事务的数据库系统,① 其包括索赔可涉及护理的情况、医疗保健的制定程序、患者的家庭信息、药房信息等。生物标志物数据主要指广泛的生理实验室测试和组学技术得到的数据,包括基因表达、蛋白质水平、代谢产物等多种类型的信息。② 从患者获得的生物测量和其他数据主要是指反映生理状况的个别患者数据,如生命体征或其他生理参数。③ 通过远程监测医疗设备,如植入式心律转复除颤器和可穿戴设备都可以获得这类数据。临床注册所收集的数据主要指使用标准的数据元素和定义,系统地收集或捕获电子数据记录中的数据,这种一般用于衡量护理质量,提供质量基准,并进行临床研究。④ 电子健康记录数据通常包括多种类型的数据,如患者人口统计数据、临床诊断问题列表、门诊或住院记录类叙述性文本记录、程序或测试的电子报告、实验室数据、生命体征数据、药物数据和订单。⑤ 来自互联网使用的数据主要指互联网上广泛的电子数据,包括从社交媒体到关注健康的数据,再到基于网页的应用程序。⑥ 医学成像数据主要指超声、CT（computed tomography，电子计算机断层扫描）、MRI（magnetic resonance imaging，磁共振成像）、PET（positron emission computed tomography，正电子发射型计算机断层显像）、血管造

---

①　Van Walraven, C., Austin, P. 2011："Administrative Database Research has Unique Characteristics that Can Risk Biased Results", *J Clin Epidemiol*, Vol. 65, No. 2, pp. 126 - 131.

②　Park, B., Afzal, M., Hussain, J. et al, 2020："Automatic Identification of High Impact Relevant Articles to Support Clinical Decision Making Using Attention-based Deep Learning", *Electronics*, Vol. 9, No. 9, p. 1364.

③　Lee, T. C., Shah, N. U., Haack, A. et al, 2020："Clinical Implementation of Predictive Models Embedded Within Electronic Health Record Systems：A Systematic Review", *Informatics-Basel*, Vol. 7, No. 3, p. 25.

④　Rumsfeld, J. S., Joynt, K. E., Maddox, T. M. 2016："Big Data Analytics to Improve Cardiovascular Care：Promise and Challenges", *Nature Reviews Cardiology*, Vol. 13, No. 6, pp. 350 - 359.

⑤　Park, B., Afzal, M., Hussain, J. et al, 2020："Automatic Identification of High Impact Relevant Articles to Support Clinical Decision Making Using Attention-based Deep Learning", *Electronics*, Vol. 9, No. 9, p. 1364.

⑥　Lee, T. C., Shah, N. U., Haack, A. et al, 2020："Clinical Implementation of Predictive Models Embedded Within Electronic Health Record Systems：A Systematic Review", *Informatics-Basel*, Vol. 7, No. 3, p. 25.

影等医学成像程序的图像和相关电子数据。① 患者报告数据主要指可衡量患者报告结果的患者调查数据，包括患者健康状况和患者体验。② 患者报告的数据还可以为"患者驱动"的研究网络提供信息，或提供医疗治疗的反馈。

### 2. 使用机器学习的医疗健康大数据

机器学习（machine learning）是能够使计算机通过一定的算法来像人一样不断地进行学习、提高自身的一种人工智能技术。③ 这在医学方面特别有用，因为为了提供个性化护理，可能不完全需要解释和编程给定对象的所有差异，只需要获得系统性能或对象健康的合理近似值。④

机器学习一般包括监督、半监督和无监督学习问题。⑤ 监督学习用于描述预测任务，因为其目标是预测或分类特定的兴趣结果。⑥ 无监督学习的目标是识别数据结构中的底层维度、组件、集群或轨迹。⑦ 半监督学习通过监督学习与无监督学习的结合，利用少量的标记数据和大量的未标记数据进行训练和分类。半监督学习也是机器学习的一个重要分支。⑧ 与标记数据相比，未标记数据较容易获得。

---

① Park, B., Afzal, M., Hussain, J. et al, 2020: "Automatic Identification of High Impact Relevant Articles to Support Clinical Decision Making Using Attention-based Deep Learning", *Electronics*, Vol. 9, No. 9, p. 1364.

② Bragge, P., Synnot, A., Maas, A. I. et al, 2016: "A State-of-the-science Overview of Randomized Controlled Trials Evaluating Acute Management of Moderate-to-severe Traumatic Brain Injury", *Journal of Neurotrauma*, Vol. 33, No. 16, pp. 1461 – 1478.

③ 〔土耳其〕埃塞姆·阿培丁：《机器学习导论》，范明，昝红英，牛常勇译，北京，机械工业出版社，2009 年。

④ Smallwood, C. D. 2020: "Monitoring Big Data During Mechanical Ventilation in the Icu", *Respiratory Care*, Vol. 65, No. 6, pp. 894 – 910.

⑤ 杨剑锋，乔佩蕊，李永梅等：《机器学习分类问题及算法研究综述》，《统计与决策》2019 年第 6 期。

⑥ Gradus, J. L., Rosellini, A. J., Horvath-Puho, E. et al, 2020: "Prediction of Sex-specific Suicide Risk Using Machine Learning and Single-payer Health Care Registry Data from Denmark", *Jama Psychiatry*, Vol. 77, No. 1, p. 103.

⑦ Gareth, J., Daniela, W., Trevor, H. et al, An Introduction to Statistical Learning, New York: Springer, 2013.

⑧ Gaber, M. M., Zaslavsky, A., Krishnaswamy, S. 2007: "A Survey of Classification Methods in Data Streams" *Data Streams: Models and Algorithms*, pp. 39 – 59.

数据科学是一门基于数据处理的科学。[1] 虽然机器学习在数据科学领域被更广泛地采用，但一些公共卫生研究人员和从业人员也接受了机器学习的培训。例如，无监督学习已被用于时空分析、疫情检测和监测、识别与临床结果相关的患者特征以及环境监测。现有学习算法的半监督变体已被用来利用社交媒体数据建立一个药物不良反应的预警系统，从智能手机数据中检测得到。监督学习已被用于预测医院再入院、结核病传播、机动车碰撞中的严重伤害等许多应用。[2]

然而，机器学习带来的不只有好处，同样也会带来相应的挑战。临床诊断是临床预测模型的基本任务，例如，医学成像的计算机辅助诊断模型。在临床环境中，研究人员经常选择患者疾病发生率作为模型的预测标签。然而，对于疾病发生标签的选择有很多。例如，发展中的心血管疾病的结果标签可以通过临床笔记中出现的特定短语来定义，但女性可以表现出不同的急性冠脉综合征症状，并因此而接受延迟治疗，这可能会在临床记录的诊断标签中表现出来，于是这些急性冠脉综合征患者就诊结果就有了标签上的差异。[3][4] 由于标签噪声的差异导致模型影响的差异，研究人员有责任选择和改进疾病标签，以便这些性别差异不会进一步加剧对健康的影响。此外，重要的是医疗系统要考虑记录疾病标签。例如，医疗服务提供商利用诊断代码进行计费，而不是临床研究。因此，由于代码中的重叠和层次结构，诊断代码可能会产生歧义。此外，设施有动机少报和多报结果，导致模型表示存在差异。改进疾病标签的最新进展是基于标签噪声估计的统计校正。例如，阳性标签可能是可靠的，但省略阳性标签可能表示阴性标签（即无疾病）或只是遗漏了阳性标签。解决阳性未标记的方法是使用估计噪声率或临床医生提供

① 朝乐门，邢春晓，张勇：《数据科学研究的现状与趋势》，《计算机科学》2018 年第 1 期。

② Mooney, S. J., Pejaver, V. 2018："Big Data in Public Health: Terminology, Machine Learning, and Privacy", *Annu. Rev. Public Health*, Vol. 39, pp. 95 – 112.

③ Canto, J. G., Goldberg, R. J., Hand, M. M. et al, 2007："Symptom Presentation of Women with Acute Coronary Syndromes: Myth vs Reality", *Archives of Internal Medicine*, Vol. 167, No. 22, pp. 2405 – 2413.

④ Bugiardini, R., Ricci, B., Cenko, E. et al, 2017："Delayed Care and Mortality among Women and Men with Myocardial Infarction", *Journal of the American Heart Association*, Vol. 6, No. 8, p. 005968.

的与阳性标记密切相关的手工标记，也称为银标准标记。① 对疾病标签错误来源的临床分析也可以指导改进，并确定受影响的人群。② 临床模型的开发人员可能会选择预测医疗成本，这意味着机器学习模型旨在预测未来哪些患者会给医疗服务提供者带来更多成本。一些模型开发人员可能使用医疗成本作为未来健康需求的代理，以指导干预措施的准确目标，③ 其基本假设是，满足未来健康需求的患者想限制未来医疗成本，其他患者可能明确希望了解那些高医疗成本，可以平衡二者以降低医疗总成本。④ 然而，由于社会经济因素影响获得医疗保健和获得财政资源的机会，这些模型可能加剧不平等的产生。

机器学习也可以而且应该被用来创造医疗系统权力的转移。⑤ 这可能意味着积极解决问题以造福获得服务不足的患者，设计方法以系统干预为目标，以增加获得护理和治疗的机会，或执行评估以明确和维护患者自主性。同样，可以利用模型来学习和推荐一致的规则，这可能会给研究人员一个机会，借当前的临床护理，衡量临终关怀中的种族差异和不信任，并改善对少数群体和弱势群体的已知偏见。⑥ 归根结底，道德模型和行为的责任始于技术研究人员履行与患者、临床研究人员、工作人员和倡导者建立道德模型的义务。⑦

---

① Halpern, Y., Horng, S., Choi, Y. et al, 2016："Electronic Medical Record Phenotyping Using the Anchor and Learn Framework", *Journal of the American Medical Informatics Association*：*JAMIA*, Vol. 23, No. 4, pp. 731 – 740.

② Oakden-Rayner, L. 2020："Exploring Large-scale Public Medical Image Datasets", *Academic Radiology*, Vol. 27, No. 1, pp. 106 – 112.

③ Obermeyer, Z., Powers, B., Vogeli, C. et al, 2019："Dissecting Racial Bias in an Algorithm Used to Manage the Health of Populations", *Science*, Vol. 366, No. 6464, pp. 447 – 453.

④ Tamang, S., Milstein, A., Sørensen, H. T. et al, 2017："Predicting Patient 'Cost Blooms' in Denmark：A Longitudinal Population-based Study", *BMJ Open*, Vol. 7, No. 1, p. 011580.

⑤ Parikh, R. B., Obermeyer, Z., Navathe, A. S. 2019："Regulation of Predictive Analytics in Medicine", *Science*, Vol. 363, No. 6429, pp. 810 – 812.

⑥ Chen, I. Y., Joshi, S., Ghassemi, M. 2020："Treating Health Disparities with Artificial Intelligence", *Nature Medicine*, Vol. 26, No. 1, pp. 16 – 17.

⑦ Chen, I. Y., Pierson, E., Rose, S. et al, 2021："Ethical Machine Learning in Healthcare". *Annu Rev Biomed Data Sci*, Vol. 4, pp. 123 – 144.

### 3. 健康大数据的因果分析

在人工智能席卷全球的大浪潮中，机器学习在过去几年里在医疗保健领域取得了巨大的成就。[①] 这些应用程序必须满足两个条件，它们必须是因果的，必须是可解释的。例如，为了发现一种药物对患者健康的影响，有必要估计药物与患者健康状况之间的因果关系。此外，为了使结果对医生来说是可靠的，有必要解释这个决定是如何做出的。近年来，基于传统方法的可解释性模型在以下两个方面进行了研究：①注意网络。基于注意机制的神经网络模型不仅可以提高预测的准确率，还可以具体说明哪些输入特征或学习表示对于特定的预测更重要，如图嵌入和机器翻译。[②] ②表征学习。表征学习的一个目标是将特征分解成与有意义的模式高度相关的独立的潜在变量。[③] 在传统的机器学习中，提出了诸如主元分析、独立分量分析和谱分析等方法来发现数据的纠缠度量。[④][⑤][⑥] 虽然这些方法是用于解释的流行工具，但有学者认为依靠目测评估是不够的，而且可能具有误导性。这些方法只是基于相关性，而不是因果关系。医疗保健的特殊性决定了研究方法必须遵循因果关系规范，否则错误的干预措施可能会给患者带来终身不幸。对此，有学者提出用对称不确定性代替信息增益来衡量特征是否与分类相关或冗余，因而去研究因果关系的特征选择问题。[⑦] 反事实分析和因果推理在可解释

---

① Chen, Y. W., Zhang, J., Qin, X. L. 2022："Interpretable Instance Disease Prediction Based on Causal Feature Selection and Effect Analysis"，*BMC Med Inform Decis Mak*，Vol. 22，No. 1，p. 51.

② Chen, Y. W., Zhang, J., Qin, X. L. 2022："Interpretable Instance Disease Prediction Based on Causal Feature Selection and Effect Analysis"，*BMC Med Inform Decis Mak*，Vol. 22，No. 1，p. 51.

③ Ian, G. F., Bengio, Y., Aaron, C., Deep Learning, Cambridge：MIT Press, 2016.

④ Jolliffe, I. 2003："Principal Component Analysis"，*Technometrics*，Vol. 45，No. 3，p. 276.

⑤ Hyvärinen, A., Oja, E. 2000："Neural Networks Research Centre. Independent Component Analysis：Algorithms and Applications"，*Neural Netw*，Vol. 13，No. 4，pp. 411 – 430.

⑥ Von Luxburg, U. 2007："A Tutorial on Spectral Clustering" *Statistics and Computing* Vol. 17，pp. 395 – 416.

⑦ Chen, Y. W., Zhang, J., Qin, X. L. 2022："Interpretable Instance Disease Prediction Based on Causal Feature Selection and Effect Analysis"，*BMC Med Inform Decis Mak*，Vol. 22，No. 1，p. 51.

机器学习领域得到了广泛的关注。因此，研究人员尝试采用神经网络和因果推理相结合的方法来选择因果特征。使用强化学习框架来设计一个可解释的定性实例特征选择预测。该模型由三个神经网络，反事实预测网络、事实预测网络和反事实特征选择网络组成，并使用行动者关键方法对网络进行训练。然后将反事实预测网络作为结构化因果模型，改进了基于梯度积分的神经网络属性算法，定量计算了选择特征对输出结果的因果影响。在合成数据、开源数据和真实医疗数据上的实验结果表明，该方法在给出预测结果的同时，可以为模型提供定性和定量的因果解释。实验结果表明，因果关系可以进一步挖掘变量之间更本质的关系，基于因果特征选择和效果分析的预测方法可以构建更可靠的疾病预测模型。[①]

医疗保健与人类生活息息相关。在大数据时代，医疗服务的提供方式将发生重大变化。进入新时代，中国面临着人口老龄化、慢性病患者增多、医疗服务增加等紧迫问题。传统的治疗方法无法解决这些问题，大数据提供了另一种解决方案，具有广泛的应用前景，尽管未来仍面临许多挑战。随着技术的发展，机遇将大于挑战，大数据的价值将被不断发掘。公众健康大数据的研究目前正在随着大数据以及人工智能技术的发展而不断发展，可以明确的是，未来公众健康大数据的研究将能够给数据转化并和临床治疗应用带来前瞻性的启示。

### （二）公众健康大数据的收益分配

公众健康大数据一般来说，是通过收集公众的健康信息，比如心率、患病史、目前症状等，而形成一个关于公众健康信息的大数据资源。然后健康大数据的收集者对数据进行分析、研判，从中为公众提供具有指导性的健康信息，从而让公众能够根据被提供的信息对自己的健康状况进行一个充分的了解，并对其潜在的疾病信息或者目前的疾病信息进行一个具有大数据性质的科学性的处理。比如，根据肺癌患者提供

---

① Chen, Y. W., Zhang, J., Qin, X. L. 2022："Interpretable Instance Disease Prediction Based on Causal Feature Selection and Effect Analysis", *BMC Med Inform Decis Mak*, Vol. 22, No. 1, p. 51.

的大数据信息，肺癌早期的症状具有什么样的特征，可能性是多少，那么一个肺癌患者就可以根据这种信息判断自己是否有患肺癌的可能，以及概率的大小，从而指导患者及时进行治疗，防止病症的恶化。公众健康大数据对于医生、研究者、政府、患者等都是有利的，那么它们之间的利益分配情况如何？

## 1. 健康大数据利益相关方的利益分配

从医生角度来说，健康大数据可以为医生的临床决策提供支持。临床决策支持系统能够通过大数据的分析，为医生提供最佳的治疗方案。医生可根据所提供的建议方案进行自己的分析，最终选择最合适的方案。这样的系统能够从一定程度上减少医疗成本，提高效率。[①] 在这里，医生从健康大数据中提高了临床诊断、治疗的质量，这对于医生来说无疑是一大利处。并且这样会产生连锁效应，当医生的临床操作质量提高后，会提升或者维持自己的"权威"地位，那么这对于他的职业发展来说也是很有帮助的。同时，在医疗大数据的帮助下，患者更加容易认识自己的身体状况。在诊断时，患者因为通过大数据了解了相关的信息、流程，因此这样就可以减少由于医患之间信息沟通困难而产生的医患矛盾，这对于医患关系的改善也是一大助力。

从患者角度来说，患者可以从健康大数据中获取自己的健康信息，并对自己的健康状况进行处理。得益于大数据技术的发展，使得对患者进行定制性的医疗服务成为可能。不仅是医生，就连患者自己就可以通过医疗大数据获取最佳的身体优化方案。每个患者能够更加清楚地认识自己的身体状况，从而为医生对自己进行治疗提供良好的信息、认知基础。此外，基于大数据的医疗信息能够减少一些不必要的就诊。患者通过大数据就可以知晓相对简单的治疗方案，而一些方案可以不必去医院看病，从而为患者提供更加简易、安全的服务。个性化医疗能够分析如蛋白质等信息，将不同的疾病状况进行归类，从而针对性地解决患者的身体问题，实现个性化的治疗。在这个过程中，可以运用分析到的信息

---

① 孟琳，马金刚，刘静等：《医疗大数据的应用与挑战》，《医疗卫生装备》2018 年第 10 期。

建立相应的疾病模型，通过模型整合出最佳的治理方案。[①] 因此，患者通过健康大数据可以更好地发现自己的身体问题，从而及时做出应对措施，维护自己的生命安全，这对患者来说是最重要不过的了。

在药物创新研发领域，从研究者角度来说，健康大数据能够提高研究的效率和效果。在药物研发阶段，医药研发机构或公司利用健康大数据技术，分析公众的疾病趋势和药物需求，从而确定更高效的投入产出比，合理配置医药资源。医疗大数据在降低研发成本的同时，还可以帮助医药研发机构或企业缩短药物上市时间，提高临床试验的成功率，获得市场准入，使治疗成功率较高、潜在市场回报较高的药物尽快上市。[②] 医疗大数据允许研究人员利用现有的捕获数据做出更好、更快的决策。同时，其也可以是有用的理解复杂的生物的系统，因为研究复杂的生物现象很容易通过使用存储的数据进行，并允许研究人员分析变化。它亦可用于化学，遗传和其他血液标记试验，并预测未来的健康问题。那么很明显，与医药研发相关的公司可以通过健康大数据准确掌握市场、公众的情况，对药物的研发和公司的发展来说都是很有帮助的。

从政府角度来说，政府可以通过健康大数据，对疾病进行监测和预警。疾病的信息可以被存储，从而成为医疗大数据的资源。运用因果相关的分析，可以根据以往疾病的信息来预测下次疾病的可能出现的时间。并且，这对于已经出现的疾病，政府可以利用大数据对公众的身体情况进行实时的监测。对于应付突发的公共卫生事件是相当有帮助的。政府根据疾病的相关大数据，提前建立应付相应公共卫生事件的预案，从而提高政府应对突发公共卫生事件的能力。此外，政府可以借助医疗大数据，对国家的卫生状况有更全面、更具体的了，从而可以结合具体的经济、政治、社会等情况拟订不同的发展计划，为国家的可持续发展提供科学的助力。可以看出，政府通过健康大数据对传染病的监测与预警，对于疫情的预防和应对来说都是具有巨大价值的。疫情的防控对于公共安全来说是非常重要的，健康大数据的运用在这方面还将有更大

---

① Saracci, R. 2018："Epidemiology in Wonderland：Big Data and Precision Medicine"，*Eur J Epidemiol*，Vol. 33，No. 3，pp. 245－257.

② Li, G., Liu, Y., Zhao, H. et al, 2018："Research On Application of Healthcare Data in Big Data Era"，*International Conference on Robots & Intelligent System*，New York：Ieee, pp. 377－379.

前景。

## 2. 公众健康大数据利益分配中的问题

大数据时代中的数据被赋予了与以往大大不同的价值，即它包含着更多的信息，拥有足够的信息就等于拥有着其他重要的东西，如权力等。但并不是所有人都能从其中获得最大的利益。[1] 公众的健康大数据掌握在谁手里？这是一个需要明确的问题。公众对于大数据的认知容易倾向于相信政府、大型企业。公众对于大数据的反思意识是不够的，要求公众能够明确认识医疗大数据的利弊并且保持理性，是相当困难的。并且，公众的贫富水平不一，使得他们从大数据获取的利益难易度以及程度都是不同的。这必定会造成利益分配的问题。大数据时代的数据并不只是数据，它还能代表着更多的资源。既然是资源，那么对于资源的占有和获取，所有人都不可能是一样的。财力、权力占优势地位的人群，无疑将是数据占有和获取的便利者，而那些贫困无力的人群则可能根本获取不到他们想要的数据，成为这个时代的"弃儿"。[2] 美国科技思想家凯文·凯利（Kevin Kelly）认为，只要是能用来共享的东西都应该以合适的条件和回报用来进行分享。[3] 因此，在这个大数据时代，无论是谁都应该能够从其中获得自己需求的东西，取得一定的利益。至于这个获取的利益的量是多少，不同的人有不同的标准，目前还处于争议之中。有学者认为这个量不应该是固定而是相对的，以一定的比例计算。[4]

可以看出，健康大数据不只带来了巨大的好处，同时也带来了问题和挑战。因此，健康医疗大数据要想得到合理可持续的发展，就必须一方面继续挖掘其中的有价值的东西，另一方面必须要克服其带来的问题。这个过程中建立健全伦理原则是相当有必要的。其中我们必须要遵循一个重要的伦理原则是自主原则。即数据主体应该能够对个人的健康

---

① 郭建：《健康医疗大数据应用中的伦理问题及其治理思考》，《自然辩证法研究》2020年第3期。

② 郭建：《健康医疗大数据应用中的伦理问题及其治理思考》，《自然辩证法研究》2020年第3期。

③ 〔美〕凯文·凯利：《必然》，周峰，等译，北京，电子工业出版社，2016年。

④ 〔英〕维克多·迈尔·舍恩伯格，肯尼思·库克耶：《大数据时代生活、工作与思维的大变革》，盛杨燕，等译，杭州，浙江人民出版社，2013年。

数据的全过程有参与的权利。它能够使数据主体在有效的范围进行自主的一系列选择、行动，从而为自己获取应得的利益。但是自主并不意味着数据主体的自由自主是绝对的、无限制的，他必须是一定范围内的合法合理的自由自主。不能只顾及自身的利益而侵犯了其他数据主体、数据控制者的利益。因而是在保障数据主体的合法权益的同时推动个人健康数据的分享、利用。① 无论是哪一方，以公众为中心才是我们主要的方式，不以公众为中心，那么必然会损害公众的利益，而损害了公众的利益必定会影响其他参与方的利益。因此，参与方虽然互相影响，但若脱离了公众，那么健康大数据也就失去了中心。

大数据方法的一个值得注意的扩展是公共卫生监测平台。大数据越来越多地被用于改善人口健康和患者护理，② 但它们也带来了重大风险和潜在危害，包括数据泄露或演绎披露导致的隐私损失、政府或企业利益侵入私人事务、将公共卫生数据用于二次用途，数据治理中缺乏目标群体。③ 关于侵犯隐私权的法律和道德问题在大数据的生物伦理文献中占据主导地位。④ 虽然已经考虑在大数据应用中培养公众信任和参与，⑤ 但对于大数据技术为社会边缘化和结构脆弱群体带来的具体机遇和挑战，人们关注的较少。这一问题至关重要，因为大数据可能通过各种机制加剧健康差距，包括相关技术使用的不均衡、意外后果（如避免医疗服务）以及对弱势群体的剥削。

通过批判性地评估数据实践与现有社会不公正的关系，使得数据公正的观点更进一步。基于社会科学的理论见解，数据正义框架超越了个人主义对同意、隐私和滥用的担忧，解决了社会正义对弱势群体压迫的

① 郭建：《健康医疗大数据应用中的伦理问题及其治理思考》，《自然辩证法研究》2020年第 3 期。

② Fisher, C. B., Layman, D. M. 2018："Genomics, Big Data, and Broad Consent: A New Ethics Frontier for Prevention Science", *Prevention Science*, Vol. 19, No. 7, pp. 871 –879.

③ Mello, M. M., Wang, C. J. 2020："Ethics and Governance for Digital Disease Surveillance the Question is Not Whether to Use New Data Sources but How", *Science*, Vol. 368, No. 6494, p. 951.

④ Price, W. N., Cohen, I. G. 2019："Privacy in the Age of Medical Big Data", *Nature Medicine*, Vol. 25, No. 1, pp. 37 –43.

⑤ Buchbinder, M., Juengst, E., Rennie, S. et al, 2022："Advancing a Data Justice Framework for Public Health Surveillance", *AJOB Empirical Bioethics*, Vol. 13, No. 3, pp. 205 –213.

担忧，以及影响数据差异交互的结构性不平等。虽然数据系统对那些已经处于社会边缘地位的人不利的概念并不新颖，但将数据用于二次用途和链接以前不同的数据源，使得无法区分自愿和非自愿形式的数据收集，从而产生了新的公平问题。数据公正框架还承认，由于交叉的社会劣势，这些过程可能会加剧公平问题。因此，数据公正的概念将收集和分析数据的权力与基本的社会公正议程联系起来。此外，它还特别强调了结构性不平等如何在不同群体和社区之间产生不一致的经验以及与数据的交互作用。①

因此，我们应该遵循一种道德框架，按照这样的框架规范我们的大数据医疗行为。该框架强调了各种大数据活动背后的关键道德价值观。这些价值包括适用于大数据活动的九个实质性价值和七个程序性价值。② 以这些基本价值为重点，该框架就大数据的关键利益相关者如何思考问题，以便在使用或共享大数据的多个领域做决策时提供道德指导。这一过程的一个重要部分涉及确定并适当考虑所有相关问题，确定相关价值观，权衡似乎相互冲突的价值观。协助这一过程是一个循序渐进的指南，它阐明了一个结构化的决策过程，是许多决策框架的核心。这种循序渐进的方法的价值在于，它将决策者的注意力集中在需要考虑的一系列问题和价值上，并促使他们更彻底地为所做的选择辩护，尤其是在价值冲突的情况下。该框架足够灵活，可以支持跨多种大数据活动的决策。该框架是新颖的，因为它探讨了健康和研究中大数据的六个关键领域，其中详细审查了潜在的实质性和程序性价值。这些领域包括：大数据和数据存储库的开放性、精准医疗与大数据、用于生成医疗干预证据的真实数据、人工智能辅助医疗决策、医疗和研究领域的大数据和公私伙伴关系、跨部门大数据。这些领域被设计为相互补充的部分，因此当作为一个整体阅读时，它们将涵盖一系列问题，并阐明与健康和研究中的大数据相关的一些价值。该框架所处的背景是涉及和影响大数据中所有决策的更广泛问题，而不管具体领域如何。

具体而言，框架所包含的道德价值有：危害最小化、诚实、公正、

① Dencik, L. 2020："Advancing Data Justice in Public Health and Beyond", *The American Journal of Bioethics*：*AJOB*, Vol. 20, No. 10, pp. 32 – 33.

② Carter, P., Laurie, G. T., Dixon-Woods, M. 2015："The Social Licence for Research：Why care. data Ran into Trouble", *Journal of Medical Ethics*, Vol. 41, No. 5, pp. 404 – 409.

自由、隐私等。将伤害降至最低包括减少对人造成实际或感知伤害（如：身体、经济、心理、情感或声誉）的可能性。诚信是指那些按照个人和/或公认的科学和专业价值观和承诺行事的人的特征或性质。公正在于公平和尊重地对待个人和团体。这包括公平分配数据活动，包括收集、存储、使用、链接、共享的利益和负担。自由为不被某些外部影响的身体、法律或社会压力强迫采取行动的状态。就本框架而言，隐私是指控制对个人资料的查阅。隐私是有价值的，因为控制对个人信息访问的能力保护了我们作为个人和群体所拥有的某些核心利益。这些内容很广泛，但包括身份利益和促进人类自主决策，以及避免因我们的数据被披露而可能产生的歧视和污名化等潜在伤害。这种控制可以由数据所属的个人直接行使，也可以由指定的人行使，例如数据保管人，其决定旨在促进这些核心个人和群体利益。该框架还强调了贯穿大数据环境下所有决策的三个普遍问题：对人的尊重、社会许可、脆弱性和权力。虽然决策框架不能就如何平衡相互冲突的价值提供明确的指导，但该框架指出了有助于这种平衡的问题，并阐明了在复杂的大数据环境中，谨慎的审议过程如何为决策提供更有力的理由。[①]

## 第二节　大数据分析与处理的医疗与健康服务应用

作为对医疗数据数字化的回应，大数据时代开启了医疗行业的大门。随着医疗保健技术的飞速发展，大数据在当今数字时代扮演着重要的角色。医疗与健康行业和各个行业所关注的大数据来源以其数量和多样性而闻名，因此，医疗与健康领域正是通过大数据的影响才得以发挥作用。

### （一）医疗大数据的分析与处理

传感器系统、智能手机等产品是医疗数据的重要来源。每天都有新

---

① Xafis, V., Schaefer, G. O., Labude, M. K. et al, 2019: "An Ethics Framework for Big Data in Health and Research", *Asian Bioethics Review*, Vol. 11, No. 3, pp. 227 – 254.

的数据来源被输入。这使得使用通用数据库管理工具来处理或分析医疗保健领域的大数据变得更加困难。通常，当正确地捕获、存储和分析大量医疗保健数据以获得洞察力时，它将通过智能决策优化医疗保健服务结果，并降低医疗保健成本。然而，这需要有效的数据分析工具和技术以及强大的计算系统。医疗大数据分析（big data analytics，BDA），已经开始成为一种很有前途的工具，可以解决众多医疗领域的问题。此外，数据分析师的角色是挖掘大数据，探索关联并理解医疗保健数据的趋势和模式。这提高了个人的健康和生活质量，并以低成本提供适当的早期治疗。①

医疗保健行业存储的数据量持续增加了人们对医疗保健大数据的好奇心。目前有大量的数据可供分析。大数据背后的主要动机之一是关注医疗保健。世界各国的基本动机是改善医疗卫生设施，降低医疗费用。然而，医疗保健领域的海量数据革命仍是实现这一目标的障碍。国家网信办发布《数字中国发展报告（2022年）》显示，我国数字健康加速发展，互联网医疗用户规模达3.6亿人，增长率为21.7%，全年共开展远程医疗服务超过2670万人次，医疗服务数据量巨大。医疗保健可以被描述为医疗专业人员向个人、家庭或社会提供的各种各样的服务，以鼓励、保持或恢复更好的健康。医疗保健系统的质量至关重要，因为它决定了医院的可持续发展，并帮助人们保持最佳的健康状态。在某些情况下，医疗保健服务的质量过高，最终使患者付出昂贵的代价。因此，完善关键的医疗保健程序和相关质量参数至关重要，这些参数相互协作，以确保为患者提供最好的可能结果，并降低医疗保健成本。②

医疗保健领域的医疗大数据分析，需要通过考虑相关的医疗保健服务来提高医疗保健质量。首先，医疗大数据分析可以提供个性化医疗保健。医疗大数据可以通过早期疾病检测，为医疗领域带来革命性的变革，并借助适当的分析工具，全面降低患者的医疗成本。这有助于为医

① Raja, R., Mukherjee, I., Sarkar, B. K. 2020: "A Systematic Review of Healthcare Big Data", *Scientific Programming*, Vol, 1, p. 5471849.

② Rehman, A., Naz, S., Razzak, I. 2020: "Leveraging Big Data Analytics in Healthcare Enhancement: Trends, Challenges and Opportunities", *Multimedia Systems*, Vol. 28, pp. 1339 – 1370.

疗利益相关者开发个性化的医疗系统。① 其次，医疗大数据分析有利于及早发现疾病传播。这集中于基于社会网络分析对传染性疾病的早期预测，即在传播之前对病毒的发展规律预测。越来越多的特定地理区域的疾病患者的社交媒体被监测，以确定病毒性疾病的发展和传播。这有助于医疗专家劝告患者采取必要的预防措施。最后，医疗大数据分析帮助监测临床表现。为了筛选和提高医疗保健服务的质量，对临床表现进行评估的热情很高。医院改革是卫生保健部门战略计划的主要关切事项。这可以通过监测和按照医疗委员会的标准建立医院来实现。

医疗大数据分析还有可能通过从海量医疗数据中发现关联，从而提高护理质量和降低患者的医疗成本，从而为基于医学证据和各种测试的临床专业知识提供更广阔的视角。医疗保健和医疗大数据分析还帮助临床医生和决策者根据开放卫生处方数据、疾病流行率数据和经济剥夺数据制定公共政策和提供服务。② 描述性分析是医疗保健分析的一个分支，旨在分析原始数据并提出可行的解决方案来帮助患者。描述性分析使用控制数据来分类、表征、聚合数据，并将数据分类为有价值的信息，以供医疗保健专业人员进一步理解和分析。③④ 此外，描述性分析的数据使用表格和图表来表示，这些数据显示了平均住院时间⑤、出院率和医院入住率等指标。⑥ 预测性分析涉及从原始数据中挖掘信息以预

① Khanra, S., Dhir, A., Islam, A. K. M. N. et al, 2020："Big Data Analytics in Health-care：A Systematic Literature Review", *Enterprise Information Systems*, Vol. 14, No. 7, pp. 878 - 912.

② Khanra, S., Dhir, A., Islam, A. K. M. N. et al, 2020："Big Data Analytics in Health-care：A Systematic Literature Review", *Enterprise Information Systems*, Vol. 14, No. 7, pp. 878 - 912.

③ Kunnavil, R., Murthy, N. S. 2018："Healthcare Data Utilization for the Betterment of Mankind-An Overview of Big Data Concept in Healthcare", *International Journal of Healthcare Education & Medical Informatics*, Vol. 5, No. 2, pp. 14 - 17.

④ Patel, H. B., Gandhi, S. 2018："A Review on Big Data Analytics in Healthcare Using Machi-ne Learning Approaches", *IEEE*, pp. 84 - 90.

⑤ Mehta, N., Pandit, A. 2018："Concurrence of Big Data Analytics and Healthcare：A Systematic Review", *International Journal of Medical Informatics*, Vol. 114, pp. 57 - 65.

⑥ Rao, G., Kirley, K., Epner, P. et al, 2018："Identifying, Analyzing, and Visualizing Diagnostic Paths for Patients with Nonspecific Abdominal Pain", *Applied Clinical Informatics*, Vol. 9, No. 4, pp. 905 - 913.

测未来趋势。<sup>①</sup> 在医学领域，数据挖掘和预测的利用正在逐步增加。基于不同预测框架的支持系统成为疾病诊断的关键工具，以确保对可能的疾病的预防和预测质量。<sup>②</sup> 疾病预测涉及从医学数据中提取隐藏信息和预测疾病发展过程。业内已经进行了许多研究，以开发基于机器学习技术的疾病预测框架。<sup>③</sup> 因此，预测性健康分析是在卫生部门获得这些信息并对其进行处理以便在未来预测中利用的过程。健康领域是预测性分析已被应用的关键领域之一。<sup>④</sup> 医疗机构以各种方式应用预测性分析，例如根据以前的趋势分配资源、安排员工、衡量患者风险以管理再次住院成本，以及管理药品需求。<sup>⑤</sup> 大数据分析辅助临床决策已被表达到各个临床领域。由于医疗保健数据的庞大规模和可用性，大数据分析已经彻底改变了这个行业，并为我们提供了一个充满机遇的世界。它承诺我们早期发现、预测和预防的能力，并帮助我们提高生活质量。<sup>⑥</sup>

## （二）医疗大数据分析在医疗保健服务的应用

数字世界的"大数据"为医疗保健部门的各种应用奠定了基础。医疗大数据分析有可能通过从海量医疗数据中发现关联，从而提高护理质量和降低患者的医疗成本，以在医学证据和各种测试的临床专业知识领域提供更广阔的视角。医疗保健大数据分析还帮助临床医生和决策者

---

① Ardabili, S. F., Mosavi, A., Ghamisi, P. et al, 2020："COVID – 19 Outbreak Prediction with Machine Learning", *Algorithms*, Vol. 13, No. 10, p. 249.

② Trstenjak, B., Donko, D., Avdagic, Z. 2016："Adaptable Web Prediction Framework for Disease Prediction Based on the Hybrid Case Based Reasoning Model", *Engineering*, *Technology & Applied Science Research*, Vol. 6, No. 6, pp. 1212 – 1216.

③ Trstenjak, B., Donko, D., Avdagic, Z. 2016："Adaptable Web Prediction Framework for Disease Prediction Based on the Hybrid Case Based Reasoning Model", *Engineering*, *Technology & Applied Science Research*, Vol. 6, No. 6, pp. 1212 – 1216.

④ Ardabili, S. F., Mosavi, A., Ghamisi, P. et al, 2020："COVID – 19 Outbreak Prediction with Machine Learning", *Algorithms*, Vol. 13, No. 10, p. 249.

⑤ Alghamdi, A., Alsubait, T., Baz, A. et al, 2021："Healthcare Analytics：A Comprehensive Review", *Engineering, Technology & Applied Science Research*, Vol. 11, No. 1, pp. 6650 – 6655.

⑥ Wesson, P., Hswen, Y., Valdes, G. et al, 2021："Risks and Opportunities to Ensure Equity in the Application of Big Data Research in Public Health", *Annu Rev Public Health*, Vol. 43, pp. 59 – 78.

根据开放卫生处方数据、疾病流行率数据和经济剥夺数据制定公共政策和提供服务。[①] 其在医疗保健服务的应用如下所述：

### 1. 战略规划

医疗保健是一项非常重视时间的服务。机器学习和数据分析使用先进的分析技术从大型数据集中分析、提取和发现有意义的模式和见解。首先，医疗保健大数据可以通过早期疾病检测开发个性化的医疗保健服务系统，为医生提供更准确的诊断和治疗建议，并利用分析工具全面降低患者的医疗成本。其次，大数据分析可以提高医疗服务质量和安全性。例如，其在预测患者流量、确保患者顺畅流动以及缩短等待时间方面发挥着重要作用。医院就诊的早期预测有助于管理层决定和采取必要的步骤，以减少患者的等待时间，从而给予及时的治疗。同时，通过分析大规模的临床数据，医疗研究人员可以发现新的疾病模式和治疗方法，推动医学科研的进展。通过探索关联性医疗保健数据的特征，还有助于消除不必要的就诊并降低再入院率。[②]

### 2. 欺诈检测

欺诈、浪费和滥用造成了巨大的成本，从导致错误账单的无心之过，到可能导致诊断测试的效率低下，再到因虚假索赔而多付款。由于其在黑市上的盈利价值，个人数据极其敏感。因此，医疗保健行业遭遇数据泄露的可能性比其他任何行业都高200%。[③] 考虑到这一点，有效地发现欺诈行为对于降低医疗保健系统的成本和提高质量是非常重要的。在医疗保健领域，欺诈检测是一个重要而又困难的问题。大数据存在固有的安全问题，医疗机构比以往更加脆弱。许多组织正在通过分析网络流量的变化或反映网络攻击的可疑行为来减少安全威胁。同样，数据分析可以通过简化保险索赔流程，以一种系统的、可重复的方式帮助

---

① Sun, H., Liu, Z., Wang, G. et al, 2019："Intelligent Analysis of Medical Big Data Based on Deep Learning", *IEEE Access*, Vol. 7, pp. 142022 – 142037.

② Raja, R., Mukherjee, L, Sarkar, B. K. 2020："A Systematic Review of Healthcare Big Data", *Scientific Programming*, Vol. 2020, No. 1, p. 5471849.

③ Rehman, A., Naz, S., Razzak, I., 2020："Leveraging Big Data Analytics in Healthcare Enhancement：Trends, Challenges and Opportunities", *Multimedia Systems*, Vol. 28, pp. 1339 – 1370.

防止欺诈和不准确的索赔。①

### 3. 资源管理

医疗大数据分析的应用有可能为医疗保健领域的特定受益者，包括医院管理人员、医生和护士等提供可靠的建议。此外，医疗大数据分析可以帮助医院管理者进行资源分配。通过分析大量的医疗数据，管理者可以了解医院的运营状况，这些数据可以帮助管理者更加准确地判断医院的资源短缺和过剩，从而合理调配医疗设备、人力资源和物资，以最大限度地提高医院的运营效率和服务质量。例如，医院管理层可以利用基于医疗大数据分析的关于确诊病例、人口密度、人口统计和移民流数据的见解，动态分配用于治疗 COVID－19 患者的资源。② 大数据在减少医院候诊人数方面取得了巨大进展。尽管政府和医疗保健组织付出了昂贵的代价，但等待时间几乎没有改变，中位数甚至略有增加，也就是说，澳大利亚 20 多年来一直在努力减少其医院的等待名单时间。③ 有效和及时的资源利用有助于克服患者流动和减少组织的财政负担。数据分析在有效管理医院资源方面有所帮助，例如再入院、救护车、病床使用等。常见的例子是患者 30 天内再入院或进入急诊室的预测分析。在从急诊室出院的患者中，约 3% 的患者会在 30 天内返回。复诊可能与疾病的性质、医疗错误和/或初次急诊就诊期间的诊断和治疗不充分有关。识别高风险患者群体可以帮助制定新策略，以改善急诊室护理并减少急诊室利用率。④

### 4. 疾病预测和预防

许多医疗保健机构、研究实验室和医院正在利用大数据分析来改变

---

① Rehman, A., Naz, S., Razzak, I. 2020: "Leveraging Big Data Analytics in Healthcare Enhancement: Trends, Challenges and Opportunities", *Multimedia Systems*, Vol. 28, pp. 1339 – 1370.

② Galetsi, P., Katsaliaki, K., Kumar, S. 2022: "The medical and Societal Impact of Big Data Analytics and Artificial Intelligence Applications in Combating Pandemics: A Review Focused on Covid-19", *Social Science & Medicine*, Vol. 301, p. 114973.

③ Bahri, S., Zoghlami, N., Abed, M. et al, 2019: "Big Data for Healthcare: A Survey", *IEEE Access*, Vol. 9, No. 11 p. e112944.

④ Hao, S., Jin, B. O., Shin, A. Y. et al, 2014: "Risk Prediction of Emergency Department Revisit 30 Days Post Discharge: A Prospective Study", *PloS One*, Vol. 7, pp. 7397 – 7408.

治疗的模式。因此，大数据分析在医疗保健领域有着巨大的应用，可以降低成本，检测和治疗疾病，预测流行病，并通过避免死亡来提高人类生命的价值。对于疫情防控，医疗卫生领域的大数据可以促进病例的及时发现和报告，提高快速发现诊疗方法的概率，提高压力环境下医院管理的效率。例如，在中国的新冠肺炎疫情防控中，电子病历疾病报告系统（electronic medical record system，EMRS）最初未能充分识别和报告COVID－19病例，因为电子病历资料不完整、不准确。疫情初期，一线医生在收集患者信息、识别患者病情、报告传染病方面效率不高。解决这一问题的方法之一是通过中国疾病预防控制中心，政府负责疾病控制和公共卫生技术管理的公益机构，将电子病历数据与疫情决策联系起来。通过将疾控中心监测预警系统与医院 EMRS 系统对接，及时应用大数据技术，对医疗大数据进行提取和分析。[①]

### 5. 疾病识别

在日常的临床工作中，通过影像数据能够了解肿瘤生物学，帮助实施精准医疗来提高癌症护理水平。放射组学有助于监测和评价肿瘤的时空异质性等特征，以补充肿瘤及其微环境。例如，利用科学的大数据方法可以帮助我们划分哮喘的亚型，并在理解和表征哮喘异质性方面获得了重要进展。哮喘不是一种单一的疾病，而是指一组疾病，这些疾病都会导致气道发炎和气道高反应性，进而引发呼吸困难、咳嗽和哮喘发作等症状。疾病的大数据并不能提供解决方案，只是提供有关疾病的信息。在研究哮喘这样一个复杂的疾病时，使用贝叶斯学派方法和频率学派方法等。统计学方法可以帮助我们更好地理解其临床表现和遗传联系方面的复杂性。[②]

---

① Wu, J., Wang, J., Nicholas, S. et al, 2020：Application of Big Data Technology for COVID－19 Prevention and Control in China：Lessons and Recommendations", *J Med Internet Res*, Vol. 22, No. 10, p. 21980.

② Fontanella, S., Cucco, A., Custovic, A. 2021："Machine Learning in Asthma Research：Moving Toward a More Integrated Approach", *Expert Review of Respiratory Medicine*, Vol. 15, No. 5, pp. 609－621.

### （三）医疗大数据分析在医疗保健服务应用中的问题

尽管大数据具有不可否认的潜力，但通过大数据回答与健康相关的问题仍受到若干挑战的阻碍。除了克服方法论上的障碍外，想要更好地利用健康数据还取决于对新技术的伦理和监管影响进行广泛讨论，并将生物医学科学理解为本质上的跨学科领域。在没有监管的情况下将大数据引入医疗保健领域，可能会导致数据主体和患者受到伤害和剥削，因为技术上的当务之急似乎是，如果我们能够做什么，我们就应该做什么，而不考虑后果。伦理反思是必要的，因为这是确保在利益冲突中以有益的方式使用新兴技术的途径，也是确保它们实现为所有人，特别是最贫困的人带来更美好生活的承诺的途径。

知情同意是一项困难的工作，大数据分析和人工智能处理的发展使其进一步复杂化。许多机器学习算法作为一个"黑匣子"工作，也就是说，考虑到具有各种参数的模型的复杂性和大量的数据输入，用户无法明确地知道输出是如何获得的。在很多情况下，这并不是因为缺乏专业知识或知识，而是因为人工智能执行了难以用人类语言理解和解释的过程，并可能得出意想不到的结论。因此，如果不能向患者充分解释机器的使用方式，是否能真正获得知情同意就尚不清楚了。此外，如果患者不相信算法的结果和过程，他们可能希望看到算法是如何做出某个决定的，在某些情况下，这可能被证明是实际上不可能的。一些人认为，解释人工智能的困难无关紧要，因为医学已经充满了"黑匣子"。因此，真正的伦理问题是患者是否觉得他们可以依赖"黑箱"药物。我们可能不需要打开医学上的黑匣子来充分利用它们——按照同样的例子，我们可能不需要向每个 MRI 用户甚至每个医生解释电磁辐射——但患者可能会感到不舒服，或者当他们缺乏理解时，可能无法信任新方法的质量。因此，对于希望实施人工智能的医疗保健提供者来说，提高患者对这些方法的认知，在对技术的信任驱动下获得适当的知情同意，是一种道德上的当务之急。一个很大的伦理担忧是，将算法和人工智能引入医疗护理将如何影响医疗实践本身。理想情况下，人工智能的目的是促进医疗保健专业人员的医疗实践，而不是取代他们。①

虽然医疗的自动化和数字化似乎令人兴奋，但在这个技术快速发展的时代，重要的是要记住，医生在医疗互动中做的远远超过简单地应用他们的医学知识，这赋予了医患关系价值。然而，将算法引入医疗保健意味着临床环境中的中心关系从患者—医生转变为患者—医疗保健系统。② 因此，受托义务和个人责任的概念变得不确定。考虑到数字信息的重要性，③ 如果患者被简化为数据点，护理提供者可能无法表现出同情心。破坏医患关系可能会对医疗服务和患者参与研究的意愿产生负面影响。我们所提到的这些新的数据模式有可能改变慢性疾病的预防和管理。就医学研究而言，它们能够长期收集和人规模研究疾病的不同方面。对患者本身来说，它们为健康生活提供了直接的激励。然而，这些新的数据流超出了当前隐私规定的范围，也超出了对数据获取的监管，这可能会使人们对信息的质量和可用性产生怀疑。此外，现有的针对人体受试者研究的道德保障措施往往明确地将互联网研究和其他被认为是公开的数据排除在外，尽管大数据分析可以从这些看似无害的数据点中揭示敏感信息。④

2021 年，美国社交软件 Twitter 上平均每天有 5 亿条推文，Facebook 上的日均活跃用户为 18.8 亿，Instagram 上的日均活跃用户为 5 亿，谷歌上的搜索量为 35 亿。⑤ 海量的数据量和速度提供了人类行为的档案。数据必须通过技术巨头提供的应用程序编程接口（application

---

① Manrique De Lara, A., Pelaez-Ballestas, 2020："Big Data and Data Processing in Rheumatology: Bioethical Perspectives", *Clinical Rheumatology*, Vol. 39, No. 4.

② Char, D. S., Shah, N. H., Magnus, D. 2018："Implementing Machine Learning in Health Care-addressing Ethical Challenges", *New England Journal of Medicine*, Vol. 378, No. 11, pp. 981–983.

③ Mittelstadt, B. D. et al, Floridi. 2016："The Ethics of Big Data: Current and Foreseeable Issues in Biomedical Contexts", *The Ethics of Biomedical Big Data*, pp. 445–480.

④ Ienca, M., Ferretti, A., Hurst, S. et al, 2018："Considerations for Ethics Review of Big Data Health Research: A Scoping Review", *Plos One*, Vol. 13, No. 10, p. 0204937.

⑤ Facebook. 2021. Number of daily active Facebook users worldwide as of 2nd quarter 2021. Data Vis, Facebook, Menlo Park, CA. https://www.statista.com/statistics/346167/facebook-global-dau/.

programing interfaces，APIs）来捕获。① 但是，基于行业控制，② 应用程序编程接口具有访问限制，这降低了旨在捕获这些平台上的全部大数据容量和速度的科学家的可访问性。社会计算大数据是高度不稳定的，因为它基于行业和公众舆论的不断变化的性质，例如个人隐私和安全需求。③ 学术科学家并不是这些数据的守门人，但他们必须根据行业的定位来决定可以检索哪些数据，以及可以检索多少数据。

数据缺失是大数据研究中的一个重要问题。来自 Facebook、Google和 Twitter 等行业科技巨头的在线数据源不能弥合数字鸿沟，实际上可能会扩大数字鸿沟。因此，这些来源不能被视为满足数字排斥人群需求的方法的替代品，例如支付不起访问费用的个人、连接有限的农村地区的居民，以及资源受限的国家在访问方面存在政治和经济障碍。④ 社会计算大数据不进行基于总体的抽样，因此不能代表一般人群。⑤ 社交媒体平台偏向年轻用户和城市地区用户，降低了对人口趋势的研究结果的概括性。

数据源几乎总是不完整的，而且往往是系统性的不完整，如未认识到这一情况，在科学研究中弱势群体的代表性可能会继续不足从而加剧不公平现象，由于这些群体在健康结果方面具有独特的脆弱性，因此对这些群体的研究非常重要，但他们往往没有在大规模数据集中得到体现，因为他们在总体人口中只占很小的比例，或者因为披露其身份通常会带来污名和歧视，所以这些群体可能会被忽视。⑥

可以明确的是，大数据本身是具有问题的，那么在医疗方面的应用

① Reips, U. D., Matzat, U. 2014："Mining 'Big Data' Using Big Data Services", *Int. J. Internet Sci.*, Vol. 9, No. 1, pp. 1 – 8.

② Twitter. 2021. Rate limits. Dev. Platf. Doc., Twitter, San Francisco, CA. https://developer. twitter. com/ en/docs/rate-limits.

③ Isaak, J., Hanna, M. J. 2018："User Data Privacy：Facebook, Cambridge Analytica, and Privacy Protection", *Computer*, Vol. 51, No. 8, pp. 56 – 59.

④ Thompson, C. Google's China problem（and China's Google problem）. New York Times Magazine. （2006 – 4 – 23）［2023 – 03 – 26］. https：//www. nytimes. com/2006/04/23/magazine/googles-china-problem-and-chinasgoogle-problem. html.

⑤ Morstatter, F., Pfeffer, J., Liu, H. 2014："When is it Biased? Assessing the Representativeness of Twitter's Streaming API" *In Proceedings of the 23rd International Conference on the World Wide Web*, pp. 555 – 556.

⑥ Wesson, P. et al. 2021："Risks and Opportunities to Ensure Equity in the Application of Big Data Research in Public Health", *Annu Rev Public Health*, Vol. 43, No. 1, pp. 59 – 78.

所形成的医疗大数据也必定是有其自身的问题，尤其受到关注的应该是相关的伦理问题。特别是算法公正问题，由于医疗健康服务需要用到的数据是经过专门算法收集的，在设计算法时，如何避免设计者自身的歧视带入是需要认真考虑的。同时，由于医疗数据大都涉及患者的个人的关键身体信息，如何避免这些数据受到居心叵测的人的影响而产生算法偏见，同样是需要面对的一个问题。从得到的利益来看，公民提供了医疗数据，研究机构得到并研究数据，得出一些基本的或者重要的信息，这些有益的信息应该及时、平等地传达给公民。但是公民最终不一定能够平等得到由此带来的利益。鉴于新冠疫情的流行，以及许多人仍然不了解疾病的性质和特征，政府及相关研究机构有义务向公众提供有关病毒和其他相关问题的基本信息和知识，如防止病毒传播的方法。然而，公民关于预防流行病的信息和知识受到信息差和认知偏差的限制。新冠与非典和其他呼吸道疾病不同，在疫情暴发早期，公众对新冠缺乏足够的信息。人们不知道病毒具有极强的传染性，不知道如何防控感染，许多人惊慌失措。政府提供基本公共医疗卫生服务，应当满足平等性、可及性、可接受性、适当性要求。应对较为严重的突发公共卫生事件，政府应该有相应的预警机制、措施，及时补充相关物资，提高公众卫生防疫知识水平。公共卫生材料和服务的分发应优先考虑最紧迫的需求，并特别关注最脆弱的群体。预防和控制新冠和其他流行病需要口罩和消毒剂等基本防疫用品，这些用品在确保健康权和防止病毒传播方面发挥着关键作用。当有疫苗可用时，个人也有平等的权利接种疫苗。因此，国家有义务提供充足的基本公共卫生和防疫用品，以满足个人的需要。然而，为了实现预防和控制流行病的这一权利，一个健康的、没有病毒污染的公共卫生环境是必不可少的。政府及其相关实体只能通过对公共场所进行现场控制、消毒和隔离来保证这一点。因此，政府有义务设立隔离点，在主要交通站点进行疫情检测，并对公共场所进行消毒。此外，国家有义务对新冠感染进行报告、监测、调查和流行病学调查，一方面以遏制感染源，另一方面更要及时地向公众发布。①

　　总之，一方面是医疗大数据本身需要克服的技术问题，另一方面是

---

　　① Shen, T., Wang, C. 2021: "Big Data Technology Applications and the Right to Health in China during the COVID-19 Pandemic", *Int J Environ Res Public Health*, Vol. 18, No. 14.

它必须要面对的算法偏见问题。但是，任何新兴技术要安全平稳地应用，都必须伦理先行，先解决伦理问题，再考虑技术的开发和应用。

## 第三节　大数据驱动型医疗保健的公正安置

毫无疑问，健康大数据能够被应用的地方因大数据与生命科学的交叉发展而越来越多。健康医疗大数据与医疗保健的服务模式有着密切关系，健康大数据的发展能够使更多更新的医学知识向相关技术转化，从而使医疗服务更加高质量、舒适。[①] 然而，不可否认的是，由于大数据本身需要凭借相关信息技术与算法才能发挥作用，因此对于医疗资源的分配、利益分享等都不可避免地会涉及歧视、霸占等不公平的问题。而当由大数据驱动的医疗保健进行应用时，必定也会产生相关的不公平问题。因此，本节想讨论由大数据驱动的医疗保健的公平安置问题以及解决意见。

### （一）大数据驱动医疗保健的公正问题

社会资源的公正应该是能够使一定范围内的成员公平公正地获得其所应该获得的资源。从公正的分配到结果，是一个需要公正的程序参与的问题，即所谓程序公正。[②] 其强调的是分配的过程是公正的，按照公平的原则，进行公平的操作。与之相对的就是实质公正，它强调的是分配的结果是否公正的问题，即实质公正就说明资源的分配得到了合理的进行。因此，要想得到实质公正，那么程序公正是首先需要被保证的。两者紧密联系，需要有机结合起来。[③] 古往今来，人们无不想追求公平公正，虽然并不存在绝对的公平。在大数据时代，公平公正同样需要，

---

① 候雄，方钱，蒋晓庆等：《健康医疗大数据建设中的伦理问题》，《解放军医院管理杂志》2020 年第 6 期。

② 陆树程，刘萍：《关于公平、公正、正义三个概念的哲学反思》，《浙江学刊》2010 年第 2 期。

③ 陆树程，刘萍：《关于公平、公正、正义三个概念的哲学反思》，《浙江学刊》2010 年第 2 期。

特别是在医疗大数据领域，如果不能满足公正公平的原则，那么这样的医疗大数据无疑是极其危险的。我们不能想象如果将其应用到医疗保健领域当中，会是个怎样的灾难。因此，我们有必要对此进行一番审查，将对大数据驱动的医疗保健所涉及的公正问题进行清查。

数字鸿沟表现为不同群体或个人因在获取技术、信息可及，以及自身价值观方面的差异导致技术、应用、知识和价值鸿沟。① 尽管有人呼吁允许数据主体从数据中获益并操纵数据，但大数据正日益成为大型组织的唯一领域。这种情况可能会很麻烦，原因有几个，最重要的是由于"弱势"的个人数据主体和组织无法理解和访问大数据分析和决策过程背后的方法、逻辑或至少"决策标准"。② 此外，通常不清楚哪些个人和组织可以访问或如何购买某人的数据。这种差异也可以从访问修改数据的角度来考虑，或者当有关数据的数据被创建、修改或分析时，数据主体是否有权得到通知，并给予公平的机会访问数据、纠正数据和建立在其上的知识和档案中的错误或误解。从表面上看，这种潜在的"权利"可以与"被遗忘的权利"联系起来，因为可以想象，修改私人持有的个人数据（而不是公开的链接）的类似权利可以被授予作为一种监督机制。假设，"自主权"可以作为数据权利的基础，以应对患者在不了解他们的数据如何被"收集、分析和使用"时所面临的"透明度不对称"问题。因此，在缺乏外在监督的情况下，更广泛的社会"不平等和偏见"会对数据分析产生不受约束的影响。当数据在没有经过个人充分的知情同意情况下被自动收集和利用时，存在对个人自主性的潜在影响。比如，在移动医 App 的用户协议签署过程中，多数使用者缺乏知识和耐心去阅读并正确理解协议内容，类似的"被动同意"侵犯个体自主性这一自然权利。③

在健康医疗大数据时代，个体被裹挟进巨大的数据流中，个体权利在与共同善的权衡时更加不占优势，但这并不意味着可以自由地、不加

---

① 田维琳：《大数据伦理失范问题的成因与防范研究》，《思想教育研究》2018 年第 8 期。

② Costa，F. F. 2014：" Big Data in Biomedicine"，*Drug Discovery Today*，Vol. 19，No. 4.

③ 候雄，方钱，蒋晓庆等：《健康医疗大数据建设中的伦理问题》，《解放军医院管理杂志》2020 年第 6 期。

任何限制地使用数据，而是需要慎重对待数据主体的隐私权。[①] 从正义的角度来看，从大数据中发展出来的干预措施和知识，特别是基因组和微生物数据，可能仅仅有利于收集数据的人群，这进一步加剧了社会经济地位中上的人和其他人之间在医疗实践和知识方面的现有差距。数据主体与保管人或研究人员之间可能需要正式的利益共享协议，以确保数据不会被从同一种环境中提取，纯粹用于造福另一种环境中的个人。应该尽可能多地促进利益共享，因为大数据可以让研究人员履行道德义务，最大化从研究参与者收集的数据的价值，而不需要进一步收集数据，这将使参与者面临风险。

医疗大数据的主要风险是数据将被用于它意想不到的方式，以及这种使用将给个人或社区带来伤害。[②] 如果真的造成了伤害，可能是由于准确或不准确的信息被披露而导致的，可能是一个小麻烦，比如预测营销，也可能是更严重的伤害，比如歧视和羞辱、失业、被拒绝某些类型的保险覆盖，甚至更糟。未经授权泄露私人健康数据的情况很常见，其危害尤其严重。与财务数据被泄露的受害者不同（可以向其赔偿），私人健康数据被泄露的受害者无法被"补偿"，信息不能被"收回"。因此，数据安全是医疗大数据伦理优化的必要条件。另一个较少受到注意的风险是，医疗大数据会以意想不到的或没有特征的方式产生偏差，从而导致错误的结论，导致有害或代价高昂的政策变化。[③] 虽然医疗大数据是相对较新的，但从观察性研究中得出的错误或不完整的结论在某些情况下影响了政策和实践。从使用医疗数据的研究中收集到的信息也会受到这些偏差和错误的影响，我们必须保持意识和清醒，花时间确认发现，特别是在随后的政策代价高昂或有可能造成伤害的情况下。如果医疗大数据的好处大于风险，我们的专业职责是寻求利益和尽可能减少风险。这种义务来自各种伦理原则，包括不伤害和有利。不伤害要求我们不造成伤害，或者，如果伤害是不可避免的，在产生有益结果的同时尽

---

[①] 李晓洁，丛亚丽：《健康医疗大数据公平问题研究》，《自然辩证法通讯》2021 年第 8 期。

[②] Lee, L. M. 2017："Ethics and Subsequent Use of Electronic Health Record Data"，*Journal of Biomedical Informatics*，Vol. 71，pp. 143 – 146.

[③] Lee, L. M. 2017："Ethics and Subsequent Use of Electronic Health Record Data"，*Journal of Biomedical Informatics*，Vol. 71，pp. 143 – 146.

可能减少伤害。有利原则要求我们提供必要的东西来促进系统的参与。如果我们希望患者允许他们的医疗大数据被用于帮助他人的护理，那么我们必须建立尽可能降低风险的方法。健康医疗大数据的分享和分配有时存在跨界、跨国的情况。因此，要想使不同情况的数据共享和收益得到公平的保证，就必须把程序公平和实质公平统一起来。①

在数据监测方面也同样存在许多问题。虽然人们普遍认识到，以一种保护隐私和机密性的方式调动数据很重要，但必须根据隐私对其他价值和利益的权衡来处理隐私问题。② 隐私和保密性对参与者来说非常重要，但激发公共卫生干预的因素最终更重要：许多参与者对一个寻求"照顾"其公民的国家的行动表示赞同。其次，前一点的一个推论是，人们更容易支持促进他们自己定义的利益的监控。如果结构脆弱的群体能够切实看到监控后的干预措施如何使他们个人受益，他们可能会更愿意接受监控。当以姓名为基础的艾滋病病毒监测与抗逆转录病毒治疗相联系时，人们的态度出现了重大突破。③ 同样，人们可能对公共卫生监测比执法部门的监测更有好感。然而，公众可能不容易区分公共卫生监测与其他形式的政府监测，包括执法部门的监测。④ 通过知情拒绝允许人们选择退出公共卫生监测这一困难的悖论：如果由于公众不愿意参与而导致监测工作漏洞百出，它们将不会有效。数据公正的观点要求将受影响的涉众的观点纳入数据治理和基础设施中。这与简单地提供一个"知情拒绝"的机会是非常不同的一种参与——在这种情况下，接受可能会有明显的好处，而这些好处可能会超过直言不讳的少数人的隐私担忧。只要个人保留在"数据到护理"之后选择退出艾滋病病毒护理的权利，这种伦理上的权衡是合理的。最后，在不伤害结构脆弱群体的情况下，确保监控显示出切实的好处是至关重要的。从数据公正的角度来

---

① 李晓洁，丛亚丽：《健康医疗大数据公平问题研究》，《自然辩证法通讯》2021 年第 8 期。

② Martinez-Martin, N., Wieten, S., Magnus, D. et al, 2020："Digital Contact Tracing, Privacy, and Public Health", *Hastings Center Report*, Vol. 50, No. 3, pp. 43 – 46.

③ Valdiserri, R. O. 2004："The Aids Pandemic：Complacency, Injustice and Unfulfilled Expectations", *Aids Education and Prevention*, Vol. 16, No. 4, pp. 386 – 387.

④ Buchbinder, M., Juengst, E., Rennie, S. et al, 2022："Advancing a Data Justice Framework for Public Health Surveillance", *AJOB Empirical Bioethics*, Vol. 13, No. 3, pp. 205 – 213.

看，这对纠正过去的伤害历史很重要。①

结构脆弱的人群可能将公共卫生监测视为一种仁慈的家长作风。因此，一个重要的结论是不要想当然地认为结构脆弱的人群会对公共卫生监测产生怀疑。与此同时，对一些人来说，公共卫生监测可能与更有害的监测形式交织在一起，这些形式引起了严重的隐私问题。未能将监测与公共卫生资源联系起来可能导致怨恨和沮丧。在缺乏强大的人际交往技能的情况下，与公共卫生人员为监测目的进行的互动可能会很糟糕。结构脆弱的人可能对国家作为福利主体的能力抱有更广泛的不信任。监测的目的，特别是对艾滋病病毒等传染病的监测，是为人群一级（如扩大获得检测的机会）和个人一级（如追踪接触者，便利获得护理）干预措施的应用提供信息。如果弱势群体能够选择不接受监测，公共卫生干预措施将无法阻止这些群体之间正在进行的传播，这可能会导致额外的伤害，如未能将感染风险告知弱势群体。最后，在进行公共卫生监测时，环境因素十分重要。人们对监测的观点可能因机构环境而异。例如带有追踪机制的公共卫生监测可能会加重艾滋病病毒感染者的耻辱感，使其感觉像性犯罪者一样被社会特别监测。

## （二）大数据驱动型医疗保健中的算法偏见

在大数据驱动型医疗保健中所出现的不公正问题里，非常典型以及非常关键的一个问题就是算法偏见的问题。最常被引用的公平标准之一是个人不应该在医学上有不公平的偏见和系统性的歧视，人类和非人类参与者都收集、整合和管理数据集来支持护理。但批评者指出，数据本身并不公平、客观或公正，相反，数据反映了社会普遍存在的偏见、排斥和不平等的历史模式。另外，有充分的证据表明，没有算法系统的医疗实践是远远不公正的。在医学上，相当武断和特殊的做法经常与有害的性别歧视、种族主义和对患者的阶级假设交织在一起。从这个角度来看，算法系统可能更公平，因为有偏见的算法比有偏见的人更容易修

---

① Ballantyne, A. 2019: "Adjusting the Focus: A Public Health Ethics Approach to Data Research", *Bioethics*, Vol. 33, No. 3, pp. 357 – 366.

正。[1] 在大数据应用于医疗保健当中，机器学习往往是与此相互紧密协调的。由于诊断系统的预测精度超过了医疗专业人员的预测精度，而决策支持算法促进了日益个性化的医疗保健，机器学习系统成为医疗实践不可或缺的一部分只是时间问题。尽管加入机器学习将提高医疗决策的准确性的可能性很高，但也有大量证据表明，机器学习算法在训练条件之外存在不可靠的风险。[2] 这在对社会少数群体，如妇女的偏见中尤为明显。[3] 由于这些偏见，他们在临床环境中有受到不公平待遇的风险。因此，机器学习的实施可能会加剧医疗保健领域现有的不平等，促使人们迫切反思如何确保医疗实践中的算法公平。[4]

公平感知是源于个人主观判断的感受，其定义存在一定的模糊性。[5] 如果在人类社会中区分公平与否是困难的，而且常常存在较大争议，那么试图在基于人工智能的决策中嵌入公平的概念可能被视为无望的努力。缺乏公平性有时可能是由于法律、制度或商业原因，组织没有掌握性别、种族、残疾等敏感数据而造成的无意结果。如果没有这些数据，间接歧视的风险就会增加。[6]

大数据中的机器学习算法很自然地在医学上有两个应用：通过图像识别进行医学诊断，以及预测健康风险。[7] 在这两个领域，有大量的研究表明，相关算法已经超出了医学专家的预测和诊断能力。然而，这些模型在评估训练数据中没有充分体现的患者群体时，容易受到偏见的影响。在这种情况下，该算法在预测给定的未被充分代表的患者群体的健康相关属性时将表现得更差。通常，这些偏见会影响突出的社会群体的

① Sikstrom, L., Maslej, M. M., Hui, K. et al, 2022："Conceptualising Fairness：Three Pillars for Medical Algorithms and Health Equity", *BMJ Health Care Inform*, Vol.29, No.1.

② Geirhos, R., Jacobsen, J. H., Michaelis, C. et al, 2020："Shortcut Learning in Deep Neural Networks", *Nature Machine Intelligenc*, Vol.11, No.2, pp.665 – 673.

③ Caliskan, A., Bryson, J. J., Narayanan, A. 2017："Semantics Derived Automatically from Language Corpora Contain Human-like Biases", *Science*, Vol.356, No.6334, p.183.

④ Grote, T., Keeling, G. 2022："On Algorithmic Fairness in Medical Practice", *Camb Q Healthc Ethics*, Vol.31, No.1, pp.83 – 94.

⑤ Adams, J. S. 1965："Inequity in Social Exchange", *Advances in Exp-erimental Social Psychology*, Vol.2, No.4, pp.267 – 299.

⑥ Vellido, A. 2019："Societal Issues Concerning the Application of Artificial Intelligence in Medicine", *Kidney Dis (Basel)*, Vol.5, No.1, pp.11 – 17.

⑦ Grote, T., Keeling, G. 2022："On Algorithmic Fairness in Medical Practice", *Camb Q Healthc Ethics*, Vol.31, No.1, pp.83 – 94.

成员，这意味着在广泛的社会背景下，这些群体是脆弱的，例如妇女或特定种族或民族的人。[①] 因此，在医疗实践的背景下，算法偏见具有内在的道德维度。医疗数据包含患者的敏感信息，尽管医疗数据是匿名存储的，但存在一个潜在的担忧，即机器学习方法可能被用来重新识别患者。最坏的情况可能是，个人的基因数据被泄露给公众，然后保险公司或雇主发现应聘者的疾病倾向。因此，通过收集和共享医疗数据，患者面临着涉及其隐私权的风险。[②] 在欧洲，公民对其个人数据的主权甚至可能被视为一项基本权利，因此在收集和共享医疗数据方面存在巨大的障碍。[③]

数据的缺陷不可避免地损害了算法。算法是大数据价值链中的终端节点：数据的生成、销毁、传输和存储都在其最终预测之前。[④] 公正、临床有用数据的完整性取决于电子健康记录和远程传感器等来源的可靠性。它的传输依赖于去中心化软件的保真度。它的存储依赖于本地和基于云的服务器的安全。在这种情况下，大数据并不是孤立地产生统计上重要的输出的算法。[⑤] 相反，这些产出应被视为以前投入的不可避免的副产品。

传统的大数据范式本质上是演绎的。[⑥] 询问特定的问题（输入），并给出离散的答案（输出）——例如，是否预约特定的诊断测试。这被认为是"临床决策支持"：算法是锤子，临床问题是钉子。通过调解数据和算法的相互作用，临床医生和科研人员在这里发挥了基本作用。如前所述，如果没有适当的中介，这些预测会因不适当的算法训练而失

---

① Lippert-Rasmussen Kasper, Born Free and Equal? A Philosophical Inquiry into the Nature of Discrimination, Oxford; New York: Oxford University Press, 2014.

② Mittelstadt, B. D, Floridi. 2016: "The Ethics of Big Data: Current and Foreseeable Issues in Biomedical Contexts", *The Ethics of Biomedical Big Data*, pp. 445 – 480.

③ Hummel, P., Braun, M., Dabrock, P. 2020: "Own Data? Ethical Reflections on Data Ownership", *Philosophy & Technology*.

④ Hu, H., Wen, Y., Chua, T. 2014: "Toward Scalable Systems for Big Data Analytics: A Technology Tutorial", *IEEE Access*, Vol. 2, pp. 652 – 687.

⑤ Cahan, E. M, Hernandez-Boussard T, Thadaney-Israni S. et al, 2019: "Putting the Data before the Algorithm in Big Data Addressing Personalized Healthcare", *NPJ Digit Med*, Vol. 2, p. 78.

⑥ Cahan, E. M, Hernandez-Boussard, T., Thadaney-Israni, S. et al, 2019: "Putting the Data before the Algorithm in Big Data Addressing Personalized Healthcare", *NPJ Digit Med*, Vol. 2, p. 78.

真。此外，临床研究者通过深思熟虑的数据收集方法来加强数据的严密性，以培养内部和外部的有效性。[1] 他们还通过提供护理的背景化来强加结构，以防止预测与临床相关性的脱钩。尽管如此，这种模式中的大数据的潜力是有限的，只能通过在决策过程的后期提供二元支持（比如支持或反对 CT 扫描）来逐步改善患者的护理。此外，由于未见数据的影响，这种方法的通用性也受到了质疑。[2]

在医疗领域，特别是在医疗保健领域，有关个人的合理信息可能很容易获得，我们如何确保基于人工智能和基于机器学习、医疗大数据的决策支持工具不受这种偏见的影响？公平约束可以整合到学习算法中。鉴于公平标准在医学背景下是相当明确的，这样的约束应该比在其他领域更容易整合。寻求让决策者受到公平约束，这些约束可以在算法（因此也可以在人工智能和机器学习）设置中进行操作，这些约束有助于在个人和群体公平之间进行权衡，这是一种权衡，可能在医疗领域产生明显影响，从获得药品和保健服务到个性化医疗。[3]

### （三）解决算法偏见，实现医疗大数据的公正配置

如上所述，由于算法偏见在大数据中"作祟"，而且因其而造成的不公平问题很多。因此，要想解决医疗大数据中的不公平问题，实现医疗大数据的公正配置，就必须要解决算法偏见的问题。对于算法偏差，我们能够或应该做些什么？一个常见的回应是简单地声明"算法不应该使用关于组成员的敏感信息"，有人可能希望，如果一个算法从未被告知一个人是否拥有 X，它就不可能对 X 属性有偏见。例如，如果我们关心学生成功预测算法中的种族偏见，那么我们可以简单地通过从输入训练数据中删除显式的种族标识符来设计我们的算法。

[1] Ehrenstein, V., Petersen, I., Smeeth, L. et al, 2016："Helping Everyone do Better：A Call for Validation Studies of Routinely Recorded Health Data", *Clin. Epidemiol*, Vol. 8, No. 4, pp. 9 – 51.

[2] Kabrhel, C., McAfee, A. T., Goldhaber, S. Z. 2005："The Contribution of the Subjective Component of the Canadian Pulmonary Embolism Score to the Overall Score in Emergency Department Patients", *Acad. Emerg. Med*, Vol. 12, pp. 915 – 920.

[3] Vellido, A. 2019："Societal Issues Concerning the Application of Artificial Intelligence in Medicine", *Kidney Dis（Basel）*, Vol. 5, No. 1, pp. 11 – 17.

基于群体的统计的公平度量是最常见的，它跟踪算法预测在不同受保护属性之间的统计差异，例如，准确性，或与敏感性或特异性相关的错误率，我们通常认为道德不应该影响决策。人们提出了许多不同的统计方法，每一种都有规范的说法，它测量的是在道德上无偏倚的算法中必须避免的统计差异。这些统计差异通常被形式化为某些基于群体的指标之间的比率或差异，不同的比率或差异与概念相关，如待遇平等、机会平等的理想。① 这些度量方法都只使用部署群体和算法输出的可观察统计数据，而不是基于对特定领域的理解（除非了解哪些变量在一个部门或一个法律系统中受到保护）。不幸的是，各种结果表明，这些措施在广泛的条件下彼此不兼容。② 因此，我们必须对哪个统计措施应该优先考虑和最小化做出基于规范的价值判断。围绕算法和人工智能的炒作往往太过响亮和夸张，正如我们在这里看到的，算法肯定会创造和延续大规模的不公平。尽管如此，本书建议，正确的应对方式是找到使用算法减少不平等和不公正的方法，而不是完全停止使用计算算法。③

著名生命伦理学家诺曼·丹尼尔斯（Norman Daniels）认为，每个人都有获得合理且最低限度的医疗保健资源的权利。医疗保健应该视个人的健康为旨归，当个人的健康得到保护，就为其公平参与社会竞争提供了条件。由此，政府应该在医疗资源的分配上给予其公平均等的机会，这是确保医疗保健领域公正的十分重要的原则。④ 在医疗实践中发展更实质性的公平理论的第一步是扩大范围，不仅要考虑某一决定在结果平等方面对有关各方是否公平，而且要考虑程序是否公平，以便有可能获得公平的结果。⑤ 关于将机器学习应用于司法或警务决定，最常见的方法是管理数据中较为集中使用的某些标签。例如，美国的反歧视法

① Berk, R., Heidari, H., Jabbari, S. et al, 2021: "Fairness in Criminal Justice Risk Assessments: the State of the Art", *Sociological Methods & Research*, Vol. 50, No. 1, pp. 3 – 44.

② Chouldechova, A. 2017: "Fair Prediction with Disparate Impact: A Study of Bias in Recidivism Prediction Instruments", *Big Data*, Vol. 5, No. 2, pp. 153 – 163.

③ Fazelpour, S., Danks, D. 2021: "Algorithmic Bias: Senses, Sources, Solutions", *Philosophy Compass*, Vol. 16, No. 8, pp. e12760.

④ 孔德猛，刘沣娇，徐佳佳：《"正义论"蕴含医疗公正吗——以丹尼尔斯为中心的考察》，《科学技术哲学研究》2019 年第 6 期。

⑤ John, R. A Theory of Justice, Cambridge: Harvard University Press, 1971.

规定，关于一个人的种族身份的信息应受到保护。[①] 需要指出的是，这种做法有明显的局限性，因为社会经济因素往往与一个人的种族血统高度相关。在一个种族隔离程度很高的城市，关于一个人的邮政编码或她的收入的数据可以表明她的种族。因此，对这些代理数据进行推断可能会导致种族歧视。[②] 目前实现公平的努力并没有加强我们防范预测性护理工具可能"扩大"健康不平等的能力，也没有提供一旦发现就纠正这些不平衡的手段。设计具有公平意识的预测性护理系统需要社会技术方法；跨学科、协作和以患者为中心的研究将促进健康公平，这些研究将突出权力动态和临床背景。此外，我们需要更多地关注数据是如何收集的，哪些类型的数据构成了更大的数据集，以及数据在算法系统中是如何被解释和工具化的，而不是在算法构建后进行"消除偏见"或验证算法。[③]

新的电子健康产品和服务，使患者和公民能够轻松理解新工具操作数据的好处、价值和控制，并在单独使用或与临床医生互动时同意使用这些工具。为了减少障碍，移动健康应用程序的开发者、健康信息技术的创造者、政策的制定者和研究人员在使用电子健康时应该考虑公民的心理、社会和经济环境，并避免可能导致不利条件、偏见和无法获得资源的设计。[④] 大数据的潜在风险来自输入本身。从新发现的数据海洋中优化使用新兴技术，需要管理数据的完整性。有几种策略可以支持这些目标。用标签元数据对训练数据集进行注解，通过记录其内在的偏倚，如不平衡的采样，可以提高透明度。[⑤] 反过来，重新设计数据收集的方法，特别是与外围数字平台有关的方法，可以确保数据的多样性，而不

① Barocas, S., Selbst, A. D. 2016："Big Data's Disparate Impact", *Calif. L. Rev*, Vol. 104, p. 671.

② Grote, T., Keeling, G. 2022："On Algorithmic Fairness in Medical Practice", *Camb Q Healthc Ethics*, Vol. 31, No. 1, pp. 83 – 94.

③ Sikstrom, L., Maslej, M. M., Hui, K. et al, 2022："ConceptuAlising Fairness：Three Pillars for Medical Algorithms and Health Equity", *BMJ Health Care Inform*, Vol. 29, No. 1.

④ Demuro, P., Petersen, C., Turner, P. 2020：" Health 'Big Data' Value, Benefit, and Control：The Patient eHealth Equity Gap", *Stud Health Technol Inform*, Vol. 270, pp. 1123 – 1127.

⑤ Zou, J., Schiebinger, L. 2018："AI can be Sexist and Racist-it's Time to Make it Fair", *Nature*, Vol. 559, pp. 324 – 326.

仅仅是数量。① 例如，研究者可以特意向医疗条件较差的人群进行宣传。对数据集进行异质性归因，并利用联合方法，可以在无法进行外展工作时，通过纳入不同的特征集来支持数据的真实性。② 同样，期刊也应采用数据集质量标准和用于分析的最低包容性门槛，以促进其发表内容的效用。③ 最后，应向试图解释新研究的从业者提供数据集特征的透明度。以归纳的方式调动技术本身也可以支持这些评估。例如，像对比性主成分分析这样的方法，可以比较数据集之间的多维富集模式，能够直观地看到根深蒂固的数据偏差。识别数据集的缺点为提高研究的效用提供了一条途径。④ 在所有这些策略中，患者健康信息的隐私必须被优先考虑。数据量和维度的增加有可能损害患者的匿名性，即使在去掉身份识别的数据库中。⑤ 在不断加速的数据生成和使用过程中，隐私的破坏威胁着患者的医疗、财务和社会福利。例如，基于患者健康信息的医疗保险和工作就业的歧视会影响服务和药物的获取，从而使健康差异长期存在。正如孔子所说，"知之为知之，不知为不知，是知也"。为此，了解数据缺陷、数据包容性结构、数据清理策略和数据纠正机制有助于实现大数据在个性化医疗时代的潜力。同时，它们还可以避免在广泛采用大数据新应用的情况下所导致的健康不平等现象持续存在的风险。⑥

临床医生和医学算法设计者可以采取哪些具体步骤来确保算法的公平性？首先是为算法偏差制定合理的衡量标准，并检查不同收集数据方法的伦理成本和收益，这些方法是进行这些评估所需的。监管机构和医

① Vayena, E., Blasimme, A., Cohen, I. G. 2018："Machine Learning in Medicine：Addressing Ethical Challenges"，*PLoS Med*，Vol. 15，p. e1002689.

② Sweeney, T. E., Azad, T. D., Donato, M. et al, 2018："Unsupervised Analysis of Transcriptomics in Bacterial Sepsis Across Multiple Datasets Reveals Three Robust Clusters"，*Crit. Care Med*，Vol. 46，pp. 915–925.

③ Cai, L., Zhu, Y. 2015："The Challenges of Data Quality and Data Quality Assessment in the Big Data Era"，*Data Sci. J*，Vol. 14.

④ Abid, A., Zhang, M. J., Bagaria, V. K. et al, 2018："Exploring Patterns Enriched in a Dataset with Contrastive Principal Component Analysis"，*Nat. Commun*，Vol. 9，p. 2134.

⑤ Na, L., Yang, C., Lo, C. C. et al, 2018："Feasibility of Reidentifying Individuals in Large National Physical Activity Data Sets from Which Protected Health Information has been Removed with Use of Machine Learning"，*JAMA Netw*，p. e186040.

⑥ Cahan, E. M., Hernandez-Boussard, T., Thadaney-Israni S. et al, 2019："Putting the Data before the Algorithm in Big Data Addressing Personalized Healthcare"，*NPJ Digit Med*，Vol. 2，p. 78.

学预测算法的开发者需要密切关注这些算法在医疗决策过程中将发挥的作用。在开发医疗算法时，有充分的理由从医疗行业的不同部分引入利益相关者，包括临床医生、患者和其他医疗工作者。要充分理解算法可能如何促进或减轻医学中的不公平资源分配，需要对这些算法及其在医疗决策中的作用进行广泛和包容的讨论。这一对话将有助于确定在更广泛的决策背景下解释算法偏差的方法，以确保医疗资源的公平分配。[①]

其次，在大数据分析方面，由于分析是不可避免的——为了将海量信息合理化为可操作的信息，这毕竟是一种非常实用的方法——如何保护个人和群体的身份和差异？有没有适当的保障措施来保护可预测的被利用的东西？为了实现公平和透明，应该让个人知道决策是通过包括分析算法在内的方式做出的。应提供有关所使用的大数据分析方法的有意义的信息，并确保个人可以表达自己的观点。对通过分析算法做出的决策提出质疑不会影响未来的医疗保健提供，并且可以提供替代的人工干预方案。[②] 然后，在医疗保健和社会影响方面，需要更好地理解移动技术的监控潜力、准确性和即时性，包括这种技术可能被用于"社会分类"的方式，例如根据风险对人进行分类，这可能会产生严重的现实后果。在这一点上，应该强调的是，现在被认为是"大数据"的东西，在未来几十年可能只是小数据。因此，道德压力预计将进一步加大。随着大数据分析在这一领域的应用不断扩大，需要进一步的工作来定义和解决将出现的伦理问题，以及实施一致的透明度，以在这些不断演变的高度复杂的情况下培养公众信任。[③] 最后，道德代理人需要保持道德正直。除了道德能力，了解人工智能、机器学习和大数据是如何产生输出的也是至关重要的，必须始终进行批判性分析。[④]

---

① Cahan, E. M., Hernandez-Boussard, T., Thadaney-Israni S. et al, 2019："Putting the Data before the Algorithm in Big Data Addressing Personalized Healthcare", *NPJ Digit Med*, Vol. 2, p. 78.

② Garattini, C., Raffle, J., Aisyah, D. N. et al, 2019："Big Data Analytics, Infectious Diseases and Associated Ethical Impacts", *Philos Technol*, Vol. 32, No. 1, pp. 69 – 85.

③ Garattini, C., Raffle, J., Aisyah, D. N., et al, 2019："Big Data Analytics, Infectious Diseases and Associated Ethical Impacts", *Philos Technol*, Vol. 32, No. 1, pp. 69 – 85.

④ Mathiesen, T., Broekman, M. 2022："Machine Learning and Ethics", *Acta neurochirurgica*, Vol. 134, pp. 251 – 256.

# 本章小结

算法偏见的危害往往被以相对狭窄的方式对待。关于算法偏见的哲学研究一直集中在对分配或分配危害的关注上。在图像分类和自然语言处理等背景下，关于偏见和刻板印象表征的潜在危害的基本问题尚未解决。哲学研究可以帮助我们理解这些影响。例如，美学方面的研究可以说明在艺术品推荐和策展中使用算法的潜在风险。预测算法正迅速渗透到我们的生活和社会中。组织采用算法来指导在教育、医疗保健、劳动力、刑事司法、金融等方面的利益和责任的分配。算法推荐塑造了我们的体验，它们影响我们的社会关系和从属关系，从浪漫到政治。在许多情况下，这些对我们个人、制度和社会动态的改变被接受只是因为采用预测算法的普遍影响仍然是隐性的。密切的哲学接触是描述、识别和应对有害偏见的关键，这些偏见可能源于我们社会中预测算法的简单采用和使用。随着算法的重要性和复杂性的增长，将需要新的软件技术来确保监控是内置的，而不是附加的。当技术进步伴随着对失败责任和损害赔偿责任的日益明确时，它是最有效的。另一个富有成效的转变是，对算法的开发者、维护者和操作者的责任有更明确的声明。在这一艰难的过程中，一个盟友可能是保险业，因为它在建筑、运输和医疗保健方面拥有丰富的经验。仔细记录算法执行情况也会有所帮助。这些详细的日志，比如由飞机飞行数据记录器收集的日志，将使国家算法安全委员会的调查人员能够研究到底发生了什么。随着每个行业的最佳登录实践被广泛接受，审查员将能够更可靠地分配失败的责任，同时提出令人信服的基于证据的改进建议。[①] 对于这一提议有许多合理的担忧，例如谁来支付费用、哪些项目足够大以至于需要审查，以及独立监督将如何与现有审查委员会配合等问题都值得进一步讨论和研究。但毫无疑问，由于算法对国家经济、国防和医疗保健系统越来越重要，增加主动的技术、

---

① Shneiderman, B. 2007: "Human Responsibility for Autonomous Agents", *Ieee Intelligent Systems*, Vol. 22, No. 2, pp. 60－61.

法律和社会机制来支持独立的监督流程将使它们更安全和完善。[①]

　　总之，医疗大数据在医疗保健的应用上具有巨大的潜能，它能给我们的健康带来的益处非同小可。但是，我们也要明确地认识到，医疗大数据作为一种技术，它不是价值中立的，一旦应用起来就会产生出伦理问题。通过以上分析可以发现，它在公众的利益分配、资源和服务配置等方面，都会出现不公平的伦理问题。我们不能因为技术带来的巨大利处而忽视它带来的伦理问题，这些伦理问题是棘手的，给人类社会带来的影响更是深远的。同样的，我们也不能因为新技术——医疗大数据有着不好解决的伦理问题而放弃它。作为人，总是要追求幸福的，而医疗大数据无疑可以为我们的幸福追求带来很大的帮助。因此，我们不仅不能畏惧或故意忽视医疗大数据带来的不公正问题，而且应尽力去面对、解决这些问题。固然这需要相关业界的艰辛努力，但是这样的努力无疑是值得的。为了给大数据医疗的伦理问题贡献自己的一份努力，下一章我们将介绍大数据医疗中的伦理治理，以期启发各界，并提供一定参考。

---

[①]　Shneiderman, B. 2016: "The Dangers of Faulty, Biased, or Malicious Algorithms Requires Independent Oversight", *Proceedings of the National Academy of Sciences of the United States of America*, Vol. 113, No. 48, pp. 13538 – 13540.

# 第八章　大数据医疗：伦理治理

随着数据科技的不断演进，大数据在众多领域中都展现出了其巨大价值。特别是在医疗卫生领域，大数据应用能够有效地减少资源浪费并提升患者的就医体验，潜力巨大。然而，大数据所带来的伦理困境也日益凸显，引发了许多前所未有的社会问题。在医疗卫生领域的实际操作过程中，我们也遭遇了重重挑战。这些新出现的法律和伦理难题不仅深刻地影响着大数据在医疗卫生领域的未来发展轨迹，同时也对其他行业产生了广泛的波及效应。

医疗卫生是大数据深度渗透的行业之一。那么，大数据在医疗卫生领域的具体成就是什么？其应用的合理性又该如何证成？尽管大数据的广泛应用伴随着诸多问题与忧虑，但从宏观趋势来看，它正以颠覆性的方式重塑着社会的每一个角落，医疗卫生行业更是受益匪浅。以医生候诊室漫长的等待为例，大数据可通过精准预测患者就诊时间并据此优化预约安排，从而有效缓解这一问题。大数据在医疗机构的作用远不止于缩短等待时间，它更是挽救生命、减少急诊就诊次数的重要工具。实时数据报告能够积极影响患者的治疗效果，助力医疗机构以患者为中心做出科学决策。人为错误，尤其是药物混淆，曾多次导致死亡事件。大数据可通过交叉比对潜在药物相互作用，并在错误发生时发出预警，从而有效避免此类悲剧。此外，大数据还有望改善公共卫生状况，因为数据分析使得追踪社区与人群健康状况成为可能，进而更容易捕捉到健康趋势。为了最大化这些好处，大数据医疗的伦理治理显得尤为重要。

治理（governance）与管理（management, regulation）不同，管理是治理的一个方面，治理的意义在于决策和决策实施过程，并包括国家、地方、公司以及国际多个层面。对治理的分析聚焦于涉及决策及其执行的各类行动者及其结构。在治理中，政府固然扮演着重要角色，但亦包括其他利益相关者，如信息通信与大数据技术领域内的科研人员、网络平台所有者与提供者、使用者、政府执法部门、政府非执法部门，以及相关学术机构与维权组织等。因此，治理意味着决策并非单纯依赖于权力或市场，而是需要多方协调行动。同时，随着新的科技创新日益引发公众的伦理关切，伦理学与身处社会之中的科技紧密相连。解决这些问题，单纯依靠决策者、科学家或伦理学家均存在局限，需要多部门、多学科共同参与，共同研讨科技创新所带来的新伦理、法律与社会问题，并提出政策、法律法规与管理方面的建议。因此，进一步提出了"伦理治理"（ethical governance）的概念。① 本文主张通过平衡医疗大数据研究中的风险与收益、发挥主体意识下医学理性的必要张力、完善制度与伦理的协同规制机制，对大数据医疗进行伦理治理。

## 第一节　大数据中的风险与收益评估

大数据解决方案已成为当今各行业不可或缺的顶级产品，尤其在医疗卫生市场中，其应用速度明显领先于其他领域。到目前为止，我们可以从电子医疗记录、社交媒体、患者摘要、基因组和药物数据、临床试验、远程医疗、移动应用程序、传感器以及有关健康、行为和社会经济指标的信息中收集数据。专门为医疗市场设计的大数据解决方案不仅为医生和患者带来了诸多益处，同时也展现了巨大的发展潜力和明显的经济效益。这些解决方案有助于医疗行业更加高效地规划、预防疾病，提供个性化的医疗服务，并降低成本，使医疗服务更加可负担。医疗卫生行业的大数据应用具有显著的优势，主要体现在计划与预防、个性化医疗服务、降低死亡率与个人开支、改善患者治疗效果等方面。

### （一）大数据医疗的优势

大数据技术的蓬勃兴起，已深刻重塑了医疗行业的面貌。诸如电子健康记录（EHR）、远程医疗服务、医学影像分析以及手术机器人等创新应用都是大数据在医疗领域广泛渗透的例证。这些前沿的数字解决方案，凭借强大的大数据处理能力，正逐步开启医疗市场的新纪元。预测

---

① 邱仁宗，黄雯，翟晓梅：《大数据技术的伦理问题》，《科学与社会》2014 年第 1 期。

分析技术的运用也进一步优化了医疗成本结构，显著减少了繁琐的文书工作，同时催生了众多基于大数据的新型医疗产品和服务。在医学领域，大数据定制解决方案展现出了独特的优势，为个性化医疗和精准健康管理提供了有力支撑。

医疗信息的海量汇聚预示着医学新时代的到来。通过深入挖掘和分析医疗数据，我们能够更准确地预测疾病的发展趋势，制定更为科学的干预策略，从而有效提升医疗服务质量和患者健康水平。这一变革不仅将深刻影响医疗卫生领域的方方面面，更将带来前所未有的社会和经济效益。[①]

### 1. 提升疾病预测与预防能力

大数据在健康信息学中的首要优势在于其强大的预测和预防疾病的能力。通过分析海量的医疗数据，包括患者的病史、生活习惯、遗传信息等，大数据技术能够帮助医疗专家识别出潜在的疾病风险，从而在疾病发展成为严重问题之前进行早期干预。这种预测能力不仅局限于个体层面，还可以扩展到群体层面，为公共卫生部门提供有力支持。例如，通过对大规模人群的数据进行分析，可以预测流行病的暴发趋势，评估疫情扩散的可能性，从而提前采取措施进行防控，减少疫情对社会的影响。此外，大数据还可以帮助研究人员发现疾病发展的新规律，为疾病的早期诊断和治疗提供新的思路和方法。例如，通过分析基因组数据，科学家可以识别出与特定疾病相关的基因变异，进而开发出更加精准的预防和治疗方法。总的来说，大数据在预测与预防疾病方面的应用，不仅提高了医疗服务的效率和质量，也为保障公众健康、构建更加完善的医疗体系提供了强有力的支持。[②]

### 2. 提高医疗效率与质量

大数据的应用可以显著提高医疗服务的效率和质量。首先，通过实时更新和分析医疗数据，医疗机构能够更准确地了解患者的健康状况，

---

① 刘星、王晓敏：《医疗大数据建设中的伦理问题》，《伦理学研究》2015 年第 6 期。

② Fatt, Q. K., Ramadas, A. 2018: "The Usefulness and Challenges of Big Data in Healthcare", *Journal of Healthcare Communications*, Vol. 3, No. 2, p. 21.

为患者提供更加个性化的治疗方案。这种个性化的医疗服务不仅提高了治疗效果，还增强了患者的满意度和信任感。其次，大数据技术可以帮助医疗机构优化资源分配，通过智能调度系统合理安排医护人员、床位和设备等资源，减少不必要的医疗资源浪费，提高整体医疗服务的效率。此外，大数据还可以支持医疗质量的持续改进，通过监测和分析医疗过程中的关键指标，如手术成功率、住院天数、患者满意度等，及时发现并纠正潜在的问题，确保医疗服务的安全性和有效性。例如，医院可以通过大数据分析来识别哪些环节容易出现延误或错误，从而采取针对性措施进行改进。总之，大数据技术的应用不仅提升了医疗服务的水平，也为医疗行业的可持续发展提供了强有力的支持。

### 3. 降低医疗成本

大数据的应用不仅可以显著提高医疗服务的效率和质量，还能有效降低医疗成本。首先，通过精准预测疾病风险和制订个性化的治疗方案，医疗机构可以避免不必要的医疗检查和药物治疗，从而减少患者的医疗费用。例如，基于大数据分析的预测模型可以帮助医生提前识别出高风险患者，采取预防措施而非等待症状出现后再进行昂贵的治疗。其次，大数据技术还可以帮助医疗机构优化药品采购和库存管理，通过预测药品需求量，减少过期药品的浪费，降低药品成本。此外，大数据还可以支持医疗保险的精准定价和风险管理，为保险公司提供更加准确的风险评估和定价依据。保险公司可以通过分析大量历史理赔数据，识别出高风险客户群，从而调整保费结构，既保障了保险公司的利益，又减轻了低风险客户的经济负担。总之，大数据技术的应用不仅提升了医疗服务的整体水平，还在控制医疗成本、提高医疗资源利用效率方面发挥了重要作用，为实现医疗资源的合理配置和利用提供了科学依据。

### 4. 促进医疗创新与研发

大数据在医疗创新和研发方面发挥着至关重要的作用。通过分析海量的医疗数据，研究人员可以发现新的药物靶点和治疗方法，推动医疗科技的进步。例如，通过对基因组数据和临床数据的综合分析，科学家可以识别出与特定疾病相关的基因变异，从而开发出更加精准的靶向药物。此外，大数据技术还可以支持药品的临床试验和监管审批过程，通过实时监测和分析试验数据，确保试验结果的准确性和可靠性，加速新药的上市速度。这对于急需新疗法的患者来说，意味着更快获得有效的治疗手段。不仅如此，大数据还可以帮助医疗机构和药品公司优化研发策略，提高研发效率和质量。通过分析历史研发数据，企业可以识别出成功项目和失败项目的共性特征，从而在未来的研发过程中避免类似的错误，减少不必要的资源浪费。此外，大数据技术还可以支持多中心协作研究，促进不同机构之间的数据共享和交流，加快科研成果的转化应用。[①]

### 5. 推动人口健康管理

首先，大数据应用于人口健康管理推动了整个医疗行业向智能化、精细化管理的方向迈进，通过大数据的赋能，医疗机构能够更好地应对复杂多变的健康需求，实现资源的最优配置和服务质量的显著提升。其次，大数据解决方案还在预防与控制疾病传播上发挥着关键作用。通过构建预测模型并进行深入的数据分析，这些方案能够精准预测感染扩散的趋势与后果，为公共卫生政策的制定提供科学依据。最后，大数据预后分析技术的运用，有效避免了不必要的医疗检查与程序，降低了医疗成本。同时，大数据还促进了医疗财务管理的精细化。通过整合收入周期软件与计费系统的数据，医疗机构能够全面掌握成本结构，识别并改进成本控制的薄弱环节，为资源的合理分配与利用提供有力支持。

### （二）大数据医疗的风险

和所有新技术一样，大数据技术也带来了诸多风险。2014年在美国国家科学基金会（The National Science Foundation，NFS）的支持下成立了"大数据、伦理学与社会理事会"（Council on Big Data，Ethics and Society），旨在为大数据计划提供批判性的社会视角和文化视角，来解决安全、隐私、平等和访问等问题，以帮助防范已知错误的重复使用和

---

① Kumar，Y.，Sood，K.，Kaul，S. et al，2020："Big Data Analytics and Its Benefits in Health-care"，*Big Data Analytics in Healthcare*，pp. 3 –21.

准备不足。① 技术的机会和风险不应仅从技术本身出发，而必须在具体的计划使用背景下进行考量。因此，对大数据技术的机会和风险的描述不应过于笼统，而应重点关注其在危机管理和基础设施中的应用。这些描述不仅有助于明确技术的潜在影响，还为后续的法律辩论和规范性讨论奠定了基础。通过详细的分析，可以更好地理解技术的社会后果，特别是在基本权利、保护义务和国家任务等方面，为法律调查创造坚实的基础。

## 1. 数据的安全风险

在大数据的背景下，通常涉及敏感的个人健康记录，迫切需要保护数据库免受黑客攻击、网络盗窃和网络钓鱼攻击。这些数据库包含全面的医疗保健相关信息，入侵者可以利用这些信息谋取巨额利润，构成长期存在的重大威胁。医疗健康数据的敏感性和重要性使得安全问题尤为突出。黑客可以通过各种手段侵入数据库，获取敏感信息，用于非法目的，如身份盗用、诈骗等。网络盗窃则是另一种常见的威胁，网络犯罪分子可以通过网络攻击窃取数据，然后在黑市上出售，获取非法收益。网络钓鱼攻击通过伪装成合法机构发送欺诈邮件或短信，诱骗用户泄露敏感信息，这些攻击手段在大数据环境下变得更加复杂和难以防范。

此外，风险不仅限于医疗领域，任何使用大数据的行业，如广播公司、银行或企业，如果没有足够的客户意识，也可能很脆弱。例如，个人观看习惯和偏好数据可能被窃取，用于定向广告或其他非法用途；客户的金融信息被泄露可能导致资金损失和信用评分下降；商业机密和客户数据的泄露可能损害企业的声誉和竞争力。因此，大数据的利用只有在伴随着强大的安全措施来保护存储信息时才是有益的。医疗保健文件必须经过严格的审查和验证，以确保其安全性。

## 2. 数据的可靠性风险

医疗卫生领域的大数据的局限性之一是医疗卫生数据分析模型依赖可靠性高且详细具体的数据集。因此，医疗机构想要做出更明智的决

---

① Council on Big Data, Ethics and Society. Search Results for: the ethics of Big Data. https://bdes.datasociety.net/.

定，需要获得大量内容准确的数据，这对数据的质量提出了更高要求。不准确的数据会破坏医疗卫生模型的稳定性，甚至可能导致错误的诊断和治疗建议。特别是当数据从不同的来源收集时，其数据格式各异，这使得操作这些敏感的个人医疗数据具有更高的挑战性，其中不准确的数据会严重破坏大数据项目。为了保证数据能够被成功地整合和处理，医疗数据必须被很好地组织和标准化。尽管保证数据输入的正确性是具有挑战性的，但这也是强制性的，它应处于医疗数据开发的最优先的地位。大数据算法必须与准确的数据相配合，以避免在该领域出现严重的错误，从而获得准确的分析结果。

因此，医疗卫生领域的定制化大数据解决方案要有更高的要求，即输入的数据需要标准化、统一化、尽可能避免重复和错误，所有数据必须定期自动检查和测试。① 数据清理是保证数据质量和准确性的重要步骤，其是对数据进行筛选、转换、统一化和去除错误或重复数据的过程。通过数据清理，可以使得数据完整、准确，并且符合分析和应用的需求。分析和报告也必须清晰明了，便于利益相关者、临床医生和行政人员使用。不依赖历史数据，实时监测，定期模块化报告对对大数据项目十分重要，这对医疗数据分析师的专业能力有更高要求，以保证在患者护理和实时核对成本等方面万无一失。当谈到智能技术和医学时，最重要的是用于持续监测患者数据的解决方案，跟踪来自可穿戴设备的数据，组织积累的数据，以及在创建的报告中进行数据可视化，从而更加直观地告结果。②

### 3. 数据分类与管理风险

大数据以其数量庞大、高度缺乏组织性和广泛多样性为显著特点，这为数据的有效利用带来了巨大挑战。为了从这些数据海洋中挖掘出有价值的信息，首要任务便是识别和分类这些信息。在大数据中导航并定位特定文档无疑是一项艰巨的任务。数据的海量特性使得传统的搜索和

---

① Natalia Sniadanko. Big Data in Healthcare: Advantages, Disadvantages and Opportunities. (2021 – 07 – 19) https://vitechteam.com/big – data – in – healthcare – advantages – disadvantages – and – opportunities/.

② Venčkauskas, A., Štuikys, V., Toldinas, J. et al, 2016: "A Model-driven Framework to Develop Personalized Health Monitoring", Symmetry, Vol. 8, No. 7, p. 65.

筛选方法变得力不从心。因此，我们需要借助先进的数据分类技术，将繁杂的数据进行有序化整理，以便快速准确地找到所需内容。此外，数据还需要进行情境化或整合处理，以使其与个人或群体的需求更加契合。这涉及将不同来源、不同格式的数据进行融合，形成具有统一标准和一致性的数据集。通过这种方式，我们可以更好地理解和利用数据，为决策提供有力支持。云存储技术的兴起为大数据的传输和存储提供了便捷的途径。

借助云存储，可以实现数据的远程访问和共享，为基于云的系统实施提供有力保障。同时，云存储还具备可扩展性和高可用性等特点，能够满足大数据环境下对数据存储的苛刻要求。对于存储图形内容如 X 射线、CT 扫描、MRI 以及 Word 文档等，充足的内存和高速传输速率是不可或缺的。这些图形内容通常占据较大的存储空间，并且需要快速读取以进行后续处理和分析。因此，在选择存储设备时，我们需要特别关注其存储容量和传输速度等性能指标。[1]

### 4. 数据的可识别性风险

在大数据分析领域中，个人数据的可识别性构成了一个核心风险，这一风险直接关系到个体信息自决权的保护。信息自决权的核心在于保障当事人能够自主决定其个人数据的披露与使用方式，这是隐私权保护的重要基石。根据《德国联邦数据保护法》的明确界定，个人数据指的是任何关于已识别或可识别自然人（即数据主体）的个体特征或事实情况的私密信息。[2] 随着大数据技术的迅猛推进，多样化的数据源与强大的数据分析能力被紧密融合，共同驱动了可识别信息总量的急剧膨胀。在以往，许多数据环境因具备高度的匿名性而被视为个人隐私的有效保护屏障。然而，随着数据仓库技术的持续革新与广泛应用，个人身份的识别能力正不断增强，这一显著趋势已引起社会各界的深切关注。在此背景下，个人信息保护问题成为法律领域频繁审视与深入讨论的焦点议题。大数据分析技术的不断进步，对传统的匿名化保护手段构成了

---

① Raghupathi, W., Raghupathi, V. 2014: "Big Data Analytics in Healthcare: Promise and Potentia", *Health Information Science and Systems*, Vol. 2, pp. 1-10.

② 任文倩：《德国〈联邦数据保护法〉介绍》，《网络法律评论》2016 年第 1 期。

严峻的挑战，使得个人隐私的保护效能正面临前所未有的考验。为了科学研究的目的，大规模的数据集通常会经过"匿名化"处理，旨在降低个人信息泄露的风险。然而，值得注意的是，任何有用的数据库都无法实现完全的匿名性。

当低敏感度的数据体能够被相互关联时，它们往往能够产生出比任何原始数据集都更具价值的新数据。这种数据关联技术，若被用于恶意目的，则被称为推理攻击，或更中性的表述为"重复使用新标识身份"。许多人在允许以他们认为的匿名方式使用其数据时，可能并不知晓这种重复使用新标识身份的可能性。这可能导致严重的后果，包括个人医疗史、生活习惯、财务状况和家庭关系等敏感信息的暴露，这些信息对于大多数人而言都属于隐私范畴。因此，面对大数据技术的快速发展与个人信息保护之间的紧张关系，我们需要不断探索新的技术手段与法律框架，以确保在充分利用大数据价值的同时，有效保护个人隐私不受侵害。

### 5. 信息自决的风险

医疗大数据领域正面临着一个日益显著的风险，即随着时间的推移，原本受到抑制的沟通内容可能变得更加公开化。作为一种强大的媒介，互联网已经构建了一个几十年前几乎不存在的社会沟通公共领域。在这个领域中，博客、社交网络和 Twitter 等平台成为重要事件讨论的核心阵地。以 2014 年世界杯决赛为例，共有 619725 人在 Twitter 上发布了相关推文，而 Facebook 上则有 8800 万人参与了 2.8 亿条互动，这些讨论及其产生的广泛影响已经深深地融入了媒体报道之中。[①] 近年来，随着以 ChatGPT 为代表的生成式人工智能技术的广泛应用，一种开放的沟通文化已经逐渐建立起来，其影响力日益显著。然而，这种开放的沟通环境也为有针对性的数据分析提供了便利，这些数据甚至被用于政治目的。因此，社交媒体和相关的通信渠道也经常成为国家监控的重点对象。

从基本权利到国际法，人们开始更加深入地讨论对互联网和互联网

---

① 网易体育：《世界杯社交平台再创纪录 网民热议梅西不配金球》，http://sports.dzwww.com/rdjj/201407/t20140715_9664597.htm，2014 年 7 月 15 日.

通信的保护问题。然而，社交媒体作为沟通的引擎，其影响却如同一把双刃剑。在技术层面，个人的通信内容可以被跟踪并预测，进而形成详细的人格图像，这对信息的自我决定构成了严重威胁。信息自决的保障旨在确保个人能够自由和不受限制地进行个人发展和交流，而披露的决定和对数据的进一步使用概述则是保护人格无拘无束发展的关键。

在公共交流的情况下，识别个人的可能性、使用数据所产生的危险程度以及个人交流参与者的信任程度都对交流的范围和内容具有决定性意义。只有那些能够相信在互联网的虚拟公共领域发表的言论不会被系统地记录和评估的人，才能够真正无拘无束地进行交流。因此，如何在利用医疗大数据的同时，保护个人的信息自决权，避免沟通抑制的公开化，成为当前亟待解决的重要问题。

### （三）大数据医疗的技术思考

大数据分析作为决策的基础，虽然带来了显著的收益，但也可能破坏法治原则，尤其是当决策过程变得不可理解时。这不仅带来了拒绝有效法律保护的风险，还影响了对基本权利的程序性保护。因此，必须对大数据医疗的技术本身进行深入考虑，并仔细评估技术支持的决策过程及其效果。通过深入考虑大数据技术本身的特性，并仔细评估技术支持的决策过程及其效果，可以最大化地发挥大数据医疗的潜力，同时有效规避潜在的风险。医疗数据的敏感性要求必须采取严格的加密技术和访问控制机制，防止数据被未经授权的人员访问和滥用。这包括确保数据的透明度和可解释性，让患者和医生能够理解数据分析的依据和过程，建立透明度机制，如数据审计和决策追踪系统，增强公众对技术的信任，防止数据被篡改或滥用。此外，应建立严格的数据使用和共享规范，确保数据的合法合规使用，保护患者的隐私和基本权利。

#### 1. 实时统计技术

大数据实时统计技术将统计的任务和可能性提升到了一个新的水平。大数据分析系统不仅可以提供对现有条件的更好分析，还能实现更有效的预测。这不仅适用于医疗诊断和治疗，还广泛应用于公共卫生管理。例如，通过分析患者的病史、基因组信息和生活习惯，可以为每位患者量身定制最有效的治疗方案，提高诊断和治疗的效果。[1]

统计学的词源背景清楚地表明了其本质，即"记录、研究和描述自然界和社会中的大量现象的科学，其结果通常以图形或表格形式表示"。传统的统计学方法往往需要长时间的数据收集和处理，这限制了其在实时决策中的应用。然而，大数据分析以其强大的实时能力，打破了统计学的静态特性，开辟了新的应用领域。这一转变不仅体现在数据收集对长期战略决策的支持及其长期影响的分析上，还进一步扩展到了短期及操作性决策的层面。

复杂的情况需要快速有效的决策，其中一个典型的例子是对灾难情况的缓解和管理。利用社交媒体数据进行形势分析已经被证实是可行的。在灾害管理中，已经开发并应用了众多基于社交媒体大数据的工具。例如，在 2023 年河南多地突发特大暴雨灾害期间，许多受灾者借助互联网大数据进行自发组织，实现了人员和物资的快速有效调度。[2]无论是通过评估现有的数据，还是有针对性地使用社交媒体，都有相当大的潜力使灾害更容易管理，并尽量减少对受基本权利保护的财产的不利影响。因此，大数据分析的应用不仅提高了决策的科学性和时效性，还增强了公众对技术的信任，促进了社会的整体福祉。通过这些措施，大数据技术为提升公共服务质量和效率提供了有力支持，为社会的可持续发展奠定了坚实基础。

### 2. 减少故障风险

大数据技术在减少故障风险方面发挥着重要作用。通过关键基础设施管理、智能交通系统设计等多个领域的应用案例，我们可以看到大数据技术如何提高管理效率、降低故障风险，并为社会的可持续发展做出贡献。具体来说，关键基础设施的管理对于国家安全和经济发展至关重要。大数据分析技术的引入，显著提高了这些设施的管理效率，并有效降低了故障风险。以能源供应网络为例，智能电网作为现代电力系统的核心组成部分，通过集成大数据分析技术，实现了对能源输入和消费信

---

[1] Etienne, H., Hamdi, S., Le Roux, M. et al, 2020: "Artificial Intelligence in Thoracic Surgery: Past, Present, Perspective and Limits", *European Respiratory Review*, Vol. 29, p. 57.

[2] 周艾莲：《人本视域下社交媒体融入城市应灾体系的研究——基于多案例的比较思考》，《2023 中国城市规划年会论文集》2023 年。

息的全面记录和实时转发。这种能力使得电网运营商能够更准确地预测能源需求、优化能源分配，并实时监测电网状态，从而及时发现并处理潜在故障，确保能源交易的顺利进行。此外，大数据分析还帮助电网企业识别能源浪费的源头，提出改进措施，进一步提高能源利用效率，促进可持续发展。

此外，大数据分析在智能交通系统中的应用，为解决交通拥堵、环境污染和交通安全问题提供了有力支持。通过实时收集和分析交通流量、车速、天气状况等多维度数据，智能交通系统能够动态调整信号灯控制策略、优化公交线路和发车间隔，从而有效缓解交通拥堵，提高道路通行能力。同时，大数据分析还能帮助识别交通事故多发区域和时段，为交通管理部门提供精准的安全预警和事故处理建议，降低交通事故发生率。此外，智能交通系统还能通过优化车辆行驶路线和速度，减少燃油消耗和尾气排放，为环境保护贡献力量。德国联邦议院于2017年5月12日修订了德国《道路交通法》，通过了德国首部针对智能汽车的法律规范。[①] 预计智能交通系统的实施将成为确保更高效、更环保、更安全的交通的重要贡献。

当我们深入考虑大数据医疗技术时，不得不对其在减少故障风险、提高管理效率和促进社会可持续发展方面所发挥的重要作用进行伦理上的审视。大数据技术无疑为医疗领域带来了革命性的变革，它使得医疗信息的处理和分析更加高效、准确，从而提升了医疗服务的质量和效率。然而，大数据分析可能对基本权利构成威胁，特别是对信息自决权的威胁。我们必须对其进行伦理上的审视和反思。只有在尊重个人权利、平衡技术进步与社会伦理、关注可持续发展的基础上，我们才能更好地利用大数据技术为医疗领域和社会发展贡献力量。[②]

### 3. 决策的透明度与可解释性

大数据分析的决策过程必须具有可解释性，确保受影响的人能够理解决策的依据。这不仅有助于提高决策的可信度，还能够增强公众对技

---

① 何坦：《论我国自动驾驶汽车侵权责任体系的构建——德国《道路交通法》的修订及其借鉴》，《时代法学》2021年第1期。

② Drkevinanderson. The Risks and Opportunities of Big Data Analytics. https://drkevinanderson.com/the – risks – and – opportunities – of – big – data – analytics/.

术的信任。在医疗领域，患者有权了解自己的数据如何被用于诊断和治疗决策，以及这些决策的具体依据。例如，医生可以向患者解释大数据分析的结果是如何得出的，哪些数据点对诊断和治疗方案产生了影响。通过这种方式，患者可以更好地理解医疗决策的过程，从而增强对医疗系统的信任。此外，透明的决策过程还有助于提高医疗决策的科学性和合理性，减少因误解或信息不对称导致的医患矛盾。[①]

算法决策的不透明性如同一道厚重的屏障，阻隔了公众对其内在逻辑的洞察与理解。只要这种不透明性持续存在，就如同将算法决策置于一个无法被窥探的黑匣子之中，使得关于其合理性、公正性以及潜在风险的讨论变得异常艰难。黑匣子问题，即算法内部运作机制的不可见性和不可解释性，至今仍然是科技界和社会各界面临的重大挑战。它不仅剥夺了公众对算法决策的知情权，也阻碍了专家学者对其进行深入分析和评估的可能性。因此，只要黑匣子问题得不到解决，关于算法决策的讨论就如同在迷雾中摸索，难以真正展开和深入。[②]

为了确保大数据技术的决策过程透明和公正，建立透明度机制是至关重要的。具体措施包括数据审计和决策追踪系统。数据审计可以通过独立的第三方机构对数据的收集、处理和使用过程进行审查，确保数据的真实性和完整性。决策追踪系统则可以记录和公开数据分析的每一步骤，包括数据来源、处理方法和最终结果。这种透明度机制不仅有助于防止数据被篡改或滥用，还可以在出现争议时提供明确的证据，帮助解决纠纷。例如，通过记录每一次数据分析的时间戳和操作者，可以追踪到具体的决策路径，确保每一个步骤都是透明和可验证的。这些措施不仅提高了决策的透明度，还增强了公众对大数据技术的信任和支持。

在利用大数据进行分析和决策时，对可能产生的收益和潜在的风险进行综合考量是至关重要的。有效的评估需要在价值最大化和风险最小化之间寻找平衡点，通过系统化的评估流程来充分发挥大数据的潜力，同时有效管控相关风险。应在充分发挥大数据技术潜力的同时，有效管

---

① De, Laat., Paul, B. 2018: "Algorithmic Decision-making Based on Machine Learning from Big Data: Can Transparency Restore Accountability?", *Philosophy & Technology*, Vol. 31. No. 4, pp. 525 – 541.

② Von Eschenbach, Warren, J. 2021: "Transparency and the Black Box Problem: Why We do not Trust AI", *Philosophy & Technology*, Vol. 34. No. 4, pp. 1607 – 1622.

控相关风险，确保大数据技术的应用既有效又安全，不仅有助于保护患者的隐私和基本权利，还能够提高医疗决策的透明度和可信度，促进医疗行业的健康发展。

## 第二节　主体意识下医学理性的必要张力

数字化浪潮正以前所未有的速度重塑我们的生活形态、社会关系乃至人性认知。互联网、移动通信技术的普及，以及海量数据的收集与分析，共同催生了一场深远的数字革命。此革命涵盖多个相互交织的层面，但其核心驱动力在于数据收集与存储能力的飞跃，以及将数据转化为知识的先进分析模型，即大数据现象。大数据的迅猛发展激起了社会各界复杂而矛盾的反应：一方面，人们对大数据带来的生活改善机遇满怀憧憬；另一方面，对于大数据应用可能导致的个体生活模式受压与扭曲，人们的警觉性日益增强。[①] 大数据领域的每一项机遇似乎都伴随着相应的风险。在大数据医疗的广阔背景下，人的主体权利与医学理性的张力构成了伦理治理的重要维度。因此，确保尊重患者主体权利，发挥医学理性在主体意识下的平衡作用，对于构建大数据医疗的伦理治理框架至关重要。

### （一）大数据医疗中人的主体权利

大数据医疗技术的快速发展，极大地丰富了医疗手段和信息获取渠道，但同时也对人的主体权利提出了新的挑战。这些挑战主要集中在数据使用方面，包括患者的隐私权、知情同意权、数据控制权等，需要通过系统的伦理和法律措施来加以应对。

人权保障是一个综合性的过程。任何与人权相对应的特定义务，都必须结合其他同类义务进行具体阐述，以确保它们在原则上作为一般事项能够共同实施。此外，考虑到可能涉及的成本，同时需要审视提供此

---

① Vayena，E.，Tasioulas，J. 2016："The Dynamics of Big Data and Human Rights：the Case of Scientific Research"，*Philosophical Transactions of the Royal Society of London*，Vol. 374.

类保护是否构成了过度的重复负担。在此情境下，隐私权等个人权利保护的规定应与强大的安全权益保持基本一致，例如在某些特定情况下，需要人们配合警方披露个人身份。①

医疗数据隐私权是患者隐私权的延伸，为了判断我们是否有权享有特定的隐私保护，在诊疗活动中，患者基于治疗需求，需向医务人员透露一系列个人信息，包括家族与自身疾病史、情感经历的叙述、工作人际关系及心理状态等，这些均属于患者隐私权的范畴，而医生和医疗机构则负有保护患者隐私的法定责任。患者的隐私权本质上是一种防御性权利，当医疗机构非法泄露其医疗信息时，患者有权要求立即停止侵害并索取相应赔偿。然而，患者的查询和复制权并不等同于对医疗数据的完全控制。尽管病历是医疗数据的基础，鉴于病历在医患纠纷解决中的特殊作用，其管理规则不能直接套用于医疗数据，也不能作为配置医疗数据权利的依据。

医疗数据作为个人数据的重要组成部分，应当被纳入个人数据（或个人信息）保护法的保护范畴之内。我国现行个人信息保护法律体系的核心理念是知情同意原则，但这并不意味着未经个人明确同意的个人信息收集与使用行为就必然构成侵权。同样地，医疗数据的收集与使用也不例外，未经患者同意的医疗数据使用并不当然构成侵权行为，个人对其医疗数据并不享有一般性的控制权。但从全球各国的个人数据保护立法来看，难以断言个人对其数据享有绝对的控制权。因此，适用个人信息保护法的一个关键后果在于，若医疗数据的使用（处理）超出了原有的医疗目的，可能需要额外征得患者个人的明确同意。这种同意应当针对利用医疗数据直接识别个人或进行针对个人的数据分析处理行为，而非泛指一切医疗数据的利用活动。

事实上，目前患者对其自身的医疗数据并不具备有效的管控能力。尽管患者有权复制病历资料乃至获取原始数据，但实际上，没有患者能够长期且妥善地保管这些医疗数据。从法律赋权的可行性和实际操作层面考量，可能将医疗机构设定为医疗数据的控制者，并赋予其开发利用的权利（即财产权），同时确保患者能够间接或直接地分享由此产生的

---

① Vayena, E., Tasioulas, J. 2016: "The Dynamics of Big Data and Human Rights: the Case of Scientific Research", *Philosophical Transactions of the Royal Society of London*, Vol. 374.

利益，是最为合理的制度设计。[①] 大数据医疗中充分尊重和保护患者的主体权利，确保技术的应用既有效又安全。这不仅有助于提高医疗服务质量，还能够增强公众对大数据医疗的信任和支持，促进医疗行业的健康发展。

### （二）大数据医疗中医学理性的必要张力

一种主张认为医学理性必须体现科学精神和人文精神的高度统一和完美结合。[②] 然而，在围绕这种新兴的公民科学形式的伦理问题的辩论中，人们担心如何向从事此类活动的人提供保护。仍然以隐私保护为例，在大数据医疗中，人的隐私权和科学的进步性之间存在冲突。科学权要求提供参与科学进步并从中受益的机会。然而，在某些科学领域，这种进步只能通过使用带有个人身份信息的数据来实现。在这种情况下，科学权是否与隐私权相冲突？是否有义务允许使用可识别的数据，同时有义务保护可能被识别的个人的隐私？如果这些职责发生冲突该怎么办？若假设一项权利的普遍保障仅能在另一项权利遭受系统性侵害的前提下实现，这显然是不合逻辑的。因为每一项权利都承载着相应的义务，这些义务的存在部分意义就在于防止它们被相互冲突的利益所淹没。因此，在轻易接受两种权利之间存在系统性冲突这一极端结论之前，我们需要退后一步，探索其他可能性。

个人权利所施加的义务构成了一个内在连贯且复杂的整体过程，这一过程类似于求解一个包含多个变量的联立方程组。个人权利不仅强加义务，而且这些义务是基于严格的道德理由，它们不易被其他考量或者其他义务所推翻。将个人权利视为仅在某些特定情况下才适用，并需要权衡取舍的习惯性概念，实际上是对其作为义务来源本质的误解。实际上，与个人权利相关的义务通常是能够共同履行的，它们之间的冲突通常仅在极其特殊的情况下，如紧急情况中才会显现。因此，诸如隐私权与科学权之间所表现出的明显紧张状态，在详细阐明与每项人权相关的

---

① 高富平：《论医疗数据权利配置——医疗数据开放利用法律框架》，《时代法学》2020年第4期。

② 陈晓阳，杨同卫：《论医学的理性精神》，《医学与哲学》2003年第4期。

义务的具体内容时，应当在很大程度上被预先避免。采用这种综合性的方法来理解人权，我们将其视为与环境互动以及在确定其具体内容时相互作用的产物。因此，像隐私权和科学权之间的明显紧张关系，在充分说明与每项个人权利相关的义务的阶段，很大程度上应该被预先制止。采用这种整体方法，我们将个人权利理解为与环境相互作用以及在指定其内容的过程中彼此之间的相互作用。[①]

每个人均有权享受科学进步带来的益处与成果，这一权利不仅确保了人们能够参与到科学进步的过程中并从中获利，还构成了个人权利体系中不可或缺的一部分。然而，在实际操作中，个人权利的实现面临着诸多挑战，如同求解方程组时遇到的复杂情况。当数据库管理者以保护隐私和知识产权为由拒绝向健康研究开放数据时，他们实际上在行使一种对数据的控制权，这引发了关于数据所有权和道德合法性的争议。这种争议就如同方程组中的未知数和变量之间的关系，需要仔细权衡和求解。在通过数据集创造的产品（如医学科研论文的版权）知识产权归属问题上，虽然人们的共识程度较高，但这种共识并不足以解决所有问题。科学权利在此类情况下被援引，以支持完善的知识产权制度。然而，这种制度在保护知识产权的同时，也可能无意中设置了障碍，阻碍了普通公众对科学知识的自由传播与获取，以及对科学进步的共享。这就如同方程组中的某些方程可能相互矛盾，需要找到一种平衡和协调的解决方案。

更为复杂的是，分享科学进步及其利益的权利并不仅限于个人从科学进步中直接获利。它还涵盖了一个较少被提及的方面，即参与社区文化生活的内容，其中包括"分享"科学进步。每个人都有权通过参与科学研究为科学进步作出贡献，这一权利为公民科学运动提供了坚实的规范基础。这就如同方程组中的某些变量之间存在着复杂的相互作用和依赖关系，需要综合考虑和求解。随着互联网和大数据分析技术的飞速发展，人们现在可以通过收集和共享自身健康数据来参与科学发现，众多公共、私人或公私合营的平台为此提供了便利。这些新技术不仅拓宽了人们行使科学权利的途径，还使他们能够更容易地做出贡献。这就如

---

① Vayena, E., Tasioulas, J. 2016: "The Dynamics of Big Data and Human Rights: The Case of Scientific Research", *Philosophical Transactions of the Royal Society of London*, Vol. 374.

同方程组中的某些方程随着条件的改变而发生变化，需要不断调整和优化求解策略。因此，在理解和实现分享科学进步及其利益的权利时，需要将其视为一个内在连贯且复杂的整体过程，类似于求解一个包含多个变量的联立方程组。我们需要综合考虑各种因素和挑战，找到一种平衡和协调的解决方案，以确保每个人都能充分行使这一权利，并从科学进步中获益。

### （三）大数据医疗中技术与主体权利的平衡

在围绕科学与个人主体权相关伦理问题的辩论中，人们担心如何向从事此类活动的人提供保护。以隐私保护为例，有时科学项目可能无法通过伦理审查，因为隐私保护措施被认为是不合格的。新数字环境为隐私保护能力和技术解决方案创造了更充足的可能性，电子健康记录（EHR）的维护正日益成为医疗卫生的标准做法。EHR 的主要目的是捕获和存储用于患者临床护理的患者信息。EHR 不仅用于捕获和存储患者信息以支持临床护理，还作为宝贵的数据来源，便于挖掘多种研究目的。然而，尽管 EHR 数据在健康研究和公共卫生实践中具有巨大潜力，其使用却相对不足。隐私保护问题被频繁提及为阻碍 EHR 数据充分利用的主要原因。基于大数据的查询可能揭示特定个人或群体的模式、行为、健康风险等，进而引发歧视、污名化等不利后果。因此，保护个人隐私，防止其健康信息泄露，成为维护个人权益的重要一环。

然而，科学进步又往往需要第三方访问这些信息。为了缓解这一矛盾，通常采取的方法包括知情同意程序和数据匿名化。然而，在大数据环境下，这两种方法的效用均受到限制。个人无法完全控制信息流的确切方向，且每次研究都寻求授权不切实际；同时，匿名化可能因研究项目的不同而不可取，且随着技术进步，重新识别成为可能。[1] 解决这一问题的关键在于重新审视隐私权与科学权之间的关系。并非将二者视为零和游戏，而是探讨在新型数字环境下如何平衡这两种权利。这需要我们分析数字环境的优势和劣势，明确隐私保护职责，并考虑个人在行使

---

① Vayena,E.,Tasioulas,J. 2016:"The Dynamics of Big Data and Human Rights:The Case of Scientific Research",*Philosophical Transactions of the Royal Society of London*, Vol. 374.

隐私权时的自主选择。[①]

在常规情境下，众多个体期望信息流动能止于特定界限，而非进一步渗透至那些旨在整合数据以达成未知目标的算法圈层。隐私权所捍卫的诸如避免歧视与污名化等权益，其保障方式并非仅限于赋予权利主体对数据流的独占性控制。另一种策略是，将焦点转向设定数据使用的具体条件上。具体而言，数据驱动的研究项目，与其他研究类型无异，必须展现出社会价值，并且其成果应在社区间得到公平分配。数据使用者应避免执行可能引发风险的查询，一旦识别到此类风险，所收集的信息便不得泄露给任何可能利用这些信息对相关个体造成伤害的实体。同时，数据用户需承诺对数据使用及其相关操作保持高度的透明度。此外，针对基于信息数据的歧视行为，应采取惩罚性或劝导性措施予以遏制。在当前数字环境下，保护隐私权的责任似乎更为适宜地落实在数据使用的后续阶段（即数据处理与应用阶段），而非前置阶段（例如数据收集与授权使用），此举旨在规避设定不切实际的目标。通过这一方式，我们能在确保科学研究进展的同时，更有效地维护个人隐私权益。

如何在数字环境下有效平衡这些权利，不仅需要我们分析数字环境的优势和劣势，还需要明确各方的职责，并特别关注个人在行使隐私权时的自主选择权。政府作为数字环境中的监管主体，承担着制定和实施法律法规、维护社会公正和保障公民权益的责任。针对个人数据隐私保护，政府应制定专门的法律，如《个人信息保护法》，明确数据的收集、使用、存储和共享标准，加强对数据泄露、滥用等行为的监管，确保个人隐私不受侵犯。此外，政府还需根据技术发展的速度和社会的需求，及时更新法律法规，以适应数字环境的变化。在数字环境中，企业是数据的主要收集者和使用者。因此，企业在提高服务质量和创新的同时，也应承担起保护用户隐私的责任。企业应严格遵守隐私保护法规，确保在收集、存储和使用数据时，采取充分的安全措施，防止数据泄露。同时，企业应提高隐私政策的透明度，使用户能够清楚地了解其数据的使用方式，包括数据的收集目的、使用范围、存储期限和共享对象等。企业应确保用户在使用其产品和服务时，能够自主选择是否分享个

---

① Vayena, E., Tasioulas, J. 2016: "The Dynamics of Big Data and Human Rights: The Case of Scientific Research", *Philosophical Transactions of the Royal Society of London*, Vol. 374.

人数据，并且在使用过程中随时可以撤回同意。个人也应具备一定的数字素养和隐私意识，主动管理和保护自己的隐私权。个人应当在知情的基础上，做出是否共享数据的自主选择。尤其是在涉及敏感数据（如健康数据、位置信息、行为数据等）时，个人应根据自己的需求和隐私偏好作出决策。为实现这一目标，个人应学会使用隐私设置和数据共享权限管理工具，确保自己的数据在合适的时间和地点被使用。

此外，在大数据研究中，除了尽可能降低大数据技术引发的风险，还需制定适应大数据实践的伦理评估机制，才能进一步最大限度地平衡大数据应用的风险与收益。工业界和学术界的伦理审查实践可能差异很大。例如，在工业中，伦理审查通常发生在产品开发之后和产品发布之前，以捕捉潜在或意外风险。工业界与学术界在伦理审查实践上存在着显著的差异。在工业环境中，伦理审查往往作为产品开发流程的一个后期环节，发生在产品开发完成但尚未发布之前，其主要目的是捕捉可能存在的潜在或意外风险。而在学术研究领域，伦理审查则更为前置，通常发生在项目提案阶段，即在任何研究活动正式开始之前。然而，大数据方法的特性，如高速数据收集和产品的迭代式改进，对这两种传统的伦理审查模式构成了挑战。大数据的快速迭代和实时性要求使得传统的伦理审查流程难以适应，尤其是在工业界，产品发布后的伦理问题往往难以通过前期的审查来完全预防。尽管前期的伦理审查在大数据分析中仍然扮演着至关重要的角色，但我们不能止步于此。相反，我们需要不断探索和创新，以找到能够评估大数据系统在整个开发和分析生命周期中伦理影响的社会、结构和技术机制。这包括但不限于算法审计、面向价值的形式验证等先进技术干预手段，这些手段能够帮助我们在技术开发的早期阶段就识别并解决潜在的伦理问题。①

此外，还需要更深入地理解影响大数据系统开发的组织、文化和技术决策。这要求我们在组织层面加强伦理文化的建设，培养员工的伦理意识，确保他们在日常工作中能够主动识别和规避伦理风险。同时，我们也需要进一步的研究投资，以更好地理解大数据实践中的伦理挑战，并探索有效的应对策略。必须重视大数据研究和实践中的关键时刻，这

---

① Council on Big Data, Ethics and Society. Perspectives on Big Data, Ethics, and Society. https://bdes. datasociety. net/council – output/perspectives – on – big – data – ethics – and – society/.

些时刻往往是伦理考虑能够发挥最大成效的节点。例如，在数据收集、处理和分析的关键阶段，我们需要密切关注数据的来源、质量和用途，确保它们符合伦理标准。同时，在产品开发、测试和发布的各个阶段，我们也需要建立相应的伦理审查机制，以确保产品的安全性和合规性。

医疗大数据的独特性主要体现在规模性、时效性、多样性和可靠性四个维度：规模性强调了为构建价值导向与个性化的医疗服务体系，需定制高效解决方案以驾驭庞大的数据量，确保数据的有效利用与深度挖掘；时效性揭示了数据处理的快速性要求，需持续不断地对实时收集的数据进行高效处理，以迅速响应医疗决策与服务的即时需求；多样性体现在数据来源的广泛与格式的多样上，为了实施精准的预测性分析，定制的解决方案必须能够整合并处理来自多种渠道、多种格式的海量数据，以全面捕捉医疗健康领域的复杂信息；可靠性是保障数据质量与安全的关键，应对数据输入进行严格管理与标准化处理，确保数据的准确性、完整性与一致性，为医疗决策提供坚实的数据支撑。

## 第三节　制度和伦理的协同规约机制

在数字化转型和大数据应用日益深入的现代社会中，制度和伦理成为保障个人权利、促进社会公正与科技健康发展的关键因素。制度和伦理虽然在本质上具有不同的侧重点——制度侧重于法律法规和操作规范，伦理则侧重于价值观和行为准则，但二者在实现社会目标、规范个体行为和推动技术进步方面具有互补性。随着大数据技术在医疗领域的广泛应用，建立有效的制度和伦理的协同规约机制，既能平衡技术创新与个体权利保护、公共健康与个人隐私的冲突，确保大数据医疗的健康、可持续发展，又能推动科技创新与社会公共利益，是当前亟待解决的复杂问题。

### （一）协同规约机制的主要优势

制度与伦理的协同规约体系对于大数据医疗领域的伦理治理至关重要。在数据科学实践与监管活动中，各相关实体应积极拓宽数据伦理的包容性审议空间，以促进全面而深入的讨论。当前阶段，数据伦理学的主要任务在于识别广泛存在的伦理问题，并构建具有前瞻性的研究议程。鉴于此，所有在数据伦理领域拥有利益关系的组织均应积极促进伦理学家、社会科学家、数据科学家、监管机构及社区成员之间的协作审议能力，旨在规划出一条多元化且可行的发展路径。通过强化这种跨领域、多维度的合作，我们可以更有效地应对大数据医疗中面临的伦理挑战，确保技术的健康发展与社会的伦理需求相协调。

### 1. 为伦理参与创建混合空间

广义上的"伦理"不仅仅是对什么是对、什么是错的判断，它更关注的是理解一个人所处的背景，以及一个人的决策和行为如何对他人产生影响。因此，尽管伦理决策无疑需要正式的制度框架来保障其实施，但这些决策的基础应是多学科专业知识的融合与合作。希望推动数据伦理发展的机构应当将网络建设和跨学科协作视为提升伦理能力的核心组成部分，促进不同领域专业人士的共同参与和互动。[①] 通过协商和制定规则，可以确保各种参与者的声音被充分听取和尊重，以避免某个群体或利益被忽视或压制。同时，通过伦理参与原则的应用，可以确保决策和行为在道德和伦理的框架内进行，避免不公正、不利于某些群体或不道德的行为发生。协同规约机制和伦理参与的组合有助于创造一个包容、公正和可持续的混合空间。参与者可以通过这种机制共同制定规则和决策，确保各方利益的平衡和公正，同时也为保护环境和社会利益提供了保障。这样的混合空间可以促进合作和创新，为各方创造更大的共同利益。

### 2. 建立行业内部和外部伦理规范机构的模式

数据驱动的密集型医学研究项目往往会引发伦理问题，尤其多中心研究，而伦理委员会对此的指导较为局限，数据在一个中心的参与者那里收集，但可以存储、分析或与其他地方的数据集链接。数据可以存储很长一段时间，并且可以二次使用。尤其主要的问题是，不同区域和不

---

① Council on Big Data, Ethics and Society. Perspectives on Big Data, Ethics, and Society. https://bdes.datasociety.net/council-output/perspectives-on-big-data-ethics-and-society/.

同伦理审查委员会对数据所有权的认知和授权数据共享的责任的理解各不相同。因此，伦理审查委员会必须考虑数据管理的安全性，如何确保研究参与者的隐私，以及数据集的整体治理。因此，数据伦理学家和法律学者提出了可以发挥类似于伦理委员会的功能的模式。① 雷恩·卡罗（Ryan Calo）建议企业应该考虑"消费者主题审查委员会"，这将使数据驱动的互联网服务的用户能够对如何使用他们的数据有一定的发言权。② 这一办法将侧重于将受影响社区的代表或成员的审查纳入伦理操守治理结构。朱尔斯·波洛尼斯基（Jules Polonetsky）等人主张为数据公司提供内部和外部伦理审查的双轨模式。③ 虽然在大数据伦理方面没有得到充分的探索，但社区伦理委员会也可能为如何考虑大数据研究的伦理维度提供见解。然而，考虑建立一种类似于学术界的伦理监督内部机制会带来挑战，例如，抵制将新兴研究纳入预定类别。在新的或现有的审查机制中，灵活性具有价值，可适应研究项目和方法的流动性和快速发展的性质，以及避免试图将一套严格的标准应用于所有部门或团队的重要性。如果没有内部、外部或法律影响，自愿伦理审查机制可能难以执行。另一种办法是考虑信托责任所需的结构，包括董事会监督和对实践进行外部审计的可能性。④

### 3. 为负责任的跨部门数据共享制定标准

协同规约机制还倡导跨领域合作与交流，促进伦理学家、社会科学家、数据科学家、监管机构及社区成员之间的协作，共同推动大数据医疗的规范化和标准化发展。为了回应研究机构、企业等对数据的频繁需求，协同规约机制探讨了发布数据以助力科学界发展的潜在途径。必须

---

① Dove, E. S., Townend, D., Meslin, E. M. et al, 2016: "Research Ethics. Ethics Review for International Data-intensive Research", *Science* (*American Association for the Advancement of Science*), Vol. 351, pp. 1399 – 1400.

② Calo, R. 2013: "Consumer Subject Review Boards: A Thought Experiment", *Stanford Law Review Online*, Vol. 66, p. 97.

③ Polonetsky, J., Tene, O., Jerome, J. 2015: "Beyond the Common Rule: Ethical Structures for Data Research in Non-Academic Settings", *Social Science Electronic Publishing*, Vol. 13, p. 333.

④ Council on Big data. Ethics and Society. Perspectives on Big Data, Ethics, and Society. (2016 – 05 – 23) [2023 – 04 – 15]. https://bdes. datasociety. net/council – output/perspectives – on – big – data – ethics – and – society/.

权衡潜在的好处与过去的经历，这些经历因决定共享匿名数据而适得其反地受到公众监督。对使用他们有权访问的数据有严格的规定，其中包括无法与他人共享，但时常会出现被忽视或误解这些要求的例子。即使在及时被清除后，敏感的公司数据在发布后也是无法被控制的，并且在与其他数据集结合使用后可能导致可识别信息和法律问题。对此问题进行讨论是为了寻找允许人们在看不到数据的情况下运行查询并获得答案的方法。然而，如果机构在获取数据集方面享有比其他研究人员或公众成员更多的优势，那么对研究人员发布个人数据的审查也可能引发偏见问题。在其他大规模数据共享工作中，例如政府围绕人口普查数据的努力，已经设立了第三方组织来协助实现符合伦理且负责任的数据分析。

### （二）协同规约机制的伦理规范路径

协同规约机制下的伦理规范化路径旨在将伦理理念深入嵌入社会文化的各个层面，尤其是在医疗大数据的研究与应用领域。这一路径强调在处理医疗数据时，不仅要遵守相关法律法规，还要将伦理道德作为指导原则，确保技术的发展与应用符合人类社会的价值观。为了实现上述目标，需要构建一套具体且系统化的伦理规范路径，以确保该领域活动的道德正当性和合规性具有决定性意义。此外，应形成一个多方面参与的合作框架，包括政府监管机构、医疗机构、科研单位以及公众等各方力量共同参与制定和完善相关伦理准则和技术标准。这不仅有助于保护个体权益，促进社会公正，还能为医疗健康事业的可持续发展奠定坚实的基础。

戴维·B. 雷斯尼克（David B. Resnik）在其著作《科学伦理：导论》中，构建了一个具有深远意义的规范框架，该框架为科学与技术领域内的伦理治理实践提供了全面而系统的指导原则。基于这一框架，他进一步提出了大数据医疗伦理治理的十二项核心原则，包括：诚实、谨慎、开放、自由、信誉、责任、合法、尊重、效率、尊重主体。[①] 这些伦理原则不仅为大数据技术在医疗领域的运用确立了道德指引，同时也为维护患者权益、推动技术创新与守护社会公共利益之间的和谐共存

---

① David, B. Resnik. The Ethics of Science: An Introduction. London: Routledge, 2005.

奠定了理论基石。在深入研究戴维·B. 雷斯尼克所提出的十二项核心原则的基础上，我们进一步提炼并发展了适用于医疗大数据领域的六条关键伦理原则，并在此对其进行详尽的阐述与辩护。

## 1. 诚实

诚实是伦理治理的基本要求，特别是在大数据医疗中，诚实尤为重要，因为数据的准确性、完整性和安全性直接关系到患者的健康和生命安全。在这个领域中，涉及数据的采集、存储和分析，医疗机构和技术公司有责任确保数据的真实性、可靠性和透明度。[①] 医疗机构、科技公司和科研机构应真实、透明地向患者和公众提供准确的信息，披露数据的使用方式、目的和潜在风险，征得患者的知情同意，确保患者在充分了解情况的基础上自愿提供数据。在分析和解释数据时，也应遵循科学原则，避免夸大或低估数据的价值和意义，循科学精神，避免因个人或团体利益而损害公共利益。在没有提供数据的人明确同意的情况下，不得对数据进行二次使用。未经患者同意，不得将数据用于其他目的，如商业开发、科研合作等。此外，必须确保算法设计遵循公正性与公平性的高标准，严防算法偏见，以免对患者或公众造成任何形式的不公正待遇。医疗数据的运用应当秉持无差别原则，确保对所有患者一视同仁，不因种族、性别、年龄或其他个人特征而受到任何形式的歧视性影响。

## 2. 安全

安全原则在医疗领域的应用尤为重要，尤其是在处理敏感的医疗数据时，安全原则要求相关从业人员在采集、存储、分析和分享数据时，始终保持谨慎和审慎的态度。[②] 在数据采集阶段，医疗机构和从业人员应确保数据的准确性和完整性。这包括对数据的验证、清洗和标准化，以确保数据的质量达到预期的标准。在数据存储和分析阶段，医疗机构和从业人员应采用安全可靠的技术手段，确保数据的保密性和完整性。这包括使用加密技术、访问控制和身份验证等措施，以防止未经授权的

---

① Mittelstadt, B. D. , Floridi, L. 2016: "The Ethics of Big Data: Current and Foreseeable Issues in Biomedical Contexts", *The Ethics of Biomedical Big Data*, pp. 445 – 480.

② Vayena, E. Salathé, M. Madoff, L. C. et al, 2015: "Ethical Challenges of Big Data in Public Health", *PLoS Computational Biology*, Vol. 11, No. 2, p. e1003904.

访问和数据泄露。同时，应建立完善的数据备份和恢复机制，以应对意外事件和灾难性故障。除了技术性的安全措施，安全原则还强调了伦理审查的重要性。在实施新技术时，医疗机构和从业人员应进行充分的伦理审查，评估其对患者和社会的潜在影响。这包括对技术的可行性、安全性和效果进行评估，以及对患者权益和隐私的保护进行考虑。只有在确保技术符合伦理要求的前提下，才能推广和应用到实际临床实践中。

### 3. 共享

为了推动科学进步和公共健康的发展，数据的使用应当遵循开放和共享的原则。这意味着数据应当可供各个实体访问，但前提是要保护个人隐私和数据安全，促进数据的合理、合法、合规共享，以推动科学进步和公共健康的发展。数据共享应设立清晰明确的目标与范围，界定合理的权限与责任分配，制定详尽的规范与流程，以确保数据使用的合法性与合规性。同时建立健全的管理与监督机制，对数据共享活动进行全程跟踪与管控，保障数据的安全与有效利用。此外，共享并不仅仅意味着数据和研究结果的共享，还包括对数据使用过程和决策背后逻辑的公开透明。通过共享数据使用的过程和背后的逻辑，患者、监管机构和公众能够了解数据处理和技术应用的具体情况。这种透明度有助于建立信任，确保数据的可靠性和可信度。共享原则的实施需要各方的共同努力和合作。医疗机构、研究机构、政府部门和国际组织等各方应共同努力，积极参与和支持数据共享的实践，制定和遵守相关的法律法规和标准，建立有效的管理和监督机制，以实现数据共享的最大价值。

### 4. 有利

有利原则在大数据应用于医疗领域时，着重强调应追求资源的优化配置与最大化利用，旨在显著提升医疗服务的质量与可及性。大数据技术能够大幅度提高诊疗效率、削减医疗成本，并显著增强患者的治疗效果，从而带来积极的影响。效率原则进一步要求医疗机构和技术企业在运用大数据时，必须充分挖掘并最大化其应用潜力。这包括对数据的有效性、代表性和完整性进行严格的审查与校验，以确保大数据分析能够产生更加精准、稳定且可靠的结果。这些成果将直接转化为更为精确、高效的医疗服务，惠及更多的患者。[①] 此外，效率原则还着重指出，在数据使用过程中必须坚决避免冗余或浪费现象的发生，确保大数据技术的实际应用具有高度的价值性和必要性。通过这些措施，大数据在医疗领域的应用将更加科学、高效，为提升医疗服务质量和可及性奠定坚实的基础。

### 5. 责任

责任原则在大数据医疗应用中扮演着至关重要的角色，它明确要求所有相关方都必须承担起相应的伦理与法律责任。无论是数据的采集者、分析者，还是最终的使用者，都应当对自己的行为负责，确保在数据处理和使用的每一个环节，都不侵犯个人隐私，不引发数据滥用或安全泄露等风险，从而确保个人数据受到充分的保护，并严格遵循法律规定进行使用。[②] 责任原则还进一步要求技术开发者与实施者在大数据医疗应用的过程中，对潜在的风险进行预见和管理。这包括但不限于对技术错误、数据泄露等问题的有效监控与防范，以及在问题发生时能够及时、准确地采取纠正措施，以防止损害扩大。同时，建立有效的监测和反馈机制，及时发现和解决可能出现的问题，对于任何不当行为，都必须进行严格的问责，以确保大数据医疗应用的健康、有序发展。通过这些措施，责任原则为大数据医疗应用提供了坚实的保障，推动了医疗行业的持续进步。

### 6. 尊重

尊重原则在大数据医疗伦理治理中占据核心地位，它强调在数据处理和技术应用的全过程中，必须始终维护个体的尊严、隐私权和自主权。这一原则的实施，不仅体现了对患者个人权利的尊重，也是确保大数据医疗健康发展的基石。尊重原则要求医疗机构和相关企业在数据采集和使用时，必须获得患者的充分知情同意。在患者参与数据共享或医疗决策之前，医疗机构和相关企业应提供清晰、准确的信息，详细解释

---

① Zhang, L., Wang, H., Li, Q. et al, 2018: "Big Data and Medical Research in China", BMJ, p. 360.

② Kshetri, N. 2014: "Big Data's Impact on Privacy, Security and Consumer Welfare", *Telecommunications Policy*, Vol. 38, No. 11, pp. 1134–1145.

数据收集和使用的目的、范围、方式以及可能带来的风险和利益。只有在患者充分理解并自愿同意的情况下，才能进行数据采集和使用，以确保患者的自主权得到尊重。[1]

其次，尊重原则要求对患者隐私权高度重视，医疗机构和相关企业必须采取必要的技术和管理措施，如加密技术的应用、访问权限的控制、数据备份和恢复机制的建立等，以确保个人信息得到严格保护。同时制定明确的隐私政策和数据使用准则，明确界定数据收集和使用的范围，并严格遵守相关法律法规的规定。此外，尊重原则还要求医疗机构和相关企业在数据分析和应用过程中，充分考虑患者的权益和需求。数据分析的结果应主要用于改善医疗服务、提高治疗效果和促进公共健康，而不得单纯追求经济利益。医疗机构和相关企业应积极与患者进行沟通，了解他们的意见和反馈，并根据需要进行调整和改进。

### （三）构建大数据医疗的协同规约机制

#### 1. 制度框架构建与伦理准则制定

在大数据医疗领域，制度建设的必要性不言而喻。随着医疗数据的海量增长和跨部门共享的需求增加，必须建立相应的法律法规、政策文件及行业规范来保障数据的合法使用、隐私保护和安全传输。这些制度框架不仅为大数据医疗提供了法律基础，还明确了各方在数据共享和使用中的权利义务，为大数据医疗的实践提供专业指导。同时，伦理准则的制定也是不可或缺的一环，伦理准则是大数据医疗实践的道德指南，确保数据处理过程符合伦理标准。通过细化伦理准则，可以指导医疗数据的采集、处理、分析和应用，确保在追求科技进步的同时，不侵犯患者隐私，不损害公共利益，维护医疗数据的公正性和公平性。

从发达国家的大数据医疗建设来看，各国均成立了比较完备的大数据医疗组织机构，承担数字化医疗的统一管理、组织和协调等工作。美国在国家层面建立了国家卫生信息技术协调办公室、国家卫生信息社团、卫生信息技术产品认证组织、卫生信息技术标准研究小组、隐私保

---

① Mittelstadt，B. D.，Floridi，L. 2016："The Ethics of Big Data：Current and Foreseeable Issues in Biomedical Contexts"，*The Ethics of Biomedical Big Data*，pp. 445－480.

护和安全的协调单位等一系列相关组织来协调、管理卫生信息化建设。澳大利亚负责全国卫生信息化建设的机构为全国 E – Health 管理局（National E – Health Transition Authority，NEHTA），该机构于 2005 年 7 月成立，由澳大利亚政府和该国各省政府共同提供基金支持，该机构的主要功能为提供基础架构和标准建设以推动 E – Health 计划。[①]

### 2. 跨领域协作与包容性审议

大数据医疗的伦理治理需要跨领域的深度合作。伦理学家、社会科学家、数据科学家、监管机构及社区成员等各方应共同参与，形成多元化的协作机制。此外，通过公众参与机制，确保社区成员的意见和建议得到有效收集和采纳，例如，可以通过公众听证会、问卷调查、在线论坛等方式，收集社区成员的意见和建议，确保他们的声音被听到并纳入决策过程。通过跨领域的对话与交流，可以深入理解大数据医疗的伦理挑战，找到平衡技术进步与伦理规范的最佳路径。同时，在智能化医疗服务流程中，要实现技术、组织、责任间的有机协同和相互促进，确保医学资源的全面互动，以有效应对医疗服务需求的复杂化、多元化、精准化。利用全面整合的医疗服务信息协同系统，将医疗服务需求和远程医疗服务资源进行关联，提取和分析医疗服务需求走向，确保医疗服务思维、模式和行为的有机协同。[②] 此外，建立包容性审议机制，让不同背景和观点的人都能参与到决策过程中，有助于确保大数据医疗的伦理决策更加全面、公正和可持续。建立需要遵循效率优先和合理的差别对待的原则，减少地区和群体差异，最大限度地消除医疗资源分配不均，在不排除合理的差别对待的基础上，切实实现保障每一位公民享有平等的健康权的目标。

### 3. 持续监管与伦理实践的创新发展

大数据医疗领域的持续监管是确保技术与伦理协调发展的关键。监管机构应不断完善监管机制，建立有效的评估体系，对大数据医疗的应

---

① 徐娟：《智慧医疗运行风险防控的法治化策略》，《甘肃政法大学学报》2024 年第 1 期，第 88－99 页。

② 黄妮：《大数据场景中医疗服务制度的要素形态：演变、失范与建构》，宁夏社会科学 2020 年第 1 期，第 113－119 页。

用进行定期审查和评估，确保其符合法律法规和伦理准则。此外，需要拓宽医疗人工智能伦理治理的量化评估，国内外就人工智能和医疗人工智能已经出台了诸多的伦理原则和指南文件，可以引入政策评估方法，对现有伦理政策和制度的实施效果进行评估，充分把握现有医疗人工智能伦理治理的效用和不足，进而获取可靠的反馈结果，对治理机制和体系进行调整和完善。① 同时，鼓励伦理实践的创新发展，探索新的伦理路径和解决方案，以应对大数据医疗中不断出现的新挑战。医疗主体的转换、交互模式的改变、医疗信息形式的转化，需要重新审视传统医学伦理规范的适用性、可靠性与完备性。一方面，需要根据不同医疗场景，细分技术实施的伦理适用准则；另一方面，还应针对整体性的伦理困境，如大数据医疗的准道德主体地位的确立与否，医疗人文精神如何在智能化时代得以续存，做出伦理向度的应对准备。② 通过持续监管与伦理实践的创新发展，可以推动大数据医疗在保障患者权益、提高医疗服务质量和效率方面发挥更大的作用。

### 4. 伦理准则向治理体制的实践转化

伦理与道德是建构大数据医疗社会 - 技术系统必要的非人行动者。应当明确，医疗人工智能伦理与道德是智能医疗技术必要的支撑模块，需要伦理学家、人工智能学者、技术企业、政府机构等利益攸关方的共同协商参与。医疗人工智能伦理已从单纯的学术议题，逐步转向智能医疗实践的政策规范与管理体制的实践研究。医疗人工智能伦理不仅是技术的规范确立与研究人员的素养教育，同时也是医疗人工智能法律、管理与政策重要的理论基础。为实现医疗人工智能伦理与治理体制的对应配套，不仅要补足医疗人工智能临床与产品的伦理审查机制，还存在诸多过渡性伦理议题亟待解决。实现医疗人工智能伦理准则与社会治理体系的双向加持，是确保医疗人工智能技术可靠性与社会可行性重要的外

---

① 汪琛：《面向伦理治理的医疗人工智能研究：发展态势、热点议题与进阶前瞻》，《科技管理研究》2024 年第 44 卷第 16 期，第 217 - 224 页。

② 汪琛，孙启贵，徐飞：《医疗人工智能伦理研究的发展趋势——主题分布、知识基础与未来展望》，《自然辩证法讯》2023 年第 45 卷第 12 期，第 18 - 29 页。

部协同要素，也是防治医疗人工智能技术目标与实践脱轨异化的制度保障。①

### 5. 革新大数据医疗服务文化语境

文化语境体现了大数据医疗服务制度的理念与价值生态。在大数据场景中，医疗服务需方的健康观念、择医倾向以及医患信任程度构成了推动医疗服务制度执行的文化网络。一是树立正确的健康观念。转变重治疗轻预防的健康理念是实现大数据技术嵌入医疗服务制度，推动制度技术顺利变迁的关键。健康观念的转变不仅会增加需方对疾病预防的技术需求，还能反作用于优化技术在医疗服务制度中的设计理念。作为医疗服务制度的政策客体，在重视疾病预防的同时，要主动了解大数据分析技术在满足个性化健康管理、远程治疗等服务方面的内在优势，正确认识大数据技术在疾病预防与治疗中的作用。二是合理引导择医行为。在借助大数据技术满足多元化医疗服务需求的同时，还要关切大数据技术对不同职能等级医疗机构在职责、功能上的分流作用。针对疾病类型、病情程度实现患者的有序分流。从社会主流文化层面弘扬正确的就医选择观，推动多元化医疗服务主体，正确定位自身功能与作用。三是信任文化的维护。信任文化将作为一种无形的、抽象的思维意识，隐匿在医患关系之间。建立良好的信任文化将推动大数据技术在医疗服务领域的应用与普及。②

综上所述，大数据医疗的制度和伦理协同规约机制是保障大数据医疗健康发展的基石。通过构建完善的制度框架、加强跨领域协作、实施持续监管、推动伦理实践的创新发展，促进伦理准则向治理体制的实践转化和革新大数据医疗服务文化语境，我们可以共同推动大数据医疗在科技进步与伦理规范之间找到最佳的平衡点。

---

① 孙启贵，徐飞：《医疗人工智能伦理研究的发展趋势——主题分布、知识基础与未来展望》，《自然辩证法讯》2023 年第 45 卷第 12 期，第 18－29 页。
② 黄妮：《大数据场景中医疗服务制度的要素形态：演变、失范与建构》，《宁夏社会科学》，2020 年第 1 期，第 113－119 页。

# 本章小结

在大数据医疗的广阔领域中，其带来的变革性收益与潜在风险并存，构成了一幅复杂而多维的图景。大数据技术的深度融入，为医疗行业的预测预防、效率提升、成本优化、创新研发及人口健康管理注入了前所未有的活力。通过精准的疾病预测与个性化的治疗方案，医疗资源得以高效配置，治疗效果与患者满意度显著提升，医疗服务的持续改进与成本降低成为可能，医疗创新与研发的步伐显著加快，为构建现代化医疗体系奠定了坚实的基础。然而，其背后潜藏的数据安全、可靠性、分类管理、可识别性等风险不容忽视。这些风险不仅威胁患者隐私与自主权，还可能对医疗决策的科学合理性造成冲击。因此，在享受大数据带来的便捷时，我们必须强化数据安全防护，提升数据质量，完善数据管理机制，确保个人数据的可识别性得到严格保护，以维护患者的主体权利。技术层面的深入思考与探索同样至关重要。实时统计技术、故障风险降低及决策透明度与可解释性的提升，为大数据医疗决策提供了更多可能性，增强了公众对技术的信任。但技术的发展不应以牺牲个人权利为代价，坚持伦理原则，确保技术运用的有效性与安全性，是我们在利用大数据进行医疗决策时必须坚守的底线。

面对大数据医疗带来的机遇与挑战，构建伦理治理框架，平衡人的主体权利与医学理性，成为核心议题。通过政府、企业、个人的共同努力，结合先进的伦理评估机制与技术手段，我们可以在保障个人隐私的同时，推动大数据医疗的健康发展。隐私权、科学权等个人权利与大数据应用之间的冲突并非不可调和，通过持续监管与伦理实践的创新发展，我们可以探索出新的伦理路径和解决方案，确保大数据医疗在保障患者权益、提高医疗服务质量和效率方面发挥积极作用。

制度与伦理的协同规约机制是确保大数据医疗技术健康发展的关键。构建完善的制度框架和伦理准则，明确各方在数据处理和使用中的权利义务，为大数据医疗的实践提供坚实的法律与道德基础。跨领域的协作与包容性审议机制，使得不同背景和观点的人都能参与到决策过程中，确保大数据医疗的伦理决策更加全面、公正和可持续。将伦理准则转化为社会治理体制的实践，是实现大数据医疗技术与伦理协调发展的关键。加强伦理学家、人工智能学者、技术企业、政府机构等利益攸关方的共同协商与参与，确保医疗人工智能技术的可靠性和社会可行性。同时，革新大数据医疗服务文化语境，树立正确的健康观念，合理引导择医行为，维护信任文化，为大数据医疗的健康发展提供有力的文化支撑。在未来的道路上，随着技术的不断进步和伦理规范的日益完善，大数据医疗将在提高医疗服务质量、促进科学研究和保障公民权益方面发挥更加积极的作用，为人类社会的可持续发展贡献力量。

# 英文参考书目

[1] Andorno, R. The Right to Know and the Right Not to Know: Genetic Privacy and Responsibility, Cambridge: Cambridge University Press, 2014.

[2] Beate, R. The Value of Privacy, Cambridge: Polity Press, 2005.

[3] Bernice, E., Biller-Andorno, N., Capron M Alexander, Ethical Issues in Governing Biobanks: Global Perspectives, New York: Routledge, 2016.

[4] Carl, W. The Moral Dimensions of Human Rights, Oxford: Oxford University Press, 2010.

[5] David, B. R. The Ethicsof Science: An Introduction, London: Routledge, 2005.

[6] Gareth, J., Daniela, W., Trevor, H., et al, An Introduction to Statistical Learning, New York: Springer, 2013.

[7] Goodfellow I., Bengio Y., Courville A, Deep Learning, Cambridge: MIT Press, 2016.

[8] John, L., An Essay Concerning Human Understanding, London: OUP Oxford, 1690.

[9] John, R., A Theory of Justice, Cambridge: Harvard University Press, 1971.

[10] Lippert-Rasmussen, K. Born Free and Equal? A Philosophical Inquiry into the Nature of Discrimination, New York: Oxford University Press, 2014.

[11] Nikola, A. B., Bernice, E. Ethical Issues in Governing Biobanks: Global Perspectives, Taylor and Francis, 2016.

[12] Nissenbaum, H. Privacy in Context: Technology, Policy, and the Integrity of Social Life, Stanford: Stanford University Press, 2010.

[13] Falkingbrige, S. The Future of Biobank: Regulation, Ethics, znvest-mert and the Humaniastion of Drug Discovery Hong: Busness Zrsights Linited, 2009.

[14] Starr, P. The Social Transformation of American Medicine: The Rise of a Sovereign Profession and the Making of a Vast Industry, Hachette UK, 2017.

[15] Tansley S., Tolle, K. M. The Fourth Paradigm: Data-intensive Scientific Discovery, Redmond: Microsoft Research, 2009.

[16] Mayer-Schönberger V., Cukier, K. Learning with Big Data, Boston: Houghton Mifflin Harcourt, 2014.

# 英文参考论文

[ 1 ] Abdullah, Y. I., Schuman, J. S., Shabsigh, R. et al, 2021: "Ethics of Artificial Intelligence in Medicine and Ophthalmology", *Asia Pac J Ophthalmol (Phila)*, Vol. 10, No. 3, pp. 289 – 298.

[ 2 ] Abid, A., Zhang, M. J., Bagaria, V. K. et al, 2018: "Exploring Patterns Enriched in a Dataset with Contrastive Principal Component Analysis", *Nat. Commun*, Vol. 9, pp. 2134.

[ 3 ] Abidi, S. S. R., Abidi, S. R. 2019: "Intelligent Health Data Analytics: A Convergence of Artificial Intelligence and Big Data", *Healthc Manag Forum*, Vol. 32, No. 4, pp. 178 – 182.

[ 4 ] Abir, S. M. A. A, Islam, S. N, Anwar, A. et al, 2020: "Building Resilience Against COVID – 19 Pandemic Using Artificial Intelligence, Machine Learning, And Iot: A Survey of Recent Progress", *Iot*, Vol. 1, No. 2, pp. 506 – 528.

[ 5 ] Abouelmehdi, K., Beni-hessane, A., Khaloufi, H. 2018: " Big Healthcare Data: Preserving Security and Privacy", *Journal of Big Data*, Vol. 5, No. 1, p. 18.

[ 6 ] Abril, P. S., Cava, A. 2007: "Health Privacy in a Techno-social World: A Cyber-patient's Bill of Rights", *Nw. J. Tech. & Intell. Prop*, Vol. 3, p. 244.

[ 7 ] Adam, J., Rupprecht, S., Künstler E. C. S. et al. 2023: "Heart Rate Variability as A Marker and Predictor of Inflammation, Nosocomial Infection, And Sepsis-a Systematic Review", *Autonomic Neuroscience: Basic and Clinical*, Vol. 249, p. 103116.

[ 8 ] Adams, J. S. 1965: "Inequity in Social Exchange", *Advances in Exp-erimental Social Psychology*, Vol. 2, No. 4, pp. 267 – 299.

[ 9 ] Agarwal, M., Adhil, M., Talukder, A. K. 2015: "Multi-omics Multi-

scale Big Data Analytics for Cancer Genomics", *Springer International Publishing*, Vol. 4, pp. 228 – 243.

[10] Agrawal, R., Prabakaran, S. 2020: "Big Data in Digital Healthcare: Lessons Learnt and Recommendations for General Practice", *Heredity (Edinb)*, Vol. 124, No. 4, pp. 525 – 534.

[11] Ajana, B. 2017: "Digital Health and the Biopolitics of the Quantified Self", *Digital Health*, Vol. 3, No. 11.

[12] Alemayehu, D., Berger, M. L. 2016: "Big Data: Transforming Drug Development and Health Policy Decision Making", *Health Serv Outcomes Res Method*, Vol. 16, pp. 92 – 102.

[13] Alghamdi, A., Alsubait, T., Baz, A. et al, 2021: "Healthcare Analytics: A Comprehensive Review", *Engineering, Technology & Applied Science Research*, Vol. 11, No. 1, pp. 6650 – 6655.

[14] Amke, C., Friedhelm, L., Gerd, A. et al, 2019: "Does Big Data Require a Methodological Change in Medical Research?", *BMC Medical Research Methodology*, Vol. 19, No. 1, pp. 1 – 5.

[15] Ancell, A., Sinnott-armstrong, W. 2017: "How to Allow Conscientious Objection in Medicine While Protecting Patient Rights", *Cambridge Quarterly of Healthcare Ethics*, Vol. 26, No. 1, pp. 119 – 130.

[16] Anderson, C. 2008: "The End of Theory: The Data Deluge Makes the Scientific Method Obsolete", *Wired Magazine*, Vol. 16, No. 7, pp. 16 – 17.

[17] Andreu-perez, J., Poon, C. C., Merrifield, R. D. et al, 2015: "Big Data for Health", *IEEE J Biomed Health Inform*, Vol. 19, No. 4, pp. 1193 – 1208.

[18] Archenaa, J., Anita, E. M. 2015: "A Survey of Big Data Analytics in Healthcare and Government", *Procedia Comput Sci*, Vol. 50, pp. 408 – 413.

[19] Ardabili, S. F., Mosavi, A., Ghamisi, P. et al, 2020: "COVID – 19 Outbreak Prediction with Machine Learning", *Algorithms*, Vol. 13, No. 10, p. 249.

[20] Bahri, S., Zoghlami, N., Abed, M. et al, 2019: "Big Data for Healthcare: A Survey", *IEEE Access*, Vol. 9, No. 11, p. E112944.

[21] Bailoor, K., Valley, T., Perumalswami, C. et al, 2018: "How Acceptable is Paternalism? A Survey-based Study of Clinician and Nonclinician Opinions On Paternalistic Decision Making", *AJOB Empirical Bioethics*, Vol. 9, No. 2, pp. 91 –98.

[22] Ballantyne, A. 2019: "Adjusting the Focus: A Public Health Ethics Approach to Data Research", *Bioethics*, Vol. 33, No. 3, pp. 357 –366.

[23] Banavar, G. 2015: "Watson and the Era of Cognitive Computing", *ACM SIGARCH Computer Architecture News*, Vol. 43, No. 1, p. 413.

[24] Barazzetti, G., Bosisio, F. 2021: "A Value-oriented Framework for Precision Medicine", *The American Journal of Bioethics*, Vol. 21, No. 4, pp. 88 –90.

[25] Barocas, S., Selbst, A. D. 2016: "Big Data's Disparate Impact", *Calif. L. Rev*, Vol. 104, p. 671.

[26] Beckmann, J. S, Lew, D. 2016: "Reconciling Evidence-based Medicine and Precision Medicine in the Era of Big Data: Challenges and Opportunities", *Genome Medicine*, Vol. 8, No. 1, p. 134.

[27] Benke, K., Benke, G. 2018: "Artificial Intelligence and Big Data in Public Health", *Int J Environ Res Public Health*, Vol. 15, No. 12, p. 2796.

[28] Berger, M. 1996: "To Bridge Science and Patient Care in Diabetes", *Diabetologia*, pp. 740 –757.

[29] Berk, R., Heidari, H., Jabbari, S. et al, 2021: "Fairness in Criminal Justice Risk Assessments: The State of the Art", *Sociological Methods & Research*, Vol. 50, No. 1, pp. 3 –44.

[30] Biller-andorno, N., Boggio, A., Elger, B. S. et al, 2008: "Ethical Issues Regarding Research Biobanks: Aims, Methods, and Main Results of a Qualitative Study Among International and US Experts".

[31] Biltoft, J., Finneman, L. 2018: "Clinical and Financial Effects of Smart Pump-electronic Medical Record Interoperability At a Hospital in a Regional Health System", *Am J Health Syst Pharm*, Vol. 75, No. 14, pp. 1064 –1068.

[32] Boulos, D., Morand, E., Foo, M. et al, 2018: "Acceptability of Opt-out Consent in a Hospital Patient Population", *Internal Medicine Jour-*

nal, Vol. 48, No. 1, pp. 84 – 87.

[33] Bragge, P., Synnot, A., Maas, A. I. et al, 2016: "A State-of-the-science Overview of Randomized Controlled Trials Evaluating Acute Management of Moderate-to-severe Traumatic Brain Injury", *Journal of Neurotrauma*, Vol. 33, No. 16, pp. 1461 – 1478.

[34] Brill, S. B., Moss, K. O., Prater, L. 2019: "Transformation of the Doctor-patient Relationship: Big Data, Accountable Care, and Predictive Health Analytics", *HEC Forum*, Vol. 31, No. 4, pp. 261 – 282.

[35] Broekstra, R., Aris-meijer, J., Maeckelberghe, E. et al, 2020: "Trust in Centralized Large-scale Data Repository: A Qualitative Analysis", *J Empir Res Hum Res Ethics*, Vol. 15, No. 4, pp. 365 – 378.

[36] Brown, A. P., Ferrante, A. M., Randall, S. M. et al, 2017: "Ensuring Privacy When Integrating Patient-based Datasets: New Methods and Develop-ments in Record Linkage.", *Frontiers in Public Health*, Vol. 5, p. 34.

[37] Buchbinder, M., Juengst, E., Rennie, S. et al, 2022: "Advancing a Data Justice Framework for Public Health Surveillance", *AJOB Empirical Bioethics*, Vol. 13, No. 3, pp. 205 – 213.

[38] Bugiardini, R., Ricci, B., Cenko, E. et al, 2017: "Delayed Care and Mortality Among Women and Men with Myocardial Infarction", *Journal of the American Heart Association*, Vol. 6, No. 8, p. 005968.

[39] Burchardt, T., Evans, M., Holder, H. 2015: "Public Policy and Inequalities of Choice and Autonomy", *Social Policy & Administration*, Vol. 49, No. 1, pp. 44 – 67.

[40] Cahan, E. M., Hernandez-Boussard. T., Thadaney-Israni, S. et al, 2019: "Putting the Data Before the Algorithm in Big Data Addressing Personalized Healthcare", *NPJ Digit Med*, Vol. 2, pp. 78.

[41] Cahan, E. M., Hernandez-Boussard, T., Thadaney-Israni, S. et al, 2019: "Putting the Data Before the Algorithm in Big Data Addressing Personalized Healthcare", *NPJ Digit Med*, Vol. 2, pp. 78.

[42] Cai, J., Xu, D., Liu, S. et al, 2018: "The Added Value of Computer-aided Detection of Small Pulmonary Nodules and Missed Lung Canc-

ers", *Journal of Thoracic Imaging*, Vol. 33, No. 6, pp. 390 – 395.

[43] Cai, L., Zhu, Y. 2015: "The Challenges of Data Quality and Data Quality Assessment in the Big Data Era", *Data Sci. J*, Vol. 14.

[44] Caliskan, A., Bryson, J. J., Narayanan, A. 2017: "Semantics Derived Automatically From Language Corpora Contain Human-like Biases", *Science*, Vol. 356, No. 6334, p. 183.

[45] Calo, R. 2013: "Consumer Subject Review Boards: A Thought Experiment", *Stanford Law Review Online*, Vol. 66, p. 97.

[46] Camacho, D. M., Collins, K. M., Powers, R. K. et al, 2018: "Next-generation Machine Learning for Biological Networks", *Cell*, Vol. 173, No. 7, pp. 1581 – 1592.

[47] Cannovo, N., Guarino, R., Fedeli, P. 2020: "Ethical and Deontological Aspects of Pediatric Biobanks: The Situation in Italy", *Cell Tissue Bank*, Vol. 21, No. 3, pp. 469 – 477.

[48] Canto, J. G., Goldberg, R. J., Hand, M. M. et al, 2007: "Symptom Presentation of Women with Acute Coronary Syndromes: Myth Vs Reality", *Archives of Internal Medicine*, Vol. 167, No. 22, pp. 2405 – 2413.

[49] Carter, P., Laurie, G. T., Dixon-woods, M. 2015: "The Social Licence for Research: Why Care. Data Ran Into Trouble", *Journal of Medical Ethics*, Vol. 41, No. 5, pp. 404 – 409.

[50] Caulfield, T., Murdoch, B. 2017: "Genes, Cells, and Biobanks: Yes, There's Still a Consent Problem", *Plos Biology*, Vol. 15, No. 7.

[51] Char, D. S., Shah, N. H., Magnus, D. 2018: "Implementing Machine Learning in Health Care-addressing Ethical Challenges", *New England Journal of Medicine*, Vol. 378, No. 11, pp. 981 – 983.

[52] Chaudhry, F., Isherwood, J., Bawa, T. et al, 2019: "Single-cell RNA Sequencing of the Cardiovascular System: New Looks for Old Diseases", *Frontiers in Cardiovascular Medicine*, Vol. 6, p. 173.

[53] Chen, I. Y., Joshi, S., Ghassemi, M. 2020: "Treating Health Disparities with Artificial Intelligence", *Nature Medicine*, Vol. 26, No. 1, pp. 16 – 17.

[54] Chen, I. Y., Pierson, E., Rose, S. et al, 2021: "Ethical Machine Learning

in Healthcare", *Annu Rev Biomed Data Sci*, Vol. 4, pp. 123 – 144.

[55] Chen, Y. W., Zhang, J., Qin, X. L. 2022: "Interpretable Instance Disease Prediction Based On Causal Feature Selection and Effect Analysis", *BMC Med Inform Decis Mak*, Vol. 22, No. 1, p. 51.

[56] Chico, V., Taylor, M. J. 2018: "Using and Disclosing Confidential Patient Information and the English Common Law: What are the Information Requirements of A Valid Consent?", *Medical Law Review*, Vol, 26, pp. 51 – 72.

[57] Chouldechova, A. 2017: "Fair Prediction with Disparate Impact: A Study of Bias in Recidivism Prediction Instruments", *Big Data*, Vol. 5, No. 2, pp. 153 – 163.

[58] Cohen, J. E. 2000: "Examined Lives: Informational Privacy and the Subject as Object", *Stanford Law Review*, Vol. 52, No. 5, pp. 1373 – 1438.

[59] Collins, F. S., Varmus, H. 2015: "A New Initiative on Precision Medicine", *N Engl J Med*, Vol. 372, No. 9, pp. 793 – 795.

[60] Connelly, R., Playford, C. J., Gayle, V. et al, 2016: "The Role of Administrative Data in the Big Data Revolution in Social Science Research", *Social Science Research*, Vol. 59, pp. 1 – 12.

[61] Cooper, C. K., Buckman-garner, S. A., Slack, M. A. et al, 2012: "Developing Standardized Data: Connecting the Silos", *Therapeutic Innovation & Regulatory Science*, Vol. 46, No. 5, p. 521.

[62] Costa, F. F. 2014: "Big Data in Biomedicine", *Drug Discovery Today*, Vol. 19, No. 4.

[63] Couzin-frankel, J. 2010: "DNA Returned to Tribe, Raising Questions About Consent T", *Science*, Vol. 328, No. 5978, pp. 558 – 559.

[64] Crawford, K., Lingel, J., Karppi, T. 2015: "Our Metrics, Ourselves: A Hundred Years of Self-tracking From the Weight Scale to the Wrist Wearable Device", *European Journal of Cultural Studies*, Vol. 18, No. 4 – 5, pp. 479 – 496.

[65] Crow, R., Gage, H., Hampson, S. et al, 1999: "The Role of Expectancies in the Placebo Effect and Their Use in the Delivery of Health Care: A Systematic Review", *Health T echnol Assess*, Vol. 3, No. 3,

pp. 1 – 96.

[66] Curty, R. G. 2016:"Factors Influencing Research Data Reuse in the So-
cial Sciences:An Exploratory Study", *International Journal of Digital
Curation*, Vol. 11, No. 1, pp. 96 – 117.

[67] D'Abramo, F., Schildmann, J., Vollmann, J. 2015: " Research
Participants' Perceptions and Views on Consent for Biobank Research:A
Review of Empirical Data and Ethical Analysis", *BMC Medical Ethics*,
Vol. 16, No. 1, p. 60.

[68] Dargan, S., Kumar, M., Ayyagari, R. M. et al, 2019:"A Survey of
Deep Learning and Its Applications:A New Paradigm to Machine Learn-
ing", *Archives of Computational Methods in Engineering*, Vol. 27, No.
4, pp. 1 – 22.

[69] Dash, S., Shakyawar, S. K., Sharma, M. et al, 2019:"Big Data in
Healthcare:Management, Analysis and Future Prospects", *Journal of
Big Data*, Vol. 6, No. 1, p. 25.

[70] Dawei, J., Guoquan, S. 2021:"Research On Data Security and Privacy
Protection of Wearable Equipment in Healthcare", *Journal of Health-
care Engineering*, No. 2021, p. 6656204.

[71] DeVries, R. G., Tomlinson, T., Kim, H. M. et al, 2016:"Understand-
ing the Public's Reservations about Broad Consent and Study-by-Study
Consent for Donations to a Biobank:Results of a National Survey", *Plos
ONE*, Vol. 11, p. 7.

[72] Deborah, L., Sarah, M. 2018:"The More-than-human Sensorium:Sen-
sory Engagements with Digital Self-tracking Technologies", *Senses &
Society*, Vol. 13, No. 2, pp. 190 – 202.

[73] Demuro, P., Petersen, C., Turner, P. 2020:"Health' Big Data' Value,
Benefit, and Control:The Patient Ehealth Equity Gap", *Stud Health
Technol Inform*, Vol. 270, pp. 1123 – 1127.

[74] Dencik, L. 2020: " Advancing Data Justice in Public Health and Be-
yond", *The American Journal of Bioethics:AJOB*, Vol. 20, No. 10,
pp. 32 – 33.

[75] Dixon-woods, M., Kocman, D., Brewster, L. et al, 2017:"A Qualita-

tive Study of Participants' Views On Re-consent in a Longitudinal Biobank", *BMC Medical Ethics*, Vol. 18, No. 1, p. 22.

[76] Djulbegovic, B., Guyatt, G. H., Ashcroft, R. E. 2009: "Epistemological Inquiries in Evidence-based Medicine", *Cancer Control*, Vol. 16, No. 2, pp. 158 – 168.

[77] Dove, E. S., Townend, D., Meslin, E. M. et al, 2016: "Research Ethics. Ethics Review for International Data-intensive Research", *Science* (*American Association for the Advancement of Science*), Vol. 351, pp. 1399 – 1400.

[78] Draeger, R. W., Stern, P. J. 2014: "Patient-centered Care in Medicine and Surgery Guidelines for Achieving Patient-centered Subspecialty Care", *Hand Clinics*, Vol. 30, No. 3, p. 353.

[79] Dugas, A. F., Hsieh, Y. H., Levin, S. R. et al, 2012: "Google Flu Trends: Correlation with Emergency Department Influenza Rates and Crowding Metrics", *Clin Infect Dis*, Vol. 54, No. 463, p. 9.

[80] Dunn, M. 2019: "At the Moral Margins of the Doctor-patient Relationship", *Journal of Medical Ethics*, Vol. 45, No. 3, pp. 149 – 150.

[81] Edel, A. 1953: "Concept of Values in Contemporary Philosophical Value Theory", *Philosophy of Science*, Vol. 20, No. 3, pp. 198 – 207.

[82] Edward, V. 2018: "Disease Detection, Epidemiology and Outbreak Response: The Digital Future of Public Health Practice", *Velasco Life Sciences*, *Society and Policy*, Vol. 14, No. 7, pp. 1 – 6.

[83] Ehrenstein, V., Petersen, I., Smeeth, L. et al, 2016: "Helping Everyone Do Better: A Call for Validation Studies of Routinely Recorded Health Data", *Clin. Epidemiol*, Vol. 8, No. 4, pp. 9 – 51.

[84] Eiichiro, K. 2015: "Use of Big Data in Medicine", *Renal Replacement Therapy*, Vol. 1, No. 1, pp. 1 – 4.

[85] Elger, B. 2008: "Anonymization and Coding", *Ethical Issues in Governing Biobanks: Global Perspectives*, pp. 167 – 188.

[86] Esteva, A., Kuprel, B., Novoa, R. A. et al, 2017: "Dermatologist-level Classification of Skin Cancer with Deep Neural Networks", *Nature*, Vol. 542, No. 7639, pp. 115 – 118.

［87］Esther, O. A, Jantan, A., Abiodun, O. I. et al, 2020: "Honeydetails: A Prototype for Ensuring Patient's Information Privacy and Thwarting E-lectronic Health Record Threats Based On Decoys", *Health Informatics Journal*, Vol. 26, No. 3, pp. 2083 – 2104.

［88］Fisher, C. B, Layman, D. M. 2018: "Genomics, Big Data, and Broad Consent: A New Ethics Frontier for Prevention Science", *Prevention Science*, Vol. 19, No. 7, pp. 871 – 879.

［89］Fontanella, S., Cucco, A., Custovic, A. 2021: "Machine Learning in Asthma Research: Moving Toward A More Integrated Approach", *Expert Review of Respiratory Medicine*, Vol. 15, No. 5, pp. 609 – 621.

［90］FröHlich, H., Patjoshi, S., Yeghiazaryan, K. et al, 2018: "Premeno-pausal Breast Cancer: Potential Clinical Utility of a Multi-omics Based Machine Learning Approach for Patient Stratification", *The EPMA Journal*, Vol. 9, No. 2, pp. 175 – 186.

［91］Fuller, J. 2021: "What Are the Covid-19 Models Modeling (Philosophi-cally Speaking)?", *History and Philosophy of the Life Sciences*, Vol. 43, No. 2, pp. 47.

［92］Gaber, M. M., Zaslavsky, A., Krishnaswamy, S. 2007: "A Survey of Classification Methods in Data Streams" *Data Streams: Models and Algo-rithms*, pp. 39 – 59.

［93］Gai, K., Lu, Z., Qiu, M. et al, 2019: "Toward Smart Treatment Man-agement for Personalized Healthcare", *IEEE Network*, Vol. 33, No. 6, pp. 30 – 36.

［94］Galetsi, P., Katsaliaki, K., Kumar, S. 2022: "The Medical and Socie-tal Impact of Big Data Analytics and Artificial Intelligence Applications in Combating Pandemics: A Review Focused on Covid-19", *Social Science & Medicine*, Vol. 301, p. 114973.

［95］Garattini, C., Raffle, J., Aisyah, D. N. et al, 2019: "Big Data Analyt-ics, Infectious Diseases and Associated Ethical Impacts", *Philos Technol*, Vol. 32, No. 1, pp. 69 – 85.

［96］Geirhos, R., Jacobsen, J. H., Michaelis, C. et al, 2020: "Shortcut Learning in Deep Neural Networks", *Nature Machine Intelligenc*, Vol.

11, No. 2, pp. 665 – 673.

[97] Giesbertz, N. A., Bredenoord, A. L., Van Delden, J. J. 2012: "Inclusion of Residual Tissue in Biobanks: Opt-in or Opt-out?", *Plos Biology*, Vol. 10, No. 8.

[98] Gilbert, G. L., Degeling, C., Johnson, J. 2019: "Communicable Disease Surveillance Ethics in the Age of Big Data and New Technology", *Asian Bioethics Review*, Vol. 11, No. 2, pp. 173 – 187.

[99] Ginsberg, J., Mohebbi, M. H., Patel, R. S. et al, 2009: "Detecting Influenza Epidemics Using Search Engine Query Data", *Nature*, Vol. 457, No. 1012, p. 4.

[100] Ginsburg, S. G, Willard, F. H. 2009: "Genomic and Personalized Medicine: Foundations and Applications", *Translational Research*, Vol. 154, No. 6, pp. 277 – 287.

[101] Glenna, L., Hesse, A., Camfield, L. 2019: "Rigor and Ethics in the World of Big-team Qualitative Data: Experiences From Research in International Development", *American Behavioral Scientist*, Vol. 63, No. 5, pp. 604 – 621.

[102] Glenna, L., Hesse, A., Mauthner, N. S. 2019: "Toward a Posthumanist Ethics of Qualitative Research in a Big Data Era", *American Behavioral Scientist*, Vol. 63, No. 6, pp. 698 – 669.

[103] Gligorijevic̕ V, Malod-dognin, N., PržUlj, N. 2016: "Integrative Methods for Analyzing Big Data in Precision Medicine", *Proteomics*, Vol. 16, No. 5, pp. 741 – 558.

[104] Golubnitschaja, O., Baban, B., Boniolo, G. et al, 2016: "Medicine in the Early Twenty-first Century: Paradigm and Anticipation-EPMA Position Paper 2016. Golubnitschaja Et Al", *EPMA Journal*, Vol. 16, No. 6, p. 23.

[105] GonçAlves-ferreira D, Sousa M, Bacelar-silva G M. et al, 2019: "Openehr and General Data Protection Regulation: Evaluation of Principles and Requirements", *JMIR Medical Informatics*, Vol. 7, No. 1, p. 9845.

[106] Gradus, J. L, Rosellini, A. J, Horvath-Puho, E. et al, 2020: "Predic-

tion of Sex-specific Suicide Risk Using Machine Learning and Single-payer Health Care Registry Data From Denmark", *Jama Psychiatry*, Vol. 77, No. 1, p. 103.

[107] Grote, T., Keeling, G. 2022: "On Algorithmic Fairness in Medical Practice", *Camb Q Healthc Ethics*, Vol. 31, No. 1, pp. 83 – 94.

[108] Gu, D., Li, J., Li, X. et al, 2017: "Visualizing the Knowledge Structure and Evolution of Big Data Research in Healthcare Informatics", *Int J Med Inform*, Vol. 98, pp. 22 – 32.

[109] Gunarathne, W., Perera, K. D. M., Kahandawaarachchi, K. 2017: "Performance Evaluation On Machine Learning Classification Techniques for Disease Classification and Forecasting Through Data Analytics for Chronic Kidney Disease (CKD)", *IEEE*, pp. 291 – 296.

[110] Halpern, Y., Horng, S., Choiy. et al, 2016: "Electronic Medical Record Phenotyping Using the Anchor and Learn Framework", *Journal of the American Medical Informatics Association: JAMIA*, Vol. 23, No. 4, pp. 731 – 740.

[111] Hao, S., Jin, B. O., Shin, A. Y. et al, 2014: "Risk Prediction of E-mergency Department Revisit 30 Days Post Discharge: A Prospective Study", *Plos One*, Vol. 7, pp. 7397 – 7408.

[112] Harle, C. A, Golembiewski, E. H., Rahmanian, K. P. et al, 2018: "Patient Preferences Toward an Interactive E-consent Application for Research Using Electronic Health Records", *American Medical Informatics Association*, Vol. 25, No. 3, pp. 360 – 368.

[113] Harrell, H. L, Rothstein, M. A. 2016: "Biobanking Research and Privacy Laws in the United States", *The Journal of Law, Medicine & Ethics*, Vol. 44, No. 1, pp. 106 – 127.

[114] Harris, J. 2005: "Scientific Research is a Moral Duty", *Journal of Medical Ethics*, Vol. 31, No. 4, pp. 242 – 248.

[115] Hauschildt, K., DeVries, R. 2020: "Reinforcing Medical Authority: Clinical Ethics Consultation and the Resolution of Conflicts in Treatment Decisions", *Sociology of Health & Illness*, Vol. 42, No. 2, pp. 307 – 326.

[116] Hawkes, N. 2012: "Hospitals May Make More Money by Keeping Patients on Dialysis Than by Transplanting Kidneys, Report Says", *British Medical Journal*, Vol. 344, p. 620.

[117] He, K. Y., Ge, D., He, M. M. 2017: "Big Data Analytics for Genomic Medicine", *Int J Mol Sci*, Vol. 18, No. 2, p. 412.

[118] Health Information Technology for Economic and Clinical Health (HITECH) Act, Sec. 13402, Pub. L. No. 111 – 5, 123 Stat 115 (2009).

[119] Hoggle, L. B., Yadrick, M. M., Ayres, E. J. 2010: "A Decade of Work Coming Together: Nutrition Care, Electronic Health Records, and the HITECH Act", *Journal of the American Dietetic Association*, Vol. 110, No. 11, p. 1606.

[120] Hosseini, M., Wieczorek, M., Gordijn, B. 2022: "Ethical Issues in Social Science Research Employing Big Data", *Science and Engineering Ethics*, Vol. 28, p. 29.

[121] Houska, A. 2019: "Loucka M. Patients' Autonomy at the End of Life: A Critical Review" *Journal of Pain and Symptom Management*, Vol. 57, No. 4, pp. 835 – 845.

[122] Howard, A, Borenstein, J. 2018: "The Ugly Truth about Ourselves and Our Robot Creations: The Problem of Bias and Social Inequity", *Sci Eng Ethics*, Vol. 24, pp. 1521 – 1536.

[123] Howard, P. N., Gulyas, O. 2014: "Data Breaches in Europe: Reported Breaches of Compromised Personal Records in Europe. 2005 – 2014", *Budapest: Center for Media, Data and Society*.

[124] Hu, H., Wen, Y., Chua, T. 2014: "Toward Scalable Systems for Big Data Analytics: A Technology Tutorial", *IEEE Access*, Vol. 2, pp. 652 – 687.

[125] Hulsen, T., Jamuar, S. S., Moody, A. R. et al, 2019: "From Big Data to Precision Medicine", *Frontiers in Medicine*, Vol. 6, p. 34.

[126] HyväRinen, A., Oja, E. 2000: "Neural Networks Research Centre. Independent Component Analysis: Algorithms and Applications", *Neural Netw*, Vol. 13, No. 4, pp. 411 – 430.

[127] Ibnouhsein, I., Jankowski, S., Neuberger, K. et al, 2018: "The Big

Data Revolution for Breast Cancer Patients", *European Journal of Breast Health*, Vol. 14, No. 2, pp. 61 –62.

[128] Ienca, M., Ferretti, A., Hurst, S. et al, 2018: "Considerations for Ethics Review of Big Data Health Research: A Scoping Review", *Plos One*, Vol. 13, No. 10, pp. E0204937.

[129] Isaak, J., Hanna, M. J. 2018: "User Data Privacy: Facebook, Cambridge Analytica, and Privacy Protection", *Computer*, Vol. 51, No. 8, pp. 56 –59.

[130] Istepanian, R. S. H, Al-anzi, T. 2018: "M-health 2. 0: New Perspectives on Mobile Health, Machine Learning and Big Data Analytics", *Methods (San Diego, Calif. )*, Vol. 151, pp. 34 –40.

[131] Jabbar, M. A., Shandilya, S. K., Kumar, A. et al, 2022: "Applications of Cognitive Internet of Medical Things in Modern Healthcare", *Comput Electr Eng*, Vol. 102, pp. 108276.

[132] Jacques, S. B., Daniel, L. 2016: "Reconciling Evidence-based Medicine and Precision Medicine in the Era of Big Data: Challenges and Opportunities", *Beckmann and Lew Genome Medicine*, Vol. 8, pp. 1 –11.

[133] Javaid, M., Khan, I. H. 2021: "Internet of Things (Iot) Enabled Healthcare Helps to Take the Challenges of COVID – 19 Pandemic", *J Oral Biol Craniofac Res*, Vol. 11, No. 2, pp. 209 –214.

[134] Jia, Q., Guo, Y., Wang, G. et al, 2020: "Big Data Analytics in the Fight Against Major Public Health Incidents (Including Covid-19): A Conceptual Framework", *International Journal of Environmental Research and Public Health*, Vol. 17, No. 17, p. 6161.

[135] Jiang, N., Wang, L., Xu, X. 2021: "Research on Smart Healthcare Services: Based on the Design of App Health Service Platform", *J Healthc Eng*, Vol. 2021, p. 9922389.

[136] Jolliffe, I. 2003: "Principal Component Analysis", *Technometrics*, Vol. 45, No. 3, p. 276.

[137] Jones, C. J. 1990: "Autonomy and Informed Consent in Medical Decisionmaking: Toward a New Self-fulfilling Prophecy"//Jones, Cathy J.

"Autonomy and Informed Consent in Medical Decisionmaking: Toward a New Self-fulfilling Prophecy." *Wash. & Lee L. Rev.* , Vol. 47, p. 379.

[138] Junghans, C. 2005: "Recruiting Patients to Medical Research: Double Blind Randomised Trial of "Opt-in" Versus "Opt-out" Strategies", *BMJ-British Medical Journal*, Vol. 331, No. 7522, pp. 940 – 942.

[139] Kabrhel, C., Mcafee, A. T, Goldhaber, S. Z. 2005: "The Contribution of the Subjective Component of the Canadian Pulmonary Embolism Score to the Overall Score in Emergency Department Patients", *Acad. Emerg. Med*, Vol. 12, pp. 915 – 920.

[140] Kaufman, D., Bollinger, J., Dvoskin, R. et al, 2012: "Preferences for Opt-in and Opt-out Enrollment and Consent Models in Biobank Research: A National Survey of Veterans Administration Patients", *Genet Med*, Vol. 14, pp. 787 – 794.

[141] Kayaalp, M. 2018: "Patient Privacy in the Era of Big Data", *Balkan Medical Journal*, Vol. 35, No. 1, pp. 8 – 17.

[142] Kaye, J. 2012: "The Tension Between Data Sharing and the Protection of Privacy in Genomics Research", *Annual Review of Genomics & Human Genetics*, Vol. 13, No. 13, p. 415.

[143] Khan, Z. F., Alotaibi, S. R. 2020: "Applications of Artificial Intelligence and Big Data Analytics in M-health: A Healthcare System Perspective", *J HeAlthc Eng*, Vol. 2020, p. 8894694.

[144] Khanra, S., Dhir, A., Islam, A. K. M. N. et al, 2020: "Big Data Analytics in Healthcare: A Systematic Literature Review", *Enterprise Information Systems*, Vol. 14, No. 7, pp. 878 – 912.

[145] Khezr, S., Moniruzzaman, M., Yassine, A. et al, 2019: "Blockchain Technology in Healthcare: A Comprehensive Review and Directions for Future Research". *Appl Sci*, Vol. 9, No. 9, p. 17369.

[146] Kim, H., Kim, D., Yoon, K. 2019: "Medical Big Data is Not Yet Available: Why We Need Realism Rather Than Exaggeration", *Endocrinology and Metabolism (Seoul)*, Vol. 34, No. 4, pp. 349 – 354.

[147] Kish, L. J., Topol, E. J. 2015: "Unpatient-why Patients Should Own Their Medical Data", *Nat Biotechnol*, Vol. 33, No. 9, pp. 921 – 924.

[148] Kong, H. J. 2019: "Managing Unstructured Big Data in Healthcare System", *Healthc Inform Res*, Vol. 25, No. 1, pp. 1 – 2.

[149] Konnoth, C. 2016: "An Expressive Theory of Privacy Intrusions", *Iowa L. Rev*, Vol. 102, pp. 1533 – 1581.

[150] Konrad, W. 2009: "Medical Problems Could Include Identity Theft", *New York Times*, Vol. 13.

[151] Kunnavil, R., Murthy, N. S. 2018: "Healthcare Data Utilization for the Betterment of Mankind-an Overview of Big Data Concept in Healthcare", *International Journal of Healthcare Education & Medical Informatics*, Vol. 5, No. 2, pp. 14 – 17.

[152] Kuroda, K., Kaneko, K., Fujibuchi, T. et al, 2020: "Web-Based Collaborative vr Training Systemfor Operation of Radiation Therapy Devices", *Cham: Springer International Publishing Ag*, pp. 768 – 778.

[153] Kwon, J. M., Kim, K. H., Jeon, K. H. et al, 2020: "Artificial Intelligence Algorithm for Predicting Cardiac Arrest Using Electrocardiography", *Scandinavian Journal of Trauma, Resuscitation and Emergency Medicine*, Vol. 28, No. 1, p. 98.

[154] Lake, J. H. 2019: "Evaluating and Using Medical Evidence in Integrative Mental Health Care: Literature Review, Evidence Tables, Algorithms, and the Promise of Artificial Intelligence", *an Integrative Paradigm for Mental Health Care*, Vol. 5, pp. 99 – 125.

[155] Langarizadeh, M., Orooji, A., Sheikhtaheri, A. 2018: "Effectiveness of Anonymization Methods in Preserving Patients' Privacy: A Systematic Literature Review", *Studies in Health Technology and Informatics*, Vol. 248, pp. 80 – 87.

[156] Lee, L. M. 2017: "Ethics and Subsequent Use of Electronic Health Record Data", *Journal of Biomedical Informatics*, Vol. 71, pp. 143 – 146.

[157] Lee, S., Kim, H. 2021: "Prospect of Artificial Intelligence Based on Electronic Medical Record", *Journal of Lipid and Atherosclerosis*, Vol. 10, No. 3, pp. 282 – 290.

[158] Lee, T. C., Shah, N. U., Haack, A. et al, 2020: "Clinical Implementation of Predictive Models Embedded within Electronic Health Record

Systems：A Systematic Review", *Informatics-basel*, Vol. 7, No. 3, p. 25.

[159] Lewis, J. 2021："Autonomy and the Limits of Cognitive Enhancement", *Bioethics*, Vol. 35, No. 1, pp. 15 – 22.

[160] Li, G., Liu, Y., Zhao, H. et al, 2018："Research on Application of Healthcare Data in Big Data Era", 2018 *International Conference on Robots & Intelligent System*. New York：Ieee, pp. 377 – 379.

[161] Liddell, K., Simon, D. A., Lucassen, A. 2021："Patient Data Ownership：Who Owns Your Health?", Journal of Law and the Biosciences, Vol. 8, No. 2.

[162] Lomborg, S., Langstrup, H., Andersen, T. O. 2020："Interpretation as Luxury：Heart Patients Living with Data Doubt, Hope, and Anxiety", *Big Data & Society*, Vol. 7, No. 1.

[163] Lowrance, W. W. 2006："Privacy, Confidentiality, and Identifiability in Genomic Research", *Discussion Document for Workshop Convened by the National Human Genome Research Institute*, pp. 3 – 4.

[164] Luo, J., Wu, M., Gopukumar, D. et al, 2016："Big Data Application in Biomedical Research and Health Care：A Literature Review", *Biomed Inform Insights*, Vol. 8, pp. 1 – 10.

[165] Lyons, R. A., Jones, K. H., John, G. et al, 2009："The SAIL Databank：Linking Multiple Health and Social Care Datasets", *BMC Med Inform Decis Mak*, Vol. 9, p. 3.

[166] Madanian, S., Parry, D. T., Airehrour, D. et al, 2019："Mhealth and Big-data Integration：Promises for Healthcare System in India", *BMJ Health & Care Informatics*, Vol. 26, No. 1, p. E100071.

[167] Madden, M., Gilman, M., Levy, K. et al, 2017："Privacy, Poverty, and Big Data：A Matrix of Vulnerabilities for Poor Americans", *Washington University Law Review*, Vol. 95, p. 53.

[168] Malasinghe, L. P, Ramzan, N., Dahal, K. 2019："Remote Patient Monitoring：A Comprehensive Study", *Journal of Ambient Intelligence and Humanized Computing*, Vol. 10, No. 1, pp. 57 – 76.

[169] Manrique De Lara, A., Pelaez-Ballestas, I. 2020："Big Data and Data

Processing in Rheumatology：Bioethical Perspectives", *Clinical Rheumatology*, *Vol.* 39, No. 4.

[170] Manson, N. C. 2019："The Ethics of Biobanking：Assessing the Right to Control Problem for Broad Consent", *Bioethics*, Vol. 33, No. 5, pp. 540 – 549.

[171] Marino, D., Miceli, A., Carlizzi, D. N. et al, 2018："Telemedicine and Impact of Changing Paradigm in Healthcare", *International Symposium on New Metropolitan Perspectives*, Vol. 5, pp. 39 – 43.

[172] Marshall, D. A., Burgos-liz, L., Ijzerman, M. J. et al, 2015："Applying Dynamic Simulation Modeling Methods in Health Care Delivery Research – The SIMULATE Checklist：Report of the ISPOR Simulation Modeling Emerging Good Practices Task Force. " *Value in Health*：*The Journal of the International Society for Pharmacoeconomics and Outcomes Research*, Vol. 18, No. 1, pp. 5 – 16.

[173] Martin, D. E., Muller, E. 2021："In Defense of Patient Autonomy in Kidney Failure Care When Treatment Choices Are Limited", *Seminars in Nephrology*, Vol. 41, No. 3, pp. 242 – 252.

[174] Martinez-Martin, N., Wieten, S., Magnus, D. et al, 2020："Digital Contact Tracing, Privacy, and Public Health", *Hastings Center Report*, Vol. 50, No. 3, pp. 43 – 46.

[175] Mathiesent, Broekman M. 2022："Machine Learning and Ethics", *Acta Neurochirurgica*, Vol. 134, pp. 251 – 256.

[176] Maung, H. H. 2017："The Causal Explanatory Functions of Medical Diagnoses", *Theor Med Bioeth*, Vol. 38, pp. 41 – 59.

[177] Mayer-schöNberger, V., Ingelsson, E. 2018："Big Data and Medicine：A Big Deal?", *Journal of Internal Medicine*, Vol. 283, No. 5, pp. 418 – 429.

[178] Mc Call, B. 2020："COVID – 19 and Artificial Intelligence：Protecting Health – Care Workers and Curbing the Spread", *Lancet*, Vol. 395, No. 30 – 31.

[179] Mccue, M. E., Mccoy, A. M. 2017："The Scope of Big Data in One Medicine：Unprecedented Opportunities and Challenges", *Front Vet*

Sci, Vol. 16, No. 4, p. 194.

[180] Mcgrath, P. D., Wennberg, D. E., Dickens, Jr J. D. et al, 2000: "Relation Between Operator and Hospital Volume and Outcomes Following Percutaneous Coronary Interventions in the Era of the Coronary Stent", *Jama*, Vol. 284 No. 24, pp. 3139 – 3144.

[181] Mead, N., Bower, P. 2000: "Patient-centredness: A Conceptual Framework and Review of the Empirical Literature", *Soc Sci Med*, Vol. 51, No. 7, pp. 1087 – 1110.

[182] Mei, J., Desrosiers, C., Frasnelli, J. 2021: "Machine Learning for the Diagnosis of Parkinson's Disease: A Review of Literature", *Front Aging Neurosci*, Vol. 6, No. 13, pp. 633 – 752.

[183] Mello, M. M., Wang, C. J. 2020: "Ethics and Governance for Digital Disease Surveillance the Question is Not Whether to Use New Data Sources But How", *Science*, Vol. 368, No. 6494, p. 951.

[184] Michele, L. 2019: "The Digital Phenotype: A Philosophical and Ethical Exploration", *Philos Technol*, Vol. 32, pp. 155 – 171.

[185] Mikkelsen, R. B., Gjerris, M., Waldemar, G. et al, 2019: "Broad Consent for Biobanks is Best-provided It is Also Deep", *BMC Medical Ethics*, Vol. 20, pp. 1 – 12.

[186] Miller, D. D., Brown, E. W. 2018: "Artificial Intelligence in Medical Practice: The Question to the Answer?", *The American Journal of Medicine*, Vol. 131, No. 2, pp. 129 – 133.

[187] Mittelstadt, B. D., Floridi, L. 2016: "The Ethics of Big Data: Current and Foreseeable Issues in Biomedical Contexts", Scieng Ethics, Vol. 22, No. 2, pp. 303 – 341.

[188] Mohammed, S., Kim, T. H. 2016: "Big Data Applications for Healthcare: Preface to Special Issue", *The Journal of Supercomputing*, Vol. 72, No. 10, pp. 3675 – 3676.

[189] Mohd, J., Haleem, I. K. 2021: "Internet of Things (Iot) Enabled Healthcare Helps to Take the Challenges of COVID – 19 Pandemic", *Journal of Oral Biology and Craniofacial Research*, Vol. 11, No. 2, pp. 209 – 214.

[190] Mooney, S. J., Pejaver, V. 2018, :"Big Data in Public Health: Terminology, Machine Learning, and Privacy", *Annu. Rev. Public Health*, Vol. 39, pp. 95 – 112.

[191] Morstatter, F., Pfeffer, J., Liu, H. 2014: "When is It Biased? Assessing the Representativeness of Twitter's Streaming API", *Proceedings of the 23rd International Conference on the World Wide Web*, pp. 555 – 556.

[192] Mouton Dorey, C., Baumann, H., Biller-andorno, N. 2018: "Patient Data and Patient Rights: Swiss Healthcare Stakeholders' Ethical Awareness Regarding Large Patient Data Sets-a Qualitative Study", *BMC Medical Ethics*, Vol. 19, No. 1, p. 20.

[193] Muhammed, C. 2022: "Atlas of AI: Power, Politics, and the Planetary Costs of Artificial Intelligence". *International Affairs*, No. 2, p. 2.

[194] Murphy, J., Scott, J., Kaufman, D. et al, 2009: "Public Perspectives on Informed Consent for Biobanking", *American Journal of Public Health*, Vol. 99, No. 12, pp. 2128 – 2134.

[195] Murray, E., Charles, C., Gafni, A. 2006: "Shared Decision-making in Primary Care: Tailoring the Charles Et Al. Model to Fit the Context of General Practice", *Patient Education and Counseling*, Vol. 62, No. 2, pp. 205 – 211.

[196] Mehta, N, Pandit, A. 2018: "Concurrence of Big Data Analytics and Healthcare: A Systematic Review", *International Journal of Medical Informatics*, Vol. 114, pp. 57 – 65.

[197] Na, L., Yang, C., Lo, C. C. et al, 2018: "Feasibility of Reidentifying Individuals in Large National Physical Activity Data Sets From Which Protected Health Information Has Been Removed with Use of Machine Learning", *JAMA Netw*, p. E186040.

[198] Naithani, N., Sinha, S., Misra, P. et al, 2021: "Precision Medicine: Concept and Tools", *Med J Armed Forces India*, Vol. 77, No. 3, pp. 249 – 257.

[199] Nasi, G., Cucciniello, M., Guerrazzi, C. 2015: "The Role of Mobile Technologies in Health Care Processes: The Case of Cancer Supportive Care", *J Med Internet Res*, Vol. 17, No. 2, p. E26.

［200］Norgeot, B., Glicksberg, B. S., Butte, A. J. 2019："A Call for Deep-learning Healthcare", *Nat Med*, Vol. 25, No. 1, pp. 14 – 15.

［201］Oakden-rayner, L. 2020："Exploring Large-scale Public Medical Image Datasets", *Academic Radiology*, Vol. 27, No. 1, pp. 106 – 112.

［202］Obermeyer, Z., Powers, B., Vogeli, C. et al, 2019："Dissecting Racial Bias in an Algorithm Used to Manage the Health of Populations", *Science*, Vol. 366, No. 6464, pp. 447 – 453.

［203］Olver, I. N. 2014："Opting in for Opt-out Consent", *Med J Aust*, Vol. 200, No. 4, p. 201.

［204］Oppitz, M., Tomsu, P., Oppitz, M. et al, 2017："New Paradigms and Big Disruptive Things", *Inventing the Cloud Century*, Vol. 8, pp. 547 – 596.

［205］Osmond, H. 1980："God and the Doctor", *New England Journal of Medicine*, pp. 555 – 558.

［206］O'Doherty, Kieran, C. et al, 2016："If You Build It, They Will Come: Unintended Future Uses of Organised Health Data Collections", *BMC Medical Ethics*, Vol. 17, No. 54, pp. 1 – 16.

［207］Pablo, R. J., Roberto, D. P., Victor, S. U. et al, 2021："Big Data in the Healthcare System: A Synergy with Artificial Intelligence and Blockchain Technology", *J Integr Bioinform*, Vol. 19, No. 1.

［208］Parikh, R. B., Obermeyer, Z., Navathe, A. S. 2019："Regulation of Predictive Analytics in Medicine", *Science*, Vol. 363, No. 6429, pp. 810 – 812.

［209］Park, B., Afzal, M., Hussain, J. et al, 2020："Automatic Identification of High Impact Relevant Articles to Support Clinical Decision Making Using Attention-based Deep Learning", *Electronics*, Vol. 9, No. 9, p. 1364.

［210］Pastorino, R., De Vito, C., Migliara, G. et al, 2019："Benefits and Challenges of Big Data in Healthcare: An Overview of the European Initiatives", *Eur J Public Health*, Vol. 29, No. 3, pp. 23 – 27.

［211］Patel, H. B., Gandhi, S. 2018："A Review on Big Data Analytics in Healthcare Using Machi-ne Learning Approaches", *IEEE*, pp.

84 – 90.

[212] Pearlman, R. A., Foglia, M. B., Cohen, J. H. et al, 2016: "Response to Open Peer Commentaries on 'Ethics Consultation Quality Assessment Tool: A Novel Method for Assessing the Quality of Ethics Case Consultations Based on Written Records'" *American Journal of Bioethics*, Vol. 16, No. 3.

[213] Pellegrino, E. D., Thomasma, D. C. 1981: "Toward an Axiology for Medicine a Response to Kazem Sadegh – Zadeh", *Metamedicine*, Vol. 2, No. 3, pp. 331 – 342.

[214] Ploug, T., Holm, S. 2017: "Eliciting Meta Consent for Future Secondary Research Use of Health Data Using a Smartphone Application-a Proof of Concept Study in the Danish Pop-ulation", *BMC Medical Ethics*, Vol. 18, No. 1, p. 51.

[215] Polonetsky, J., Tene, O., Jerome, J. 2015: "Beyond the Common Rule: Ethical Structures for Data Research in Non-academic Settings", *Social Science Electronic Publishing*, Vol. 13, p. 333.

[216] Powledge, T. M. 2015: "That 'Precision Medicine' Initiative? A Reality Check", *Genetic Literacy Project*, Vol. 3.

[217] Price, W. N, Cohen, I. G. 2019: "Privacy in the Age of Medical Big Data", *Nature Medicine*, Vol. 25, No. 1, pp. 37 – 43.

[218] Prinsloo, P., Slade, S. 2016: "Big Data, Higher Education and Learning Analytics: Beyond Justice, Towards an Ethics of Care", *Big Data and Learning Analytics in Higher Education*, Vol. 8, pp. 109 – 124.

[219] Prosperi, M., Min, J. S., Bian, J. et al, 2018: "Big Data Hurdles in Precision Medicine and Precision Public Health", *BMC Medical Informatics and Decision Making*, Vol. 18, No. 1, p. 139.

[220] Prosperi, M., Min, J. S., Bian, J. et al, 2018: "Big Data Hurdles in Precision Medicine and Precision Public Health", *BMC Medical Informatics and Decision Making*, Vol. 18, pp. 1 – 15.

[221] Pullman, D., Etchegary, H., Gallagher, K. et al, 2012: "Personal Privacy, Public Benefits, and Biobanks: A Conjoint Analysis of Policy Priorities and Public Perceptions", *Genetics in Medicine*, Vol. 14,

No. 2, p. 229.

[222] PâRvan, A. 2016: "Monistic Dualism and the Body Electric: An Ontology of Disease, Patient and Clinician for Person-centred Healthcare", *Journal of Evaluation in Clinical Practice*, Vol. 22, No. 4, pp. 530 –538.

[223] Ranchal, R., Bastide, P., Wang, X. et al, 2016: "Disrupting Healthcare Silos: Addressing Data Volume, Velocity and Variety with A Cloud-native Healthcare Data Ingestion Service", *IEEE Journal of Biomedical and Health Informatics*, Vol. 24, No. 11, pp. 3182 –3188.

[224] Randall, S. M., Ferrante, A. M., Boyd, J. H. et al, 2013: "The Effect of Data Cleaning on Record Linkage Quality", *BMC Medical Informatics and Decision Making*, Vol. 5, pp. 13 –64.

[225] Rao, G., Kirley, K., Epner, P. et al, 2018: "Identifying, Analyzing, and Visualizing Diagnostic Paths for Patients with Nonspecific Abdominal Pain", *Applied Clinical Informatics*, Vol. 9, No. 4, pp. 905 –913.

[226] Rapport, F., Braithwaite, J. 2018: "Are We on the Cusp of a Fourth Research Paradigm? Predicting the Future Fora New Approach to Methods-use in Medical and Health Services Research", *BMC Medical Research Methodology*, Vol. 18, No. 1, pp. 1 –7.

[227] Rathore, M. M., Ahmad, A., Paul, A. et al, 2016: "Real-time Medical Emergency Response System: Exploiting Iot and Big Data for Publichealth", *Journal of Medical Systems*, Vol. 10, p. 40.

[228] Rehman, A., Naz, S., Razzak, I. 2020: "Leveraging Big Data Analytics in Healthcare Enhancement: Trends, Challenges and Opportunities", *Multimedia Systems*, Vol28, pp. 1339 –1370.

[229] Reips, U. D., Matzat, U. 2014: "Mining 'Big Data' Using Big Data Services", *Int. J. Internet Sci*, Vol. 9, No. 1, pp. 1 –8.

[230] Rghioui, A., Lloret, J., Oumnad, A. 2020: "Big Data Classification and Internet of Things in Healthcare", *International Journal of E – Health and Medical Communications*, Vol. 11, No. 2, pp. 20 –37.

[231] Richard, C., Lajeunesse, Y., Lussier, M. T. 2010: "Therapeutic Privilege: Between the Ethics of Lying and the Practice of Truth", *Journal*

*of Medical Ethics*, Vol. 36, No. 6, pp. 353 – 357.

[232] Riso, B., Tupasela, A., Vears, D. F. et al, 2017: "Ethical Sharing of Health Data in Online Platforms-which Values Should Be Considered?", *Life Sci Soc Policy*, Vol. 13, No. 1, p. 12.

[233] Ristevski, B., Chen, M. 2018: "Big Data Analytics in Medicine and Healthcare", *J Integr Bioinform*, Vol. 15, No. 3, p. 20170030.

[234] Roberts, J. L. 2017: "Progressive Genetic Ownership", Notre Dame L. Rev, Vol. 93, p. 1105

[235] Rubin, R. 2016: "A Precision Medicine Approach to Clinical Trials", *JAMA*, Vol. 316, No. 19, pp. 1953 – 1955.

[236] Rubin, R. 2015: "Precision Medicine: The Future or Simply Politics?", *JAMA*, Vol. 313, No. 11, pp. 1089 – 1091.

[237] Rumbold, J. M., Pierscionek, B. 2017: "The Effect of the General Data Protection Regulation on Medical Research", *J Med Internet Res*, Vol. 19, No. 2, p. E47.

[238] Rumsfeld, J. S., Joynt, K. E., Maddox, T. M. 2016: "Big Data Analytics to Improve Cardiovascular Care: Promise and Challenges", *Nature Reviews Cardiology*, Vol. 13, No. 6, pp. 350 – 359.

[239] Sabina, L., Tempini, N. 2021: "Where Health and Environment Meet: The Use of Invariant Parameters in Big Data Analysis", *Synthese*, Vol. 198, No. 10, pp. 2485 – 2504.

[240] Sabina, L., Tempini, N. 2018: "Where Health and Environment Meet: The Use of Invariant Parameters in Big Data Analysis", *Synthese*, Vol. 198, No. 10, pp. 1 – 20.

[241] Sambala, E. Z., Cooper, S., Manderson, L. 2020: "Ubuntu as a Framework for Ethical Decision Making in Africa: Responding to Epidemics", *Ethics & Behavior*, Vol. 30, No. 1, pp. 1 – 13.

[242] Sandman, L., Munthe, C. 2010: "Shared Decision Making, Paternalism and Patient Choice", *Health Care Analysis*, Vol. 18, No. 1, pp. 60 – 84.

[243] Saracci, R. 2018: "Epidemiology in Wonderland: Big Data and Precision Medicine", *Eur J Epidemiol*, Vol. 33, No. 3, pp. 245 – 257.

[244] Sasikiran, K., Jeffrey, S. 2019: "Reappraising the Utility of Google

Flu Trends", *Plos Computational Biology*, Vol. 15, No. 8, p. E1007258.

[245] Sassi, I., Anter, S., Bekkhoucha, A. 2019: "An Overview of Big Data and Machine Learning Paradigms", *Advanced Intelligent Systems for Sustainable Development*, Vol. 5, pp. 237 – 251.

[246] Schaefer, G. O., Labude, M. K., Nasir, H. U. 2018: "Big Data: Ethical Considerations", *The Palgrave Handbook of Philosophy and Public Policy*, pp. 593 – 607.

[247] Schaefer, G. O., Tai, E. S., Sun, S. 2019: "Precision Medicine and Big Data: The Application of an Ethics Framework for Big Data in Health and Research", *Asian Bioethics Review*, Vol. 11, No. 3, pp. 275 – 288.

[248] Schoenhagen, P., Mehta, N. 2017: "Big Data, Smart Computer Systems, and Doctor-patient Relationship", *European Heart Journal*, Vol. 38, pp. 508 – 510.

[249] Sebaa, A., Chikh, F., Nouicer, A. et al, 2018: "Medical Big Data Warehouse: Architecture and System Design, a Case Study: Improving Healthcare Resources Distribution", *J Med Syst*, Vol. 42, No. 4, p. 59.

[250] Sethi, T. 2018: "Big Data to Big Knowledge for Next Generation Medicine: A Data Science Roadmap", *Guide to Big Data Applications*, pp. 371 – 399.

[251] Shaffer, F., Ginsberg, J. P. 2017: "An Overview of Heart Rate Variability Metrics and Norms", *Front Public Health*, Vol. 5, p. 258.

[252] Shapiro, K. 1969: "Iatroplacebogenics", *International Pharmacopsychiatry*, pp. 215 – 248.

[253] Sharon, T. 2016: "Self-tracking for Health and the Quantified Self: Re-articulating Autonomy, Solidarity, and Authenticity in an Age of Personalized Healthcare", *Philosophy & Technology*, Vol. 30, No. 1, pp. 1 – 29.

[254] Sharon, T. 2017: "Big Data: Ethical Considerations", *Self-tracking for Health and the Quantified Self: Re-articulating Autonomy, Solidarity, and Authenticity in an Age of Personalized Healthcare*, Vol. 30, No. 1,

pp. 93 – 121.

[255] Shen, T., Wang, C. 2021: "Big Data Technology Applications and the Right to Health in China During the COVID – 19 Pandemic", *Int J Environ Res Public Health*, Vol. 18, No. 14.

[256] Shickle, D. 2006: "The Consent Problem Within DNA Biobanks", *Studies in History and Philosophy of Science Part C: Studies in History and Philosophy of Biological and Biomedical Sciences*, Vol. 37, No. 3, pp. 503 – 519.

[257] Shneiderman, B. 2007: "Human Responsibility for Autonomous Agents", *Ieee Intelligent Systems*, Vol. 22, No. 2, pp. 60 – 61.

[258] Shneiderman, B. 2016: "The Dangers of Faulty, Biased, or Malicious Algorithms Requires Independent Oversight", *Proceedings of the National Academy of Sciences of the United States of America*, Vol. 113, No. 48, pp. 13538 – 13540.

[259] Sikstrom, L., Maslej, M. M., Hui, K. et al, 2022: "Conceptualising Fairness: Three Pillars for Medical Algorithms and Health Equity", *BMJ Health Care Inform*, Vol. 29, No. 1.

[260] Simon, C. M., L'Heureux, J., Murray, J. C. et al, 2011: "Active Choice But Not Too Active: Public Perspectives on Biobank Consent Models", *Genetics in Medicine*, Vol. 13, No. 9, p. 821.

[261] Simon, W. 2017: "Holism in Health Care: Patient as Person", *Handbook of the Philosophy of Medicine*, pp. 411 – 427.

[262] Singh, A. K, Anand, A, Lv, Z. et al, 2021: "A Survey on Healthcare Data: A Security Perspective", *ACM Transactions on Multimidia Computing Communications and Applications*, Vol. 17, No. 2s, pp. 1 – 26.

[263] Smallwood, C. D. 2020: "Monitoring Big Data During Mechanical Ventilation in the Icu", *Respiratory Care*, Vol. 65, No. 6, pp. 894 – 910.

[264] Song, C., Kong, Y., Huang, L. et al, 2020: "Big Data-driven Precision Medicine: Starting the Custom-made Era of Iatrology", *Biomedicine & Pharmacotherapy*, Vol. 129.

[265] Spetz, M. 1962: "The Oath of Hippocrates", *California Medicine*, Vol. 96, No. 437, p. 8.

[266] Steinsbekk, K. S., Kåre Myskja, B., Solberg, B. 2013: "Broad Consent Versus Dynamic Consent in Biobank Research: Is Passive Participation an Ethical Problem?", *European Journal of Human Genetics*, Vol. 21, pp. 897 – 902.

[267] Stephens, Z. D., Lee, S. Y., Faghri, F. et al, 2015: "Big Data: Astronomical or Genomical?", *Plos Biol*, Vol. 13, No. 7, p. E1002195.

[268] Strang, D. K. 2020: "Problems with Research Methods in Medical Device Big Data Analytics", *International Journal of Data Science and Analytics*, Vol. 9, No. 5, pp. 229 – 240.

[269] Sun, H., Liu, Z., Wang, G. et al, 2019: "Intelligent Analysis of Medical Big Data Based on Deep Learning", *IEEE Access*, Vol. 7, pp. 142022 – 142037.

[270] Sweeney, T. E., Azad, T. D., Donato, M. et al, 2018: "Unsupervised Analysis of Transcriptomics in Bacterial Sepsis Across Multiple Datasets Reveals Three Robust Clusters", *Crit. Care Med*, Vol. 46, pp. 915 – 925.

[271] Tahmasbi, M. R. 2021: "On the Nature of Persons; Persons as Constituted Events", *Metaphysica-international Journal for Ontology & Metaphysics*, Vol. 22, No. 1, pp. 45 – 61.

[272] Tamang, S., Milstein, A., Sørensen, H. T. et al, 2017: "Predicting Patient 'Cost Blooms' in Denmark: A Longitudinal Population-based Study", *BMJ Open*, Vol. 7, No. 1, p. 011580.

[273] Tamar, S. 2017: "Self-tracking for Health and the Quantified Self: Re-articulating Autonomy, Solidarity, and Authenticity in an Age of Personalized Healthcare", *Philos. Technol*, Vol. 30, No. 1, pp. 93 – 121.

[274] Tavpritesh Sethi. 2017: "Big Data to Big Knowledge for Next Generation Medicine: A Data Science Roadmap", *Guide to Big Data Applications*, Vol. 26, pp. 371 – 399.

[275] Torous, J., Namiri, N., Keshavan, M. 2019: "A Clinical Perspective on Big Data in Mental Health", *Personalized Psychiatry*, Vol. 2, pp. 37 – 51.

[276] Trstenjak, B., Donko, D., Avdagic, Z. 2016: "Adaptable Web Prediction Framework for Disease Prediction Based on the Hybrid Case

Based Reasoning Model", *Engineering, Technology & Applied Science Research*, Vol. 6, No. 6, pp. 1212 – 1216.

[277] Törnberg, P., Törnberg, A. 2018:"The Limits of Computation:A Philosophical Critique of Contemporary Big Data Research", *Big Data Society*, Vol. 5, No. 2, pp. 205395171881184 – 205395171881184.

[278] Ubel, P. A., Scherr, K. A., Fagerlin, A. 2017:"Empowerment Failure:How Shortcomings in Physician Communication Unwittingly Undermine Patient Autonomy", *American Journal of Bioethics*, Vol. 17, No. 11, pp. 31 – 39.

[279] Ulfarsson, M. O., Palsson, F., Sigurdsson, J. et al, 2016:"Classification of Big Data with Application to Imaging Genetics", *Proc. IEEE*, Vol. 104, No. 11, pp. 2137 – 2154.

[280] Uslu, B. Ç., Okaye, Dursun, E. 2020:"Analysis of Factors Affecting Iot-based Smart Hospital Design", *Journal of Cloud Computing*, Vol. 9. No. 1, p. 67.

[281] Valdiserri, R. O. 2004:"The Aids Pandemic:Complacency, Injustice and Unfulfilled Expectations", *Aids Education and Prevention*, Vol. 16, No. 4, pp. 386 – 387.

[282] Van Baalen, S., Boon, M. 2015:"An Epistemological Shift:From Evidence-based Medicine to Epistemological Responsibility", *Journal of Evaluation in Clinical Practice*, Vol. 21, No. 3, pp. 433 – 439.

[283] Van Walraven, C., Austin, P. 2011:"Administrative Database Research Has Unique Characteristics That Can Risk Biased Results", *J Clin Epidemiol*, Vol. 65, No. 2, pp. 126 – 131.

[284] Vayena, E., Blasimme, A., Cohen, I. G. 2018:"Machine Learning in Medicine: Addressing Ethical Challenges", *Plos Med*, Vol. 15, p. E1002689.

[285] Vayena, E., Tasioulas, J. 2016:"The Dynamics of Big Data and Human Rights:The Case of Scientific Research", *Philosophical Transactions of the Royal Society of London.* Vol. 374.

[286] Vegter, M. W. 2018:"Towards Precision Medicine: A New Biomedical Cosmology", *Medicine, Health Care and Philosophy*, Vol. 21, pp. 443

-456.

[287] Vellido, A. 2019: "Societal Issues Concerning the Application of Artificial Intelligence in Medicine", *Kidney Dis (Basel)*, Vol. 5, No. 1, pp. 11 – 17.

[288] Venčkauskas Kauskas, A., Štuikys, V., Toldinas, J. et al, 2016: "A Model-driven Framework to Develop Personalized Health Monitoring", *Symmetry*, Vol. 8, No. 7, p. 65.

[289] Vesnic-alujevic, L., Breitegger, M., Guimarães Pereira, Â. 2018: "'Do-it-Yourself' Healthcare? Quality of Health and Healthcare Through Wearable Sensors", *Sci Eng Ethics*, Vol. 24, No. 3, pp. 887 – 904.

[290] Vettoretti, M., Cappon, G., Facchinetti, A. et al, 2020: "Advanced Diabetes Management Using Artificial Intelligence and Continuous Glucose Monitoring Sensors", *Sensors*, Vol. 20, No. 14, p. 3870.

[291] Viceconti, M., Hunter, P., Hose, R. 2015: "Big Data, Big Knowledge: Big Data for Personalized Healthcare", *IEEE J Biomed Health Inform*, Vol. 19, No. 4, pp. 1209 – 1215.

[292] Vogt, H., Hofmann, B., Getz, L. 2016: "The New Holism: P4 Systems Medicine and the Medicalization of Health and Life Itself", *Med Health Care and Philos*, Vol. 19, No. 307 – 323.

[293] Von Luxburg, U. 2007: "A Tutorial on Spectral Clustering", Statistics and Computing, Vol. 17, pp. 395 – 416.

[294] Véliz, C. 2020: "Not the Doctor's Business: Privacy, Personal Responsibility and Data Rights in Medical Settings", *Bioethics*, Vol. 34, No. 7, pp. 712.

[295] Wallis, J. C., Borgman, C. L. 2012: "Who is Responsible for Data? an Exploratory Study of Data Authorship, Ownership, and Responsibility", *Proceedings of the American Society for Information Science and Technology*, Vol. 48, No. 1, pp. 1 – 10.

[296] Wang, L., Alexanderca. 2020: "Big Data Analytics in Medical Engineering and Healthcare: Methods, Advances and Challenges", *J Med Eng Technol*, Vol. 44, No. 6, pp. 267 – 283.

[297] Wang, M., Guo, Y., Zhang, C. et al, 2023: "Medshare: A Privacy-preserving Medical Data Sharing System by Using Blockchain", *IEEE Transactions on Services Computing*, Vol. 16, No. 1, pp. 438 – 451.

[298] Warner, A. W., Moore, H., Reinhard, D. et al, 2017: "Harmonizing Global Biospecimen Consent Practices to Advance Translational Research: A Call to Action", *Clinical Pharmacology & Therapeutics*, Vol. 101, No. 3, pp. 317 – 319.

[299] Warren, J. J., Clancy, T. R., Delaney, C. W. et al, 2017: "Big-data Enabled Nursing: Future Possibilities", *Health Informatics*, pp. 441 – 463.

[300] Wesson, P., Hswen, Y., Valdes, G. et al, 2021: "Risks and Opportunities to Ensure Equity in the Application of Big Data Research in Public Health", *Annu Rev Public Health*, Vol. 43, pp. 59 – 78.

[301] Wesson, P. et al. 2021: "Risks and Opportunities to Ensure Equity in the Application of Big Data Research in Public Health", *Annu Rev Public Health*.

[302] White, R. W., Tatonetti, N. P., Shah, N. H. et al, 2013: "Web – Scale Pharmacovigilance: Listening to Signals From the Crowd", *J Am Med Inform Assoc*, Vol. 20, pp. 404 – 408.

[303] Wicker, S. B., Schrader, D. E. 2011: "Privacy – Aware Design Principles for Information Networks", *Proceedings of the Ieee*, Vol. 99, No. 2, pp. 330 – 350.

[304] Wilkinson, M. D., Dumontier, M., Aalbersberg I J. et al, 2016: "The FAIR Guiding Principles for Scientific Data Management and Stewardship", *Scientific Data*, pp. 167 – 172.

[305] Willems, M. S., Abeln, S., Feenstra, A. K. et al, 2019: "The Potential Use of Big Data in Oncology", *Oral Oncology*, Vol. 98, No. C, pp. 8 – 12.

[306] Winefield, H., Murrell, T., Clifford, J. et al, 1996: "The Search for Reliable and Valid Measures of Patient-centredness", *Psychol Health*, Vol. 11, No. 6, pp. 811 – 824.

[307] Wittenburg, P. 2021: "Open Science and Data Science", *Data Intelligence*, Vol. 3, No. 1, pp. 95 – 105.

［308］Wongthongtham, P., Kaur, J., Potdar, V. et al, 2017: "Big Data Challenges for the Internet of Things (Iot) Paradigm", *Connected Environments for the Internet of* Things: *Computer Communications and Networks*, pp. 41 – 62.

［309］Woodfield, K. 2017: "The Changing Roles of Researchers and Participants in Digital and Social Media Research: Ethics Challenges and Forward Directions", *The Ethics of Online Research*, pp. 53 – 78.

［310］Wu, J., Wang, J., Nicholas, S. et al, 2020: "Application of Big Data Technology for COVID – 19 Prevention and Control in China: Lessons and Recommendations", *J Med Internet Res*, Vol. 22, No. 10, pp. 21980.

［311］Wu, P. Y., Cheng, C. W., Kaddi, C. D. et al, 2017: " – Omic and Electronic Health Record Big Data Analytics for Precision Medicine", I *EEE Trans Biomed Eng*, Vol. 64, No. 2, pp. 263 – 273.

［312］Xafis, V., Schaefer, G. O., Labude, M. K. et al, 2019: "An Ethics Framework for Big Data in Health and Research", *Asian Bioethics Review*, Vol. 11, No. 3, pp. 227 – 254.

［313］Xu, W., Wei, X., Yi, N. 2020: "Research on the Legal Protection of Personal Information Security in the Era of Big Data", *Journal of Physics: Conference Series*, Vol. 1648, No. 3, p. 032067.

［314］Yang, J., Li, Y., Liu, Q. et al, 2020: "Brief Introduction of Medical Database and Data Mining Technology in Big Data Era", *J Evid Based Med*, Vol. 13, No. 1, pp. 57 – 69.

［315］Yang, Y. C., Islam, S. U., Noor, A. et al, 2021: "Influential Usage of Big Data and Artificial Intelligence in Healthcare", *Comput Math Methods Med*, Vol. 2021, p. 5812499.

［316］Yoon, J., Kown, O. S., Cheong, J. G. et al, 2018: "3D Volume Visualization System Based on Gpus for Medical Big Data", *International Conference on Big Data Applications and Services*, Vol. 8, pp. 1 – 7.

［317］Yudi, D., Yudong, Y. 2021: "Iot Platform for COVID – 19 Prevention and Control: A Survey", *IEEE Access : Practical Innovations, Open Solutions*, Vol. 9, pp. 49929 – 49941.

［318］Zhu, H., Wu, C. K., KOO, C. H. et al, 2019: "Smart Healthcare in the Era of Internet-of-things", *IEEE Consumer Electronics Magazine*, Vol. 8, No. 5, pp. 26 – 30.

[319] Zhu, H. 2020: "Big Data and Artificial Intelligence Modeling for Drug Discovery", *Annu Rev Pharmacol Toxicol*, Vol. 60, pp. 573 – 589.

[320] Zimmer M. 2018. "Addressing Conceptual Gaps in Big Data Research Ethics: An Application of Contextual Integrity", *Social Media + Society*, Vol. 4, No. 2.

[321] Zou, J., Schiebinger, L. 2018: "AI Can Be Sexist and Racist-it's Time to Make It Fair", *Nature*, Vol. 559, pp. 324 – 326.

# 中文参考书目

[1] 〔美〕埃里克·托普：《颠覆医疗：大数据时代的个人健康革命》，张南、魏薇、何雨师译，北京，电子工业出版社，2014 年。

[2] 〔土耳其〕埃塞姆·阿培丁：《机器学习导论》，范明，昝红英，牛常勇译，北京，机械工业出版社，2009 年。

[3] 〔美〕凯文·凯利：《必然》，周峰等译，北京，电子工业出版社，2016 年。

[4] 〔英〕洛克：《政府论》，叶启芳等译，北京，商务印书馆，2017 年。

[5] 〔英〕迈尔－舍恩伯格，库克耶：《大数据时代》，盛杨燕、周涛译，杭州：浙江人民出版社，2013 年。

[6] 〔英〕乔治·奥威尔：《一九八四》，傅霞译，吉林，时代文艺出版社，2018 年。

[7] 〔美〕托马斯·库恩：《科学革命的结构》，金吾伦译，北京，北京大学出版社，2003 年。

[8] 〔美〕汤姆·比彻姆、〔美〕詹姆士·邱卓思：《生命医学伦理原则：原书第 8 版》，刘星等译，北京，科学出版社，2022 年。

[9] 〔美〕瓦赫特：《数学医疗》，郑杰译，北京，中国人民大学出版社，2018 年。

[10] 〔英〕维克多·迈尔·舍恩伯格，肯尼思·库克耶：《大数据时代生活、工作与思维的大变革》，盛杨燕等译，杭州，浙江人民出版社，2013 年。

[11] 〔美〕朱迪亚·珀尔：《为什么：关于因果关系的新科学》，北京，中信出版社，2019 年。

# 中文参考论文

［1］敖虎山：《打通医疗行业"数据孤岛"》，《北京观察》2022年第2期。

［2］白莉华、申锷、杨军等：《生物样本库大数据的伦理与法律问题研究》，《中国医学伦理学》2017年第10期。

［3］曹琳、许凤娟、史高松等：《医疗健康大数据视角下医院病案统计及管理研究》，《卫生软科学》2019年第1期。

［4］常江、涂良川：《"哲学范式"转换与当代哲学价值论取向》，《吉林师范大学学报（人文社会科学版）》2008年第5期。

［5］朝乐门、邢春晓、张勇：《数据科学研究的现状与趋势》，《计算机科学》2018年第1期。

［6］陈春琴、黄晞：《互联网时代公立医院的智慧财务建设与发展》，《中华卫生应急电子杂志》2020年第5期。

［7］陈仕伟：《大数据技术异化的伦理治理》，《自然辩证法研究》2016年第1期。

［8］陈仕伟、黄欣荣：《大数据时代隐私保护的伦理治理》，《学术界》2016年第1期。

［9］陈仕伟：《大数据主义的伦理治理》，《甘肃理论学刊》2017年第4期。

［10］陈敏、刘宁：《医疗健康大数据发展现状研究》，《中国医院管理》2017年第2期。

［11］陈嘉明：《论作为西方知识论主流性观念的基础主义》，《文史哲》2004年第4期。

［12］陈韬、刘阁、韩宝石等：《基于"互联网＋"的可穿戴式心电图应用分析》，《中华保健医学杂志》2020年第1期。

［13］陈少敏、陈爱民、梁丽萍：《医疗大数据共享的制约因素及治理研究》，《卫生经济研究》2021年第9期。

［14］ 陈晓阳、杨同卫：《论医学的理性精神》，《医学与哲学》2003 年第 4 期。

［15］ 程啸：《论大数据时代的个人数据权利》，《中国社会科学》2018 年第 3 期。

［16］ 段伟文：《大数据知识发现的本体论追问》，《哲学研究》2015 年第 11 期。

［17］ 段虹、徐苗苗：《论大数据分析与认知模式的重构》，《哲学研究》2016 年第 2 期。

［18］ 邓明攀、刘春林：《健康医疗大数据应用中的权利保护和行为规制》，《医学与法学》2019 年第 4 期。

［19］ 杜世洪：《大数据时代的语言哲学研究——从概念变化到范式转变》，《外语学刊》2017 年第 6 期。

［20］ 杜红原：《论隐私权概念的界定》，《内蒙古社会科学（汉文版）》2014 年第 6 期。

［21］ 杜治政：《医师的权威与病人自主——三论医师专业精神》，《医学与哲学（人文社会医学版)》2011 年第 6 期。

［22］ 董军、程昊：《大数据技术的伦理风险及其控制——基于国内大数据伦理问题研究的分析》，《自然辩证法研究》2017 年第 11 期。

［23］ 董军、程昊：《大数据时代个人的数字身份及其伦理问题》，《自然辩证法研究》2018 年第 12 期。

［24］ 冯登国、张敏、李昊：《大数据安全与隐私保护》，《计算机学报》2014 年第 1 期。

［25］ 高颖、杜娟：《大数据时代数据匿名化的法律规制》，《情报理论与实践》2021 年第 10 期。

［26］ 宫立恒、张晓、荀吉祥：《大数据技术在医疗领域的发展与应用》，《科教导刊（下旬)》2018 年第 18 期。

［27］ 郭建：《健康医疗大数据应用中的伦理问题及其治理思考》，《自然辩证法研究》2020 年第 3 期。

［28］ 郭强、王乐子、母健康等：《医疗数据信息安全政策研究》，《医学信息学杂志》2020 年第 1 期。

［29］ 何嘉烨：《大数据时代政府数据资源共享研究》，湖南大学 2018

年硕士学位论文。

[30] 何坦：《论我国自动驾驶汽车侵权责任体系的构建——德国〈道路交通法〉的修订及其借鉴》，《时代法学》2021年第1期。

[31] 黄欣荣：《大数据对科学认识论的发展》，《自然辩证法研究》2014年第9期。

[32] 黄欣荣：《从复杂性科学到大数据技术》，《长沙理工大学学报（社会科学版）》2014年第2期。

[33] 黄欣荣：《大数据技术的伦理反思》，《新疆师范大学学报（哲学社会科学版)》2015年第3期。

[34] 黄欣荣：《大数据哲学研究的背景、现状与路径》，《哲学动态》2015年第7期。

[35] 黄欣荣：《大数据促进科学与人文融合》，《中国社会科学报》2018年9月11日，第5版。

[36] 黄知伟、刘颖：《公共卫生视域中的病人自主权问题探析》，《医学与哲学》2020年第18期。

[37] 胡哲、向菲、金新政：《智慧健康与云计算》，《智慧健康》2016年第9期。

[38] 侯雄、方钱、蒋晓庆等：《健康医疗大数据建设中的伦理问题》，《解放军医院管理杂志》2020年第6期。

[39] 江增辉：《大数据时代下"数本源论"的再思考》，《合肥学院学报（综合版）》2021年第6期。

[40] 孔德猛、刘沣娇、徐佳佳：《"正义论"蕴含医疗公正吗——以丹尼尔斯为中心的考察》，《科学技术哲学研究》2019年第6期。

[41] 陆树程、刘萍：《关于公平、公正、正义三个概念的哲学反思》，《浙江学刊》2010年第2期。

[42] 罗小燕、黄欣荣：《社会科学研究的大数据方法》，《系统科学学报》2017年第4期。

[43] 刘星、王晓敏：《医疗大数据建设中的伦理问题》，《伦理学研究》2015年第6期。

[44] 刘星、王晓敏：《基因导向个体化医疗中的伦理问题研究》，《伦理学研究》2017年第2期。

[45] 刘涛雄、尹德才：《大数据时代与社会科学研究范式变革》，《理

论探索》2017 年第 6 期。

[46] 刘书基：《健康新定义与世界卫生组织》，《解放军健康》1995 年第 2 期。

[47] 刘师伟、段瑞雪、李欣等：《医学大数据库的建立与哲学审思》，《医学与哲学（A）》2016 年第 11 期。

[48] 刘红：《大数据的本体论探讨》，《自然辩证法通讯》2014 年第 6 期。

[49] 刘红、胡新和：《数据革命：从数到大数据的历史考察》，《自然辩证法通讯》2013 年第 6 期。

[50] 刘辉、丛亚丽：《临床医学大数据的伦理问题初探》，《医学与哲学》2016 年第 10 期。

[51] 刘孝男、付嵘、李连磊：《大数据时代，医疗行业信息安全面临的机遇与挑战》，《中国信息安全》2018 年第 7 期。

[52] 李斌、朱海波、宋贵东等：《脑胶质瘤精准治疗相关分子生物学标志物及信号通路的研究进展》，《转化医学电子杂志》2018 年第 7 期。

[53] 李伦、李波：《大数据时代信息价值开发的伦理问题》，《伦理学研究》2017 年第 5 期。

[54] 李娜、马麟、詹启敏：《科技创新与精准医学》，《精准医学杂志》2018 年第 1 期。

[55] 李沛铮：《应用大数据进行智慧医院的管理探讨》，《智慧健康》2021 年第 23 期。

[56] 李敏、孔燕、崔焱：《库恩范式理论及其对我国护理学科发展的启示》，《护理学报》2021 年第 17 期。

[57] 李欣：《欧盟关于美国数据保护"充分性决议"之演变及启示》武汉大学 2017 年硕士学位论文。

[58] 李俏：《大数据时代下的隐私伦理建构研究》，《九江学院学报（社会科学版）》2018 年第 4 期。

[59] 李相宗：《医疗大数据的发展现状与挑战》，《信息与电脑（理论版）》2019 年第 5 期。

[60] 李晓洁、王蒲生：《大数据时代的知情同意》，《医学与哲学》2016 年第 5 期。

[61] 李晓洁、丛亚丽：《健康医疗大数据公平问题研究》，《自然辩证法通讯》2021 年第 8 期。

[62] 林丽、邹长青：《美国新医改推进医疗信息化对我国的启示：基于〈美国复兴与再投资法案〉的分析》，《中国卫生事业管理》2012 年第 1 期。

[63] 吕耀怀、罗雅婷：《大数据时代个人信息收集与处理的隐私问题及其伦理维度》，《哲学动态》2017 年第 2 期。

[64] 米加宁、章昌平、李大宇等：《第四研究范式：大数据驱动的社会科学研究转型》，《学海》2018 年第 2 期。

[65] 马灿：《国内外医疗大数据资源共享比较研究》，《情报资料工作》2016 年第 3 期。

[66] 马婷、陈清财：《基于开放医疗大数据的人工智能研究》，《医学与哲学》2022 年第 1 期。

[67] 牟燕、何有琴、吴敏：《中国健康医疗大数据研究综述——基于期刊论文的分析》，《医学与哲学（B）》2018 年第 11 期。

[68] 牟海燕、陈敏：《健康医疗大数据开放管理探讨》，《中华医院管理杂志》2019 年第 8 期。

[69] 孟琳、马金刚、刘静等：《医疗大数据的应用与挑战》，《医疗卫生装备》2018 年第 10 期。

[70] 尼古拉斯 – 罗斯：《个体化医疗：一种新医疗范式的承诺、问题和危险》，《北京大学学报（哲学社会科学版）》2011 年第 6 期。

[71] 邱仁宗、黄雯、翟晓梅：《大数据技术的伦理问题》，《科学与社会》2014 年第 1 期。

[72] 屈英和、刘杰：《"关系就医"取向下"医生名声"的调查与分析》，《医学与哲学（人文社会医学版）》2011 年第 12 期。

[73] 任晓明、王左立：《评波普尔的进化认识论思想》，《科学技术与辩证法》2002 年第 6 期。

[74] 任文倩：《德国〈联邦数据保护法〉介绍》，《网络法律评论》2016 年第 1 期。

[75] 石晶金、于广军：《健康医疗大数据共享关键问题及对策》，《中国卫生资源》2021 年第 3 期。

[76] 孙茜：《医疗迈入大数据时代》，《中国医院院长》2016 年第

14 期。

[77] 单芳、桑爱民、薛琴等：《生物样本库研究的隐私保护问题及伦理反思》，《中国卫生事业管理》2020 年第 1 期。

[78] 单芳、毛新志：《生物样本库研究中知情同意问题的伦理挑战和应对策略》，《自然辩证法通讯》2019 年第 3 期。

[79] 宋吉鑫：《大数据技术的伦理问题及治理研究》，《沈阳工程学院学报（社会科学版）》2018 年第 4 期。

[80] 田海平：《大数据时代的健康革命与伦理挑战》，《深圳大学学报（人文社会科学版）》2017 年第 2 期。

[81] 田海平：《生命医学伦理学如何应对大数据健康革命》，《河北学刊》2018 年第 4 期。

[82] 田海平、刘程：《大数据时代隐私伦理的论域拓展及基本问题——以大数据健康革命为例进行的探究》，《伦理学研究》2018 年第 3 期。

[83] 田维琳：《大数据伦理失范问题的成因与防范研究》，《思想教育研究》2018 年第 8 期。

[84] 唐凯麟、李诗悦：《大数据隐私伦理问题研究》，《伦理学研究》2016 年第 6 期。

[85] 邰玉明、冯朝强：《可穿戴设备在老年人群中监护功能的应用研究》，《赤峰学院学报（自然科学版）》2021 年第 9 期。

[86] 王东：《大数据时代科学研究新范式的哲学反思》，《科学与社会》2016 年第 3 期。

[87] 王灵芝、郝明：《医疗大数据的特征及应用中的伦理思考》，《医学与哲学（A）》2017 年第 4 期。

[88] 王强芬：《大数据时代医疗隐私层次化控制的理性思考》，《医学与哲学（A）》2016 年第 5 期。

[89] 王强芬：《大数据时代背景下医疗隐私保护的伦理困境及实现途径》，《中国医学伦理学》2016 年第 4 期。

[90] 王震、何炜、沈伟富等：《以数据为基础的医院智慧服务绩效管理实践与探讨》，《医院管理论坛》2020 年第 10 期。

[91] 王国豫：《共享、共责与共治——精准医学伦理的新挑战与应对》，《科学通报》2023 年第 13 期。

［92］ 王国豫、龚超：《伦理学与科学同行——共同应对会聚技术的伦理挑战》，《哲学动态》2015 年第 10 期。

［93］ 王东：《大数据时代科学研究新范式的哲学反思》，《科学与社会》2016 年第 3 期。

［94］ 王巍：《因果机制与定律说明》，《自然辩证法研究》2009 年第 2 期。

［95］ 王一方：《关于发展中的叙事医学的若干思考》，《医学与哲学》2020 年第 10 期。

［96］ 魏宏森：《现代系统论的产生与发展》，《哲学研究》1982 年第 5 期。

［97］ 魏立斐、陈聪聪、张蕾等：《机器学习的安全问题及隐私保护》，《计算机研究与发展》2020 年第 10 期。

［98］ 吴基传、翟泰丰：《大数据与认识论》，《哲学研究》2015 年第 11 期。

［99］ 吴琼、杨宝晨、郭娜等：《人工智能大数据时代医学数据保护的思考》，《人工智能》2022 年第 1 期。

［100］ 吴磊：《大数据视角下个人信息保护的知情同意原则研究》，重庆工商大学 2021 年硕士学位论文。

［101］ 熊功友、张传旗、徐伟等：《探索"互联网＋"医养结合模式的实践》，《当代医学》2019 年第 4 期。

［102］ 肖巍：《作为一种价值建构的疾病——关于疾病的哲学叙事》，《中国人民大学学报》2008 年第 4 期。

［103］ 邢丹、姚俊明：《医疗健康大数据：概念、特点、平台及数据集成问题研究》，《物联网技术》2018 年第 8 期。

［104］ 薛孚、陈红兵：《大数据隐私伦理问题探究》，《自然辩证法研究》2015 年第 2 期。

［105］ 杨洸：《数字媒体时代的数据滥用：成因、影响与对策》，《中国出版》2020 年第 12 期。

［106］ 杨剑锋、乔佩蕊、李永梅等：《机器学习分类问题及算法研究综述》，《统计与决策》2019 年第 6 期。

［107］ 杨蓉：《从信息安全、数据安全到算法安全——总体国家安全观视角下的网络法律治理》，《法学评论》2021 年第 1 期。

［108］杨朝晖、王心、徐香兰：《医疗健康大数据分类及问题探讨》，《卫生经济研究》2019 年第 3 期。

［109］杨小华：《技术价值论：作为技术哲学范式的兴衰——围绕技术与价值问题进行的分析》，《自然辩证法研究》2007 年第 1 期。

［110］姚志洪：《跨入移动健康时代》，《医学信息学杂志》，2014 年第 5 期。

［111］叶明、王岩：《人工智能时代数据孤岛破解法律制度研究》，《大连理工大学学报（社会科学版）》2019 年第 5 期。

［112］周雯：《大数据产权制度构建的法经济学研究》，吉林大学 2021 年硕士学位论文。

［113］张坤：《国外电子健康领域用户行为研究》，《图书馆论坛》2020 年第 3 期。

［114］张玲怡：《互联网背景下医疗资源整合策略研究》，上海工程技术大学 2017 年硕士学位论文。

［115］张如意、彭迎春：《医疗大数据研究的风险管控和知情同意问题探析》，《中国医学伦理学》2021 年第 36 期。

［116］张晓强、杨君游、曾国屏：《大数据方法：科学方法的变革和哲学思考》，《哲学动态》2014 年第 8 期。

［117］张晓兰、董珂璐：《大数据时代因果关系的重构及认识论价值》，《宁夏社会科学》2021 年第 3 期。

［118］张宇鹏：《从范式的不可通约性看中西医学关系》，《中国中医基础医学杂志》2016 年第 3 期。

# 附件 部分国内外大数据相关法规

## 部分国内大数据医疗相关规定

| 序号 | 发布时间 | 发布部门 | 相关规定 | 简介 |
|---|---|---|---|---|
| 1 | 2015 年 8 月 | 国务院 | 促进大数据发展行动纲要 | 立足我国国情和现实需要,推动大数据发展和应用在未来 5～10 年逐步实现以下目标:<br>1. 打造精准治理、多方协作的社会治理新模式。<br>2. 建立运行平稳、安全高效的经济运行新机制。<br>3. 构建以人为本、惠及全民的民生服务新体系。<br>4. 开启大众创业、万众创新的创新驱动新格局。<br>5. 培育高端智能、新兴繁荣的产业发展新生态<br>主要任务:<br>(一)加快政府数据开放共享,推动资源整合,提升治理能力<br>(二)推动产业创新发展,培育新兴业态,助力经济转型<br>(三)强化安全保障,提高管理水平,促进健康发展 |
| 2 | 2016 年 6 月 | 国务院办公厅 | 关于促进和规范健康医疗大数据应用发展的指导意见 | 重点任务和重大工程:<br>(一)夯实健康医疗大数据应用基础<br>(二)全面深化健康医疗大数据应用 |

续表

| 序号 | 发布时间 | 发布部门 | 相关规定 | 简介 |
|---|---|---|---|---|
| | | | | （三）规范和推动"互联网＋健康医疗"服务<br>（四）加强健康医疗大数据保障体系建设 |
| 3 | 2016年11月 | 第十二届全国人民代表大会常务委员会第二十四次会议 | 中华人民共和国网络安全法 | 为了保障网络安全，维护网络空间主权和国家安全、社会公共利益，保护公民、法人和其他组织的合法权益，促进经济社会信息化健康发展，制定本法 |
| 4 | 2016年12月 | 工业和信息化部 | 大数据产业发展规划（2016—2020年） | 主要任务和重大工程：<br>（一）强化大数据技术产品研发<br>（二）深化工业大数据创新应用<br>（三）促进行业大数据应用发展<br>（四）加快大数据产业主体培育<br>（五）推进大数据标准体系建设<br>（六）完善大数据产业支撑体系能力<br>（七）提升大数据安全保障能力 |
| 5 | 2018年9月 | 国家卫生健康委员会 | 国家健康医疗大数据标准、安全和服务管理办法（试行） | 为加强健康医疗大数据服务管理，促进"互联网＋医疗健康"发展，充分发挥健康医疗大数据作为国家重要基础性战略资源的作用，就健康医疗大数据标准、安全和服务管理，制定本办法。<br>坚持以人为本、创新驱动，规范有序、安全可控，开放融合、共建共享的原则，加强健康医疗大数据的标准管理、安全管理和服务管理，推动健康医疗大数据惠民应用，促进健康医疗大数据产业发展 |

续表

| 序号 | 发布时间 | 发布部门 | 相关规定 | 简介 |
|------|----------|----------|----------|------|
| 6 | 2020 年 4 月 | 工业和信息化部 | 工业和信息化部关于工业大数据发展的指导意见 | 牢固树立新发展理念，按照高质量发展要求，促进工业数据汇聚共享、深化数据融合创新、提升数据治理能力、加强数据安全管理，着力打造资源富集、应用繁荣、产业进步、治理有序的工业大数据生态体系。<br>（一）加快数据汇聚<br>（二）推动数据共享<br>（三）深化数据应用<br>（四）完善数据治理<br>（五）强化数据安全<br>（六）促进产业发展<br>（七）加强组织保障 |
| 7 | 2020 年 12 月 | 国家发展和改革委员会<br>中央网信办<br>工业和信息化部<br>国家能源局 | 关于加快构建全国一体化大数据中心协同创新体系的指导意见 | 进一步促进新型基础设施高质量发展，深化大数据协同创新。<br>（一）创新大数据中心体系构建<br>（二）优化数据中心布局<br>（三）推动算力资源服务化<br>（四）加速数据流通融合<br>（五）深化大数据应用创新<br>（六）强化大数据安全防护 |

续表

| 序号 | 发布时间 | 发布部门 | 相关规定 | 简介 |
|------|----------|----------|----------|------|
| 8 | 2021年5月 | 国家发展和改革委员会<br>中央网信办<br>工业和信息化部<br>国家能源局 | 全国一体化大数据中心协同创新体系算力枢纽实施方案 | 需要推动数据中心合理布局、供需平衡、绿色集约和互联互通，构建数据中心、云计算、大数据一体化的新型算力网络体系，促进数据要素流通应用，实现数据中心绿色高质量发展。根据《关于加快构建全国一体化大数据中心协同创新体系的指导意见》（发改高技〔2020〕1922号）部署要求，为加快建设全国一体化大数据中心算力枢纽体系，制订本方案。<br>数据中心布局：<br>（一）数据中心集群<br>（二）城市内部数据中心<br>国家枢纽节点重点任务：<br>（一）加强绿色集约建设<br>（二）推动核心技术突破<br>（三）加快网络互联互通<br>（四）加强能源供给保障<br>（五）强化能耗监测管理<br>（六）提升算力服务水平<br>（七）促进数据有序流通<br>（八）深化数据智能应用<br>（九）确保网络数据安全 |
| 9 | 2021年6月 | 第十三届全国人民代表大会常务委员会第二十九次会议 | 中华人民共和国数据安全法 | 为了规范数据处理活动，保障数据安全，促进数据开发利用，保护个人、组织的合法权益，维护国家主权、安全和发展利益，制定本法。<br>（一）数据安全与发展<br>（二）数据安全制度<br>（三）数据安全保护义务<br>（四）政务数据安全与开放<br>（五）法律责任 |

续表

| 序号 | 发布时间 | 发布部门 | 相关规定 | 简介 |
|------|----------|----------|----------|------|
| 10 | 2021 年 8 月 | 第十二届全国人民代表大会常务委员会第三十次会议 | 中华人民共和国个人信息保护法 | 为了保护个人信息权益,规范个人信息处理活动,促进个人信息合理利用,根据宪法,制定本法。<br>个人信息处理规则:<br>(一)一般规定<br>(二)敏感个人信息的处理规则<br>(三)国家机关处理个人信息的特别规定<br>个人信息跨境提供的规则:<br>(一)个人在个人信息处理活动中的权利<br>(二)个人信息处理者的义务<br>(三)履行个人信息保护职责的部门<br>法律责任 |
| 11 | 2021 年 11 月 | 工业和信息化部 | "十四五"大数据产业发展规划 | 为推动我国大数据产业高质量发展,按照《中华人民共和国国民经济和社会发展第十四个五年规划和 2035 年远景目标纲要》总体部署,编制本规划。<br>主要任务:<br>(一)加快培育数据要素市场<br>(二)发挥大数据特性优势<br>(三)夯实产业发展基础<br>(四)构建稳定高效产业链<br>(五)打造繁荣有序产业生态<br>(六)筑牢数据安全保障防线 |

## 部分国外大数据医疗法规

| 序号 | 发布时间 | 国家 | 发布部门 | 法规名称 | 简介 |
|---|---|---|---|---|---|
| 1 | 2018 年 4 月 | 美国 | The White House | *Big Data Research and Development Initiative* | 2012 年 3 月 29 日，科学技术政策办公室（OSTP）和技术网络与信息技术研究发展委员会（NITRD）启动了联邦大数据研究与开发（R&D）计划。自那时起，美国国家科学基金会一直是联邦机构中的领导者，支持和促进科学、公共和私营部门的大数据研究、开发和创新。本条目总结了自该倡议开始以来，美国国家科学基金会发起的大数据和数据科学活动的时间表 |
| 2 | 2015 年 2 月 | 美国 | The White House | *Big Data：Seizing Opportunities，Preserving Values* | 尽管在大数据世界中有很好的技术手段来更好地保护隐私，但该报告的作者得出结论，这些方法远非完美，如果没有强有力的社会规范和响应性的政策和法律框架，仅靠技术无法保护隐私。最后，该报告提出了大数据技术可能涉及的其他价值观的问题，特别是大数据技术有意或无意地导致基于种族、性别、社会经济地位或其他类别的歧视性结果的可能性 |

续表

| 序号 | 发布时间 | 国家 | 发布部门 | 法规名称 | 简介 |
|---|---|---|---|---|---|
| 3 | 2016 年 5 月 | 美国 | NSTC | *The Federal Big Data Research and Development Strategic Plan* | 目标是对联邦机构的大数据相关项目和投资进行指导。该计划主要围绕代表大数据研发关键领域的七个战略进行，包括促进人类对科学、医学和安全所有分支的认识；确保美国在研发领域继续发挥领导作用；通过研发来提高美国和世界解决紧迫社会和环境问题的能力 |
| 4 | 2018 年 5 月 | 欧盟 | EU | *General Data Protection Regulation* | 1. 本条例制定关于处理个人数据中对自然人进行保护的规则，以及个人数据自由流动的规则。 2. 本条例保护自然人的基本权利与自由，特别是自然人享有的个人数据保护的权利。 3. 不能以保护处理个人数据中的相关自然人为由，对欧盟内部个人数据的自由流动进行限制或禁止 |
| 5 | 2012 年 3 月 | 欧盟 | EU | *EU Cybersecurity Act* | 网络和信息系统以及电子通信网络和服务在社会中发挥着至关重要的作用，并已成为经济增长的支柱。信息和通信技术（ICT）是支持日常社会活动的复杂系统的基础，使我们的经济在卫生、能源、金融和运输等关键部门运行，特别是支持内部市场的运作。 虽然越来越多的设备连接到互联网，但安全性和弹性在设计上并不足，导致网络安全不足 |

续表

| 序号 | 发布时间 | 国家 | 发布部门 | 法规名称 | 简介 |
|---|---|---|---|---|---|
| | | | | | 采取一切必要行动来改善欧盟的网络安全，以便公民、组织和企业使用的网络和信息系统、通信网络、数字产品、服务和设备更好地免受网络威胁 |
| 6 | 2020 年 2 月 | 欧盟 | EU | *A European Strategy for Data* | 数据是本次变革的核心环节，并将带来更多的改变。以数据为驱动的创新将为公民带来巨大的利润。例如，改进个性化医学、提供新的出行方式，以及为欧盟绿色协议作出贡献。<br>若欧盟要想在数据经济中取得领先地位，就必须立即有所行动，并通过协商的方式解决从连接对象到数据的处理和存储、计算能力和网络安全。<br>此外，欧盟还将不得不改善治理结构用于处理数据，并且提高可供使用和重复使用的质量数据。<br>欧盟目标在于获得更好的利用数据的收益，包括提高生产力和竞争性市场，而且改善健康、福利、环境、透明治理和便捷的公共服务 |

续表

| 序号 | 发布时间 | 国家 | 发布部门 | 法规名称 | 简介 |
|---|---|---|---|---|---|
| 7 | 2022 年 5 月 | 欧盟 | EU | *Data Governance Act* | DGA 是一项综合性工具，旨在监督各个部门对公开或受保护数据的再利用。该法案旨在通过监管被称为数据中介的新实体并促进出于利他目的的数据共享来促进数据共享。有必要改善内部市场数据共享的条件，建立统一的数据交换框架，制定数据治理的某些基本要求，特别注意促进成员国之间的合作。本条例应旨在进一步发展无边界的数字内部市场和以人为本、值得信赖和安全的数据社会和经济 |
| 8 | 2024 年 1 月 | 欧盟 | EU | *Data Act* | 法案明确了谁可以在什么条件下利用数据创造价值，将促进可靠和安全的数据访问，促进其在关键经济部门和公共利益领域的使用。还将有助于建立欧盟单一数据市场，最终使欧洲经济和整个社会受益。《数据法案》将通过为欧洲数据经济中数据的访问和使用制定清晰、公平的规则，实现数据价值的公平分配，而物联网（IoT）的日益普及也使这一要求更加迫切。根据这项法规，联网产品的设计和制造方式必须使用户（企业或消费者）能够轻松安全地访问、使用和共享生成的数据。它是欧洲数据战略的支柱。其主要目标是通过利用不断增长的工业数据的潜力，使欧洲成为数据经济的领导者，从而造福欧洲经济和社会 |

# 部分大数据医疗相关地方规定（国内）

| 序号 | 时间 | 部门 | 文件名称 | 简介 |
|---|---|---|---|---|
| 1 | 2016年1月 | 贵州省第十二届人民代表大会常务委员会第二十次会议 | 贵州省大数据发展应用促进条例 | 为推动大数据发展应用，运用大数据促进经济发展、完善社会治理、提升政府服务管理能力、服务改善民生，培育壮大战略性新兴产业，根据有关法律、法规的规定，结合本省实际，制定本条例。<br>省人民政府坚持应用和服务导向，推进大数据发展应用先行先试；积极引进和培育优势企业、优质资源、优秀人才，促进大数据产业核心业态、关联业态、衍生业态协调发展；加快推进国家大数据综合试验区和大数据产业发展聚集区、大数据产业技术创新试验区、大数据战略重点实验室、大数据安全与管理工程、跨境数据自由港等建设发展，形成大数据资源汇集中心、企业聚集基地、产业发展基地、人才创业基地、技术创新基地和应用服务示范基地 |
| 2 | 2016年4月 | 广东省人民政府办公厅 | 广东省促进大数据发展行动计划（2016—2020年） | 为深入贯彻落实《国务院关于印发促进大数据发展行动纲要的通知》（国发〔2015〕50号），推动我省大数据发展与应用，加快建设数据强省，制订本行动计划。<br>（一）加快大数据基础设施建设，推动资源整合和政府数据开放共享<br>（二）深化大数据在社会治理领域的创新应用，提升政务服务水平 |

续表

| 序号 | 时间 | 部门 | 文件名称 | 简介 |
|---|---|---|---|---|
| | | | | （三）推动产业转型升级和创新发展，打造新经济增长点<br>（四）强化安全保障，促进大数据健康发展 |
| 3 | 2016年2月 | 浙江省人民政府 | 浙江省促进大数据发展实施计划 | 以全面深化改革为动力，以体制机制创新为突破口，以浙江政务服务网为重要依托，以公共数据整合、共享、开放为切入点，以打造智慧政府、优化发展环境、培育优势企业、拓展应用领域、激发创业创新、挖掘数据价值、保障数据安全为主线，坚持示范引领，发挥市场作用，促进大数据产业健康可持续发展，建设数据强省，助力经济社会转型升级，推动政府治理和公共服务能力现代化。<br>（一）围绕体制机制创新，打造数据共享、交换和开放统一平台<br>（二）围绕社会治理精细化，建设社会治理大数据应用体系<br>（三）围绕经济运行科学化，建立监测分析大数据支撑体系<br>（四）围绕民生服务普惠化，推动公共服务大数据应用创新<br>（五）围绕技术研发及产业化，激发创业创新活力<br>（六）围绕数据应用普及化，培育产业发展新生态<br>（七）围绕可持续发展，完善大数据安全保障体系 |

续表

| 序号 | 时间 | 部门 | 文件名称 | 简介 |
|---|---|---|---|---|
| 4 | 2016 年 8 月 | 江苏省人民政府 | 江苏省大数据发展行动计划 | 加快我省大数据产业发展，推动政府治理和公共服务能力现代化，促进经济社会转型升级，制定本行动计划。<br>（一）夯实信息网络基础，促进数据资源共建共享<br>（二）推动创新发展，培育新兴业态<br>（三）实施重点工程，推广典型应用<br>（四）加快数据共享开放，提升政府治理能力<br>（五）强化安全保障，促进健康发展 |
| 5 | 2016 年 8 月 | 北京市人民政府 | 北京市大数据和云计算发展行动计划（2016—2020 年） | 大力支持大数据、云计算等新一代信息技术发展，释放技术红利、制度红利和创新红利，为疏解非首都功能、构建高精尖经济结构、治理"大城市病"、建设国际一流的和谐宜居之都提供有力支撑。到 2020 年，大数据和云计算创新发展体系基本建成，成为全国大数据和云计算创新中心、应用中心和产业高地。<br>（一）夯实大数据和云计算发展基础<br>（二）推动公共大数据融合开放<br>（三）深化大数据和云计算创新应用<br>（四）强化大数据和云计算安全保障<br>（五）支持大数据和云计算健康发展 |

续表

| 序号 | 时间 | 部门 | 文件名称 | 简介 |
|---|---|---|---|---|
| 6 | 2016 年 12 月 | 重庆市人民政府办公厅 | 重庆市健康医疗大数据应用发展行动方案（2016 – 2020 年） | 促进和规范健康医疗大数据应用发展，有利于激发深化医药卫生体制改革的动力，提升健康医疗服务效率和质量，为人民群众提供全生命周期的卫生与健康服务。为贯彻落实《国务院办公厅关于促进和规范健康医疗大数据应用发展的指导意见》（国办发〔2016〕47 号），推动健康医疗大数据创新应用和产业发展，结合我市实际，制定本行动方案。<br>（一）区域健康医疗大数据平台工程<br>（二）医疗卫生管理与服务应用工程<br>（三）健康医疗个性化服务平台工程<br>（四）生物医学大数据中心建设工程<br>（五）"互联网＋健康医疗"服务工程<br>（六）健康医疗大数据保障工程 |
| 7 | 2018 年 12 月 | 天津市第十七届人民代表大会常务委员会第七次会议 | 天津市促进大数据发展应用条例 | 为了发挥大数据促进经济发展、服务改善民生、完善社会治理的作用，培育壮大战略性新兴产业，加快构建数字经济和智慧城市，根据法律和国家有关规定，结合本市实际情况，制定本条例。<br>本市大数据发展应用坚持统筹规划、创新引领，依法管理、促进发展，共享开放、深化应用，繁荣业态、保障安全的原则，发挥 |

续表

| 序号 | 时间 | 部门 | 文件名称 | 简介 |
|---|---|---|---|---|
| | | | | 大数据在商用、民用、政用方面的价值和作用，构建大数据发展应用新格局，培育数据驱动、人机协同、跨界融合、共创分享的智能经济形态 |
| 8 | 2019年9月 | 海南省第六届人民代表大会常务委员会第十四次会议 | 海南省大数据开发应用条例 | 为了推动大数据的开发应用，发挥大数据提升经济发展、社会治理和改善民生的作用，促进大数据产业的发展，培育壮大数字经济，服务中国（海南）自由贸易试验区和中国特色自由贸易港建设，根据有关法律法规，结合本省实际，制定本条例。<br>（一）大数据开发与共享<br>（二）大数据应用与促进<br>（三）数据安全与保护 |
| 9 | 2020年5月 | 山西省第十三届人民代表大会常务委员会第十八次会议 | 山西省大数据发展应用促进条例 | 为了发挥数据生产要素的作用，培育壮大新兴产业，推动经济社会各领域的数字化、网络化、智能化发展，促进高质量转型发展，根据有关法律、行政法规，结合本省实际，制定本条例 |
| 10 | 2020年11月 | 吉林省第十三届人民代表大会常务委员会第二十五次会议 | 吉林省促进大数据发展应用条例 | 为了促进大数据发展应用，规范数据处理活动，保护公民、法人和其他组织的合法权益，推进数字吉林建设，根据国家有关法律、法规规定，结合本省实际，制定本条例。<br>（一）数据处理<br>（二）发展应用<br>（三）促进措施<br>（四）数据安全与保护<br>（五）法律责任 |

续表

| 序号 | 时间 | 部门 | 文件名称 | 简介 |
|---|---|---|---|---|
| 11 | 2021 年 3 月 | 安徽省第十三届人民代表大会常务委员会第二十六次会议 | 安徽省大数据发展条例 | 为了发挥数据要素的作用，发展数字经济，创新社会治理，保障数据安全，建设数字江淮，加快数字化发展，根据有关法律、行政法规，结合本省实际，制定本条例。<br>第一章 总则<br>第二章 数据资源<br>第三章 开发应用<br>第四章 促进措施<br>第五章 安全管理<br>第六章 法律责任 |
| 12 | 2021 年 9 月 | 山东省第十三届人民代表大会常务委员会第三十次会议 | 山东省大数据发展促进条例 | 为了全面实施国家大数据战略，运用大数据推动经济发展、完善社会治理、提升政府服务和管理能力，加快数字强省建设，根据《中华人民共和国数据安全法》等法律、行政法规，结合本省实际，制定本条例。<br>第一章 总则<br>第二章 基础设施<br>第三章 数据资源<br>第四章 发展应用<br>第五章 安全保护<br>第六章 促进措施<br>第七章 法律责任 |
| 13 | 2021 年 12 月 | 福建省十三届人大常委会第三十次会议 | 福建省大数据发展条例 | 为了促进大数据有序健康发展，发挥数据生产要素作用，推进数字福建建设，根据有关法律、行政法规，结合本省实际，制定本条例。<br>第一章 总则<br>第二章 数据资源<br>第三章 基础设施<br>第四章 发展应用<br>第五章 数据安全<br>第六章 保障措施<br>第七章 法律责任 |

续表

| 序号 | 时间 | 部门 | 文件名称 | 简介 |
|------|------|------|----------|------|
| 14 | 2022年5月 | 辽宁省第十三届人民代表大会常务委员会第三十四次会议 | 辽宁省大数据发展条例 | 为了充分挖掘数据资源，发挥数据效用，加快大数据发展，建设数字辽宁、智造强省，根据法律、行政法规和国家有关规定，结合本省实际，制定本条例。<br>信息基础设施建设应当加快实施演进升级，全面增强数据感知、传输、存储、运算能力。<br>融合基础设施建设应当利用新一代信息技术推动传统产业转型升级，加快传统基础设施改造，实现网络化、智能化、服务化、协同化。<br>创新基础设施建设应当围绕重点领域和关键环节，布局科技基础设施和产业创新平台，攻坚核心技术、前沿技术以及数字化转型技术，实现协同、先进、开放、高效建设。<br>省大数据主管部门应当会同有关部门按照国家有关规定，建立全省统一的公共数据资源目录体系和公共数据资源标准体系。<br>省大数据主管部门应当组织制定公共数据质量管理制度和规范，明确数据质量要求，建立健全质量监测和评估机制，并组织实施。<br>省、市、县人民政府应当组织全省工业企业，加快数字辽宁、智造强省建设，提升工业大数据价值挖掘和系统解决能力，丰富应用场景，推进深度应用，扩大数据资源规模，赋能产业转型升级。<br>推动构建数据收集、加工、共享、开放、交易、应用等数据要素市场体系，促进数据资源有序、高效流动与利用，加快融入和服务全国统一的数据要素市场 |

续表

| 序号 | 时间 | 部门 | 文件名称 | 简介 |
|------|------|------|----------|------|
| | | | | 省、市人民政府应当加强应用场景建设总体规划,构建产学研用联动的应用场景创新圈,推动全社会共同挖掘需求、设计流程、开发应用,不断增强场景创意,搭建场景供需对接公共服务平台 |
| 15 | 2022年5月 | 黑龙江省第十三届人民代表大会常务委员会第三十三次会议 | 黑龙江省促进大数据发展应用条例 | 为了发挥数据要素作用,加快大数据发展应用,推动数字经济发展,创新社会治理模式,保障数据安全,结合本省实际,制定本条例。本省行政区域内大数据管理应用、促进发展、安全保护以及相关活动,适用本条例 |
| 16 | 2022年9月 | 陕西省第十三届人民代表大会常务委员会第三十六次会议 | 陕西省大数据条例 | 为了加强数据资源管理,规范数据处理活动,保障数据安全,促进大数据在经济发展、民生改善、社会治理中的应用,加快数字陕西建设,根据有关法律、行政法规,结合本省实际,制定本条例。本省行政区域内大数据的基础设施建设、资源管理、开发应用、产业发展、安全保障等相关活动,适用本条例 |